개정판

개정판 1쇄 발행 2024. 12. 16.

지은이 이우리, 이호인, 김예니, 허한욱
펴낸이 김병호
펴낸곳 주식회사 바른북스

편집진행 박하연
디자인 김민지

등록 2019년 4월 3일 제2019-000040호
주소 서울시 성동구 연무장5길 9-16, 301호 (성수동2가, 블루스톤타워)
대표전화 070-7857-9719 | **경영지원** 02-3409-9719 | **팩스** 070-7610-9820

•바른북스는 여러분의 다양한 아이디어와 원고 투고를 설레는 마음으로 기다리고 있습니다.

이메일 barunbooks21@naver.com | **원고투고** barunbooks21@naver.com
홈페이지 www.barunbooks.com | **공식 블로그** blog.naver.com/barunbooks7
공식 포스트 post.naver.com/barunbooks7 | **페이스북** facebook.com/barunbooks7

ⓒ 이우리, 이호인, 김예니, 허한욱, 2024
ISBN 979-11-7263-841-2 03360

•파본이나 잘못된 책은 구입하신 곳에서 교환해드립니다.
•이 책은 저작권법에 따라 보호를 받는 저작물이므로 무단전재 및 복제를 금지하며,
이 책 내용의 전부 또는 일부를 이용하려면 반드시 저작권자와 도서출판 바른북스의 서면동의를 받아야 합니다.

해외거주자를 위한

스마트 상속·증여

개정판

이우리·이호인·김예니·허한욱 지음

쉽게 이해하는
해외거주자 상속과 증여

좀 더 많은 사람이
언젠가 마주할 수 있는 상속과 증여 문제에 있어
길잡이로써 이 책이 쓰이길 바라는 마음을 담아

**상속과 증여 문제를 처리하는 데 있어서
작은 이정표가 되기를 희망합니다.**

바른북스

프롤로그

  이번에 《해외거주자를 위한 스마트 상속·증여》 개정판을 내게 되었습니다.

  먼저, 초판이 완판될 수 있을 정도로 관심 있게 읽어주신 독자분들께 감사의 말씀을 전합니다. 예상하지 못했던 결과에 놀라기도 했지만, 이에 용기를 얻어 변화된 내용을 반영하여 개정판을 내는 것으로 독자분들과 저희 고객분들의 성원에 보답드리고자 합니다.

  초판이 나온 이후 지난 2년간 상속과 증여 부분에서 많은 변화가 있었던 바, 이번 개정판에서는 그러한 변화 내용을 충실히 보완하였고, 실제 사례를 통해 설명함으로써 독자들이 좀 더 명확하고 실용적으로 이해할 수 있도록 노력하였습니다. 아울러, 해외 거주자들이 상속 절차를 진행하는 데 필요한 인증절차의 최신 내용도 업데이트를 하였습니다.

개정내용이 반영된 주요내용을 간략히 요약하면, ① 캐나다가 새로 아포스티유 협약국가가 되면서, 캐나다에서의 아포스티유 인증방법을 받는 방법을 추가하였고, ② 미국의 2024년 통합세액공제금액 수정 부분을 반영하였습니다. 아울러, ③ 한국의 종합부동산세 개정에 따른 상속부분에의 변화를 반영하였고, ④ 한국의 소득세법 개정에 따른 혼인출산공제를 소개하였으며, ⑤ 2024년 헌법재판소의 유류분 헌법불합치 및 위헌판결에 따른 유류분 제도에서의 변화 부분을 반영하였고, ⑥ 한정승인자의 부동산 취득세나 상속재산에 대한 양도소득세 납부 의무 부분을 보완하였으며, ⑦ 배우자가 한정승인을 하고 자녀들이 상속포기를 하면 손자녀들은 상속인이 되지 않는다는 대법원의 변경된 판례와 ⑧ 퇴직금 등은 상속재산파산절차에서 청산대상 재산에서 제외된다는 대법원 판례를 각 소개하였으며, ⑨ 미국, 캐나다, 호주, 뉴질랜드의 영사공증, 현지인 공증 및 아포스티유 인증 절차와 내용 등을 최신 기준으로 업데이트하였습니다.

다만, 2024. 7. 25. 상속세법과 관련하 정부 개정안이 발표되었으나, 2024. 9. 현재 실제 국회 통과가 되어 시행이 될 내용은 어떻게 될지 불투명한 바, 위 개정안 내용은 금번 개정판에서 제외하였습니다. 아울러, 2024년 유류분 위헌판결에 따른 개정안이 아직 마련되지 않았던 바, 이 부분도 제외하였습니다. 관련 내용은 다음번 과제로 남겨두려 합니다.

마지막으로, 많은 독자와 법률 전문가, 고객들로부터 다양한 피드백을 받았는데, 이번 개정판에 소중한 의견들을 최대한 반영할 수 있도록 노력하였습니다. 이 자리를 빌려 다시 한번 감사의 말씀을 올립니다.

책의 본질은 동일합니다. 아울러, 상속과 증여의 복잡한 법적 문제를 풀어가는 데 있어 길잡이가 되고자 하는 최초의 마음가짐 또한 변하지 않았습니다. 이번 개정판을 통해 보다 많은 독자들에게 더욱 실질적인 도움이 될 수 있기를 바랍니다.

앞으로도 독자와 고객 여러분의 신뢰에 부응할 수 있도록 노력하겠으며, 저와 저희 회사 임직원 모두 고객가치실현을 위해 최선을 다하겠습니다.

감사합니다.

이우리 변호사

목차

프롤로그

PART 1
쉽게 이해하는 해외거주자 상속세와 증여세

1) 상속과 증여의 기본 이해 • 24

사례 엿보기 1〉 • 25
대한민국에서 거주자와 비거주자를 판단하는 기준은?

사례 엿보기 2〉 • 31
미국에서 거주자와 비거주자를 판단하는 기준은?

사례 엿보기 3〉 • 39
피상속인이 미국에서 한국과 미국에 재산을 두고 사망했을 때, 대한민국에 있는 상속인의 상속절차는?

사례 엿보기 4〉 • 41
미국 시민권자 아버지가 미국에서 사망했을 때, 상속재산분할은 미국 법과 대한민국 법 중 어느 나라 법에 따라 이루어지나?

사례 엿보기 5〉 • 47
미국 시민권자인 자녀가 망인의 대한민국 아파트 소유권 이전을 위해 필요한 서류는?

사례 엿보기 6〉 • 55
미국 시민권자 아버지가 사망했을 때, 자녀들이 대한민국에 있는 아버지 아파트의 소유권 이전에 필요한 서류는?

2) 해외거주자를 위한 상속세의 모든 것 • 57

사례 엿보기 7〉 • 59
대한민국에 있는 아버지가 사망하여 미국 시민권자인 자녀가
대한민국의 아파트를 상속받을 때, 상속세는 어디에 내야 하는가?

사례 엿보기 8〉 • 62
미국 시민권자 아버지가 사망했을 때, 대한민국에 있는 재산에 대한
상속세공제 혜택은 얼마나 될까?

사례 엿보기 9〉 • 67
미국 시민권자 아버지가 한국에서 사망했을 때, 미국에 있는
아버지의 콘도는 대한민국에서 상속세 과세대상이 되는가?

사례 엿보기 10〉 • 69
대한민국에서 거주하는 아버지가 미국에 부동산을 남겨두고
사망했을 때, 미국에서의 상속세 부담은?

사례 엿보기 11〉 • 70
미국 시민권자 자녀가 대한민국 거주 아버지의 아파트를 상속받을 때,
자녀가 이미 아파트 1채를 보유하고 있다면 보유세가 크게 늘어날까?

3) 해외거주자를 위한 증여세의 모든 것 • 72

사례 엿보기 12〉 • 73
대한민국에 있는 남편이 미국에 거주하는 아내에게 부동산 구입자금을
줄 때, 증여세공제 혜택을 받을 수 있나?

사례 엿보기 13〉 • 76
대한민국의 아버지가 미국에 거주하는 자녀에게 금융재산을 보낼 때,
세금은 누가 어디에 내야 하나?

사례 엿보기 14〉 · 78
대한민국에 거주하는 미 시민권자 아버지가 미국에 거주하는 자녀에게
미국 금융재산을 줄 때, 세금은 어디에 낼까?

사례 엿보기 15〉 · 82
미국에 있는 부동산을 대한민국에 거주하는 자녀에게 증여할 때,
증여세는 어디에 내야 하는가?

사례 엿보기 16〉 · 84
대한민국에 있는 아파트를 미국에 거주하는 자녀에게 부담부 증여를
할 수 있는지?

사례 엿보기 17〉 · 87
미국에 있는 아버지가 대한민국에 거주하는 자녀에게 미국이나
대한민국의 금융재산을 줄 때, 증여세는 어떻게 내야 하는가?

사례 엿보기 18〉 · 89
미국에 거주하는 아버지가 미국에 거주하는 자녀에게 대한민국의
아파트를 증여하는 경우 증여세는 어디에 내야 하는가?

사례 엿보기 19〉 · 91
한국에 거주하는 아버지가 미국에 거주하는 자녀가 혼인을 하거나
출산을 하여 2억 원을 증여하는 경우 혼인출산공제를 이용할 수
있는가?

⁂ **4) 상속 및 증여재산의 활용과 세금** · 94

사례 엿보기 20〉 · 95
미국 시민권자가 상속받은 대한민국의 금융재산을
미국으로 송금하는 방법은?

사례 엿보기 21〉 · 100
미국 시민권자가 상속받은 대한민국의 아파트를 매각할 때,
소유권 이전 전에 양도소득세를 미리 내야 하나?

사례 엿보기 22〉 · 102
미국 거주자가 상속받은 대한민국의 아파트를 매각할 때,
양도세 비과세 혜택을 받을 수 있는 방법은?

사례 엿보기 23〉 · 104
미국에 거주하는 자녀가 대한민국의 아파트를 상속받고,
이를 매각할 때, 발생하는 한국에서의 세금과 미국에 내야 하는 세금은?

사례 엿보기 24〉 · 106
대한민국에 거주하는 자녀가 상속받은 미국의 콘도를 매각할 때,
미국과 한국에 양도소득세를 내야 하는가?

사례 엿보기 25〉 · 109
대한민국에서 금융재산을 상속받은 미국 시민권자가 상속재산으로
대한민국에서 주식투자를 한다면 미국에 신고의무가 있는지?

사례 엿보기 26〉 · 111
미국 시민권자가 대한민국 상속재산인 아파트의 임대차 보증금을
한국 계좌에 둘 때, 미국 IRS에 무엇을 신고해야 하는지?

사례 엿보기 27〉 · 114
상속받은 대한민국의 금융재산에서 수익이 발생할 때,
미 시민권자는 어디에 어떤 세금을 내야 하나?

사례 엿보기 28〉 · 115
대한민국에 거주하는 미국 시민권자가 상속받은 대한민국의
금융재산을 통해 이자를 받을 때, 어디에 어떤 세금을 내야 하나?

사례 엿보기 29〉 · 117
상속받은 대한민국의 금융재산으로 미 시민권자가 주식거래에서
수익을 얻을 경우 부담하는 세금은?

*** 5) 공문서의 효력 인정받기: 아포스티유 • 119

  미국〉 • 122
   캘리포니아 CALIFORNIA
   뉴욕 NEW YORK
   뉴저지 NEW JERSEY
   버지니아 VIRGINIA
   워싱턴 DC WASHINGTON DC
   텍사스 TEXAS
   조지아 GEORGIA
   워싱턴 WASHINGTON
   일리노이 ILLINOIS

  캐나다〉 • 164
   브리티시 콜롬비아 BRITISH COLUMBIA
   온타리오 ONTARIO
   앨버타 ALBERTA

  호주〉 • 180
   호주 AUSTRALIA

  뉴질랜드〉 • 187
   뉴질랜드 NEW ZEALAND

PART 2
상속재산분할과 유류분반환 청구

1) 상속재산분할의 이해와 적용 • 204

사례 엿보기 1〉 • 205
미국 시민권자 상속인을 배제하고 상속재산분할협의 가능할까?

사례 엿보기 2〉 • 209
해외거주자가 상속재산분할협의를 하기 위해 한국에 위임장 등 서류를 보낼 때 주의할 점은?

사례 엿보기 3〉 • 212
상속재산 처리에 있어 공동상속인 중 한 명이 맡긴 인감도장 등을 가지고 상속절차를 진행한다고 일방적인 통보를 한다면?

사례 엿보기 4〉 • 215
상속인들 사이에 상속재산분할 방법에 대한 합의가 되지 않는다면?

사례 엿보기 5〉 • 218
망인의 예금은 상속재산분할의 대상이 아닌가?

사례 엿보기 6〉 • 221
다른 상속인의 행방을 알지 못해도 상속재산분할이 가능한가?

사례 엿보기 7〉 • 225
상속인 중 행방을 알 수 없는 자가 있어도 상속재산협의분할을 할 수 있는가?

사례 엿보기 8〉 • 228
망인에게 생전증여를 받은 상속인이 있더라도 남은 재산을 법정상속분대로 나누어야 하는가?

사례 엿보기 9〉 · 232

공동상속인의 가족이 증여받은 재산도 해당 상속인의 특별수익으로 볼 수 있는가?

사례 엿보기 10〉 · 235

망인이 자녀에게 준 유학비도 특별수익이 될까?

사례 엿보기 11〉 · 238

망인과 가까운 곳에 살았다는 이유만으로 기여분이 인정될 수 있는가?

사례 엿보기 12〉 · 241

상속인 전원의 동의 없이 법정상속분에 따른 등기가 된 후에도 이를 변경(경정)할 수 있는가?

사례 엿보기 13〉 · 244

상속인 중 1인이 오래전 상속재산분할협의 없이 부동산등기 특조법에 따라 이전해간 상속재산을 찾아올 수 있는가?

사례 엿보기 14〉 · 248

망인이 자녀 명의로 매수한 건물이 상속재산으로 인정되어, 자녀가 받아온 월세를 특별수익이라고 볼 수 있는가?

*** **2) 유류분반환 청구의 다양한 실무 사례**　　　　　　 · 253

사례 엿보기 15〉 · 254

망인은 미국 영주권자이고 자녀는 미국 시민권자인 경우, 망인의 자녀가 유류분반환을 청구할 수 있는가?

사례 엿보기 16〉 · 257

유류분반환 청구권 양도가 가능한가?

사례 엿보기 17〉 · 260

망인 사망일로부터 1년이 지난 후에도 유류분반환 청구권 행사가 가능한가?

사례 엿보기 18〉 · 264
1970년대에 받은 재산도 유류분반환 청구 대상이 되는가?

사례 엿보기 19〉 · 269
망인이 살아 있을 때 한 유류분의 사전 포기가 효력이 있는가?

사례 엿보기 20〉 · 272
배우자가 받은 재산은 특별수익에서 제외될 수 있을까?

사례 엿보기 21〉 · 278
유류분 청구에서 기여분 항변이 가능할까?

사례 엿보기 22〉 · 288
무상의 상속분 양도가 유류분반환의 대상이 되는
특별수익이 될 수 있는가?

사례 엿보기 23〉 · 291
유류분 부족분 계산 시 증여받은 부동산의 가액은 어떻게 산정하는가?

사례 엿보기 24〉 · 295
뉴욕에 거주하는 미국 시민권자가 증여 또는 유언을 한
부동산에 대해서도 유류분 청구가 가능한가?

사례 엿보기 25〉 · 304
한국과 미국 이중국적자가 한국과 미국의 재산 모두를 생전 또는
유언으로 증여한 경우 유류분 청구가 가능한가?

사례 엿보기 26〉 · 308
미국에 거주하는 미국 영주권자(또는 미국과 한국 복수국적자)가
일정한 재산을 증여나 유증한 경우, 다른 상속인의 유류분 청구를
막는 것이 가능한가?

PART 3
한정승인과 상속포기

1) 한정승인과 상속포기의 기본적 이해 • 314

사례 엿보기 1〉 • 316
대한민국 국민인 아버지가 채무를 남긴 채 사망한 경우,
미국 시민권자인 자녀도 아버지의 채무를 상속받는가?

사례 엿보기 2〉 • 321
외국 시민권자 및 영주권자가 상속포기 · 한정승인을 하기 위해
준비해야 할 서류는?

사례 엿보기 3〉 • 325
한정승인을 하면 상속재산에 대한 취득세나 재산세를 내야 하나?

사례 엿보기 4〉 • 328
한정승인을 하면 상속 부동산이 매각된 경우 양도소득세를 내야 하나?

사례 엿보기 5〉 • 333
한정승인을 한 이후에 망인의 재산은 어떻게 처리해야 하나?

사례 엿보기 6〉 • 339
상속재산파산을 신청하면 상속인의 신용에 문제가 생기는가?

사례 엿보기 7〉 • 342
자녀가 상속포기를 하면 손자녀들이 상속인이 되는가?

사례 엿보기 8〉 • 346
아버지 사망 후 배우자는 한정승인을 하고 자녀가
상속포기를 하는 경우 손자녀들이 상속인이 되는가?

사례 엿보기 9〉 • 352
망인의 재산과 채무를 알지 못할 때는 어떻게 해야 하는가?

사례 엿보기 10〉 · 356
사망한 지 3개월이 지나면 상속포기를 할 수 없는가?

사례 엿보기 11〉 · 360
사망하고 한참 뒤에 상속채무가 발견되었다면?

사례 엿보기 12〉 · 363
상속인이 된 미성년자에게 친권자가 없다면?

사례 엿보기 13〉 · 368
정신적 제약이 있는 사람이 상속인이 되었다면?

사례 엿보기 14〉 · 371
미성년 자녀들은 상속포기를 하게 하고 부모가 한정승인 할 수 있는가?

*** 2) 상속채무와 관련한 다양한 사례 · 376

사례 엿보기 15〉 · 377
망인의 채권자가 상속채무를 갚으라는 소송을 제기한다면?

사례 엿보기 16〉 · 381
상속포기나 한정승인은 수리결정만 나면 문제가 없는 것인가?

사례 엿보기 17〉 · 386
상속인 중 채무가 많은 사람이 있는 경우 상속인의 채권자가
상속재산을 가져가지 못하도록 할 수 있는 방법이 있는가?

사례 엿보기 18〉 · 390
한정승인을 했는데 망인의 채권자가 상속인의 재산을 가압류했다면?

사례 엿보기 19〉 · 394
망인의 채권자가 승계집행문을 발급받았다면?

사례 엿보기 20〉 · 399
망인의 채권자가 한정승인을 한 상속인의 재산을 압류하였다면?

사례 엿보기 21〉 · 404
상속인도 모르는 사이 망인의 채권자가 상속인을 상대로
판결을 받았다면?

사례 엿보기 22〉 · 407
상속포기 전에 망인의 예금을 찾아도 되나?

사례 엿보기 23〉 · 411
상속포기를 하려고 하는데 사망보험금을 받아도 되나?

사례 엿보기 24〉 · 415
망인이 남겨둔 국민연금과 유족연금은 상속재산에 해당되어
채무를 변제해야 할까?

사례 엿보기 25〉 · 419
망인의 퇴직연금을 수령하였는데 한정승인을 할 수 없는 것인가?

사례 엿보기 26〉 · 427
망인이 사망 전에 상속인에게 돈을 이체해주었다면 아무 문제가 없나?

★★★
PART 4
성년후견인제도와 기타 상속 이슈

★★★ **1) 유언의 효력**　　　　　　　　　　　• 434

사례 엿보기 1〉 • 435
미국에서 작성한 유언장이 국내에서 효력이 있을까?

사례 엿보기 2〉 • 439
한국의 부동산에 대해 미국에서 유언을 남길 경우
어떻게 남겨야 할까?

사례 엿보기 3〉 • 445
한국의 은행에 있는 금융재산에 대해 미국에서 유언을 남길 경우
어떻게 남겨야 할까?

사례 엿보기 4〉 • 447
상속인 중 일부가 망인의 자필유언서를 인정하지 않는 경우
유언에 따라 재산을 받을 수 있는 방법은?

사례 엿보기 5〉 • 452
유언은 어떤 유언을 남겨야 가장 좋은 것인가?

사례 엿보기 6〉 • 458
유언의 철회가 가능한가?

✱✱✱ 2) 성년후견제도의 이해 • 463

사례 엿보기 7〉 • 464
미국에 거주하고 있는 자는 대한민국 거주자의 성년후견인이 될 수 없는가?

사례 엿보기 8〉 • 467
성년후견인은 반드시 가족이나 친족만 선임될 수 있는가?

사례 엿보기 9〉 • 472
가족들 전원의 동의를 받아야만 아버지의 성년후견인으로 선임될 수 있는가?

✱✱✱ 3) 기타 상속 이슈 • 475

사례 엿보기 10〉 • 476
아들과 딸의 법정상속분에 차이가 있는가?

사례 엿보기 11〉 • 478
망인보다 자녀가 먼저 사망한 경우 사망한 자녀의 가족은 상속을 받을 수 있는가?

사례 엿보기 12〉 • 482
생사를 알 수 없는 실종자의 재산을 상속받을 수 있는가?

PART 1

쉽게 이해하는 해외거주자 상속세와 증여세

상속과 증여의
기본 이해

상속과 증여에 대한 기본적인 이해를 위해서는 우선 **'거주자 판단 기준'**을 명확하게 알고 있어야 합니다. 거주자인지 아닌지에 따라 **과세대상의 기준이 달라지기 때문**이죠. 앞으로 여러 사례를 통해 자세히 다룰 것이지만, 가령 피상속인(망인)[1]이 한국 '거주자'라면 대한민국 법(상속세 및 증여세법)에 따라 국내뿐만 아니라 국외의 재산에 대해서도 세금을 부과하고, 비거주자라면 국내의 재산에만 과세합니다. 과세에 있어서는 피상속인이 대한민국 국적자인지 아닌지는 크게 중요한 요소가 아닌 것이죠.

그리고 **거주자인지 비거주자인지에 따라 공제되는 항목도 크게 달**

---

1 '피상속인'은 돌아가신 '망인'을 뜻하며, 이하 본 책에서는 '피상속인'이라 하겠습니다.

라지기에 세금 혜택에 있어 합리적인 선택을 위해서는 상속이나 증여 이전에 거주자 판단 기준의 개념을 완벽히 이해하는 것이 좋습니다. 자, 그럼 상속과 증여의 가장 기본적인 내용인 거주자 판단 기준부터 상속의 절차, 상속분 순서, 소유권 이전에 대한 내용을 여러 사례를 통해 알아보도록 하겠습니다.

우선 거주자 판단 기준을 알아보겠습니다. 각 나라마다 거주자 판단의 기준은 상이한데, 상속세 및 증여세에 있어 거주자는 '주소'나 '거소'를 두었는지 여부로 결정됩니다. 간단히 요약하면 **'거주자'란 국내에 주소(住所)를 두거나 183일 이상 거소(居所)를 둔 사람**을 말하고, 거주자가 아닌 사람은 '비거주자'라고 합니다. 사례를 통해 좀 더 자세히 알아보겠습니다.

[사례 엿보기 1] 대한민국에서 거주자와 비거주자를 판단하는 기준은?

아버지는 오래전 미국으로 이민을 가셔서 미국 국적을 취득하셨고, 70세가 넘으신 후 대한민국으로 귀국을 하셔서 국적회복을 한 후 서울에 거주하셨습니다.

대한민국에서는 세법상 거주자인지, 비거주자인지에 따라 상속에 대한 세금이 많이 달라진다고 하고, 아버지도 절세 목적으로 거주 국가를 선택해서 거주를 하고 재산을 한곳에 모아두려 하십니다.

대한민국 법상 거주자와 비거주자를 판단하는 기준이 무엇인지 궁금합니다.

대한민국 「상속세 및 증여세법」에 따르면 **상속세의 경우 피상속인이 거주자인지, 비거주자인지에 따라 과세대상 재산이 달라지고 공제 금액에서도 상당한 차이**가 발생합니다. **증여세의 경우 수증자, 즉 증여를 받는 사람이 거주자인지, 비거주자인지에 따라 역시 과세대상 재산이 달라지고 증여세공제 인정 여부도 달라**집니다.

이처럼 대한민국 「상속세 및 증여세법」에서는 피상속인 또는 수증자의 거주자인지 여부가 과세 범위와 금액에서 상당한 차이를 가져오기 때문에 **거주자 여부 판단이 무엇보다 중요**합니다.

'**거주자**'란 국내(대한민국)에 주소를 두거나 183일 이상 거소(居所)를 둔 사람을 말합니다. 이때 '주소'는 국내에서 생계를 같이하는 가족 및 국내에 소재하는 자산의 유무 등 생활관계의 객관적 사실에 따라 판정하는데, 계속하여 183일 이상 국내에 거주할 것을 통상 필요로 하는 직업을 가지거나, 국내에 생계를 같이하는 가족이 있고 그 직업 및 자산상태에 비추어 계속하여 183일 이상 국내에 거주할 것으로 인정되는 때에 주소가 있는 것으로 인정될 수 있습니다. '생활관계의 객관적 사실'을 판단하는 데에 고려되는 요소를 좀 더 구체적으로 살펴보면, 국내거소신고, 거주형태(자가 또는 임대차), 가족의 거주, 그 가족이 생계를 같이하는지, 보유 부동산의 취득목적(주거용 또는 투자용), 직업, 주민등록 여부, 시민권이나 영주권 취득, 출입국 기록, 운전면허, 국민연금, 건강보험, 재산내역, 각종 회원권 사용내역, 보험료 납입, 휴대폰 보유, 국내 신용카드 사용, 국내계좌 보유, 자녀의 학교 및 유치원 신청, 병원기록, 송금기록, 종교 활동, 사망 장소, 사업현황, 주요활동 장소, 보유주식, 사업자등록, 재산세 납입내역

등으로 다양한 요소가 있으며, 이러한 사실을 종합적으로 고려하여 '주소'를 두었는지 여부를 판단하게 됩니다.

반면, 국외에 거주하거나 근무하는 자가 외국국적을 가졌거나, 외국법령에 의하여 그 외국의 영주권을 얻은 자로서 국내에 생계를 같이하는 가족이 없고 그 직업 및 자산상태에 비추어 다시 입국하여 주로 국내에 거주하리라고 인정되지 않을 때는 국내에 주소가 없는 것으로 봅니다. 즉 거주자로 인정이 되지 않는 것이죠.

만약 어떤 사람이 국내에 '주소'를 둔 것으로 인정된다면 183일 등의 거주기간이 필수는 아니라는 점은 유의할 필요가 있습니다.

많은 분들이 '주소'는 어렵지 않게 이해할 수 있으나, '거소'에 대해서는 헷갈려 하는 경우가 많습니다. **'거소'는 주소지 외의 장소 중 상당기간에 걸쳐 거주하는 장소**를 말합니다. 주소와 같이 밀접하고 일반적인 생활관계가 형성되지 않은 장소인 것이죠. 183일 이상 국내에 거소를 둔 경우에도 '거주자'로 인정될 수 있는데, 이 경우에는 반드시 183일 이상 '거소'를 둔 것으로 인정되어야 거주자로 인정받을 수 있다는 점에서 '주소'와 분명한 차이가 있습니다.

다만, 아직 대한민국에 주소를 두기 전이고 거소에서 183일 거주요건을 채우기 전이라고 하더라도, 만약 비거주자가 국내에 영주를 목적으로 귀국하여 국내에서 사망한 경우에는 거주자로 볼 수 있습니다.

「상속세 및 증여세법」에서는 망인이나 상속인이 거주자인지 여부에 따라 과세대상 재산과 세금 규모도 달라지므로 사전에 이를 고려하여 치밀한 절세계획을 세워야 훗날 예상치 못한 세금을 부담하는 것을 방지할 수 있습니다.

★ 관련 법령

상속세 및 증여세법 제2조(정의) 이 법에서 사용하는 용어의 뜻은 다음과 같다. 〈개정 2020. 12. 22.〉
8. "거주자"란 국내에 주소를 두거나 183일 이상 거소(居所)를 둔 사람을 말하며, "비거주자"란 거주자가 아닌 사람을 말한다. 이 경우 주소와 거소의 정의 및 거주자와 비거주자의 판정 등에 필요한 사항은 대통령령으로 정한다.

상속세 및 증여세법 시행령 제2조(주소와 거소의 정의 등)
① 「상속세 및 증여세법」(이하 "법"이라 한다) 제2조 제8호에 따른 주소와 거소에 대해서는 「소득세법 시행령」 제2조, 제4조 제1항·제2항 및 제4항에 따른다.
② 법 제2조 제8호에 따른 거주자와 비거주자의 판정에 대해서는 「소득세법 시행령」 제2조의 2 및 제3조에 따르며, 비거주자가 국내에 영주를 목적으로 귀국하여 국내에서 사망한 경우에는 거주자로 본다.

소득세법 제2조(주소와 거소의 판정)
① 「소득세법」(이하 "법"이라 한다) 제1조의 2에 따른 주소는 국내에서 생계를 같이하는 가족 및 국내에 소재하는 자산의 유무 등 생활관계의 객관적 사실에 따라 판정한다. 〈개정 2010. 2. 18.〉
② 법 제1조의 2에 따른 거소는 주소지 외의 장소 중 상당기간에 걸쳐 거주하는 장소로서 주소와 같이 밀접한 일반적 생활관계가 형성되지 아니한 장소로 한다. 〈개정 2010. 2. 18.〉

③ 국내에 거주하는 개인이 다음 각호의 어느 하나에 해당하는 경우에는 국내에 주소를 가진 것으로 본다. 〈개정 2015. 2. 3.〉

1. 계속하여 183일 이상 국내에 거주할 것을 통상 필요로 하는 직업을 가진 때
2. 국내에 생계를 같이하는 가족이 있고, 그 직업 및 자산상태에 비추어 계속하여 183일 이상 국내에 거주할 것으로 인정되는 때

④ 국외에 거주 또는 근무하는 자가 외국국적을 가졌거나 외국법령에 의하여 그 외국의 영주권을 얻은 자로서 국내에 생계를 같이하는 가족이 없고 그 직업 및 자산상태에 비추어 다시 입국하여 주로 국내에 거주하리라고 인정되지 아니하는 때에는 국내에 주소가 없는 것으로 본다. 〈개정 2015. 2. 3.〉

1. 삭제〈2015. 2. 3.〉
2. 삭제〈2015. 2. 3.〉

⑤ 외국을 항행하는 선박 또는 항공기의 승무원의 경우 그 승무원과 생계를 같이하는 가족이 거주하는 장소 또는 그 승무원이 근무기간 외의 기간 중 통상 체재하는 장소가 국내에 있는 때에는 당해 승무원의 주소는 국내에 있는 것으로 보고, 그 장소가 국외에 있는 때에는 당해 승무원의 주소가 국외에 있는 것으로 본다.

소득세법 시행령 제2조의 2(거주자 또는 비거주자가 되는 시기)

① 비거주자가 거주자로 되는 시기는 다음 각호의 시기로 한다. 〈개정 2015. 2. 3.〉

1. 국내에 주소를 둔 날
2. 제2조 제3항 및 제5항에 따라 국내에 주소를 가지거나 국내에 주소가 있는 것으로 보는 사유가 발생한 날
3. 국내에 거소를 둔 기간이 183일이 되는 날

② 거주자가 비거주자로 되는 시기는 다음 각호의 시기로 한다.

1. 거주자가 주소 또는 거소의 국외 이전을 위하여 출국하는 날의 다음 날
2. 제2조 제4항 및 제5항에 따라 국내에 주소가 없거나 국외에 주소가 있는 것으로 보는 사유가 발생한 날의 다음 날 [본조신설 2009. 2. 4.]

소득세법 시행령 제3조(해외현지법인 등의 임직원 등에 대한 거주자 판정)
거주자나 내국법인의 국외사업장 또는 해외현지법인(내국법인이 발행주식총수 또는 출자지분의 100분의 100을 직접 또는 간접 출자한 경우에 한정한다) 등에 파견된 임원 또는 직원이나 국외에서 근무하는 공무원은 거주자로 본다. 〈개정 2009. 2. 4., 2015. 2. 3.〉

소득세법 시행령 제4조(거주기간의 계산)
① 국내에 거소를 둔 기간은 입국하는 날의 다음 날부터 출국하는 날까지로 한다.
② 국내에 거소를 두고 있던 개인이 출국 후 다시 입국한 경우에 생계를 같이하는 가족의 거주지나 자산소재지 등에 비추어 그 출국목적이 관광, 질병의 치료 등으로서 명백하게 일시적인 것으로 인정되는 때에는 그 출국한 기간도 국내에 거소를 둔 기간으로 본다. 〈개정 2015. 2. 3.〉
③ 국내에 거소를 둔 기간이 1과세기간 동안 183일 이상인 경우에는 국내에 183일 이상 거소를 둔 것으로 본다. 〈개정 2015. 2. 3., 2018. 2. 13.〉
④ 「재외동포의 출입국과 법적 지위에 관한 법률」 제2조에 따른 재외동포가 입국한 경우 생계를 같이하는 가족의 거주지나 자산소재지 등에 비추어 그 입국목적이 관광, 질병의 치료 등 기획재정부령으로 정하는 사유에 해당하여 그 입국한 기간이 명백하게 일시적인 것으로 기획재정부령으로 정하는 방법에 따라 인정되는 때에는 해당 기간은 국내에 거소를 둔 기간으로 보지 아니한다. 〈신설 2016. 2. 17.〉

국가마다 거주자의 판단 기준은 다를 텐데요. 그렇다면 미국의 상속세 및 증여세에 있어 거주자 판단 기준은 어떨까요? **상속세 및 증여세를 목적으로 미국 거주자 여부를 판단**하는 것은 사망 시 혹은 증여 시 **미국에 본적지**(Domicile)**가 있는지 여부**를 요건으로 합니다.

[사례 엿보기 2] 미국에서 거주자와 비거주자를 판단하는 기준은?

아버지는 오래전 미국으로 이민을 가셔서 미국 국적을 취득하셨고, 미국과 한국에 일정 재산을 남겨두고 미국에서 사망하셨습니다.
미국에서 세법상 거주자인지, 비거주자인지에 따라 상속이나 증여에 대한 세금이 많이 달라진다고 하는데, 미국에서 상속과 증여세 있어 거주자와 비거주자를 판단하는 기준이 무엇인지 궁금합니다.

미국에서 상속세와 증여세를 납부하는 데에 있어서 납세자가 미국 세법상 거주자인지 여부는 과세대상 재산이 달라질 수 있고, 공제 범위가 달라지기 때문에 거주자 판정 여부는 중요한 의미를 가집니다.

특히, 미국 세법상 거주자가 **통합세액공제**(Unified Tax Credit)를 활용할 경우, 2024년 기준으로 **증여와 상속을 합쳐 평생 $13,610,000의 공제**를 받을 수 있습니다. 해당 금액 범위 이내로 상속과 증여가 이뤄진다면 사실상 증여세와 상속세를 염려할 필요가 없겠죠. 그리고 경우에 따라 살아있는 배우자의 상속재산에 대해서는 사용되지 않은 망인의 상속세 면제상당금액을 이용할 수도 있는데, 이를 활용하면 **최대 $27,220,000(= $13,610,000 x 2명)까지 상속재산 가액에서 차감**할 수도 있습니다. 그런데, 증여를 받는 배우자가 미국 시민권자라면 위 공제 한도를 넘어 한도 없이 증여재산 전액이 공제가 됩니다.

그러나 **미국 세법상 비거주자라면 통합세액공제를 활용할 수 없습니다.** 증여의 경우 연간 증여세 면제액(Annual Gift Tax Exclusion)인 증여자 1인당 각 수증자에 대한 $18,000(2024년 기준)만 인정받을 수 있으나, 만약 증여를 받는 자가 배우자이고 미국 시민권자가 아닐 경우 공제금액은 $164,000(2022년 기준)으로 늘어나게 됩니다. 다만, 이 경우도 미국 시민권자인 배우자에게 증여를 하는 경우, 해당 증여재산 전액을 공제받을 수가 있습니다.

아울러, 상속세의 경우 망인이 비거주 외국인으로 미국 내 소재한 유산이 $60,000을 초과한다면 상속세 신고를 해야 하며, 공제의 경우도 제한된 일부공제(기부금 공제 등)만 허용됩니다. 다만, 이 경우에도 미국 시민권자인 배우자가 전액 상속을 받는다면, 망인이 비거주자라고 하여도 상속재산은 전액 공제를 받을 수 있습니다.

과세대상 재산을 보면, 연방세의 경우 망인이 미국 시민 또는 미국 세법상 미국 거주자라면 전 세계의 모든 상속재산이 상속세 과세대상이 되며, 망인이 비거주 외국인(Nonresident Alien)인 경우에는 미국 내에 소재하거나 미국과 관련 있는 상속재산이 과세대상이 됩니다.

그런데 미국은 소득세를 부과하는 거주자 판단 기준과 상속이나 증여에 대해 과세하는 거주자 판단 기준이 다른데요, 우선 미국 소득세법상 미국 거주자를 살펴보면, ① 미국 시민, ② 미국 영주권자

③ 미국 내 일정 거주기간 요건 채운 자 등으로 객관적인 기준에 따라 거주자 여부를 판단합니다. 이와 달리 상속세 및 증여세 목적상 미국 거주자 여부를 판단하는 것은 사망 시 또는 증여 시 **미국에 본적지**(Domicile)**가 있는지 여부를 요건**으로 합니다.

여기서 주의할 점은 미국 시민권자는 상속이나 증여에 있어 거주자로 인정이 되나, 미국 영주권자의 경우 미국에 본적지(Domicile)가 있는지 여부, 즉 미국에 항구적 주거를 두고 있는지 또는 경제, 사회적 기반 등이 미국에 있는지 등을 종합적으로 판단하여 거주자 여부를 결정하게 된다는 것입니다.

미국에 본적지(Domicile)가 있는지 여부는 모든 사실관계와 정황을 고려하여 판단하도록 되어 있으며, 단편적으로 적용하는 객관적인 판단 기준이 있는 것은 아닙니다. 일반적으로 고려되는 사항으로는 거주 기간, 주택 소유 여부, 가족 구성원의 주거지, 사회적 관계(봉사활동, 종교 활동, 친구 관계 등), 경제적 관계(은행계좌, 직장, 사업체 등), 영주권 소유 여부 등이 있습니다. 이 중 한두 가지 사실이나 정황만으로 판단하지 않고, **여러 상황을 종합적으로 고려하여 판단**을 합니다.

따라서, 미국 영주권자의 경우 만약 한국에 대부분의 경제 및 사회적 기반을 두고 생활을 하는 경우라면 경우에 따라 상속과 증여에 있어 미국에서 비거주자로 판단이 될 수 있고, 이 경우 통합세액공제 혜택을 받지 못할 수 있다는 점을 유념하셔야 할 것입니다.

기타, Domicile의 정의는 자세히 살펴보면 아래와 같습니다.

[더 알아보기]

본적지 (Domicile)

(1) The term "resident" in the transfer tax context is different from the definition of "resident" in the income tax context. Residence in the transfer tax context is based on the individual's "domicile." Domicile is defined as living within a country with no definite present intent of leaving. Determining domicile for estate and gift tax purposes is fact specific. Once a non-citizen establishes the United States as their domicile, they remain a United States domiciliary until a new domicile is established. If there is doubt as to the location of domicile, there is a rebuttable presumption that the decedent was domiciled within the country where he or she resided. See Treas. Reg. §20.0-1(b)(1).

(2) If an examiner is examining a return of a decedent who was not a United States citizen, residence for estate tax purposes must be established by determining the decedent's domicile at the time of death. The examiner will need to research current United States and foreign laws, and applicable estate tax treaties, to determine the correct transfer tax treatment for the decedent.

(3) If there is a question about the decedent's domicile at

the time of death and the decedent was a resident of a U.S. possession, the examiner may contact International Accounts at the Philadelphia Service Center to determine whether Form 8898, Statement for Individuals Who Begin or End Bona Fide Residence in a U.S. Possession, was filed by the decedent prior to death.

출처: https://www.irs.gov/irm/part4/irm_04-025-004#idm140489860006960

한국과 미국에서의 거주자 판단 기준을 알아보았으니, 지금부터는 상속과 증여의 기본 이해로 상속절차와 상속분 순서에 대해 구체적으로 살펴보겠습니다. 상속재산이 여러 나라에 분산되어 있고 규모가 크다면 해당 분야에 정통한 변호사의 도움을 받으면 쉽게 해결할 수 있는데요. 그래도 상속인이 기본적인 이해가 있다면 상속과정에서 발생하는 실수를 방지할 수 있을 겁니다.

그런데 흔치는 않지만, 만약 한국과 미국 양국에서 모두 세법상 거주자로 인정되는 경우, 즉 이중 거주자에 해당한다면「대한민국 정부와 미합중국간의 소득에 대한 이중과세의 회피와 탈세방지 및 국제무역과 투자의 증진을 위한 협약」제3조 제2항에 따라 거주지국 판정은 다음과 같은 기준에 의해 순차적으로 결정하고 있습니다.

① 주거(Permanent home)를 두고 있는 국가의 거주자
② 양국에 주거를 두거나 양국에 수거가 없는 경우 인적 및 경제적

관계가 가장 밀접한 국가(중대한 이해관계 중심지, Center of vital interests)의 거주자
③ 중대한 이해관계 중심지가 결정될 수 없을 경우 일상적 거소(Habitual abode)가 있는 국가의 거주자
④ 양국에 일상적 거소를 두고 있거나 양국에 없는 경우 시민권(Citizenship)이 있는 국가의 거주자
⑤ 양국의 시민(또는 국민), 또는 양국 중 어느 국가의 시민(국민)도 아닌 경우 양국 권한 있는 당국의 상호합의에 의하여 문제 해결

미국 세법상 미국 거주자에 해당하나 한미 조세조약에 의하여 한국 거주자임을 주장하는 경우 미국 국세청에 Form 8833을 제출하여야 합니다(단, 소득이 10만 불을 초과하는 경우에만 제출).

다음 제시된 사례는 미국 시민권자가 한국과 미국에 재산을 두고 사망했을 때, 한국에 있는 상속인들이 후속처리를 어떻게 해야 하는지 묻는 질문입니다. 사례 해결을 통해 상속절차를 보다 쉽게 이해하도록 하겠습니다.

★ 관련 법령

대한민국 정부와 미합중국간의 소득에 대한 이중과세의 회피와 탈세방지 및 국제무역과 투자의 증진을 위한 협약 제3조

(2) 상기 (1)항의 규정에 의한 사유로 인하여 어느 개인이 양 체약국의 거주자인 경우에는 다음과 같이 취된다.
(a) 동 개인은 그가 주거를 두고 있는 그 체약국의 거주자로 간주된다.
(b) 동 개인이 양 체약국 내에 주거를 두고 있거나 또는 어느 체약국에도 주거를 두고 있지 아니하는 경우에 그는 그의 인적 및 경제적 관계가 가장 밀접한 그 체약국(중대한 이해관계의 중심지)의 거주자로 간주된다.
(c) 동 개인의 중대한 이해관계의 중심지가 어느 체약국에도 없거나 또는 결정될 수 없을 경우에 그는 그가 일상적 거소를 두고 있는 그 체약국의 거주자로 간주된다.
(d) 동 개인의 양 체약국 내에 일상적 거소를 두고 있거나 또는 어느 체약국에도 거소를 두고 있지 아니하는 경우에, 그는 그가 시민으로 소속하고 있는 체약국의 거주자로 간주된다.
(e) 동 개인이 양 체약국의 시민으로 되어 있거나 또는 어느 체약국의 시민도 아닌 경우에, 체약국의 권한 있는 당국은 상호 합의에 의하여 그 문제를 해결한다.
본 항의 목적상 주거는 어느 개인이 그 가족과 함께 거주하는 장소를 말한다.

(2) Where by reason of the provisions of paragraph (1) an individual resident of both Contracting States:
(a) He shall be deemed to be a resident of that Contracting State in which he maintains his permanent home;

(b) If he has a permanent home in both Contracting States or in neither of the Contracting States, he shall be deemed to be a resident of that Contracting State with which his personal and economic relations are closest (center of vital interests);

(c) If his center of vital interests is in neither of the Contracting States or cannot be determined, he shall be deemed to be a resident of that Contracting State in which he has a habitual abode:

(d) If he has a habitual abode in both Contracting States or in neither of the Contracting States, he shall be deemed to be a resident of the Contracting State of which he is a citizen; and

(e) If he is a citizen of both Contracting State or of neither Contracting State the competent authorities of the Contracting States shall settle the question by mutual agreement. For the purpose of this paragraph, a permanent home in the place where an individual dwells with his family.

★ 법령 해석

국조, 사전-2015-법령해석국조-0367 [법령해석과-3058], 2015.11.18.

거주자와 비거주자의 구분은 거주기간·직업·국내에서 생계를 같이하는 가족 및 국내 소재 자산 유무 등 생활관계의 객관적 사실에 따라 판단하는 것으로서, 미국 국적의 재미동포가 국내에 거소를 둔 기간이 2과세기간에 걸쳐 183일 이상인 경우에는 국내에 183일 이상 거소를 둔 것으로 보아

소득세법상 거주자에 해당하는 것이고, 이때 어느 개인이 미국에도 주소가 있는 등 한국과 미국 양국의 거주자인 경우, 거주자 판정은 「대한민국 정부와 미합중국간의 소득에 대한 이중과세의 회피와 탈세방지 및 국제무역과 투자의 증진을 위한 협약」 제3조 제2항의 규정에 따라 판단하는 것이며, 이때 양국의 거주자 해당 여부 등은 사실 판단할 사항입니다.

[사례 엿보기 3] 피상속인이 미국에서 한국과 미국에 재산을 두고 사망했을 때, 대한민국에 있는 상속인의 상속절차는?

미 시민권자인 오빠가 별다른 유언 없이 미국과 대한민국에 각 금융재산과 부동산을 남겨두고 급작스레 사망했습니다. 상속인으로는 배우자와 자녀가 없고 형제자매들이 모두 대한민국에 있을 경우 상속절차는 어떻게 되는지 궁금합니다.

망인이 미국 시민권자인 경우 미국 상속법에 따라 상속이 진행될 것입니다. 대한민국에 남겨둔 재산도 대한민국 국제사법에 따르면 기본적으로 망인의 본국법에 따라 상속이 이루어집니다.

예를 들어, 미국 캘리포니아의 경우 캘리포니아주 대법원 판결 (LUND v. LUND., 1945) 및 민법(Civil Code) 제755조와 제946조에 따라, 동산에 관해 유언을 남기지 않았을 경우, 즉 무유언 상속에 관해서는 피상속인의 사망 당시의 본적지(Domicile)의 법을 준거법으로 하고 있고 부동산은 토지가 소재한 주(국가)의 법에 따라 상속이 됩니다.

만약 망인이 미국 시민권자로 캘리포니아에 본적지(Domicile)를 두고 사망했다면 대한민국에 남긴 부동산은 대한민국 법에 따라 상속이 이루어지고, 대한민국에 남아 있는 금융재산은 미국 법(사례에서는 캘리포니아 법)에 따라 상속이 이루어질 것입니다.

미국에 남겨둔 재산은 당연히 망인의 본국법인 미국 법에 따라 상속이 이루어질 것인데, **별다른 유언이 없이 사망했다면 미국 법에 따라 우선적으로 미국 관할 법원에서 검인 절차**(Probate)를 거쳐야 합니다.

망인이 사망을 하면 대한민국은 바로 상속이 개시되어 상속인에게 포괄 승계가 되는데, 미국은 Intestate succession('무유언 상속법'이라 함)에 따라 재산분배가 이루어집니다. 즉, 사망과 동시에 재산은 실질적으로 동결(Freezing)이 되어 누구의 소유가 되지 않고, 이를 관리하기 위해 Personal representative(대표자)가 선임되는데, 이들은 집행인(Executor) 또는 상속재산관리인(Administrator)이라고 합니다.

유언이 없는 경우 상속재산분배를 위해서는 기본적으로 검인 절차를 거쳐야 하는데, 절차에 따라 대표자(Personal representative)가 선임이 되고, 이들의 가장 중요한 임무는 상속재산을 인수(Collecting)하고 채무, 세금, 비용 등을 지불하며, 남은 상속재산을 상속인에게 Distributing(분배)하는 것입니다. 해당 업무는 검인법원의 감독하에 수행하게 됩니다.

대표자는 미국에 가족이 있으면 가족들이 할 수도 있으나, 그런 경우가 아니라면 집행인을 별도로 선임해야 합니다. 즉 미국에서는 검인 절차를 통해 대표자(Representative or executor)를 선임하는 절차를 거쳐야 하는 것이죠.

상속세의 경우, 대한민국에 남겨둔 재산에 대해서는 대한민국 세법상 비거주자이므로 대한민국 정부에서 과세가 될 것입니다. 그런데, 망인은 미국 시민권자이므로 미국 세법상 대한민국과 미국 모두 남겨둔 재산에 대해 과세대상이 될 것이나, 상속과 증여의 면제한도를 고려하면 미국에서의 상속세 부담은 실질적으로 크지 않을 겁니다.

정리를 하자면, **대한민국과 미국에서 각 국가의 상속법 및 세법에 따라 재산을 이전하고 세금 등을 신고 및 납부**해야 합니다. 만약 정해진 기간 내에 상속 처리를 하지 못할 경우 가산세 등 불이익이 있을 수 있으니 유념해야 합니다.

상속재산분할에 관해 어느 나라의 법에 따라 정해지는지 이해하지 못하신 분들을 위해 한 가지 사례를 더 들어보겠습니다. 다음 사례는 미국에 거주하던 미국 시민권자 아버지가 대한민국에 일정 재산을 남겨두고 사망한 경우입니다.

[사례 엿보기 4] 미국 시민권자 아버지가 미국에서 사망했을 때, 상속재산분할은 미국 법과 대한민국 법 중 어느 나라 법에 따라 이루어지나?

아버지는 자녀들 교육을 위해 오래전 미국 캘리포니아로 이민을 가셨다가, 은퇴 후 미 시민권을 보유한 상황에서 재혼 배우자와 함께 대한민국으로 돌아오셔서 거소신고를 하고 생활하시다가 다시 미국으로 건너가셔서 미국에서 여생을 마감하셨습니다.

아버지는 대한민국에 남겨두신 재산은 아파트와 금융재산 5억 원 정도였으며, 상속인은 재혼 배우자와 미 시민권자 자녀 2명이었습니다. 이 경우 상속재산분할은 아버지 국적인 미국법에 따라 정해지는지, 재산이 있는 대한민국 법에 따라 정해지는지 궁금합니다.

대한민국 「국제사법」 제49조 제1항은 상속에 관하여 사망 당시 피상속인의 본국법에 따른다고 규정하고 있습니다. 따라서 [사례 엿보기 4]에서 아버지는 미국 시민권자로 캘리포니아에 거주하다가 사망했기에 미국 캘리포니아 법이 기본적인 상속에 관한 준거법이 될 겁니다.

그런데, 상속에 관한 미국 캘리포니아주의 대법원 판결(LUND v. LUND., 1945) 및 캘리포니아주 민법(Civil Code) 제755조, 제946조를 살펴보면, 동산에 관해 유언을 남기지 않았을 경우, 즉 무유언 상속에 관해서는 피상속인의 사망 당시의 본적지(Domicile)의 법을 준거법으로 하고 있고, 부동산의 경우 토지가 소재한 주(국가)의 법에 따라 상속이 됩니다. 본적지(Domicile)는 앞서 살펴봤듯이 영미법상 불특정 기간 동안 계속적으로 삶을 영위할 의사를 가지고 실제 거주하는 곳을 의미하는 개념입니다.

아버지는 미국 시민권자로서 캘리포니아에 거주하다가 사망했기에, 망인의 사망 당시의 본적지(Domicile)는 미국 캘리포니아가 됩니다.

따라서 사례와 같이 망인이 별다른 유언을 남겨두지 않은 경우, **망인이 남겨둔 예금 및 동산은 미국 캘리포니아주 법이 준거법**이 되고, **망인이 남겨둔 부동산은 부동산이 소재한 대한민국 민법이 준거법이 되어 상속**이 이루어질 것입니다.

★ **관련 법령**

국제사법 제49조(상속)
① 상속은 사망 당시 피상속인의 본국법에 의한다.
② 피상속인이 유언에 적용되는 방식에 의하여 명시적으로 다음 각호의 법 중 어느 것을 지정하는 때에는 상속은 제1항의 규정에 불구하고 그 법에 의한다.
1. 지정 당시 피상속인의 상거소가 있는 국가의 법. 다만, 그 지정은 피상속인이 사망 시까지 그 국가에 상거소를 유지한 경우에 한하여 그 효력이 있다.
2. 부동산에 관한 상속에 대하여는 그 부동산의 소재지법

국제사법 제9조(준거법 지정 시의 반정(反定))
① 이 법에 의하여 외국법이 준거법으로 지정된 경우에 그 국가의 법에 의하여 대한민국 법이 적용되어야 하는 때에는 대한민국의 법(준거법의 지정에 관한 법규를 제외한다)에 의한다.
② 다음 각호 중 어느 하나에 해당하는 경우에는 제1항의 규정을 적용하지 아니한다.
1. 당사자가 합의에 의하여 준거법을 선택하는 경우
2. 이 법에 의하여 계약의 준거법이 지정되는 경우
3. 제46조의 규정에 의하여 부양의 준거법이 지정되는 경우

4. 제50조 제3항의 규정에 의하여 유언의 방식의 준거법이 지정되는 경우

5. 제60조의 규정에 의하여 선적국법이 지정되는 경우

6. 그 밖에 제1항의 규정을 적용하는 것이 이 법의 지정 취지에 반하는 경우

Supreme Court of California - LUND V. LUND

원문

1. Descent and distribution

Whether a child shall succeed to the estate of his father is determined, in the case of land, by the law of the situs of the land, and in the case of movables, by the law of the domicile of the father at the time of his death, unless the law of the situs of the property provides that the law of the decedent's domicile shall not govern, Civ. Code, §755, §946

국문 번역

1. 상속과 분배

자녀가 아버지의 재산을 상속받을 수 있는지 여부는, 재산 소재지의 법 토지의 경우에는 토지가 소재한 주(국가)의 법에 따라 결정되며, 동산의 경우에는 동산이 소재한 주(국가)의 법에서 피상속인의 본적지법이 적용되지 아니한다고 규정하고 있지 아니한 이상, 피상속인이 사망 당시 본적지를 두고 있던 주(국가)의 법에 따라 결정된다. 캘리포니아 민법 제755조, 제946조 참조.

California Civil Code – CIV 제755조, 제946조

원문

§755

Section Seven Hundred and Fifty-five. Real property within the State if governed by the law of this State except where the title is in the United States.

(Amended by Code Amendmenets 1873-74, Ch. 612.)

§946

If there is no law to the contrary, in the place where personal property is situated, it is deemed peroson of its owner, and is governed by the law of his domicile.

(added by Code Amendments 1875-76, Ch. 167.)

국문 번역

§ 755
주 내의 부동산은 소유권이 미국에 있는 경우를 제외하고는 이 주(캘리포니아주)의 법률이 적용된다.

§ 946
개인 재산이 위치한 장소에서 이와 상반되는 법률이 없는 한, 그 재산에 대해서는 소유자의 법을 따르는 것으로 간주되며, 그의 본적지의 법이 준거법이 된다.

그렇다면 한국에서의 상속재산은 상속인들에게 어떻게 배분되는 걸까요?

상속재산은 망인의 사망일자에 망인 명의로 남아 있는 부동산, 금융재산 등을 말하며, 망인 명의로 남아 있는 재산은 다음과 같은 순서에 따라 분할이 됩니다.

첫째, 만약 망인이 유언을 남겨두었다면 유언에 따라 재산이 분할됩니다. 이 경우 상속인들의 상속분은 망인의 유언에 의해 정해집니다.

둘째, 만약 유언이 없다면 공동상속인 전원의 협의에 의해 정해집니다. 이 경우 각 상속인들의 상속분은 상속인 협의에 의해 자율적으로 결정하며, 반드시 상속인 전원이 분할협의내용에 동의해야 합니다.

셋째, 그런데 만약 상속인 중 한 명이라도 반대해 **분할협의가 되지 않는다면, 상속재산분할심판이라는 소송에 따라 대한민국 민법에 의해** 상속인들의 상속분이 정해집니다.

즉 재산 보유자인 망인의 유언에 따른 배분이 가장 최우선이고, 유언이 없다면 상속인들이 자율적으로 상속인 간 상속분을 정하는 등 상속에 있어 상속인들의 상속분은 당사자의 의사에 최대한 맡겨둡니다. 법에 따라 강제적으로 상속분을 정하는 것은 가장 마지막 단계로, 법은 상속분을 정하는 데 있어 가장 최후의 수단이라고도 할 수 있습니다. 유언이 없고 상속인 간 협의가 되지 않으면 어쩔 수 없이 최후의 수단으로 소송을 통해 정해진 상속법에 따라 강제적으로 상속인들의 상속분을 정하고 상속재산을 정리하는 겁니다.

소송에 의해 상속분을 정할 때는 기본적인 법정상속분을 기준으로 하여, 각 상속인들이 망인으로부터 생전증여 받은 부분과 기여분을 고려하여 최종적인 상속분을 정합니다. 쉽게 이야기하면, 생전에 망인으로부터 재산을 많이 받은 상속인은 남은 재산을 그만큼 적게 가져가고, 생전에 망인을 잘 모시고 재산형성에 도움을 준 상속인은 남은 재산에 대해 상속분이 더 높아진다는 겁니다.

상속인 간에 상속분에 대한 협의가 이루어졌다면 상속절차의 하나로 망인의 재산을 상속인에게 이전하는 **소유권 이전**을 해야 합니다. 이 과정에서는 망인과 상속인의 국적과 상속재산이 어디에 있는지 등을 고려해 다양한 서류를 준비해야 하는데요. 몇 가지 경우를 나눠서 소유권 이전을 위해 준비해야 할 것을 알아보겠습니다.

[사례 엿보기 5] 미국 시민권자인 자녀가 망인의 대한민국 아파트 소유권 이전을 위해 필요한 서류는?

대한민국에 거주하던 아버지가 사망해서, 미국 시민권자인 제가 아버지가 서울에 남겨둔 아파트를 상속받게 되었습니다. 이때 제 명의로 아파트 소유권을 이전하기 위해 필요한 서류가 무엇인지 궁금합니다.

[사례 엿보기 5]의 질문은 미국 시민권자가 대한민국 국적의 아버지가 대한민국에 남겨둔 부동산을 상속받는 경우를 보여줍니다. **기본적으로 상속인은 상속재산분할협의서, 거주사실 확인서, 서명확인서, 동일인증명서, 출생증명서 등이 필요**하고 이러한 서류는 주민센터 등에서 발급받는 것이 아니라, 직접 서류를 작성해야 합니다.

이때 필요서류를 좀 더 자세히 살펴보면, 해당 서류는 체류신분,

출생국가, 국적변경 여부 등에 따라 달라질 수 있습니다만, 기본적으로 주소를 증빙하는 **'거주사실 확인서'**, 인감증명 또는 이를 대체하는 **'서명확인서'** 등이 필요하며, 기타 이름이 외국명 등으로 변경되었을 경우 이를 증빙해주는 **'동일인증명서'** 등이 필요합니다. 이때 서류는 직접 작성해야 하므로 작성자에 따라서 서류명칭이 달라질 수 있습니다. 만약, 대한민국에 출생신고가 되어 있지 않은 상속인이라면 별도로 **현지 출생증명서**(Birth Certificate)가 필요합니다.

이와 같이 작성된 서류 중 일부는 한국 영사관 또는 대사관에서 **영사공증**을 받아야 합니다. 만약, 미국과 같은 아포스티유 협약국가라면 영사공증은 현지 공증인의 공증(Notarization) 및 아포스티유 인증을 받는 것으로 대체할 수 있고, 캐나다와 같은 아포스티유 협약국가가 아닌 경우엔 현지 공증인의 공증(Notarization), 주 정부의 인증(Authentication) 및 한국 영사관의 영사확인을 받는 것으로 대체할 수도 있습니다. 아울러, 동일인증명서 등 특정 서류는 한국 영사관 또는 대사관에서 영사공증이 아니라 미국과 같은 경우 공증 및 아포스티유 인증을 받아야 하고, 캐나다와 같은 경우 공증, 주 정부 인증 및 한국 영사의 영사확인을 받아야 합니다.

아울러, 외국인의 경우 외국인등록번호, 국내거소신고번호 또는 부동산등기용등록번호 중 하나가 필요합니다. 그리고 상속인에게 대한민국 관련 기록 등이 없는 경우에는 출생국가에서 발행한 출생증명서 등 개별 사정에 따른 추가적인 서류가 필요할 수도 있습니다.

마지막으로 **망인의 사망과 상속인을 증명할 수 있는 서류**도 준비해야 하는데요, 해당 서류는 대부분 주민센터 등에서 발급받을 수 있습니다.

돌아가신 아버지와 상속인의 관계를 증명할 수 있는 서류는 다음과 같습니다.

① 기본증명서
② 가족관계증명서
③ 입양관계증명서
④ 친양자입양관계증명서
⑤ 혼인관계증명서
⑥ 말소자주민등록초본(주소변동사항 포함)
⑦ 망인의 출생기록부터 2008년 기록까지의 일체의 제적등본
⑧ 기타 제적등본(개인별 제적등본 현황에 따라 다름)

★ **관련 법령**

재외국민 및 외국인의 부동산등기신청절차에 관한 예규

제3조(외국공문서에 대한 확인)
① 첨부정보가 외국에서 발행된 공문서(외국 공증인이 공증한 문서를 포함한다. 이하 같다)인 경우에는 규칙 제46조 제9항에 따라 다음 각호의 구분에 따른 확인을 받아 등기소에 제공하여야 한다.
1. 「외국공문서에 대한 인증의 요구를 폐지하는 협약」(이하 '협약'이라 한다)을 체결한 국가(한 국가 내의 특수한 지역을 포함한다. 이하 같다. 체약국의 예: 미국, 일본, 호주, 러시아, 홍콩)에서 발행한 공문서의 경우에는 해당 국가의 아포스티유(Apostille) 발행 권한기관(예: 외교부, 국무부, 법원,

교육청 등 국가마다 상이함)에서 발행한 아포스티유 확인

2. 협약을 체결하지 않은 국가(예: 캐나다, 중국, 싱가포르, 대만, 베트남)에서 발행한 공문서의 경우에는 「재외공관 공증법」 제30조 제1항 본문에 따라 해당 국가에 주재하는 대한민국 공증담당영사의 확인

② 등기관은 협약가입국 현황(www.0404.go.kr)을 참조하여 제1항에 따른 확인이 없는 경우에는 보정을 명하여야 한다. 다만, 다음 각호의 어느 하나에 해당하는 경우에는 그러하지 아니하다.

1. 첨부정보가 외국의 외교·영사기관이 작성 또는 공증한 문서인 경우 (예: 주한 미국대사관에서 공증받은 문서)

2. 대한민국과 수교를 맺지 않고 또한 위 협약에도 가입하지 않은 국가 (예: 쿠바, 시리아)에서 발행된 공문서인 경우

3. 신분증 원본

제6조(상속재산분할협의 권한을 위임하는 경우)

① 상속인인 재외국민이나 외국인이 상속재산분할협의에 관한 권한을 대리인에게 수여하는 경우에는 분할의 대상이 되는 부동산과 대리인의 인적사항을 구체적으로 특정하여 작성한 상속재산분할협의 위임장을 등기소에 첨부정보로써 제공하여야 한다.

② 상속재산분할협의 권한을 수여받은 대리인은 본인의 대리인임을 현명하고 대리인의 자격으로 작성한 상속재산분할협의서를 등기소에 원인증서로써 제공하여야 한다.

③ 제1항의 상속재산분할협의 위임장에는 상속인 본인의 인감을 날인하고 그 인감증명을 제출하여야 한다. 이 경우 인감증명을 제출하여야 하는 자가 재외국민인 경우에는 제9조를, 외국인인 경우에는 제12조를 준용한다.

④ 제2항의 상속재산분할협의서에는 대리인의 인감을 날인하고 그 인감증명을 제출하여야 한다. 다만, 상속재산분할협의서를 대리인이 작성하였다는 뜻의 공증을 받은 경우에는 인감증명을 제출할 필요가 없다.

제12조(외국인의 인감증명 제출)

① 인감증명을 제출하여야 하는 자가 외국인인 경우에는 「출입국관리법」에 따라 외국인등록을 하거나 「재외동포의 출입국과 법적 지위에 관한 법률」에 따라 국내거소신고를 하여 「인감증명법」에 따라 신고한 인감증명을 제출하거나 본국의 관공서가 발행한 인감증명(예: 일본, 대만)을 제출하여야 한다.

② 외국인등록이나 국내거소신고를 하지 않아 「인감증명법」에 따른 인감증명을 발급받을 수 없고 또한 본국에 인감증명제도가 없는 외국인은 인감을 날인해야 하는 서면이 본인의 의사에 따라 작성되었음을 확인하는 뜻의 본국 관공서의 증명이나 본국 또는 대한민국 공증인의 인증(대한민국 재외공관의 인증을 포함한다. 이하 같다)을 받음으로써 인감증명의 제출을 갈음할 수 있다. 이 경우 제9조 제3항을 준용한다.

제13조(외국인의 주소증명정보)

① 외국인은 주소를 증명하는 정보로서 다음 각호의 어느 하나에 해당하는 정보를 제공할 수 있다.

1. 「출입국관리법」에 따라 외국인등록을 한 경우에는 외국인등록 사실증명
2. 「재외동포의 출입국과 법적 지위에 관한 법률」에 따라 국내거소신고를 한 외국국적동포의 경우에는 국내거소신고 사실증명
3. 본국에 주소증명제도가 있는 외국인(예: 일본, 독일, 프랑스, 대만, 스페인)은 본국 관공서에서 발행한 주소증명정보
4. 본국에 주소증명제도가 없는 외국인(예: 미국, 영국)은 본국 공증인이 주소를 공증한 서면. 다만, 다음 각 목의 어느 하나에 해당하는 방법으로써 이를 갈음할 수 있다.

가. 주소가 기재되어 있는 신분증의 원본과 원본과 동일하다는 뜻을 기재한 사본을 함께 등기소에 제출하여 사본이 원본과 동일함을 확인받고 원본을 환부받는 방법. 이 경우 등기관은 사본에 원본 환부의 뜻을 적고 기명날인하여야 한다.

나. 주소가 기재되어 있는 신분증의 사본에 원본과 동일함을 확인하였다는 본국 또는 대한민국 공증이나 본국 관공서의 증명을 받고 이를 제출하는 방법
다. 본국의 공공기관 등에서 발행한 증명서 기타 신뢰할 만한 자료를 제출하는 방법(예: 주한미군에서 발행한 거주사실증명서, 러시아의 주택협동조합에서 발행한 주소증명서)

② 외국인이 본국을 떠나 대한민국이 아닌 제3국에 체류하는 경우에 체류국에 주소증명제도가 있다면 체류국 관공서에서 발행한 주소증명정보를 제공할 수 있고(예: 스페인에 체류하는 독일인이 스페인 법령에 따라 주민등록을 하였다면 스페인 정부가 발행하는 주민등록정보를 제공), 체류국에 주소증명제도가 없다면 체류국의 공증인이 주소를 공증한 서면을 제공할 수 있다. 다만, 주소를 공증한 서면을 제공하는 경우에는 해당 국가에서의 체류자격을 증명하는 정보(예: 영주권확인증명, 장기체류 비자증명)를 함께 제공하여야 한다.

제14조(**외국인의 부동산등기용등록번호**)
외국인의 부동산등기용등록번호는 다음 각호의 어느 하나로 한다.
1. 「출입국 관리법」에 따라 체류지를 관할하는 지방출입국・외국인관서의 장이 부여한 외국인등록번호
2. 국내에 체류지가 없는 경우에는 대법원 소재지를 관할하는 서울출입국・외국인관서의 장이 부여한 부동산등기용등록번호
3. 「재외동포의 출입국과 법적 지위에 관한 법률」에 따라 거소를 관할하는 지방출입국・외국인관서의 장이 외국국적동포에게 부여한 국내거소신고번호

그런데 망인은 대한민국 국적자인데, 상속인이 미국 시민권자가 아니라 미국 영주권자라면 어떻게 달라질까요? 대한민국 국적의 아버지와 상속인의 관계를 증빙하는 서류는 앞서 살펴본 미국 시민권자 상속의 사례와 동일합니다.

아울러, 상속인은 대한민국 국적이므로 **대한민국 국적의 상속인 서류와 기본적으로 동일한 서류를 준비**해야 합니다. 그런데, 만약 미국 영주권자나 비자체류자가 **상속재산분할협의서**에 인감날인이 아니라 서명을 할 경우 **협의서에 영사공증을 받아야** 합니다.

아울러, 만약 미국이나 캐나다 영주권자의 **대한민국 주민등록이 말소가 되었다면, 재외국민등록부등본을 제출**해야 하고, 기타 일본 등 주소증빙제도가 있는 외국에 체류하고 있다면 해당 국가에서 발행한 주소증빙서류를 제출할 수도 있습니다.

그리고 흔한 사례는 아니지만, 대한민국 국적의 미국 영주권자로 주민등록번호를 부여받은 적이 없다면 별도로 부동산등기용등록번호를 부여받아야 합니다. 마지막으로 상속인의 대한민국 관련 기록 등이 없다면 출생국가에서 발행한 출생증명서 등 개별 사정에 따라 추가 서류가 필요할 수도 있습니다.

★ 관련 법령

재외국민 및 외국인의 부동산등기신청절차에 관한 예규

제6조(상속재산분할협의 권한을 위임하는 경우)

① 상속인인 재외국민이나 외국인이 상속재산분할협의에 관한 권한을 대리인에게 수여하는 경우에는 분할의 대상이 되는 부동산과 대리인의 인적사항을 구체적으로 특정하여 작성한 상속재산분할협의 위임장을 등기소에 첨부정보로써 제공하여야 한다.
② 상속재산분할협의 권한을 수여받은 대리인은 본인의 대리인임을 현명하고 대리인의 자격으로 작성한 상속재산분할협의서를 등기소에 원인증서로써 제공하여야 한다.
③ 제1항의 상속재산분할협의 위임장에는 상속인 본인의 인감을 날인하고 그 인감증명을 제출하여야 한다. 이 경우 인감증명을 제출하여야 하는 자가 재외국민인 경우에는 제9조를, 외국인인 경우에는 제12조를 준용한다.
④ 제2항의 상속재산분할협의서에는 대리인의 인감을 날인하고 그 인감증명을 제출하여야 한다. 다만, 상속재산분할협의서를 대리인이 작성하였다는 뜻의 공증을 받은 경우에는 인감증명을 제출할 필요가 없다.

제10조(재외국민의 주소증명정보)

재외국민은 주소를 증명하는 정보로서 다음 각호의 어느 하나에 해당하는 정보를 제공할 수 있다.
1. 재외국민등록부등본
2. 「주민등록법」에 따라 주민등록 신고를 한 경우에는 주민등록표등본 · 초본
3. 주소증명제도가 있는 외국에 체류하는 재외국민으로서 체류국 법령에 따라 외국인등록 또는 주민등록 등을 마친 경우에는 체류국 관공서에서 발행한 주소증명정보(예: 일본국의 주민표, 스페인왕국의 주민등록증명서)

4. 제1호부터 제3호까지의 규정에 따라 주소를 증명하는 것이 불가능한 경우에는 체류국 공증인이 주소를 공증한 서면

제11조 (재외국민의 부동산등기용등록번호)
재외국민의 부동산등기용등록번호는 다음 각호의 어느 하나로 한다.
1. 주민등록번호를 부여받은 적이 있는 재외국민의 경우에는 주민등록번호(주민등록사항이 말소된 경우에도 같다)
2. 주민등록번호를 부여받은 적이 없는 재외국민의 경우에는 법 제49조 제1항 제2호에 따라 서울중앙지방법원 등기국 등기관이 부여한 부동산등기용등록번호

위 사례와는 달리 망인이 대한민국 국적자가 아닌 경우도 있을 수 있습니다.

[사례 엿보기 6] 미국 시민권자 아버지가 사망했을 때, 자녀들이 대한민국에 있는 아버지 아파트의 소유권 이전에 필요한 서류는?

아버지는 오래전 미국으로 이민 오셔서 시민권자로 거주하시다가 사망하셨고, 대한민국에 아파트를 한 채 남겨두셨습니다. 자녀로는 대한민국에서 태어난 저와 미국에서 태어난 여동생이 있는데 여동생은 대한민국에 출생신고가 되어 있지 않습니다.
이 경우, 저와 여동생이 각 2분의 1씩 대한민국의 아파트 소유권을 이전받기 위해 필요한 서류가 무엇인지 궁금합니다.

망인이 대한민국 국적이었다가 미국 시민권을 취득했다면 대한민국 가족관계등록부상에 남아 있는, 상속인과의 관계를 파악할 수 있는 망인의 서류를 발급받아야 합니다. 즉 [사례 엿보기 5]와 같이 망인과 상속인의 관계를 알 수 있는 기본 서류는 동일합니다.

그런데 망인이 대한민국 국적을 보유한 적이 없고 미국 국적의 부모 밑에서 미국에서 태어났다면, 망인과 상속인 관계를 나타내기 위해서는 미국에서 발행된 서류가 필요합니다.

그런데, **미국의 경우 한국과 같은 가족관계등록부 제도가 없기 때문에** 망인과 상속인 관계를 나타낼 수 있는 서류 자체가 사실상 **망인의 사망진단서**(Death Certificate)**와 출생증명서**(Birth Certificate) 정도에 불과합니다.

따라서 일단 기본적으로 미국에서 발급받아야 하는 사망진단서 등을 준비해야 합니다. 그리고 공적으로 발급받을 공문서 등이 제한되는 관계로 필요한 경우 상속인 관계를 증빙하는 사문서 등을 작성할 필요도 있습니다. 즉 궁극적으로 개별 가족관계 상황을 구체적으로 파악하여 해당 상황에 맞는 서류를 준비해야 합니다.

해외거주자를 위한 상속세의 모든 것

앞서 우리는 상속과 증여의 기본 이해를 통해서 상속과 증여에 있어서 거주자 판단이 매우 중요하다는 사실을 알았습니다. 지금부터 알아볼 상속세도 국적보다는 거주자인지 여부를 따져 과세대상의 기준이 달라지는데요. 먼저 이를 다시 간단히 이해하고 여러 사례를 통해 자세히 알아보도록 하겠습니다.

대한민국 상속세 및 증여세법에 따르면 상속세의 경우에는 국적을 불문하고 피상속인이 거주자이냐 거주자가 아니냐(비거주자)에 따라 과세대상의 기준이 달라집니다. 피상속인이 거주자라면 국내외 상속재산에 세금을 부과하고, 비거주자라면 국내 상속재산에만 과세합니다. 그런데 망인이 거주자이면 국내 상속재산에 대해서는 일괄공제, 배우자공제 등 최소 10억 원, 배우자가 없더라도 최소 5억 원의 상속세공제가 가능한 데 반해, 비거주자라면 국내 상속재산에 대한 상속세 기초공제인 2억 원만 공제가 가능하죠.

그렇다면 미국에서는 세금이 어떻게 부과될까요? 망인이 미 시민권자이거나 미국 거주자라면 미국이나 해외 상속재산에 대해서는 미국 세무당국에 의한 과세대상이면서 통합세액공제 활용이 가능합니다. 통합세액공제는 2024년 기준으로 증여와 상속을 합쳐 평생 $13,610,000의 공제를 받을 수 있습니다. 경우에 따라 살아 있는 배우자의 상속재산에 대해서는 사용되지 않은 망인의 상속세 공제상당금액을 이용할 수도 있는데, 이를 활용하면 최대 $27,220,000(= $13,610,000 x 2명)까지 상속재산가액에서 차감할 수도 있습니다. 통합세액공제의 범위를 초과한 범위에 대해서만 세율 40%를 적용하죠. 그리고 한국에 이미 낸 세금이 있다면 이 또한 공제를 할 수 있습니다. 그런데, 미국 시민권자도 아니고 미국 거주자도 아닌 비거주자분이 미국에 재산을 남겨두고 사망하신 경우엔 통합세액공제 혜택이 없어 상속인들 입장에서 보면 미국에서의 상속세 측면에서 상당히 불리해질 수 있습니다.

이처럼 상속세는 거주자 여부와 상속재산의 소재지 등에 따라 과세대상이나 세율 등이 달라질 수 있습니다. 크게 상속재산을 부동산으로 두고, 이 상속재산이 대한민국에 있는 경우와 미국에 있는 경우로 나눠 몇 가지 사례를 통해 상속세를 알아보겠습니다.

[사례 엿보기 7] 대한민국에 있는 아버지가 사망하여 미국 시민권자인 자녀가 대한민국의 아파트를 상속받을 때, 상속세는 어디에 내야 하는가?

저는 대한민국에 거주하다가 오래전 미국으로 이민을 와서 미국 시민권을 취득했습니다. 그런데, 얼마 전 대한민국에 있는 아버지가 서울에 아파트를 남겨두시고 사망하여 단독으로 아파트를 상속받게 되었습니다.

잘은 모르지만, 미국의 경우 상속세 공제 한도가 크다고 하고, 저는 미국 시민권자이므로 상속세는 없다고 생각했으나, 아버지가 대한민국 국적이라면 일정의 상속세가 있을 수 있다고 하는데 상속세를 내지 않아도 되는 것인지, 아니면 상속세를 납부해야 한다면 어느 나라에 납부해야 하는지 궁금합니다.

위 사례를 요약해보면, **질문자는 일단 미국 시민권자**로 미국에 살고 있고, **아버지는 대한민국 국적자로 한국에서 살다가 돌아가셨습니다. 상속재산은 한국**에 있는데, 이 경우 대한민국에 상속세를 내야 하는지에 대한 질문이었습니다.

대한민국 세법상 피상속인의 국적을 불문하고 **피상속인이 대한민국에 남겨둔 부동산과 금융재산에 대해서는 상속세가 부과**됩니다. 상속인이 미국 시민권자라면 미국에서 별도의 상속세가 부과되지는 않을 것이나, 일정 금액 이상을 상속받는다면 상속사실을 미국 정부에 보고해야 할 수 있습니다.

좀 더 구체적으로 알아보면, 대한민국 「상속세 및 증여세법」 제3조에 따라 망인이 「동법」 제2조 제8호에 규정된 거주자에 해당할 경우 국내와 국외에 있는 모든 재산에 대해 상속세가 부과됩니다. 만약 망인이 비거주자인 경우에는 국내에 있는 재산에만 대한민국에서 상속세가 과세됩니다.

즉, 상속인의 국적에 따라 상속세 납부 의무가 결정되는 것이 아니라, **국내에 있는 재산은 기본적으로 상속세 과세대상**이 되고, **망인이 대한민국 「상속세 및 증여세법」상 거주자인지 여부에 따라 과세대상 재산이 국내재산에 한정이 되거나 국외재산까지 포함되는지 여부가 결정**될 뿐입니다.

따라서 사례와 같이 대한민국에 있는 재산을 상속하는 경우, 대한민국 정부에 상속세를 내야 하며, 상속인이 미국 시민권자라고 하더라도 별도로 미국에 상속세를 내지는 않습니다.

다만, 미국 시민권자가 미국에 비거주하는 외국인으로부터 **연간 $100,000을 초과**(2024년 기준)**한 금액을 증여받거나 상속을 받을 경우,** 다음 해 4월 15일까지 소득세 신고 시 Form 3520(Annual Return to Report Transactions with Foreign Trusts and Receipt of Certain Foreign Gifts)을 **미국 정부에 제출하여 해당 상속사실을 보고**해야 합니다.

★ **관련 법령**

상속세 및 증여세법

제3조(상속세 과세대상) 상속개시일 현재 다음 각호의 구분에 따른 상속재산에 대하여 이 법에 따라 상속세를 부과한다. 〈개정 2016. 12. 20.〉

1. 피상속인이 거주자인 경우: 모든 상속재산
2. 피상속인이 비거주자인 경우: 국내에 있는 모든 상속재산

상속세 및 증여세법 제3조의 2(상속세 납부의무)
① 상속인(특별연고자 중 영리법인은 제외한다) 또는 수유자(영리법인은 제외한다)는 상속재산(제13조에 따라 상속재산에 가산하는 증여재산 중 상속인이나 수유자가 받은 증여재산을 포함한다) 중 각자가 받았거나 받을 재산을 기준으로 대통령령으로 정하는 비율에 따라 계산한 금액을 상속세로 납부할 의무가 있다.
② 특별연고자 또는 수유자가 영리법인인 경우로서 그 영리법인의 주주 또는 출자자(이하 "주주등"이라 한다) 중 상속인과 그 직계비속이 있는 경우에는 대통령령으로 정하는 바에 따라 계산한 지분상당액을 그 상속인 및 직계비속이 납부할 의무가 있다.
③ 제1항에 따른 상속세는 상속인 또는 수유자 각자가 받았거나 받을 재산을 한도로 연대하여 납부할 의무를 진다.

다음 사례는 **상속인과 피상속인 모두 미국 시민권자**로 **대한민국에 있는 상속재산**을 받을 경우 상속세가 어떻게 되는지에 대한 질문입

니다. 앞서 우리가 봤던 사례는 피상속인이 대한민국 국적자이자 거주자로 대한민국에 상속재산이 있는 경우였고, 이번 사례는 피상속인의 재산은 한국에 있으면서 거주하는 곳은 미국일 때의 경우입니다. 그 차이점을 생각하면서 설명을 보면 이해가 더 쉬워질 겁니다.

[사례 엿보기 8] 미국 시민권자 아버지가 사망했을 때, 대한민국에 있는 재산에 대한 상속세공제 혜택은 얼마나 될까?

아버지는 자녀들 교육을 위해 오래전 미국 캘리포니아로 이민을 가셨다가 현지에서 사망을 하셨습니다.
사망 당시, 대한민국에 오래전부터 보유하고 계시던 아파트를 한 채 남겨 두셨는데, 아버지가 미국에 계셔서 상당한 상속세를 내야 한다는 이야기를 들었습니다. 이 경우 아버지가 미국에서 사망하셔서 세금 측면에서 불이익이 있는지 궁금합니다.

대한민국 「상속세 및 증여세법」 제18조에 따르면 **거주자나 비거주자의 사망으로 상속이 개시되면 상속세 과세가액에서 2억 원을 공제**해주는데 이를 '**기초공제**'라고 합니다.

「상속세 및 증여세법」에 따르면 기초공제 외에도 배우자 상속공제(동법 제19조), 인적공제(동법 제20조), 일괄공제(동법 제21조), 금융재산 상속공제(동법 제22조), 재해손실공제(동법 제23조), 동거주택 상속공제

(동법 제23조의 2) 등 다양한 공제가 인정되는데, 상속세 및 증여세법 제19조 내지 제23조의 2에 규정된 **공제제도는 모두 「상속세 및 증여세법」 거주자가 사망한 경우에만 인정되는 제도**입니다.

이에 따라, 「상속세 및 증여세법」상 **거주자가 사망한 경우**, 망인의 사망 당시 배우자가 있다면 일괄공제와 배우자공제를 합쳐 **최소 10억 원, 배우자가 없다고 해도 최소 5억 원의 공제가 인정**됩니다.

반면, 망인이 상속세 및 증여세법상 비거주자인 경우에는 「상속세 및 증여세법」 제18조에 규정된 기초공제 2억 원만 인정이 되기에 망인이 비거주자인 경우에는 거주자 대비 상속세 측면에서 불리합니다.

★ 관련 법령

상속세 및 증여세법

제18조(기초공제)

① 거주자나 비거주자의 사망으로 상속이 개시되는 경우에는 상속세 과세가액에서 2억 원을 공제(이하 "기초공제"라 한다)한다.

제19조(배우자 상속공제)

① 거주자의 사망으로 상속이 개시되어 배우자가 실제 상속받은 금액의 경우 다음 각호의 금액 중 작은 금액을 한도로 상속세 과세가액에서 공제한다.

제20조(그 밖의 인적공제)

① 거주자의 사망으로 상속이 개시되는 경우로서 다음 각호의 어느 하나

에 해당하는 경우에는 해당 금액을 상속세 과세가액에서 공제한다. 이 경우 제1호에 해당하는 사람이 제2호에 해당하는 경우 또는 제4호에 해당하는 사람이 제1호부터 제3호까지 또는 제19조에 해당하는 경우에는 각각 그 금액을 합산하여 공제한다. 〈개정 2010. 12. 27., 2015. 12. 15., 2016. 12. 20.〉

1. 자녀 1명에 대해서는 5천만 원
2. 상속인(배우자는 제외한다) 및 동거가족 중 미성년자에 대해서는 1천만 원에 19세가 될 때까지의 연수(年數)를 곱하여 계산한 금액
3. 상속인(배우자는 제외한다) 및 동거가족 중 65세 이상인 사람에 대해서는 5천만 원
4. 상속인 및 동거가족 중 장애인에 대해서는 1천만 원에 상속개시일 현재 「통계법」 제18조에 따라 통계청장이 승인하여 고시하는 통계표에 따른 성별·연령별 기대여명(期待餘命)의 연수를 곱하여 계산한 금액

제21조(일괄공제)

① 거주자의 사망으로 상속이 개시되는 경우에 상속인이나 수유자는 제18조 제1항과 제20조 제1항에 따른 공제액을 합친 금액과 5억 원 중 큰 금액으로 공제받을 수 있다. 다만, 제67조 또는 「국세기본법」 제45조의 3에 따른 신고가 없는 경우에는 5억 원을 공제한다.

제22조(금융재산 상속공제)

① 거주자의 사망으로 상속이 개시되는 경우로서 상속개시일 현재 상속재산가액 중 대통령령으로 정하는 금융재산의 가액에서 대통령령으로 정하는 금융채무를 뺀 가액(이하 이 조에서 "순금융재산의 가액"이라 한다)이 있으면 다음 각호의 구분에 따른 금액을 상속세 과세가액에서 공제하되, 그 금액이 2억 원을 초과하면 2억 원을 공제한다.

제23조(재해손실 공제)

① 거주자의 사망으로 상속이 개시되는 경우로서 제67조에 따른 신고기한 이내에 대통령령으로 정하는 재난으로 인하여 상속재산이 멸실되거나 훼손된 경우에는 그 손실가액을 상속세 과세가액에서 공제한다. 다만, 그 손실가액에 대한 보험금 등의 수령 또는 구상권(求償權) 등의 행사에 의하여 그 손실가액에 상당하는 금액을 보전(補塡)받을 수 있는 경우에는 그러하지 아니하다.

제23조의 2(동거주택 상속공제)

① 거주자의 사망으로 상속이 개시되는 경우로서 다음 각호의 요건을 모두 갖춘 경우에는 상속주택가액(「소득세법」 제89조 제1항 제3호에 따른 주택부수토지의 가액을 포함하되, 상속개시일 현재 해당 주택 및 주택부수토지에 담보된 피상속인의 채무액을 뺀 가액을 말한다)의 100분의 100에 상당하는 금액을 상속세 과세가액에서 공제한다. 다만, 그 공제할 금액은 6억 원을 한도로 한다.

상속세 공제의 측면에서 대한민국에 있는 상속재산에 대해 망인이 한국 세법상 비거주자라면 거주자 대비 대한민국에서 과세되는 상속세는 불리하다는 사실을 알았습니다. 그러면 같은 경우(망인과 상속인이 미 시민권자이고 상속재산은 대한민국) 미국에서의 상속세는 어떻게 될까요?

결론적으로 이야기하면 미국 시민권자가 대한민국에 수억에서 수십억 원의 부동산을 남겨둔 경우, **미국에서는** 통합세액공제를 활용할 수 있다면, **별도의 상속세가 과세되지는 않으나, 한국에서는 상**

속세가 과세될 수 있습니다. 자세한 내용은 다음과 같습니다.

대한민국 「상속세 및 증여세법」 제3조에 따라 망인이 동법 제2조 제8호에 규정된 거주자에 해당할 경우 국내와 국외에 있는 모든 재산에 대하여, 거주자가 아닌 비거주자의 경우 국내에 있는 재산에 대해서만 상속세가 과세됩니다.

즉 상속인의 국적에 따라 상속세 납부 의무가 결정되는 것이 아니라, 국내에 있는 재산에 대해서는 기본적으로 상속세 과세대상이 되고, 만약 망인이 상속세 및 증여세법상 거주자인지 여부에 따라 과세대상 재산이 국내재산에 한정이 되거나 국외재산까지 포함이 되는지 여부가 결정될 뿐입니다. 따라서 **망인이 미국 국적이라고 하더라도, 대한민국에 남겨둔 아파트는 대한민국에서 상속세 과세대상이 되며, 이 경우 기초공제 2억 원만 인정**됩니다.

그런데, **미국 상속세법에 따르면 망인이 미국 시민권자 또는 미국 상속세법상 미국 거주자인 경우 미국 내에 있는 재산과 미국 외에 있는 재산도 미국에서 상속세과세대상**이 되며, 망인의 사망일 또는 사망 후 6개월이 된 때의 시기가 당해 연도의 상속세 면제한도를 초과하면 상속세가 부과됩니다.

'The Tax Cuts and Jobs Act'에 따라 미국 시민권 또는 미국 상속세법상의 미국 거주자가 이용할 수 있는 **통합공제**(United Credit)방식에 따른 상속세 증여세 **면제상당금액**(Exemption equivalent)**은 상속과 증여를 합쳐 2024년도 기준으로 $13,610,000**이 됩니다.

만약 아버지가 2024년에 사망했다면 생존 배우자의 상속재산에 대해서는 사용되지 않은 망인의 상속세 면제상당금액을 이용할 수 있습니다. 즉 부부 중 먼저 사망한 배우자가 자신의 상속세 면제상당금액을 이용하지 못하고 사망할 경우, 남아 있는 배우자는 2024년 기준으로 총 $27,220,000(= $13,610,000 × 2명)까지 상속재산가액에서 공제할 수 있다는 의미입니다.

면제금액을 초과하는 상속 또는 증여에 대해서는 40%의 세금이 부과되는데, 이때 대한민국 등 외국에서 납부한 상속세가 있다면 해당 금액은 외국납부세액으로 공제를 받을 수 있습니다.

아울러, **미국의 많은 주 정부는 2001년 연방세법 개정 이후 상속세를 부과하는 법을 신설하여 주 정부 상속세 보고 및 납세를 요구**합니다. 주 정부 상속세의 경우 많은 변화가 있고 또한 연방정부 상속세(Estate tax)와는 다른 개념의 상속세(예를 들어, Inheritance tax)를 부과하는 경우도 있으므로 상속세 처리에 앞서 반드시 해당 주의 변호사 등 세무 전문가와 상담한 후 상속세 처리를 해야 합니다.

[사례 엿보기 9] 미국 시민권자 아버지가 한국에서 사망했을 때, 미국에 있는 아버지의 콘도는 대한민국에서 상속세 과세대상이 되는가?

아버지는 오래전 아들인 저의 교육을 위해 미국으로 이민을 오셨다가 은퇴 후 대한민국으로 귀국하셔서 여생을 마감하셨고, 사망 당시 국적은 미국이었습니다. 아버지는 상속재산으로 미국에 콘도를 남겨두셨는데, 아버지가 미국 시민권자이므로 상속세 부담이 크지 않다고 생각했으나, 미국에 있는 재산에 대해 대한민국에서 과세가 된다고 이야기를 전해 듣게 되었습니다. 이경우 대한민국에서 상속세가 과세되는지 궁금합니다.

다음으로 **상속재산이 국내가 아니라 미국에 있는 경우**를 사례로 살펴보겠습니다. 앞서 설명했듯이 상속인의 국적에 따라 상속세 납부 의무가 결정되는 것은 아닙니다. 국내에 있는 상속재산에 대해서는 기본적으로 상속세 과세대상이 됩니다. **망인이** 미국 시민권자이지만 세법상 대한민국 **거주자에 해당**한다면, **국외에 남겨둔 미국 콘도에 대하여 대한민국에서 상속세가 과세**될 겁니다. 이 경우라면 비거주자 기초공제 2억 원이 아닌 **거주자로서의 공제 금액**(배우자가 있을 경우 최소 10억 원)**이 인정**됩니다.

그리고 **망인은 미국 시민권자이기에 통합세액공제**(Unified Tax Credit)**를 활용**할 수 있어, 미국의 부동산 가액이 통합세액공제 범위 내(2024년 기준 $13,610,000)라면 미국에서는 별도의 상속세가 부과되지 않을 겁니다.

[사례 엿보기 10] 대한민국에서 거주하는 아버지가 미국에 부동산을 남겨두고 사망했을 때, 미국에서의 상속세 부담은?

아버지는 오래전 저의 교육을 위해 미국으로 이민을 오셨다가 은퇴 후 대한민국으로 귀국하셔서 여생을 마감하셨고, 사망 당시 국적은 대한민국이었습니다. 아버지는 상속재산으로 미국에 콘도를 남겨두셨는데, 상속인들은 재산이 미국에 있고 미국은 상속세 공제 금액이 크므로 상속세 부담이 크지 않다고 생각했습니다. 그런데, 이 경우엔 대한민국보다 오히려 미국에서 더 많은 상속세 부담을 질 수도 있다고 전해 들었는데, 이 이야기가 사실인지 궁금합니다.

[사례 엿보기 9]와 [사례 엿보기 10]의 차이는 **망인의 미국에 있는 상속재산은 같으나, 국적이 다른 경우**입니다. [사례 엿보기 10]의 망인은 대한민국 국적이고 **대한민국에 거주하다가 미국에 부동산을 남겨두고 사망한 경우로 미국 세법상 비거주자에 해당**합니다.

미국의 경우 상속세법상 망인이 미국 거주자가 되기 위해서는 사망 시 미국에 본적지(Domicile)가 있을 것을 요건으로 합니다. 본적지(Domicile) 존재 여부는 모든 사실관계와 정황을 고려하여 판단해야 하는데, 일반적으로 고려되는 사항으로는 거주기간, 주택 소유 여부, 가족 구성원의 주거지, 사회적 관계, 경제적 관계, 영주권 여부 등이 있으며, 이러한 상황을 종합적으로 고려하여 거주자 여부가 결정됩니다.

사례와 같이 만약 **망인이 미국 세법상으로도 비거주자**, 즉 비거주 외국인으로 미국 내에 일정한 재산을 남겨둔 경우, **미국 내에 소재하는 부동산, 동산, 주식, 사채 등 재산의 합계액이 $60,000을 초과한다면 미국에서 상속세 신고**를 해야 합니다.

미국 세법상 제한된 일부 공제(기부금 공제 등)만 허용됩니다. 공제 금액이 극히 일부 금액만 인정이 되어, 오히려 대한민국 세법상 비거주자에게 인정되는 2억 원보다도 적은 공제 금액이 인정되기에 더 많은 상속세를 납부해야 하는 불이익을 받을 수 있습니다.

[사례 엿보기 11] 미국 시민권자 자녀가 대한민국 거주 아버지의 아파트를 상속받을 때, 자녀가 이미 아파트 1채를 보유하고 있다면 보유세가 크게 늘어날까?

저는 미국 시민권자로 LA에 거주하고 있습니다. 대한민국에는 아버지와 남동생 2명이 살고 있고 저는 장녀입니다. 현재 아버지가 위독하신 상황인데, 코로나19로 인해 대한민국에 찾아가지도 못하는 상황이라 매일 밤 연락을 자주 드리고 있습니다. 아버지는 저희 삼 남매에게 시간이 얼마 없고 현재 거주 중인 아파트와 예금은 알아서 공평하게 나눠 가지라고만 하고 있습니다. 저는 서울에 아파트 1채를 보유하고 있는데, 아버지가 남겨두신 서울 주택을 동생들과 같이 상속받으면 보유세가 대폭 늘어난다는 이야기를 들었습니다. 이게 맞는 이야기인지 궁금합니다.

이번 사례는 1주택을 보유한 상황에서 조정지역에 아파트를 상속받으면 종합부동산세 중과세가 되는지에 대한 질문입니다.

대한민국에서 부동산 보유세라고 하면 재산세와 종합부동산세를 말합니다. 재산세는 단일세율인 반면, 종합부동산세는 주택 보유 수에 따라 중과세가 될 수도 있습니다. 질문자가 보유세가 대폭 늘어나지 않을까 걱정하는 것은 2주택자가 되면서 종합부동산세 중과세율 적용대상이 되지 않는지에 대한 질문이었습니다.

결론적으로 이야기하면, 2024년 현재 종합부동산세법 개정으로 인해, [사례 엿보기 11]의 질문자께서는 종합부동산 중과를 염려하지 않으셔도 됩니다.

세법 개정 전에는 일반적으로 3주택을 보유한 경우 종합부동산세 중과세율이 적용되고, 만약 조정대상지역에 2주택 이상을 보유한 경우라면 2주택부터 중과세가 적용되었으나, 현재 법령 기준으로는 조정대상지역 2주택자는 중과 대상이 아닌 기본세율 적용 대상이고, 3주택 이상이더라도 과표 합산액이 12억 원 이하인 경우 기본세율만이 적용됩니다. 여기서, 과표 12억 원을 시세로 환산하면 약 29억 원(공정시장가액비율 60% · 공시가격 현실화율 69% 기준) 수준입니다.

종합부동산세는 경제 상황 등에 비추어 개정이 잦은 편이므로, 상속개시 시점의 규정을 면밀하게 살펴보시는 것이 좋습니다.

해외거주자를 위한 증여세의 모든 것

 증여세도 상속세와 마찬가지로 거주자 판단이 중요합니다. 그런데 조금만 생각해보면, 증여를 하는 사람(증여자)과 받는 사람(수증자)이 같은 국가에 거주하고 증여재산도 거주하는 곳에만 있다면 해당 국가에서만 증여세가 발생하기에, 어디에 어떻게 증여세를 내야 하는지에 대한 큰 고민은 없을 겁니다.

 하지만, 증여세는 대한민국 법에서는 '수증자'에게, 미국 법에서는 '증여자'에게 부과되기에 거주자 판단이 중요하고 증여재산도 한국에 있는지 미국에 있는지에 따라 여러 경우의 수가 나올 수 있어, 이를 사례별로 알아둘 필요가 있는 겁니다. 그리고 어차피 증여는 생전에 증여자가 수증자에게 자신의 일정 재산을 넘겨주는 것이기에 대한민국이나 미국에서 활용할 수 있는 증여세액 공제 혜택을 받을 수 있는 선택을 하는 것이 현명합니다.

자 그럼, 몇 가지 사례 분석을 통해 해외거주자들의 증여세 고민을 해결하고, 현명하게 증여를 할 수 있는 방법을 알아보도록 하겠습니다.

[사례 엿보기 12] 대한민국에 있는 남편이 미국에 거주하는 아내에게 부동산 구입자금을 줄 때, 증여세공제 혜택을 받을 수 있나?

저는 결혼 후 자녀 교육을 위해 미국 캘리포니아로 이민을 와서 미국 영주권자로 지내고 있고, 남편은 대한민국에서 지내면서 생활비를 보내주는 일명 '기러기 부부'입니다. 최근 자녀들이 커감에 따라 더 큰 집으로 이사를 가기 위해 제 명의로 집을 구입하려 하는데, 구입자금 대부분은 남편이 대한민국에서 보내줄 예정입니다. 대한민국 세무사에게 알아보니, 배우자에게는 6억 원까지 증여세가 나오지 않는다고 하는데, 저나 남편 모두 대한민국 국적이므로, 저희들도 그 혜택을 볼 수 있는지 궁금합니다.

자녀 교육을 위해 부부 중 한 명이 자녀와 함께 미국에 거주하는 가구가 많습니다. 이런 가구를 '기러기 부부'라고 하죠. 기러기 부부의 전형적인 고민인 [사례 엿보기 12]는 한국에 거주하는 남편이 미국에 있는 부인에게 증여를 할 경우 공제 혜택을 볼 수 있는지에 대해 묻고 있습니다. 정답을 미리 말하면 **한국 세법상 비거주자에게는**

대한민국 세법상 직계비속, 배우자 등에게 인정되는 증여세공제 한도가 적용되지 않습니다.

　대한민국 「상속세 및 증여세법」 제53조에 따르면 거주자가 10년의 기간 동안 배우자로부터 증여를 받을 경우 6억 원, 부모님으로부터 증여를 받을 경우 5천만 원의 공제 혜택이 있습니다. 총금액 기준으로 분할해서 증여를 해도 상관없습니다.

　그러나 아쉽게도 **비거주자는 증여 공제 혜택이 없습니다.** 사례와 같이 아내가 남편으로부터 주택 구입자금을 받을 경우, 아내는 대한민국 세법상 미국 영주권자로 비거주자에 해당합니다. 그래서 증여세공제 한도를 받을 수 없게 되는 것이죠.

　만약 이런 상황에서 남편이 아내에게 6억 원을 보내준다면, 이 금액에 대한 증여세는 기본 세율만 적용하면 1억 2천만 원이 됩니다. **증여세 부담을 피하기 위해서는 아내가 다시 대한민국으로 돌아와 거주자가 된 상태에서 증여를 하거나, 남편 명의로 미국에 부동산을 구입하는 것도 방법**이 될 수 있습니다.

　다만, 남편 명의로 미국에 부동산을 구입할 경우 남편이 대한민국 거주자인 상황에서 미국 부동산을 보유하다가 남편이 사망하여 상속이 개시된다면 미국에서 상속세 문제가 발생할 수 있습니다. 전문가와 상담해서 세금 부담을 줄이기 위한 조치를 강구해야 할 것입니다.

★ **관련 법령**

상속세 및 증여세법 제53조(증여재산 공제) 거주자가 다음 각호의 어느 하나에 해당하는 사람으로부터 증여를 받은 경우에는 다음 각호의 구분에 따른 금액을 증여세 과세가액에서 공제한다. 이 경우 수증자를 기준으로 그 증여를 받기 전 10년 이내에 공제받은 금액과 해당 증여가액에서 공제받을 금액을 합친 금액이 다음 각호의 구분에 따른 금액을 초과하는 경우에는 그 초과하는 부분은 공제하지 아니한다. 〈개정 2011. 12. 31., 2014. 1. 1., 2015. 12. 15.〉

1. 배우자로부터 증여를 받은 경우: 6억 원
2. 직계존속[수증자의 직계존속과 혼인(사실혼은 제외한다. 이하 이 조에서 같다) 중인 배우자를 포함한다]으로부터 증여를 받은 경우: 5천만 원. 다만, 미성년자가 직계존속으로부터 증여를 받은 경우에는 2천만 원으로 한다.
3. 직계비속(수증자와 혼인 중인 배우자의 직계비속을 포함한다)으로부터 증여를 받은 경우: 5천만 원
4. 제2호 및 제3호의 경우 외에 6촌 이내의 혈족, 4촌 이내의 인척으로부터 증여를 받은 경우: 1천만 원

다음은 '기러기 부부'와 비슷한 사례인데, 대한민국에 거주하는 아버지가 미국에 있는 자녀에게 금융재산을 증여하는 경우, 공제 혜택과 증여세를 어떻게 내야 하는지를 알아보겠습니다. 한국에서의 증여세공제는 '기러기 부부'와 마찬가지로 수증자가 비거주자이기 때문에 받을 수 없을 겁니다. 그렇다면 증여세는 누가 어떻게 내야 하는 것일까요?

[사례 엿보기 13] 대한민국의 아버지가 미국에 거주하는 자녀에게 금융재산을 보낼 때, 세금은 누가 어디에 내야 하나?

> 저는 오래전 자녀 교육 문제로 미국에 이민을 와서 살고 있는데, 자녀가 커감에 따라 더 넓은 집으로 이사를 해야 할듯합니다. 부족한 자금은 대한민국에 계신 아버지가 보내주시기로 하셨습니다.
> 대한민국에서는 재산을 받는 사람이 증여세를 낸다고 알고 있는데, 저는 미국에 있으므로 대한민국에 세금을 내지 않아도 되는지 궁금하고, 미국에 세금을 내야 할 게 있는지 궁금합니다.

증여를 받는 수증자가 대한민국 「상속세 및 증여세법」상 비거주자에 해당한다면 동법 제4조의 2 제1항 제2호에 따라 국내에 있는 재산을 증여받을 때 **수증자는 증여세를 납부**해야 하며, 이 경우 제6항 제3호에 따라 **증여자는 해당 세금을 연대하여 납부할 의무**가 있습니다. 아울러, 수증자는 비거주자이기 때문에 증여세공제 혜택도 없습니다.

아울러, **재산을 증여받은 미국 시민권자가 미국에 비거주하는 외국인으로부터 연간 $100,000을 초과**(2024년 기준)**해서 증여나 상속을 받는다면**, 다음 해 4월 15일까지 소득세 신고 시 Form 3520(Annual Return to Report Transactions with Foreign Trusts and Receipt of Certain Foreign Gifts)을 **미국 국세청에 제출하여 증여사실을 보고**해야 합니다.

그래서 미국 시민권 자녀는 대한민국 국적의 아버지로부터 증여받은 금액이 $100,000을 초과한다면 대한민국에서 증여세를 납부해야 하고, 미국에서 다음 해 소득세 신고 시 해당 증여사실을 보고해야 할 것입니다. 이 경우, 한국 거주자인 아버지는 미국 시민권 자녀가 한국에서 내야 하는 증여세에 대해 연대납부 의무가 있으므로, 해당 세금을 아버지가 대신 내준다 해도 대납세금에 대한 추가 증여세 문제는 발생하지 않습니다.

★ **관련 법령**

상속세 및 증여세법 제4조의 2(증여세 납부의무)
① 수증자는 다음 각호의 구분에 따른 증여재산에 대하여 증여세를 납부할 의무가 있다. 〈개정 2016. 12. 20., 2018. 12. 31.〉
1. 수증자가 거주자(본점이나 주된 사무소의 소재지가 국내에 있는 비영리법인을 포함한다. 이하 이 항에서 같다)인 경우: 제4조에 따라 증여세 과세대상이 되는 모든 증여재산
2. 수증자가 비거주자(본점이나 주된 사무소의 소재지가 외국에 있는 비영리법인을 포함한다. 이하 제6항과 제6조 제2항 및 제3항에서 같다)인 경우: 제4조에 따라 증여세 과세대상이 되는 국내에 있는 모든 증여재산
⑥ 증여자는 다음 각호의 어느 하나에 해당하는 경우에는 수증자가 납부할 증여세를 연대하여 납부할 의무가 있다. 다만, 제4조 제1항 제2호 및 제3호, 제35조부터 제39조까지, 제39조의 2, 제39조의 3, 제40조, 제41조의 2부터 제41조의 5까지, 제42조, 제42조의 2, 제42조의 3, 제45조, 제45조의 3부터 제45조의 5까지 및 제48조(출연자가 해당 공익법인의 운영에 책임이 없는 경우로서 대통령령으로 정하는 경우만 해당한다)에 해당하는 경우는 제외한다. 〈개정 2018. 12. 31., 2020. 12. 29., 2021. 12. 21.〉

3. 수증자가 비거주자인 경우

그럼 지금부터는 증여자가 대한민국에 거주하면서 미국에 있는 재산을 자녀들에게 증여할 때 발생할 수 있는 몇 가지 경우를 알아보겠습니다. 증여자가 한국에 있다면 대한민국 국적자나 미국 시민권자일 수 있을 것이고, 재산의 형태도 금융재산과 부동산으로 나눌 수 있을 겁니다. 자녀들(수증자)도 미국 거주와 한국 거주, 두 가지로 가정해볼 수 있겠죠.

[사례 엿보기 14] 대한민국에 거주하는 미 시민권자 아버지가 미국에 거주하는 자녀에게 미국 금융재산을 줄 때, 세금은 어디에 낼까?

저는 오래전 자녀 교육 문제로 미국에 이민을 와서 살고 있는데, 자녀가 커감에 따라 더 넓은 집으로 이사를 해야 할듯합니다. 부족한 자금은 대한민국에 외국인 등록을 하고 거주하는 미국 시민권자 아버지께서 미국에 보관하고 있는 자금을 주시기로 하셨습니다.
대한민국에서는 재산을 받는 사람이 증여세를 낸다고 알고 있는데, 저는 미국에 있고, 아버지도 미국 시민권자이므로 대한민국에 세금을 내지 않아도 되는지 궁금합니다. 그리고 미국에 세금을 내야 할 게 있는지 궁금합니다.

[사례 엿보기 14]는 대한민국에 거주하는 미국 시민권자 아버지가 미국에 있는 자녀에게 미국의 금융재산을 증여하는 상황을 보여주고 있습니다.

「상속세 및 증여세법」 제4조의 2에 따라 수증자는 증여받은 재산에 대한 증여세를 납부해야 합니다. 그런데 **대한민국 세법상 거주자가 비거주자에게 국외에 있는 재산을 증여하는 경우**, 대한민국 「국제조세조정에 관한 법률」 제35조 제2항에 따라 **수증자가 아닌 증여자가 증여세를 납부해야** 합니다. 해당 규정은 증여할 재산이 국외에 있고, 수증자가 비거주자이므로 증여세 납부 회피 가능성을 차단하는 규정이라고 할 수 있죠. 따라서 사례에서는 자녀가 대한민국에서 증여세를 납부할 필요는 없으나, 아버지가 대한민국에서 증여세를 납부해야 합니다.

다만, 같은 법 5항에 따라 **증여를 받은 국가에서 증여세를 납부했다면 해당 세액은 외국납부세액 공제가 가능**합니다. 만약 미국에서 증여세를 납부했다면 해당 금액은 외국납부세액으로 한국에서 납부할 세액에서 공제될 겁니다.

증여자인 아버지는 미국 시민권자이므로 증여금액이 통합공제 방식에 따른 상속세 증여세 면제상당금액 이내인 경우(2024년 기준 $13,610,000), 해당 공제를 이용하면 미국에서는 증여세가 과세되지 않을 것이고, 이 경우에는 대한민국에 납부해야 하는 증여세에서 공제될 금액은 없을 겁니다.

★ 관련 법령

국제조세조정에 관한 법률 제35조(국외 증여에 대한 증여세 과세특례)

① 이 절에서 사용하는 용어의 뜻은 다음과 같다.

1. "거주자"란 「상속세 및 증여세법」 제2조 제8호에 따른 거주자를 말하며, 본점이나 주된 사무소의 소재지가 국내에 있는 비영리법인을 포함한다.

2. "비거주자"란 「상속세 및 증여세법」 제2조 제8호에 따른 비거주자를 말하며, 본점이나 주된 사무소의 소재지가 국내에 없는 비영리법인을 포함한다.

② 거주자가 비거주자에게 국외에 있는 재산을 증여(증여자의 사망으로 효력이 발생하는 증여는 제외한다)하는 경우 그 증여자는 이 법에 따라 증여세를 납부할 의무가 있다.

③ 제2항에도 불구하고 다음 각호의 요건을 모두 갖춘 경우에는 증여세 납부의무를 면제한다.

1. 수증자가 증여자의 「국세기본법」 제2조 제20호에 따른 특수관계인이 아닐 것

2. 해당 증여재산에 대하여 외국의 법령에 따라 증여세(실질적으로 같은 성질을 가지는 조세를 포함한다)가 부과될 것. 이 경우 세액을 면제받은 경우를 포함한다.

④ 제2항을 적용할 때 증여재산의 가액은 해당 재산이 있는 국가의 증여 당시 현황을 반영한 시가(時價)에 따르되, 그 시가의 산정에 관한 사항은 대통령령으로 정한다. 다만, 시가를 산정하기 어려운 경우에는 해당 재산의 종류, 규모, 거래 상황 등을 고려하여 대통령령으로 정하는 방법에 따른다.

⑤ 제2항을 적용할 때 외국의 법령에 따라 증여세를 납부한 경우에는 대통령령으로 정하는 바에 따라 그 납부한 증여세에 상당하는 금액을 증여세 산출세액에서 공제한다.

⑥ 제2항에 따라 증여세를 과세하는 경우에는 「상속세 및 증여세법」 제4조의 2 제3항, 제47조, 제53조부터 제58조까지, 제68조, 제69조 제2항, 제70조부터 제72조까지 및 제76조를 준용한다.

그렇다면 [사례 엿보기 14]와 상황은 똑같으면서 증여자, 즉 아버지가 미국 시민권자가 아니라 대한민국 국적자일 경우를 생각해보겠습니다.

대한민국 국적의 한국에 거주하는 아버지가 미국 자녀에게 미국 금융재산을 증여한다면 **대한민국 거주자가 비거주자에게 국외에 있는 재산을 증여하는 경우**입니다. 이때도 수증자가 아닌 증여자가 증여세를 납부해야 합니다. 즉, 자녀가 대한민국에서 증여세를 납부할 필요는 없으나, 아버지가 대한민국에서 증여세를 납부해야 하는 것이죠.

그런데 **아버지는 미국 세법상 비거주자에 해당**합니다. 미국에서 연간 증여세 면제액(Annual Gift Tax Exclusion)은 증여자 1인당 각 수증자에 대하여 2024년 기준 $18,000입니다. 미국 시민권자나 미국 증여세법상 미국 거주자라면 통합세액공제(Unified Tax Credit)을 활용하면 2024년 기준으로 증여와 상속을 합쳐 평생 $13,610,000의 공제를 받을 수 있으나, 미국의 입장에서 **증여자가 비거주 외국인인 경우 통합세액공제를 활용할 수 없습니다.**

따라서 이 경우에는 통합세액공제를 활용할 수 없어 미국에서도 증여세가 과세될 가능성이 높습니다. 단, 미국에서 증여세를 납부했다면 미국에서 납부한 세액은 외국납부세액으로 대한민국 납부세액에서 공제될 것입니다.

[사례 엿보기 15] 미국에 있는 부동산을 대한민국에 거주하는 자녀에게 증여할 때, 증여세는 어디에 내야 하는가?

제가 미국 주재원으로 일을 할 때 미국에 구입해둔 콘도가 있습니다. 당시 아들도 미국에 유학을 와서 같이 거주하였는데, 현재 아들은 대한민국에서 직장을 다니고 있고, 언제 미국으로 갈지는 미정인 상황입니다. 미국 콘도는 아들이 미국으로 돌아갈 수 있어 아들에게 넘겨주고, 대한민국에 있는 다른 재산은 딸에게 줄 생각입니다. 이에 상속세 절세를 위해 미국 콘도는 현재 대한민국에 있는 아들에게 사전 증여를 하려고 하는데, 이때 증여세는 어디에서 부과가 되는지 궁금합니다.

[사례 엿보기 15]에서 아들은 대한민국에서 직장을 다니며 대한민국에 거주하기 때문에 **대한민국 세법상 거주자**에 해당이 되므로, **국외에 있는 재산을 증여받은 경우에도 대한민국에 증여세를 내야** 할 겁니다.

다만, 이 경우 아들은 거주자에 해당하므로 만약 아버지가 증여세를 내줄 경우 납부한 증여세액은 별도의 증여세 과세대상이 될 것입니다. 아울러 아들은 거주자이므로 부모님에게 증여를 받는다면 10년간 5천만 원까지 공제가 가능합니다.

[사례 엿보기 15]는 미국에 있는 재산에 대해 증여가 일어난 경우입니다. 그래서 미국에서도 증여세 과세대상이 되는데, 미국 세법상 증여가 일어난 경우 증여세는 증여를 한 증여자가 내야 합니다.

그런데 아버지는 대한민국 국적으로 대한민국에 거주하고 있습니다. 미국 세법상 비거주자에 해당하기에 통합세액공제(Unified Tax Credit)를 활용할 수가 없습니다. 이 경우 미국 재산에 대해 연간 증여세 면제액(Annual Gift Tax Exclusion)인 증여자 1인당 각 수증자에 대한 $18,000(2024년 기준)만 인정받을 수 있을 것이며, 초과 금액에 대해서는 **미국에서도 증여세가 과세**될 것입니다.

만약 미국에서 아버지가 증여세를 납부했다면 해당 세액은 외국납부세액으로 대한민국에서 아들이 납부해야 하는 증여세액에서 공제가 될 것입니다.

몇 가지 사례를 통해 대한민국 거주자가 해외거주자에게 증여를 하는 경우를 보았는데요, **절세의 측면**에서 국내거주자가 해외거주자에게 증여하는 상황을 살펴보겠습니다. 기본적으로 증여세는 대한민국에서는 수증자에게 미국에서는 증여자에게 부과된다는 것을 알 수 있습니다. 그런데 앞에서도 간단히 설명했지만, **증여를 받는 수증자가 해외에 거주하는 대한민국 법상 비거주자라면 증여자와 수증자는 증여세액을 연대해 납부**할 의무가 있습니다.

대한민국 「상속세 및 증여세법」 제4조의 2 제1항에 따라 증여세는 수증자가 납부해야 합니다. 그런데 수증자가 비거주자라면 같은 법 제4조의 2 제6항 제3호에 따라 증여자는 수증자가 납부할 증여세를 연대하여 납부해야 합니다. 수증자가 비거주자인 경우 재산을 증여받은 이후 증여세를 납부하지 않을 수도 있어, 국내 과세관청의 입장에서 세금 징수의 어려움을 감안한 규정인 것이죠.

실무적으로는 부모가 비거주자인 자녀에게 증여를 하면서 증여세를 대납해주는 경우, **증여세 연대납세 의무가 있어 대납에 대한 증여세가 부과되지 않는다는 점을 이용한 절세 방법**이 되기도 합니다.

즉 증여자인 아버지에게는 연대납부 의무가 있으므로, 대신 세금을 내준다고 해도 대납세금액에 대해서 별도로 증여세가 과세되지 않기에 실무적으로도 많이 활용되고 있는 규정입니다.

증여를 할 때 절세를 고려해 **'부담부 증여'**라는 것도 많이 활용하는데요. 구체적인 사례를 통해 알아보겠습니다.

[사례 엿보기 16] 대한민국에 있는 아파트를 미국에 거주하는 자녀에게 부담부 증여를 할 수 있는지?

> 현재 대한민국에 아파트 8억 원 상당의 아파트 1채와 일정한 금융재산을 보유하고 있고, 이 중 아파트를 미국에 사는 딸에게 증여하려 합니다. 아파트는 시세가 8억 원 정도이고, 현재 전세 5억 원에 임대를 내준 상황입니다. 딸이 미국에 있는 경우에도 딸에게 전세 5억 원의 채무를 부담시키는 부담부 증여를 할 수 있는지 궁금합니다.

'부담부 증여'란 수증자가 증여를 받는 동시에 일정한 부담, 즉 일정한 채무를 부담하는 것을 조건으로 하는 증여를 말합니다.

세법상 증여를 하면 증여세는 수증자가 부담합니다. 이때 **채무를 부담하게 되면 재산가액에서 채무를 공제한 금액만이 증여대상이 되어, 증여세를 절감**할 수 있습니다. 반면 부담한 채무만큼 양도소득세를 부담하게 되는데, 만약 **부담해야 하는 양도소득세가 더 낮다면 그만큼 절세효과**가 있으므로 통상 부모가 자녀에게 미리 상속, 즉 증여를 할 때 절세의 방법으로 많이 활용됩니다.

[사례 엿보기 16]은 전형적인 부담부 증여의 사례입니다. 딸이 미국 시민권자라고 하더라도, 부담부 증여를 하는 데에 제약사항은 없습니다.

그런데 증여세가 아닌 **취득세의 경우, 부담부 증여에서 증여 부분은 증여에 따른 취득세율이 적용되고 부담 부분은 매매에 따른 취득세율이 적용**됩니다.

여기에서 **부담 부분에 대한 매매 취득세율이 적용되려면 수증자가 소득이 있는 것으로 증빙이 되어야** 합니다. 그렇지 않다면 부담 부분에 대한 취득세도 증여 취득세율로 계산된 취득세를 납부해야 함을 유의해야 합니다.

따라서 만약 미국에 있는 딸에게 소득이 없다면 국세인 증여세의 영역에서는 부담부 증여가 가능하나, 지방세인 취득세의 영역에서는 부담하는 가액 부분도 증여가 아닌 매매에 따른 취득세를 납부해야 합니다.

이후 국세청에서는 부담부 증여에 따라 수증자가 부담한 채무에 대해 원금이나 이자를 수증자가 변제하고 있는지를 추적 관리하고, 그렇지 않을 경우 추가적으로 증여세를 부과할 수 있음을 유의해야 합니다.

아울러, 취득세에 대한 매매 취득세를 인정받기 위한 소득의 경우 어느 정도의 소득이 있어야 하는지에 대한 명확한 지침은 없으나, 일반적인 소득 대비 상당히 높은 채무액이라면 담당자에 따라 유상 취득을 인정하지 않을 수 있으므로, 사전에 전문가와 가능성 여부를 면밀하게 검토해야 합니다.

★ **관련 법령**

지방세법 제7조(납세의무자 등)

⑪ 배우자 또는 직계존비속의 부동산 등을 취득하는 경우에는 증여로 취득한 것으로 본다. 다만, 다음 각호의 어느 하나에 해당하는 경우에는 유상으로 취득한 것으로 본다. 〈신설 2014. 1. 1., 2015. 12. 29.〉

1. 공매(경매를 포함한다. 이하 같다)를 통하여 부동산 등을 취득한 경우
2. 파산선고로 인하여 처분되는 부동산 등을 취득한 경우
3. 권리의 이전이나 행사에 등기 또는 등록이 필요한 부동산 등을 서로 교환한 경우
4. 해당 부동산 등의 취득을 위하여 그 대가를 지급한 사실이 다음 각 목의 어느 하나에 의하여 증명되는 경우
가. 그 대가를 지급하기 위한 취득자의 소득이 증명되는 경우
나. 소유재산을 처분 또는 담보한 금액으로 해당 부동산을 취득한 경우
다. 이미 상속세 또는 증여세를 과세(비과세 또는 감면받은 경우를 포함한다) 받았거나 신고한 경우로서 그 상속 또는 수증 재산의 가액으로 그 대가를 지급한 경우
라. 가목부터 다목까지에 준하는 것으로서 취득자의 재산으로 그 대가를 지급한 사실이 입증되는 경우

⑫ 증여자의 채무를 인수하는 부담부(負擔附) 증여의 경우에는 그 채무액에 상당하는 부분은 부동산 등을 유상으로 취득하는 것으로 본다. 다만, 배우자 또는 직계존비속으로부터의 부동산 등의 부담부 증여의 경우에는 제11항을 적용한다. 〈신설 2014. 1. 1., 2017. 12. 26.〉

증여자가 대한민국이 아니라 미국에 거주하면서 한국이나 미국에 거주하는 자녀에게 국내외 재산을 증여하는 경우도 있을 수 있습니다. 미국에 있는 아버지가 대한민국에 있는 자녀에게 한국이나 미국의 재산을 증여할 때의 상황과 미국에 거주하는 자녀에게 재산을 증여하는 상황을 통해 이를 구체적으로 알아보겠습니다.

[사례 엿보기 17] 미국에 있는 아버지가 대한민국에 거주하는 자녀에게 미국이나 대한민국의 금융재산을 줄 때, 증여세는 어떻게 내야 하는가?

저는 오래전 미국으로 이민을 갔다가 군 입대 문제로 대한민국에 돌아온 이후, 계속 대한민국에 거주하고 있습니다. 결혼을 하게 되어 전셋집을 구해야 하는데, 전세자금 일부는 미국에 계신 아버지가 대한민국에서 보관 중인 자금을 주실 예정입니다. 이 경우, 대한민국에 있는 자녀나 미국에 있는 아버지가 대한민국과 미국에 증여세를 내야 하는지 궁금합니다.
아울러, 만약 아버지가 대한민국이 아닌 미국에 보관하고 있는 자금을 증여하는 경우 달라질 것이 있는지 궁금합니다.

수증자가 대한민국 거주자라면 증여받은 모든 재산에 대해 증여세가 과세됩니다. 그리고 거주자가 부모님으로부터 증여받은 경우 10년간 5천만 원까지 공제가 가능합니다.

미국 세법상 증여세는 증여를 한 증여자가 내야 합니다. [사례 엿보기 17]에서 보듯이 증여자는 미국 시민권자인 아버지이므로 원칙적으로 아버지가 증여세를 내야 하는 것이죠. 그리고 아버지는 미국 시민권자이므로 보유한 재산이 대한민국에 있든 미국에 있든 상관없이 해당 재산을 자녀에게 증여하는 경우 모두 증여세 과세대상이 됩니다.

그런데, 아버지는 미국 시민권자이므로 통합세액공제(Unified Tax Credit)를 활용하면 2024년 기준으로 증여와 상속을 합쳐 평생 $13,610,000의 공제를 받을 수 있습니다. 증여액이 해당 금액 범위 내라면 별도로 미국에서 증여세를 납부할 필요는 없을 것입니다.

만약 미국의 공제 한도를 이미 이용하여 미국에서도 세금을 납부해야 한다면, 「상속세 및 증여세법」 59조에 따라 미국 납부세액은 외국납부세액으로 대한민국에서 공제를 받을 수 있습니다.

결론적으로 **미국 거주 중인 아버지가 대한민국 또는 미국에 있는 재산을 대한민국에 있는 아들에게 증여하는 경우 대한민국과 미국에서 모두 과세대상**이 될 것입니다.

[사례 엿보기 18] 미국에 거주하는 아버지가 미국에 거주하는 자녀에게 대한민국의 아파트를 증여하는 경우 증여세는 어디에 내야 하는가?

저는 미국 영주권자이며 LA에 거주하고 있고, 아들은 미국 시민권자로 뉴욕에 거주하고 있습니다. 서울에 있는 제 아파트를 아들에게 증여하려 하는데, 증여세가 많다고 해서 걱정입니다. 이 경우 대한민국과 미국에 증여세를 내야 하는지 궁금합니다.

대한민국 비거주자가 국내에 있는 재산을 증여받는 경우 **대한민국에서 증여세가 과세**됩니다. 이 경우 비거주자는 부모님으로부터 증여를 받을 때 거주자에게 인정이 되는 5천만 원의 증여세공제가 인정되지 않을 것입니다.

그런데 증여자가 미국 영주권으로 미국에 거주하고 있으므로, 미국 세법상 미국 거주자로 인정됩니다. 이 경우 통합세액공제(Unified Tax Credit)를 활용하면 2024년 기준으로 증여와 상속을 합쳐 평생 $13,610,000의 공제를 받을 수 있죠. **대한민국에서 증여하는 재산이 해당 금액 내라면 별도로 미국에서 증여세를 납부할 필요는 없을 겁니다.**

만약 미국의 공제 한도를 이미 이용하여 미국에서도 세금을 납부해야 한다면 미국 납부세액은 외국납부세액으로 대한민국에서 공제를 받을 수 있습니다.

그런데 만약 **미국에 거주하는 아버지가 대한민국에 있는 재산을**

정리해 미국으로 송금하고, 이를 미국에 거주하는 자녀에게 증여를 하면 증여세는 어떻게 될까요? 상식적으로 생각해봐도 현재 아버지의 재산은 대한민국에 있지 않고 미국에 있기 때문에 미국에서만 증여세가 과세될 겁니다.

앞서 여러 사례를 통해 살펴봤듯이, 대한민국 「상속세 및 증여세법」 제4조의 2 제1항 제2호에 따라 수증자가 비거주자인 경우 국내에 있는 재산을 증여받는다면 증여세가 과세됩니다. 그런데 대한민국 세법상 비거주자인 증여자가 역시 대한민국 세법상 비거주자인 수증자에게 **국내에 있는 재산이 아니라 국외에 있는 재산을 증여한다면 대한민국에서 과세되지 않습니다. 증여자나 수증자 모두 대한민국 국적인 경우에도 마찬가지**입니다.

만약, 증여자가 「상속세 및 증여세법」상 국내거주자인 경우 국외재산을 증여한다면 「국제조세조정에 관한 법률」 제35조 제2항에 따라 증여자에게 증여세가 부과될 것이나, 증여자는 미국에 거주하기에 대한민국 세법상 비거주자에 해당합니다. 그래서 대한민국에서 증여세를 부담하지 않게 되죠.

그런데 증여자가 미국으로 재산을 반출하여 미국에서 수증자에게 증여를 한다면 **미국 세법상 해당 재산은 증여세 과세대상**이 될 겁니다.

이때, 증여자인 아버지는 미국에 거주하므로 미국 세법상 미국 거주자로 인정이 되기에 통합세액공제(Unified Tax Credit)를 활용하면 2024년 기준으로 증여와 상속을 합쳐 평생 $13,610,000의 공제를 받을 수 있습니다. 증여하는 재산이 해당 금액 내라면 별도로 미국에서 증여세를 납부할 필요는 없을 것입니다.

[사례 엿보기 19] 한국에 거주하는 아버지가 미국에 거주하는 자녀가 혼인을 하거나 출산을 하여 2억 원을 증여하는 경우 혼인출산공제를 이용할 수 있는가?

저는 미국 영주권자이며 LA에 거주하고 있습니다. 결혼식은 올렸으나, 배우자와 아직 혼인 신고를 하지 않았는데, 이번에 아들을 낳게 되어, 정식으로 혼인신고도 하려 합니다. 한국에 계신 아버지께서는 손자를 보신 것에 크게 기뻐하시며, 미국에서의 주택구입 자금으로 2억을 증여하려 하십니다. 이번에 한국에서는 혼인출산공제가 새롭게 생겼다고 하는데, 저도 해당 공제제도를 활용할 수 있는지 궁금합니다.

상속세 및 증여세법 개정으로 인해 지난 2024. 1. 1.부터 혼인 및 출산 증여공제 제도가 새롭게 실시되었습니다. 이에 따라 대한민국 거주자가 혼인을 하거나 출산을 한 경우 아버지 등 직계존속으로부터 1억 원까지 증여받는 데 있어 출산증여공제를 인정받을 수 있게 되었습니다. 다만, 증여를 받는 것은 혼인공제의 경우 혼인일 전후 2년 이내에 증여를 받아야 하고 증여일이 2024. 1. 1. 이후여야 하며, 출산공제의 경우엔 자녀의 출생일 또는 입양일로부터 2년 이내에 증여를 받아야 하며 역시 증여일이 2024. 1. 1. 이후여야 합니다. 아울러, 혼인 및 출산 공제는 모두 합하여 1억 원까지 공제되므로 혼인 시 1억 원을 공제받았다면 출산 시 추가로 공제받을 수 없습니다.

[사례 엿보기 19]의 사례에서는 일단 혼인 및 출산공제는 합하여 1

억까지 공제가 되므로 2억을 증여하는 경우 1억만 공제가 되고, 초과분 1억에 대해서는 증여세 과세 대상이 됩니다. 무엇보다 증여를 받는 아들은 미국에 사는 미국 영주권자이므로 한국 세법상 거주자가 아닌 비거주자에 해당되므로 혼인출산공제를 이용할 수 없습니다. 결론적으로 위 사례에서 아들이 아버지로부터 2억 전액에 대한 증여세를 납부하셔야 할 것입니다.

★ 관련 법령

상속세및증여세법 제53조의 2 【혼인·출산 증여재산 공제】

① 거주자가 직계존속으로부터 혼인일(「가족관계의 등록 등에 관한 법률」 제15조제1항제3호에 따른 혼인관계증명서상 신고일을 말한다) 전후 2년 이내에 증여를 받는 경우에는 제2항 및 제53조제2호에 따른 공제와 별개로 1억원을 증여세 과세가액에서 공제한다. 이 경우 그 증여세 과세가액에서 공제받을 금액과 수증자가 이미 전단에 따라 공제받은 금액을 합한 금액이 1억원을 초과하는 경우에는 그 초과하는 부분은 공제하지 아니한다.

② 거주자가 직계존속으로부터 자녀의 출생일(「가족관계의 등록 등에 관한 법률」 제44조에 따른 출생신고서상 출생일을 말한다) 또는 입양일(「가족관계의 등록 등에 관한 법률」 제61조에 따른 입양신고일을 말한다)부터 2년 이내에 증여를 받는 경우에는 제1항 및 제53조제2호에 따른 공제와 별개로 1억원을 증여세 과세가액에서 공제한다. 이 경우 그 증여세 과세가액에서 공제받을 금액과 수증자가 이미 전단에 따라 공제받은 금액을 합한 금액이 1억원을 초과하는 경우에는 그 초과하는 부분은 공제하지 아니한다.

③ 제1항 및 제2항에 따라 증여세 과세가액에서 공제받았거나 받을 금액을 합한 금액이 1억원을 초과하는 경우에는 그 초과하는 부분은 공제하지 아니한다.

④ 제4조제1항제4호ㆍ제5호 및 같은 조 제2항에 따른 증여재산에 대해서는 제1항부터 제3항까지의 공제를 적용하지 아니한다.

⑤ 거주자가 제1항에 따른 공제를 받은 후 약혼자의 사망 등 대통령령으로 정하는 부득이한 사유가 발생하여 해당 증여재산을 그 사유가 발생한 달의 말일부터 3개월 이내에 증여자에게 반환하는 경우에는 처음부터 증여가 없었던 것으로 본다.

⑥ 혼인 전에 제1항에 따른 공제를 받은 거주자가 증여일(공제를 적용받은 증여가 다수인 경우 최초 증여일을 말한다. 이하 이 항에서 같다)부터 2년 이내에 혼인하지 아니한 경우로서 증여일부터 2년이 되는 날이 속하는 달의 말일부터 3개월이 되는 날까지 「국세기본법」 제45조에 따른 수정신고 또는 같은 법 제45조의3에 따른 기한 후 신고를 한 경우에는 대통령령으로 정하는 바에 따라 같은 법 제47조의2부터 제47조의4까지에 따른 가산세의 전부 또는 일부를 부과하지 아니하되, 대통령령으로 정하는 바에 따라 계산한 이자상당액을 증여세에 가산하여 부과한다.

⑦ 제1항에 따른 공제를 받은 거주자가 혼인이 무효가 된 경우로서 혼인 무효의 소에 대한 판결이 확정된 날이 속하는 달의 말일부터 3개월이 되는 날까지 「국세기본법」 제45조에 따른 수정신고 또는 같은 법 제45조의3에 따른 기한 후 신고를 한 경우에는 대통령령으로 정하는 바에 따라 같은 법 제47조의2부터 제47조의4까지에 따른 가산세의 전부 또는 일부를 부과하지 아니하되, 대통령령으로 정하는 바에 따라 계산한 이자상당액을 증여세에 가산하여 부과한다. 〈본조신설 2023. 12. 31.〉

상속 및 증여재산의
활용과 세금

　해외거주자는 상속이나 증여를 받은 재산을 다양하게 활용할 수 있습니다. 대한민국에 있는 재산을 상속이나 증여받은 미 시민권자는 미국으로 그 재산을 송금하거나, 재산을 한국에 그대로 두면서 부동산으로 임대수익을 얻거나 금융재산으로 이자소득, 투자수익 등을 볼 수도 있을 겁니다.

　상속·증여재산을 활용할 때 사람들이 가장 궁금해하는 것은 바로 절차와 세금입니다. 금융재산이나 부동산 매각자금을 미국으로 어떻게 송금하는지, 대한민국에 있는 부동산이나 금융재산을 통해 소득이 발생했을 때 세금은 어디에 어떻게 내야 하는지에 대한 고민이 가장 대표적입니다.

　이번 장에서는 상속 및 증여받은 재산을 활용할 때 가장 많이 볼 수 있는 사례를 분석해 여러분이 궁금해하는 절차와 세금과 관련한 문제를 해결해보겠습니다.

[사례 엿보기 20] 미국 시민권자가 상속받은 대한민국의 금융재산을 미국으로 송금하는 방법은?

저는 미국 시민권자로 미국에 거주하고 있는데, 대한민국에 있는 아버지가 사망하여 한국에 남겨두신 금융재산을 단독으로 상속받게 되었습니다. 저는 특별히 한국에 들어가서 거주할 생각이 없으므로, 해당 금융재산을 제가 거주하는 캘리포니아로 송금하려 하는데, 이때 송금은 어떻게 해야 하는지 궁금합니다.

실무적으로 가장 많이 볼 수 있는 사례는 바로 상속재산의 '송금'입니다. 미국 시민권자가 아버지로부터 상속을 받아 국내 금융기관 계좌 등에 보관하고 있는 예금 중 **미화 10만 달러 이상을 미국으로 송금하는 경우**, 즉 재외동포로서 국내재산을 반출하기 위해서는 대한민국 「상속세 및 증여세 사무처리규정」 제55조 제2항에 따라 **세무서장으로부터 자금출처 확인서를 발급**받아야 합니다.

이때 세무서장은 반출하려는 자금의 출처와 이와 관련된 국세의 신고·납부 여부, 국세의 체납 여부, 납기 전 징수사유 해당 여부를 심사하여 확인서를 발급해야 합니다. 해당 재산은 상속받은 재산이므로 **국세에 해당하는 상속세나 증여세가 온전히 납부되었는지 여부가 주된 심사 대상**이 됩니다.

관할 세무서는 상속인이 지정하는 외국환은행이 있는 곳, 즉 송금을 할 은행으로 상속인이 지정한 은행의 소재지를 관할하는 세무서이며, 담당실무자는 재산제세 담당과장이 됩니다. 재산제세 담당직원은 반출금액이 국세의 신고납부 금액에 대비하여 적정한지 여부를 심사하고 만약 그렇지 않을 경우 국세징수나 예금 압류 등 조세채권 확보에 필요한 조치를 취하게 됩니다.

결국, 미국 시민권자가 국내에서 상속받은 금융재산을 반출하기 위해서는 **해당 재산에 대한 세금 처리가 완벽하게 되어 있고, 상속인 본인의 별다른 국세 체납세금이 없어야 가능**합니다.

이때 상속으로 인한 세금 처리가 완료되기 위해서는 상속세의 경우 상속세 자진신고 이후 세무조사를 거쳐 **최종 확정과세**가 되어야 합니다. 확정과세가 되는 시점은 통상 상속세 신고일로부터 1년 전후가 되기에 미 시민권자 입장에서 반출을 하는 시점까지 상당한 기간이 소요될 수 있음을 염두에 둬야 합니다.

★ **관련 법령**

상속세 및 증여세 사무처리규정

제55조(예금 등에 대한 자금출처 확인서의 발급)
① 「외국환거래규정」 제4-7조 제1항 제2호부터 제4호까지 규정된 재

외동포의 국내재산 반출을 위한 예금 등에 대한 자금출처 확인서(별지 제12호 서식)는 지정거래 외국환은행 소재지 또는 신청자의 최종 주소지를 관할하는 세무서장(재산제세 담당과장)이 재산반출금액이 국세의 신고납부 금액과 대비하여 적정한지 다음 각호의 내용을 확인하여 국세징수 · 예금 압류 등 조세채권확보에 필요한 조치 후 접수일부터 10일 이내에 전산으로 발급하여야 한다. 다만, 서면으로 자금출처를 확인할 수 없는 경우에는 실지조사 후 발급할 수 있으며 이 경우 1회에 한하여 발급기한을 20일 이내에서 연장할 수 있다.

1. 「예금 등에 대한 자금출처 확인서」에 기재된 내용의 자금출처와 관련된 국세의 신고 · 납부 여부
2. 국세의 체납 여부
3. 「국세징수법」 제14조 제1항 각호의 납기 전 징수 사유 해당 여부

② 다음 각호의 지급누계 금액(2006.1.1. 이후 지급분부터 적용)이 미화 10만 달러를 초과하는 경우에는 전체금액에 대하여 자금출처 확인서를 발급하여야 한다.

1. 국내예금 · 신탁계정관련 원리금, 증권매각대금
2. 본인명의 예금 또는 부동산을 담보로 하여 외국환은행으로부터 취득한 원화대출금

대한민국에서 금융재산이 아니라 **부동산을 상속받아서 매각했다면 그 자금은 어떻게 송금**할 수 있을까요? 금융재산만 상속받았다면 자금출처 확인서를 발급받아서 절차를 진행하면 되지만, 부동산 상속으로 매각을 했다면 먼저 대한민국 「상속세 및 증여세 사무처리규정」 제54조 규정에 따라 **관할 세무서장으로부터 부동산 매각자금 확인서라는 것을 발급**받아 [사례 엿보기 20]과 똑같은 절차를 진행하

면 됩니다.

결론적으로 금융재산 반출과 마찬가지로 미국 시민권자가 국내에서 상속받은 부동산을 매각하여 매각자금을 반출하기 위해서는 해당 재산에 대한 세금 처리가 완벽하게 되어 있고, 상속인 본인의 별다른 국세 체납세금이 없어야 가능합니다.

★ **관련 법령**

상속세 및 증여세 사무처리규정

제54조(부동산 매각자금 확인서의 발급)

① 「외국환거래규정」 등에 규정된 부동산 매각자금 확인서(별지 제7호 서식)는 아래 각호의 세무서장이 발급하여야 한다.

1. 「외국환거래규정」 제2-3조 제1항 제3호 나목에 규정된 외국인거주자: 매각한 부동산 소재지 관할 세무서장(부동산이 둘 이상으로 이를 관할하는 세무서가 다른 경우에는 신청서를 접수한 세무서장을 말한다)

2. 「외국환거래규정」 제4-7조 제1항 제1호에 규정된 재외동포: 신청자의 최종주소지 관할 세무서장 또는 매각한 부동산 소재지 관할 세무서장(부동산이 둘 이상으로 이를 관할하는 세무서가 서로 다른 경우에는 신청서를 접수한 세무서장을 말한다)

3. 「외국환거래업무 취급지침」 제9장 제5절에 규정된 비거주자: 신청자의 최종주소지 관할 세무서장(국민인 경우로 한정한다) 또는 매각한 부동산 소재지 관할 세무서장(부동산이 둘 이상으로 이를 관할하는 세무서가 서로 다른 경우에는 신청서를 접수한 세무서장을 말한다)

② 부동산 매각자금 확인서를 발급하는 세무서장(재산제세 담당과장)은

재산반출금액이 국세의 신고·납부 금액과 대비하여 적정한지 다음 각호의 내용을 확인하여 국세징수·예금 압류 등 조세채권확보에 필요한 조치 후 접수일로부터 10일 이내에 전산으로 발급하여야 한다. 다만 서면으로 부동산 매각자금을 확인할 수 없는 경우에는 실지조사 후 발급할 수 있으며 이 경우 1회에 한하여 발급기한을 20일 이내에서 연장할 수 있다.

1. 해당 부동산에 대한 양도소득세, 상속세 및 증여세 등의 신고·납부 여부
2. 국세의 체납 여부
3. 「국세징수법」 제14조 제1항 각호의 납기 전 징수 사유 해당 여부

③ 부동산 매각자금 확인서상의 양도가액은 실지거래가액으로 계산하고, 실제 반출 가능한 금액(확인금액)은 양도가액에서 해당 부동산의 채무액(전세보증금, 임대보증금 등을 포함한다) 및 양도와 관련된 제세공과금(양도소득세, 지방소득세 등을 포함한다), 양도비 등을 공제한 금액으로 한다.

④ 부동산 매각자금 확인서의 발급대상은 신청자가 신청일 현재 5년 이내에 매각한 부동산으로 한다.

해외거주자가 대한민국에서 상속받은 재산을 활용할 때 가장 많이 질문하는 분야 중 하나가 부동산 매각입니다. 물론 누구나 예상할 수 있듯이 양도소득세에 관한 질문인데요. **양도소득세와 더불어 1세대 1주택 비과세 혜택**을 볼 수 있는 방법을 묻는 사람도 많습니다. 부동산 매각 시 한국과 미국에 내는 세금과 1세대 1주택 비과세 혜택 방법에 대해 몇몇 사례를 통해 알아보겠습니다.

[사례 엿보기 21] 미국 시민권자가 상속받은 대한민국의 아파트를 매각할 때, 소유권 이전 전에 양도소득세를 미리 내야 하나?

저는 오래전에 미국에 이민을 와서 미국 시민권자로 거주하고 있습니다. 몇 년 전 대한민국에 있는 아버지가 돌아가셨고, 남겨두신 아파트는 제가 상속을 받았습니다. 시간이 지나 대한민국에 갈 일도 별로 없고, 대한민국에 있는 재산을 관리하기도 어려워, 이번 기회에 대한민국에 있는 아파트를 매각하여 미국으로 매각자금을 가져오려고 합니다.

그런데 저는 미국 시민권자이므로 아파트를 매각하여 소유권을 넘겨주기 이전에 양도소득세를 먼저 납부해야 한다는 이야기를 들었습니다. 아직 소유권도 넘겨주기 전에 양도소득세를 내야 한다는 게 이해가 되지 않는데, 이게 사실인지 궁금합니다.

대한민국 「소득세법」 제108조에 따라 재외국민과 외국인, 즉 비거주자가 국내에 있는 부동산을 매각하고 그 소유권을 매수인에게 이전해주기 위해서는 등기소에 '**부동산등양도신고확인서**'를 제출해야 합니다.

부동산등양도신고확인서는 관할 세무서에 신청하면 해당 세무서장이 발급을 해주는데, 이때 세무서장으로부터 양도신고확인을 받기 위해 양도소득세의 '선행' 납부가 반드시 필요한 것은 아닙니다.

그런데 세무서 내부 지침은 확인서를 발급하기 이전에 담당공무원이 납부 여부를 반드시 확인하도록 되어 있습니다. 또한, 납부를 하지 않은 경우 후속처리 대상으로 따로 분류하여 관리하면서 재외국민이 부동산 양도 후 양도소득세를 기한 내에 신고하고 납부하는지 여부를 긴밀하게 추적하고 있습니다.

또한 10만 불 이상의 부동산 매각대금을 해외로 반출하기 위해서는 세무서로부터 부동산 매각자금 확인서를 발급받아야 하는데, 이때 세무서장은 앞서 우리가 살펴본 것처럼 양도소득세, 상속세 및 증여세 등 세금을 온전히 처리하였는지 여부를 검토합니다. 즉, 양도소득세 신고와 납부 없이는 반출이 되지 않는다는 의미죠.

따라서 **원만한 부동산 양도를 위해서는 비거주자의 경우 양도소득세를 미리 내고 부동산등양도신고확인서를 발급**받는 것이 좋으며, 실제 세무서에서도 확인서 발급 전에 납부를 하는 것이 확인서 발급에 좀 더 유리하므로 선행 신고 및 납부를 권유하고 있습니다.

그런데 만약 상속인이 대한민국에 거소신고나 외국인등록을 하여 인감도장을 등록한 후 매도용 인감증명서를 발급받는다면, 소득세법 시행령 제171조 하단 규정에 따라, 별도로 부동산등양도신고확인서를 발급받을 필요가 없습니다. 이 경우에는 양도소득세를 미리 신고할 필요는 없을 겁니다.

★ **관련 법령**

소득세법 제108조 【재외국민과 외국인의 부동산등양도신고확인서의 제출】
「재외동포의 출입국과 법적지위에 관한 법률」 제2조 제1호에 따른 재외국민과 「출입국관리법」 제2조 제2호에 따른 외국인이 제94조 제1항 제1호의 자산을 양도하고 그 소유권을 이전하기 위하여 등기관서의 장에게 등기를 신청할 때에는 대통령령으로 정하는 바에 따라 부동산등양도신고확인서를 제출하여야 한다. (2019. 12. 31. 신설)

소득세법 시행령 제171조 【부동산등양도신고확인서의 신청 및 발급】

법 제108조에 따라 등기관서의 장에게 부동산등양도신고확인서를 제출해야 하는 자는 기획재정부령으로 정하는 신청서를 세무서장에게 제출하여 부동산등양도신고확인서 발급을 신청해야 한다.

이 경우 「인감증명법 시행령」 제13조 제3항 단서에 따라 세무서장으로부터 부동산 매도용 인감증명서 발급 확인을 받은 경우에는 법 제108조에 따른 부동산등양도신고확인서를 제출한 것으로 본다. (2020. 2. 11. 신설)

소득세법 시행규칙 제84조 【부동산등양도신고확인서의 신청 및 발급】

영 제171조 전단에서 "기획재정부령으로 정하는 신청서"란 별지 제88호 서식의 부동산등양도신고확인서 발급 신청서를 말한다. (2020.3.13. 신설)

[사례 엿보기 22] 미국 거주자가 상속받은 대한민국의 아파트를 매각할 때, 양도세 비과세 혜택을 받을 수 있는 방법은?

저는 자녀 교육 문제로 미국으로 이민을 와서 미국 시민권자로 거주하고 있습니다. 최근 대한민국에 계신 아버지가 사망하시면서 아버지가 남겨두신 아파트를 제가 단독으로 상속받게 되었습니다. 아이들도 다 컸기에 대한민국에 들어가 거주하려 하고, 미국에는 1년에 1~2달만 지내려 합니다. 이를 위해 아버지가 남겨두신 아파트를 매각해서 거주하기 편한 곳에 아파트를 1채 매입하려 합니다.

그런데 상속받은 아파트를 매각할 경우 양도소득세가 나온다고 하는데, 비과세 혜택을 받을 방법이 없는지 궁금합니다.

대한민국 「소득세법」상 **1세대 1주택에 대한 비과세 혜택**은 대한민국에 주소를 두거나 183일 이상 거소 등을 두는 **거주자에게만 주어지는 혜택**입니다.

미국 영주권 또는 시민권자처럼 대한민국 이외의 외국에 거주하는 자는 대한민국 세법상 대한민국에 주소를 두거나 183일 이상 거소를 두지 않는 한 비거주자들에게는 대한민국에 보유한 1주택에 대한 1세대 1주택 비과세 혜택이 주어지지 않습니다.

그러나 대한민국 세법상 비거주자 신분으로 상속주택을 취득하여 보유하고 있다가 대한민국에 들어와서 거주하면서 거주자가 되고 1세대 1주택 비과세 요건을 갖추게 된다면, 1세대 1주택 비과세 혜택을 볼 수가 있을 겁니다.

여기서 **비거주자가 거주자로 전환이 되는 경우 보유기간의 계산은 거주자 신분에서 보유한 기간만을 인정**합니다.

아울러, 1세대 1주택 비과세 규정은 **주택과 이에 부수되는 토지의 양도 당시 실지거래가액이 12억 원 이하**(2022년 기준)**인 경우에 적용**되며, 12억 원을 초과하는 고가주택은 12억 원을 초과하는 부분에 상당하는 양도차익에 대하여는 양도소득세를 납부해야 합니다.

여기에서 많은 미국 거주자분들이 한국의 주택 매각 시 양도소득세 비과세 혜택을 받을 수 없는지 궁금해하시는데, 비과세 혜택을 받으려면 한국에 역이민 등을 와서 생활의 근거지를 한국에 두는 등 세법상 거주자 신분으로 매각을 하여야 합니다. 다만, 이 경우 세제상의 혜택은 대한민국 내에서의 혜택일 뿐, 미국 시민권자나 영주권자 등은 미국 소득세법상 거주자 신분이므로 미국 연방 차원에서 일정의 Capital gain tax를 내야 하고, 거주하시는 주에 따라 주세 (State tax)를 납부해야 할 수 있는 바, 오히려 미국에서의 납부해야 하는 세액이 커질 수 있다는 점을 유념하셔야 합니다.

이처럼, 대한민국에서 상속받은 부동산을 매각할 때 한국에서는 양도차익에 대한 양도소득세가 과세됩니다. 미국에서도 연방소득세나 주 소득세 등이 과세될 수 있죠. 아울러, 반대로 대한민국 거주자가 미국에서 상속받은 부동산을 매각할 때, 한국과 미국 양국에 세금이 발생할 수 있는데, 이하 관련된 자세한 내용을 사례를 통해 살펴보도록 하겠습니다.

[사례 엿보기 23] 미국에 거주하는 자녀가 대한민국의 아파트를 상속받고, 이를 매각할 때, 발생하는 한국에서의 세금과 미국에 내야 하는 세금은?

> 대한민국에 있는 아버지가 사망하시면서, 남겨두신 아파트는 미국에 거주하는 아들인 제가 단독으로 상속을 받게 되었습니다. 대한민국에 자주 가는 것이 아니므로 아파트를 매매한 후 매매자금을 미국으로 가져오려 하는데, 대한민국에서 아파트를 매매할 때 발생하는 세금은 무엇이 있고, 이 경우 미국에서도 세금이 발생하는지 궁금합니다.

대한민국에서 상속받은 부동산을 매각할 경우 대한민국 「소득세

법상 양도소득세가 부과됩니다. 양도소득세는 양도금액과 취득가액(필요경비 포함)의 차익, 즉 양도차익에 대해서 부과되는데, 부동산을 상속으로 취득할 경우 취득가액은 상속개시 당시의 가액이 될 것입니다.

만약 사망 당시 상속세를 신고했다면 상속세 신고금액이 취득가액으로 인정될 것이고 매매사례가액, 감정가액, 환산가액 순으로 인정됩니다. 양도금액은 실지거래가액으로 계산하는데, 실지거래가액은 양도자와 양수자 간 실제로 거래한 가액을 말합니다.

이 양도차액에 각종 공제 등을 감안하여 양도차익별로 6~55%의 양도소득세율이 적용되고 누진공제를 거쳐 최종적인 양도소득세가 결정됩니다.

아울러, **미국 시민권자나 영주권자 등 미국 세법상 거주자는 전 세계 소득에 대하여 미국에서 납세 의무**가 있습니다. 양도일이 속하는 연도의 다음 연도 4월 15일까지 대한민국에서의 부동산 양도소득을 합산하여 미국 국세청에 신고해야 합니다. 이때 **대한민국에서 납부한 양도소득세는 외국납부세액으로 미국 소득세액에서 공제**를 받을 수 있습니다.

대부분은 미국 세액 산출 시 대한민국에서 납부한 세액을 공제하면 미국에서 추가 납부할 세액은 없을 텐데, 이는 **연방세에 국한된다는 점**을 유념해야 합니다.

즉 **미국에는 연방세 이외 주 소득세는 별도로 납부해야** 합니다. 많은 주에서 대한민국 부동산 양도와 관련하여 대한민국에서 납부한 소득세는 주 소득세 계산 시 별도의 외국납부세액으로 공제를 인정하지 않고 있습니다. 그렇기에 반드시 주 소득세를 납부해야 하는지 여부를 전문가와 상의하여 신중하게 검토해야 합니다.

그리고 대한민국에서 양도한 부동산이 주택이고, 경우에 따라 1세대 1주택 등의 비과세 혜택을 받았다고 하더라도 이는 대한민국 내에서의 효과일 뿐입니다. 미국에서 별도로 비과세를 인정하는 것은 아니기에 미국에서 별도로 소득세 납부 의무가 있을 수 있다는 점도 알아둬야 합니다.

[사례 엿보기 24] 대한민국에 거주하는 자녀가 상속받은 미국의 콘도를 매각할 때, 미국과 한국에 양도소득세를 내야 하는가?

아버지가 미국 주재원으로 근무할 때 미국에 콘도를 하나 구입하셨는데, 주재원 생활을 마치고 대한민국으로 귀국하여 지내던 중 갑자기 사망을 하시게 되었습니다. 미국에 남겨둔 콘도는 대한민국에 있는 자녀들이 상속을 받게 되었는데, 저희들은 미국에 별다른 연고가 있는 것이 아니므로, 콘도를 매각하여 자금을 대한민국으로 반출을 해오려 합니다.
콘도를 상속할 때 대한민국과 미국에 모두 상속세를 냈었는데, 매각을 하는 경우에도 대한민국과 미국에 별도로 양도소득세를 내야 하는지 궁금합니다.

미국의 콘도를 상속받은 **상속인은 대한민국 세법상 거주자**이고, 미국 세법상 비거주로 인정이 될 것입니다.

[사례 엿보기 24]에서 자녀들은 계속하여 대한민국에 거주했던 거주자이므로 국외재산인 미국 콘도를 매각하여 양도차익을 얻었다면 **대한민국에 양도소득세를 납부해야** 합니다.

그리고 **양도자는 미국 세법상 비거주자인데, 미국 내의 부동산을 양도했기에 해당 양도로 인한 양도차익이 발생했다면 미국에서도 납세 의무**가 있습니다. 해당 양도소득세는 양도소득이 발생한 해의 다음 해 4월 15일까지 미국 IRS에 신고해야 합니다. 이때 미국에서 양도소득세 산출은 자산의 보유기간입니다.

미국에서 납부한 소득세가 있다면 대한민국「소득세법」제118조의6에 따라 대한민국에서 양도소득세를 계산할 때 법정신고기간 내에 신고한 경우에 한하여 외국납부세액공제를 받거나 또는 필요경비로 공제받을 수 있습니다.

★ **관련 법령**

소득세법 제118조의 2(국외자산 양도소득의 범위) 거주자(해당 자산의 양도일까지 계속 5년 이상 국내에 주소 또는 거소를 둔 자만 해당한다)의 국외에 있는 자산의 양도에 대한 양도소득은 해당 과세기간에 국외에 있는 자산을 양도함으로써 발생하는 다음 각호의 소득으로 한다. 다만, 다음 각호에 따른 소득이 국외에서 외화를 차입하여 취득한 자산을 양도하여 발생하는 소득으로서 환율변동으로 인하여 외화차입금으로부터 발생하는 환차익을 포함하고 있는 경우에는 해당 환차익을 양도소득의 범위에서 제외한다. 〈개정 2010. 12. 27., 2014. 12. 23., 2015. 12. 15., 2016. 12. 20.〉

1. 토지 또는 건물의 양도로 발생하는 소득

2. 다음 각 목의 어느 하나에 해당하는 부동산에 관한 권리의 양도로 발생하는 소득

가. 부동산을 취득할 수 있는 권리(건물이 완성되는 때에 그 건물과 이에 딸린 토지를 취득할 수 있는 권리를 포함한다)

나. 지상권

다. 전세권과 부동산임차권

3. 삭제 〈2019. 12. 31.〉

4. 삭제 〈2017. 12. 19.〉

5. 그 밖에 제94조 제1항 제4호에 따른 기타자산 등 대통령령으로 정하는 자산의 양도로 발생하는 소득.

소득세법 제118조의 6(국외자산 양도소득에 대한 외국납부세액의 공제)

① 국외자산의 양도소득에 대하여 해당 외국에서 과세를 하는 경우로서 그 양도소득에 대하여 대통령령으로 정하는 국외자산 양도소득에 대한 세액(이하 이 항에서 "국외자산 양도소득세액"이라 한다)을 납부하였거나 납부할 것이 있을 때에는 다음 각호의 방법 중 하나를 선택하여 적용할 수 있다. 〈개정 2019. 12. 31.〉

1. 외국납부세액의 세액공제방법: 다음 계산식에 따라 계산한 금액을 한도로 국외자산 양도소득세액을 해당 과세기간의 양도소득 산출세액에서 공제하는 방법

2. 외국납부세액의 필요경비 산입방법: 국외자산 양도소득에 대하여 납부하였거나 납부할 국외자산 양도소득세액을 해당 과세기간의 필요경비에 산입하는 방법

② 제1항의 세액공제 및 필요경비산입에 필요한 사항은 대통령령으로 정한다.

다음으로 알아볼 내용은 미국 거주자가 **대한민국에서 상속받은 재산들에 대한 미국 보고 의무**에 관한 것입니다. 한국에 있는 모든 상속재산을 미국으로 반출한다면 상관없지만, 대한민국에 상속재산을 놔두거나 활용하게 되면 보고 의무가 발생하게 됩니다. 모든 것을 보고하는 것이 아니고 일정한 보고 기준이 있는데요, 이 부분은 많은 사람이 오해하거나 헷갈릴 수 있기에 그 개념을 정확히 알고 있는 것이 무엇보다 중요합니다.

[사례 엿보기 25] 대한민국에서 금융재산을 상속받은 미국 시민권자가 상속재산으로 대한민국에서 주식투자를 한다면 미국에 신고의무가 있는지?

> 저는 오래전 미국으로 이민을 와서 거주하는 미국 시민권자입니다. 최근 대한민국에 계신 아버지가 사망하셔서, 금융재산을 단독으로 상속받게 되었습니다.
> 해당 재산을 미국으로 가져오는 절차가 번거롭고, 업무상 한국에 자주 오가고 있는 터라, 대한민국 증권계좌를 열어서 주식을 투자하려 하는데요. 이때 제가 대한민국 증권계좌에서 주식투자를 한다면 미국에 신고해야 하는 것이 있는지, 그리고 신고한다면 무엇을 신고해야 하는지 궁금합니다.

미국 시민권자, 영주권자 및 거주 외국인을 포함한 미 세법상의 미국 거주자는 해당 연도 **해외의 금융기관 각 계좌의 잔액 합계액이**

$10,000을 초과한 적이 있었다면 그 구체적인 내용을 FBAR(Report of Foreign Bank and Financial Accounts) 양식에 의해 전자신고방식으로 FinCEN(Financial Crimes Enforcement Network)에 보고해야 합니다.

여기서 보고 대상이 되는 **해외 금융계좌는 은행계좌, 투자계좌, 뮤추얼 펀드, 연금계좌, 증권계좌** 등입니다.

[사례 엿보기 25]에서 대한민국의 계좌에 보유한 금융재산의 합계액이 $10,000을 초과한다면 FBAR에 해외계좌 보유사실을 보고해야 합니다.

실무적으로 해당 규정과 관련하여 보고 의무가 자주 발생하는 경우를 살펴보면, 미국에 이민을 오기 전부터 대한민국에 보유하고 있던 계좌의 잔고가 $10,000을 넘는 경우, 대한민국의 본인 계좌에 $10,000 넘는 금액을 송금할 일이 생기는 경우, 대한민국에 보유한 부동산을 전세로 내놓고 받은 전세보증금을 보관하고 있는 경우 등으로 모두 보고 대상이 됨을 유의해야 합니다.

만약 FBAR 보고 의무를 이행하지 않았다면 고의가 없는 경우(Non-willful)와 고의가 있는 경우(Willful)로 나눠 **상당한 금액의 페널티가 부과**됩니다. 경우에 따라 형사상 징역형의 처벌도 가능하므로 보고 대상이 된다면 반드시 미국의 세법 전문가와 협의해서 보고 의무를 성실히 이행해야 합니다.

기준금액	$10,000	
대상 금융계좌	증권계좌 연금계좌 → ① 계좌별 연중 최고 평가액 은행계좌 → ② 계좌별 연중 최고 잔액의 합계 보험계좌 → ③ 계좌별 연말 해지환급금 합계	① + ② + ③ $10,000 초과시 FBAR 신고
서식 및 제출처	Form 114를 작성하여 FinCEN(금융범죄단속국) 제출	
신고기한	다음 해 4월 15일 (현재 별도의 연장신청 없이도 10월 15일까지로 기한 연장됨)	
페널티	고의성이 없는 경우 연도별·계좌별 과태료 $13,481 고의성이 있는 경우 $134,806 또는 미신고 잔액의 50% 중 높은 금액의 과태료 +형사처벌도 가능 (최대 벌금 $500,000 and/or 징역 10년)	

[사례 엿보기 26] 미국 시민권자가 대한민국 상속재산인 아파트의 임대차 보증금을 한국 계좌에 둘 때, 미국 IRS에 무엇을 신고해야 하는지?

저는 오래전 미국으로 이민을 와서 거주하는 미국 시민권자입니다. 최근 대한민국에 계신 아버지가 사망하셔서, 아파트를 단독으로 상속받게 되었습니다. 해당 재산을 미국으로 가져오는 절차가 번거롭고 업무상 한국에 자주 오가고 있는 터라, 대한민국의 재산은 대한민국에서 관리하기로 결정하였습니다.

아파트를 임대하고 받은 임대차보증금(전세금)은 대한민국 계좌를 개설하여 보관하고 있습니다. 이 경우, 제가 미국 IRS에 무엇을 신고해야 하는지 궁금합니다.

미국 해외계좌신고법(Foreign Account Tax Compliance Act: FATCA)에 따라 미국 시민권자, 영주권자, 거주 외국인이 **일정 금액 이상의 '해외 금융자산'을 소유한 경우, 매년 개인소득세 신고 시 전년의 '해외 금융자산'을 IRS에 보고해야** 합니다.

'해외 금융자산'이란 해외 금융기관에서 관리되는 은행계좌, 증권계좌, 주식, 채권, 트러스트, 각종의 해외 파생상품 및 합자회사에 관한 권리 등을 말하는데, **주로 해당이 되는 것은 은행, 증권, 주식, 채권 등**입니다.

앞서 살펴본 FBAR(Report of Foreign Bank and Financial Accounts)은 금융재산이 아닌 금융계좌만 보고 대상이었으나, FATCA는 금융계좌 외에도 모든 금융재산을 보고 대상으로 확대한 것이며, 보고 대상이 되는 기준금액은 다음과 같습니다.

(1) 미국 거주 미혼자나 기혼자가 단독으로 세무신고를 할 경우

세무회계연도 최종일 해외 금융재산 총액이 $50,000을 초과하는 경우 또는 1년 중 한 번이라도 $75,000을 초과하는 경우

(2) 해외 거주 미혼자나 기혼자가 단독으로 세무신고를 할 경우

세무회계연도 최종일 해외 금융재산 총액이 $200,000을 초과하는 경우 또는 1년 중 한 번이라도 $300,000을 초과하는 경우

(3) 미국 거주 기혼자가 부부 공동으로 세무신고를 할 경우

세무회계연도 최종일 해외 금융재산 총액이 $100,000을 초과하는

경우 또는 1년 중 한 번이라도 $150,000을 초과하는 경우

(4) 해외 거주 기혼자가 부부 공동으로 세무신고를 할 경우

세무회계연도 최종일 해외 금융재산 총액이 $400,000을 초과하는 경우 또는 1년 중 한 번이라도 $600,000을 초과하는 경우

만약 FATCA 보고 의무를 이행하지 않았을 경우, 불이익이 있을 수 있으므로 반드시 세무 전문가와 협의해서 적정하게 처리를 해야 합니다.

또한, 미국 시민권자가 미국에 비거주하는 외국인으로부터 연간 $100,000을 초과(2024년 기준)한 금액을 증여받거나 상속을 받을 경우, 다음 해 4월 15일까지 소득세 신고 시 Form 3520(Annual Return to Report Transactions with Foreign Trusts and Receipt of Certain Foreign Gifts)을 제출하여 해당 상속사실을 보고해야 합니다.

기준금액	'미국거주' 시 : 연말 $50,000 or 연중 $75,000 (부부합산신고시 x2) '해외거주' 시 : 연말 $200,000 or 연중 $300,000 (부부합산신고시 x2) ('미국거주 → 1년 중 35일 초과 미국 거주 / '해외거주' → 1년 중 330일 이상 해외 거주)	
대상 금융계좌	증권계좌, 연금계좌, 은행계좌, 보험계좌 → ① FBAR와 공통	①+② 기준금액 초과시 FATCA 신고
기타 금융자산	해외 비상장 법인의 주식, 채권, 지분 해외 헤지펀드・사모펀드 지분 신탁을 통해 보유하고 있는 해외자산 → ② FATCA에만 해당	
서식 및 제출처	Form 8938을 작성하여 세금신고시 IRS에 제출	
신고기한	다음 해 4월 15일 (해외에 거주하고 있다면 별도 신청 없이 6월 15일까지로 연장)	
페널티	기본 과태료 $10,000 (최대 추가 과태료 $50,000) + 미납세액의 40% 가산세 고의성이 있는 경우 형사처벌 가능 (최대 벌금 $250,000 and/or 징역 5년)	

이제 상속 및 증여재산 활용의 마지막으로 미국 거주자가 대한민국에서 상속이나 증여를 받은 재산으로 **임대소득, 이자소득, 투자소득 등을 얻을 경우 대한민국과 미국에 어떤 세금을 내야 하는지** 알아보겠습니다. 상식적으로 생각해보면 답은 이미 나와 있습니다. 재산을 활용해 소득이 생겼기 때문에 '**소득세**'를 내야겠지요.

[사례 엿보기 27] 상속받은 대한민국의 금융재산에서 수익이 발생할 때, 미 시민권자는 어디에 어떤 세금을 내야 하나?

대한민국에 계신 아버지가 사망하시면서 상가건물과 일정의 금융재산을 남겨두셨고, 미국 시민권자인 제가 단독으로 상속받게 되었습니다. 저는 대한민국에도 자주 오가는 터라, 상가건물은 유지하려 하고 금융재산도 당분간 대한민국 금융계좌에 예치하려 합니다.
상가건물에서는 매월 500만 원 정도의 월세 수입이 나오고, 금융재산으로도 정기예금에 가입하여 일정한 예금이 나올 것인데, 이 경우 저는 어떠한 세금을 어디에서 내야 하는지 궁금합니다.

미국 영주권 또는 시민권자 등 **미국 세법상 거주자**로 인정받는 자가 대한민국의 금융계좌 등을 보유하면서 **이자소득을 얻은 경우, 대한민국 금융기관은 13.2%(소득세와 지방소득세)를 원천징수**합니다. 이 경우 거주자는 별도로 대한민국의 과세관청에 소득세를 신고하거나 납부할 필요는 없습니다.

그리고 대한민국에서 월세소득을 얻고 있다면 대한민국 「소득세법」을 적용받으며, **과세관청에 매년 임대소득세를 신고하고 납부**를 해야 합니다.

[사례 엿보기 27]의 미국 시민권자는 국내에서 발생하는 소득에 대하여 미국에서 납세 의무가 있습니다. 대한민국에서 이자소득을 얻었다면 다음 해 4월 15일까지 **이자소득을 미국 내의 소득과 합산하여 미국 국세청에 신고**해야 합니다. 이때 대한민국에서 납부(원천징수)한 세액은 외국납부세액으로 소득세액에서 공제받을 수 있을 겁니다.

아울러 대한민국에 금융계좌와 일정한 금융재산을 가지고 있는 경우 FBAR에 금융계좌를 신고하거나 IRS 금융재산내역을 신고해야 할 수도 있음을 유의해야 합니다.

[사례 엿보기 28] 대한민국에 거주하는 미국 시민권자가 상속받은 대한민국의 금융재산을 통해 이자를 받을 때, 어디에 어떤 세금을 내야 하나?

대한민국에 계신 아버지가 사망하시면서 일정의 금융재산을 남겨두셨고, 미국 시민권자인 제가 단독으로 상속받게 되었습니다. 저는 미국 시민권을 유지한 채 대한민국에 거소신고를 하고 살고 있는데, 아버지가 남겨둔 금융재산으로 정기예금에 가입하여 일정한 이자를 받으려 합니다. 이 경우 저는 어떠한 세금을 어디에서 내야 하는지 궁금합니다.

미국 영주권자 또는 시민권자가 대한민국에 거주하는 **대한민국 세법상 거주자**에 해당하는 경우 대한민국「소득세법」을 적용받게 됩니다.

　이 경우 전 세계에서 발생한 금융소득이 **2천만 원 이하**라면 소득을 지급하는 자(금융기관 등)는 **대한민국에서 발생한 금융소득에 대하여 15.4%**(소득세와 지방소득세)**를 원천징수** 및 납부하고 영주권자 또는 시민권자가 대한민국 과세관청에 별도로 소득세를 신고 및 납부할 의무는 없습니다(금융소득 분리과세방법). 하지만 2천만 원을 초과한다면 전 세계에서 발생한 모든 소득과 합산하여 소득세를 신고납부해야 합니다(금융소득 종합과세방법).

　그리고 미국 시민권자는 전 세계 소득에 대하여 미국에서 납세 의무가 있으므로 미국 시민권자가 대한민국에서 이자소득이 발생한 경우 다음 해 4월 15일까지 **이자소득을 미국 내의 소득과 합산하여 미국 국세청에 신고해야** 합니다. 미국에서 소득세액을 계산할 때 대한민국에서 납부(원천징수)한 세액은 외국납부세액으로 소득세액에서 공제받을 수 있을 것입니다.

　아울러, 대한민국에 금융계좌와 일정한 금융재산을 가지고 있는 경우 FBAR에 금융계좌를 신고하거나 IRS 금융재산내역을 신고해야 할 수도 있음을 유의해야 합니다.

[사례 엿보기 29] 상속받은 대한민국의 금융재산으로 미 시민권자가 주식거래에서 수익을 얻을 경우 부담하는 세금은?

> 저는 현재 미국에 영주권자로 거주하고 있는데, 얼마 전 대한민국에 계신 아버지가 사망하셔서 아버지가 남겨두신 금융재산을 상속받게 되었습니다. 저는 아버지로부터 물려받은 금융재산으로 대한민국 증권회사 프로그램을 통해 주식과 펀드거래를 하려 합니다.
> 미국에서는 주식에서 수익을 얻는다면 일정의 세금이 있는데, 대한민국은 별다른 세금이 없다고 들었습니다. 제가 만약 대한민국 주식거래에서 수익을 얻을 경우 부담해야 하는 세금이 있는지 궁금합니다.

미국 영주권 또는 시민권자가 미국에 거주하면서 대한민국 내의 펀드나 주식에 **투자하여 이익을 얻은 경우, 일반적으로 대한민국에서는 해당 이익에 대하여 양도소득세가 과세되지 않습니다.** 정확히 이야기하면 주식 매매차액에 대해 양도소득세가 없는 것은 아니지만, 2024년 현재 양도소득세가 부과되는 주주의 기준을 한 종목당 50억 원 이상 보유한 경우로 한정하여 대부분의 경우엔 양도세가 부과되지는 않을 것입니다.

그런데 미국 세법상 **미국 거주자가 전 세계로부터 얻은 소득은 미국에서 납세 의무**가 있습니다. 대한민국에서 펀드나 주식으로 수익이 있고 대한민국에서 양도소득세가 과세되지 않았다고 하더라도, 다음 해 4월 15일까지 해당 소득을 다른 소득과 합산하여 미국 국세청에 신고해야 합니다.

이 경우 대한민국에서 납부한 세금이 있다면 외국납부세액으로 공제받을 수 있는데, 과세가 되지 않는 경우라 해도 미국에서는 과세소득이므로 이를 합산하여 신고해야 합니다.

공문서의 효력 인정받기: 아포스티유

한 국가에서 발행한 문서가 다른 국가에서 사용되는 사례가 급격히 증가하고 있는 가운데, 한 국가의 문서가 다른 국가에서 인정받기 위해서는 문서의 국외사용을 위한 확인(Legalization)을 받아야만 합니다.

문서접수국 해외공관원(영사)이 문서발행국 문서를 '영사확인'하는 경우, 문서발행국 공문서 신뢰성 여부를 신속하게 확인하기 힘들고 장시간이 소요되는 불편이 있습니다. 공관 소재국의 외교부 영사확인 등을 먼저 이행하도록 요구하고 있으며, 민원인 또한 시간과 비용 면에서 이중의 불편을 감수하고 있습니다.

이러한 불편을 해소하기 위해 도입된 것이 **아포스티유(Apostille) 협약**입니다. 이는 **문서발행국의 권한 있는 당국이 자국 문서를 확인하**

면, 아포스티유 협약가입국 사이에 자국의 해외공관이 현지 국가가 발행한 문서에 대한 추가적 확인 없이 자국에서 직접 사용할 수 있도록 인정하는 '외국공문서에 대한 인증의 요구를 폐지하는 협약(아포스티유 협약)'입니다.

아포스티유 인증 대상 문서는 크게 '공문서'와 '공증문서'로 나누는데 공문서는 행정기관이 발행한 문서를 말하고, 공증문서는 공증인법 또는 변호사법 규정에 의하여 공증인의 자격을 가진 자가 작성한 공증문서를 말합니다.

우리나라에서는 '외교부'와 '법무부'가 권한기관으로 지정되어 있으며, 동 기관들이 아포스티유 협약에서 규정한 방식에 따라 문서의 관인 또는 서명을 대조하여 확인하고 발급하는 것이 아포스티유 확인입니다.

따라서 **아포스티유 확인서가 부착된 우리 공문서는 대한민국에 소재하고 있는 외국공관의 영사확인 없이 협약가입국(문서접수국)에서 공문서로서의 효력을 인정**받게 됩니다.

자, 그럼 먼저 아포스티유 가입국 현황을 살펴본 후, 해외거주자들이 많이 살고 있는 미국, 캐나다, 호주 및 뉴질랜드에서 영주권자와 시민권자가 공문서의 효력을 인정받는 방법을 알아보도록 하겠습니다.

[아포스티유(Apostille) 가입국 현황]

<아포스티유 협약국 리스트>

(2024. 1. 11. 기준)

No.	분류	국가명
1	ㄱ	가이아나
2	ㄱ	과테말라
3	ㄱ	그레나다
4	ㄱ	그리스
5		나미비아
6		남아프리카공화국
7		네덜란드(아루바)
8	ㄴ	노르웨이
9	ㄴ	뉴질랜드
10		니우에 섬
11		니카라과
12		대한민국
13		덴마크
14	ㄷ	도미니카공화국
15		도미니카연방
16		독일
17		라이베리아
18		라트비아
19		러시아
20		레소토
21	ㄹ	루마니아
22		룩셈부르크
23		리투아니아
24		리히텐슈타인
25		마셜·마셔토·마셤도
26		마카오
27		마케도니아
28		말라위
29		멕시코
30		모나코
31	ㅁ	모로코
32		모리셔스
33		몬테네그로
34		몰도바
35		몰타
36		몽골
37		미국
38		바누아투
39		바레인
40		바베이도스
41	ㅂ	바하마
42		베네수엘라
43		벨기에
44		벨라루스
45		벨리즈
46		보스니아 - 헤르체고비나
47		보츠와나
48		볼리비아
49		불가리아
50	ㅂ	브라질
51		브루나이
52		브룬디
53		북마케도니아
54		사모아
55		사우디아라비아
56		사이프러스/키프로스
57		산마리노
58		상투메프린시페
59		세네갈
60		세르비아
61		세이셸
62		세인트루시아
63	ㅅ	세인트빈센트그레나딘
64		세인트키츠네비스
65		수리남
66		스와질랜드
67		스웨덴
68		스위스
69		스페인/에스파냐
70		슬로바키아
71		슬로베니아
72		싱가포르
73		아르메니아
74		아르헨티나
75		아이슬란드
76		아일랜드
77		아제르바이잔
78		안도라
79		알바니아
80		앤티가바부다
81	ㅇ	에스토니아
82		에콰도르
83		엘살바도르
84		영국
85		오만
86		오스트레일리아
87		오스트리아
88		온두라스
89		우루과이
90		우즈베키스탄
91		우크라이나
92		이탈리아
93	ㅇ	이스라엘
94		인도
95		인도네시아
96		일본
97		조지아/그루지야
98	ㅈ	자메이카
99		중국
100	ㅊ	체코
101		칠레
102		카보베르데
103		카자흐스탄
104		캐나다
105		코소보
106	ㅋ	코스타리카
107		콜롬비아
108		쿡제도
109		크로아티아
110		키르기스스탄
111		타지키스탄
112		터키
113	ㅌ	통가
114		튀니지
115		트리니다드토바고
116		파나마
117		파라과이
118		파키스탄
119		팔라우
120		페루
121	ㅍ	포르투갈
122		폴란드
123		프랑스
124		피지
125		핀란드
126		필리핀
127	ㅎ	헝가리
128		홍콩

(출처: www.hcch.net)

[미국]

– 캘리포니아 CALIFORNIA –

영사공증 – 관광입국자, 영주권자의 경우

1. 위치: 주 로스앤젤레스 대한민국 총영사관

① 주소: Korean Consulate General in Los Angeles 3243 Wilshire Blvd, Los Angeles, CA 90010

② 전화번호: (대표전화) +1-213-385-9300

③ 관할지역: 남가주(캘리포니아주 San Luis Obispo 카운티, Kern카운티 및 San Bernardino 카운티 이남지역), 네바다, 애리조나, 뉴멕시코

④ 홈페이지: https://overseas.mofa.go.kr/us-losangeles-ko/index.do

2. 업무 시간: 09:00~17:00

① 민원업무: 09:00~16:00

② 영사민원은 방문전 반드시 예약 필요(2024년 기준)

3. 업무 절차

※ 본인이 직접 영사관 방문 또는 순회영사 시 순회영사 장소 방문하여 진행하여 함(담당 관할 및 순회 일정 별도 확인)

① 위임장 등 서명은 반드시 영사 앞에서 해야 함

② 접수 후 즉시 처리

4. 방문 시 지참 서류

① 신청인 신분증(여권 등) 원본 및 사본
② 영사 확인받고자 하는 서류 원본
- 저희가 안내해드리는 서류를 출력하여 가시면 됩니다.
③ 신청인 체류신분 증명 서류(영주권 또는 장기체류비자 등) 원본 및 사본
④ 신청인이 미성년자인 경우 기본증명서, 가족관계증명서 추가 제출

5. 결제: 현금 가능(2024년 기준)
- 위임장($2), 번역문인증($4), 서명인증서($4), 상속재산분할협의서($2.50)

주 로스앤젤레스 총영사관

참고 1) 영사관 정보 및 공증 관련

① 보안검색 절차 통과 후,

② 업무에 필요한 번호표 발급
　(위임장 영사 공증의 경우 A)

③ 창구 접수

④ 대기 후 번호에 따라 공증 진행
- 양식의 경우, 비치된 양식이 있으나 저희 법인에서 안내해드린 것으로 공증받으시면 됩니다.
- 개인적으로 다른 추가 업무가 있으신 경우, 현장에 비치된 양식을 사용하셔도 됩니다.

⑤ 간단한 작업이 가능한 컴퓨터와 프린터가 설치되어 있습니다.

공증 NOTARIZATION - 시민권자의 경우

1. 위치: 가까운 Notary Public 사무실 검색하여 미팅 예약

2. 업무 시간: 공증인마다 다름, 보통 15분 단위로 예약(실제 공증은 약 5분 이내)

3. 업무 절차
① 신분 확인: 신분증 지참 필요
② 공증인 앞에서 직접 서명
- 서류는 저희가 안내해드린 서류를 출력하여 사용
- 공증인에게 아포스티유까지 받을 것이라고 미리 말씀해 주세요.
③ 공증인이 공증 스탬프 날인, 의뢰인 인적사항 관리대장에 작성, 업무 종결

4. 결제: $15.00(2024년 기준)

참고 1) 공증 절차

① 공증은 공증인 사무실뿐만 아니라, 의뢰인과 만나기 편한 장소라면 어디서든 가능(공증인 업무 방식에 따름)

② 간단한 신분 확인 후, 서류에 직접 서명하는 것을 확인하는 절차

③ 공증인은 공증인 노트에 의뢰인의 인적사항과 오른쪽 엄지손가락 날인 후 공증 스탬프 날인하여 서류 완성

④ 공증 업무는 대략 5~10분 사이

⑤ 통상 미팅 예약도 15분 단위로 되어 있는 경우가 많음

아포스티유 APOSTILLE - 시민권자의 경우

1. 위치

① Secretary of State(Sacramento)

- 주소: Street, 2 Floor Sacramento, CA 95814
- Notary Public 전화번호: (916) 653-3595
- Main Office 전화번호: 657-5448

② Secretary of State(Los Angeles)
- 주소: 300 South Spring Street, Room 12513 Los Angeles, CA 90013 2
- 전화번호: (213) 897-5310

2. 업무 시간: 08:00~17:00(공휴일 State Holidays 제외)
① Sacramento Office는 우편과 대면 아포스티유 모두 함
  Los Angeles Office는 대면 아포스티유만 함(우편 아포스티유 불가)
② 캘리포니아에 등록된 공증인으로부터 받은 공증서류로만 가능
③ 방문절차용 Cover Sheet 작성 및 출력(오피스에 방문하여 작성해도 됨)
④ 공증 서류의 서명자와 실제 주정부 사무소 방문자가 다르더라도, 아포스티유 신청이 가능함(위임장 필요 없음)
⑤ 신청 접수는 선착순으로 진행(번호표 출력 후 대기)
  현장에 구비되어 있는 신청서 작성 후 공증받은 서류와 함께 제출
  본인 신분증 등 추가 첨부서류 필요 없음
  https://www.sos.ca.gov/notary/request-apostille 에서 절차 확인 가능
  (California Secretary of State → Notary & Apostille → Apostille)
⑥ 홈페이지: http://overseas.mofa.go.kr/ca-montreal-ko/index.do

4. 업무 절차(우편 절차): Sacramento Office

① 우편 주소

a. United States Postal Service 이용 시

Notary Public Section, P.O. Box 942877, Sacramento,CA 94277-0001

b. 다른 서비스 이용 시(e.g. Fedex, UPS, DHL)

Notary Public Section, 1500 11th Street, 2nd Floor, Sacramento,CA 95814

② 필요 서류

- 공증 서류의 원본
- 우편절차용 Request Cover Sheet
- 문서 하나당 $20.00으로 계산한 수표 혹은 Money Order

  (Secretary of State에게 지급 가능해야 함)

- 아포스티유 완료된 서류를 돌려받을 성명과 주소 등을 기재 완료한 편지봉투

③ https://www.sos.ca.gov/notary/request-apostille에서 절차 확인 가능

  (California Secretary of State → Notary & Apostille → Apostille)

5. 결제(2024년 기준)

① 문서 하나당 $20.00, 방문 수수료 $6.00

② LA: 본인 명의 비자카드 또는 마스터카드/수표/Money Order로만 결제 가능

  (수표와 Money Order는 Secretary of State에 지급 가능해야 함)

현금 결제 불가

③ Sacramento: 본인 명의 비자카드 또는 마스터카드/수표/현금/Money Order로만 결제 가능

(수표와 Money Order는 Secretary of State에 지급 가능해야 함)

캘리포니아 CALIFORNIA,
아포스티유 샘플 Apostille Sample

아포스티유 신청서(LA)

참고 1) Secretary of State(Los AngeLes)

① Secretary of State(Los Angeles)
  출입 단계에서 보안검색 철저

② 보안검색 지나 우측에 있는
  "SOUTH TOWER" 엘리베이터 이용

③ SOUTH 12층, 12513

④ 입구 정면에 있는 번호표 발급

⑤ 사무실 오른쪽 끝에 비치되어 있는 노란색 신청서 작성
- 신청서에는 서류의 사용처와 신청인 인적사항, 결제 방식에 대한 내용 작성

⑥ 대기시간 30분~1시간 정도 소요 (현장 업무 상황에 따라 다를 수 있음)

- 뉴욕 NEW YORK -

영사공증 - 관광입국자, 영주권자의 경우

1. 위치: 주 뉴욕 대한민국 총영사관

① 주소: 460 Park Ave., (betw. 57th & 58th St.) New York, NY 10022

② 전화번호: 1-646-674-6000

③ 관할: 뉴욕, 뉴저지, 코네티컷, 펜실베니아, 델라웨어

④ 홈페이지: https://overseas.mofa.go.kr/us-newyork-ko/index.do

2. 업무 시간: 월~금 9:00-12:00/13:00-16:30

3. 업무 절차(접수 후 즉시 처리)

① 영사관 및 순회 일정 확인하여 직접 방문

② 위임장 등 서명 또는 날인은 반드시 영사 앞에서 해야 함

- 우편 신청 및 대리인 인증 불가
- 번역문 인증의 경우는 번역자가 방문하여 번역문에 서명 또는 날인

4. 방문 시 지참 서류

① 유효한 여권 원본과 사본 1부

② 영주권 원본 및 사본 1부(영주권자의 경우)

- 미성년자인 경우 법정대리인의 법정대리인 동의서와 유효한 여권 원본과 사본 1부 영주권자인 경우, 영주권 원본과 사본 1부 추가 제출

③ 영사 확인받고자 하는 서류 원본(저희가 안내해드리는 서류)

5. 결제(2024년 기준)

- 위임장($2), 서명인증서($4), 상속재산분할협의서($2.50)

공증 NOTARIZATION - 시민권자의 경우

1. 위치: 가까운 Notary Public 사무실 검색하여 미팅 예약

2. 업무 시간: 공증인마다 다름, 보통 15분 단위로 예약(실제 공증은 약 10분 이내)

3. 업무 절차

① 신분 확인: 신분증 지참 필요

② 공증인 앞에서 직접 서명

- 서류는 저희가 안내해드린 서류를 출력하여 사용
- 공증인에게 아포스티유까지 받을 것이라고 미리 말씀해주세요.

4. 결제: 공증인마다 다름, 공증인에게 문의 필요

아포스티유 APOSTILLE - 시민권자의 경우

1. 위치: 방문 아포스티유

① New York City 오피스

- 주소: NYS Department of State, Division of Licensing Services, 123 William St. 2nd Fl. New York, NY 10038-3804

  (아포스티유 업무 시간: 9:00~16:00)

② Albany 오피스

- 주소: NNYS Department of State, Division of Licensing Services, 1 Commerce Plaza, 99 Washington Avenue, 6th Floor, Albany, NY 12231

  (아포스티유 업무 시간: 9:00~16:15)

2. 업무 절차: 방문 아포스티유

① 뉴욕주 공증인의 공증 및 County Clerk의 인증을 받은 서류만 가능

② 신청서 작성 후 공증받은 서류와 함께 제출

③ 본인 신분증 등 추가 첨부서류 필요 없음

④ 당일 처리 가능(당일 처리로써 아포스티유 받을 수 있는 서류는 인당 하루 10개로 한정)

⑤ 결제(2024년 기준)

- 문서 하나당 $10.00
- 미국 은행에서 발행한 수표 또는 money order로만 가능

  (NYS Department of State로 결제가 가능해야 함)

3. 업무 절차: 메일 아포스티유

① 우편 주소

a. United States Postal Service 이용 시

   New York Department of State, Division of Licensing Services, Apostille and Authentication Unit, PO Box 22001, Albany, NY 12201-2001

b. express services/next day ground services(ex. UPS, Federal Express, DHL) 이용 시

   Division of Licensing Services, 1 Commerce Plaza, 99 Washington Avenue, 6th Floor, Albany, NY 12231

② 뉴욕주 공증인의 공증 및 County Clerk의 인증을 받은 서류만

가능

③ 첨부된 신청서 작성 후(수기 혹은 타이핑 모두 가능) 공증받은 서류와 함께 제출

(https://dos.ny.gov/apostille-certificate-authentication 의 Apostille/Certificate of Authentication Request Forms)

④ 본인 신분증 등 추가 첨부서류 필요 없음

⑤ 결제(2024년 기준)

- 문서 하나당 $10.00
- 미국 은행에서 발행한 수표, money order, 신용카드(master card, visa, American express), debit card 가능(현금 불가)
- 신청서 작성 시 결제수단도 함께 작성함

5. 홈페이지: New York State Department of State → Apostille or Certificate of Authentication

https://dos.ny.gov/apostille-certificate-authentication

뉴욕 NEW YORK, 아포스티유 샘플 Apostille Sample | 아포스티유 신청서(국문도 있음)

- 뉴저지 NEW JERSEY -

영사공증 - 관광입국자, 영주권자의 경우

1. 위치: 주 뉴욕 대한민국 총영사관

① 주소: 460 Park Ave., (betw. 57th & 58th St.) New York, NY 10022

② 전화번호: 1-646-674-6000

③ 관할: 뉴욕, 뉴저지, 코네티컷, 펜실베니아, 델라웨어

④ 홈페이지: https://overseas.mofa.go.kr/us-newyork-ko/index.do

2. 업무 시간: 월~금 9:00~12:00, 13:00~16:30

3. 업무 절차(접수 후 즉시 처리)

① 영사관 및 순회 일정 확인하여 직접 방문

② 위임장 등 서명 또는 날인은 반드시 영사 앞에서 해야 함

- 우편 신청 및 대리인 인증 불가
- 번역문 인증의 경우는 번역자가 방문하여 번역문에 서명 또는 날인

4. 방문 시 지참 서류

① 유효한 여권 원본과 사본 1부

② 영주권 원본 및 사본 1부(영주권자의 경우)
- 미성년자인 경우 법정대리인의 법정대리인 동의서와 유효한 여권 원본과 사본
  1부 영주권자인 경우, 영주권 원본과 사본 1부 추가 제출
③ 영사 확인 받고자 하는 서류 원본(저희가 안내해드리는 서류)

5. 결제(2024년 기준)
- 위임장($2), 서명인증서($4), 상속재산분할협의서($2.50)

공증 NOTARIZATION - 시민권자의 경우

1. 위치: 가까운 Notary Public 사무실 검색하여 미팅 예약

2. 업무 시간: 공증인마다 다름, 보통 15분 단위로 예약(실제 공증은 약 10분 이내)

3. 업무 절차
① 신분 확인: 신분증 지참 필요
② 공증인 앞에서 직접 서명
- 서류는 저희가 안내해드린 서류를 출력하여 사용
- 공증인에게 아포스티유까지 받을 것이라고 미리 말씀해주세요.

4. 결제: 공증인마다 다름, 공증인에게 문의 필요

아포스티유 APOSTILLE - 시민권자의 경우

1. 위치

① 특송 절차(다음 날 처리, UPS, FedEx 혹은 8:30 am~2:00 pm 직접 배달)

Division of Revenue and Enterprise Services Customer Service Counter 33 West State Street, Trenton, NJ 08608, 5th floor

② 일반 절차(12~20 business days 소요, 1st class, USPS Priority, Certified Mail)

Division of Revenue and Enterprise Services
PO Box 452, Trenton, NJ 08608

2. 업무 절차

① 온라인(https://www.nj.gov/treasury/revenue/apostilles.shtml)으로 신청서 작성 및 결제
② 이메일로 보내진 order confirmation 출력
③ 공증받은 서류와 출력한 order confirmation을 우편으로 제출

3. 결제(2024년 기준): 본인 명의 신용카드, debit card 또는 전자수표만 가능

① 일반: 문서당 $25.00(접수비 $2.50 신용카드/$1.00 전자수표)
② 고속: 문서당 $40.00(접수비 $2.50 신용카드/$1.00 전자수표)

뉴저지 NEW JERSEY, 아포스티유 샘플 Apostille Sample	아포스티유 신청서
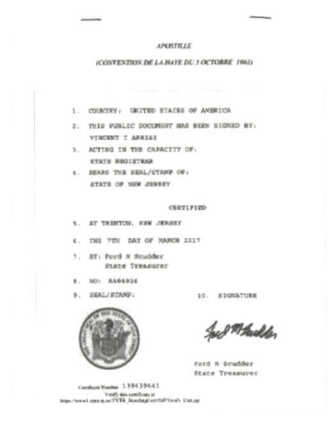	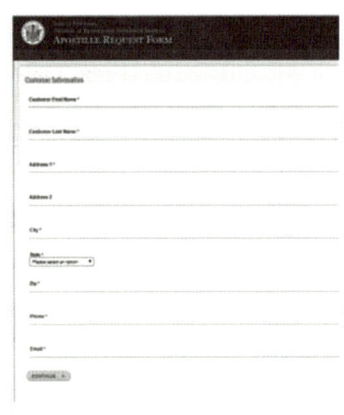

- 버지니아 VIRGINIA -

영사공증 - 관광입국자, 영주권자의 경우

1. 위치: 주미국 대한민국 대사관

① 주소: 2450 Massachusetts Avenue N.W. Washington, D.C. 20008

② 영사과 주소: 2320 Massachusetts Avenue N.W. Washington, D.C. 20008

③ 관할: 워싱턴 DC, 버지니아주, 메릴랜드주, 웨스트 버지니아주

2. 업무 시간: 월~금 9:00 am~12:00 pm, 1:00 pm~6:00 pm

① 민원업무: 월~금 9:00 am~12:00 pm, 1:00 pm~5:00 pm

② 예약 가능 시간: 월~금 오전 9시~12시, 오후 3시~5시

※ 당일 예약 불가, 예약 필수

3. 전화번호: +1-202-939-5600/영사과 전화번호: +1-202-939-5653

4. 홈페이지: https://overseas.mofa.go.kr/us-ko/index.do

5. 예약 방법

① 재외동포 365민원포털 접속(https://www.g4k.go.kr) 또는 모바일앱 '365민원포털' 다운로드

② 비회원 로그인 진행(또는 회원가입)

③ 빠른 민원신청 – 재외공관 방문예약 클릭

④ 대상공관 "주미국대한민국대사관" 선택

⑤ 민원업무/예약날짜/시간 선택

⑥ 예약 완료 후 확인 이메일을 출력 또는 스크린샷하여 방문 시 제시

6. 업무 절차 및 지참 서류

① 유효한 여권 원본과 사본 1부

② 영주권 원본 및 사본 1부(영주권자의 경우)

③ 미국주소지확인서류(임대계약서 또는 은행관련서류 등) 원본 및 사본 1부

④ 영사 확인 받고자 하는 서류 원본(저희가 안내해드리는 서류)

접수 후 위임장 등 서류에 서명은 반드시 영사 앞에서 해야 함

7. 결제(2024년 기준): 현금 가능

- 위임장($2), 서명인증서($4), 상속재산분할협의서($2.50)

공증 NOTARIZATION - 시민권자의 경우

1. 위치: 가까운 Notary Public 사무실 검색하여 미팅 예약

2. 업무 시간: 공증인마다 다름, 보통 15분 단위로 예약(실제 공증은 약 10분 이내)

3. 업무 절차

① 신분 확인: 신분증 지참 필요

② 공증인 앞에서 직접 서명

- 서류는 저희가 안내해드린 서류를 출력하여 사용

- 공증인에게 아포스티유까지 받을 것이라고 미리 말씀해주세요.

4. 결제: 공증인마다 다름, 공증인에게 문의 필요

아포스티유 APOSTILLE - 시민권자의 경우

1. 위치: Office of the Secretary of the Commonwealth
- 주소: Authentication Division, 1111 East Broad St, 1st Floor, Richmond, VA 23219

2. 우편 접수 절차(7~10 business days 소요)
① 버지니아주 공증인으로부터 공증받은 유효한 서류면 가능
② 공증받은 서류 및 cover letter 작성 및 출력하여 동봉
(cover letter는 https://www.commonwealth.virginia.gov/official-documents/authentications/how-to-submit/에서 출력 가능)
③ postage 비용이 이미 지불된 아포스티유 완료 된 서류를 돌려받을 return envelope
(self-addressed stamped mailer)

3. 방문 접수 절차
① 건물 출입시 유효한, 정부 발행 신분증 필요
② 예약 필요
- 예약 확정 페이지 출력 혹은 사진으로 찍어 남겨둬야 함
- 매주 금요일 10 am에 다음 주 예약 페이지가 열림
- https://www.commonwealth.virginia.gov/official-documents/authentications/how-to-submit/
③ 아포스티유 필요한 서류들 지참하여 방문

4. 결제(2024년 기준)

① 문서 하나당 $10.00, 추가 건은 각 $5.00

② Secretary of the commonwealth에 지금 되는 수표 혹은 money order

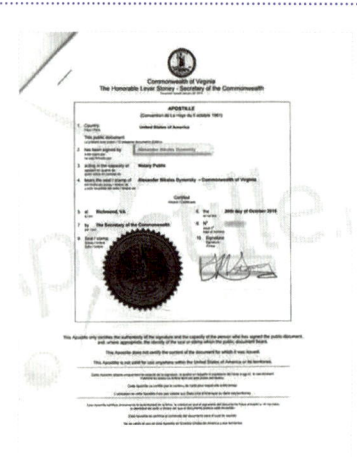

버지니아 VIRGINIA,
아포스티유 샘플 Apostille Sample

아포스티유 신청서

– 워싱턴 DC WASHINGTON DC –

영사공증 – 관광입국자, 영주권자의 경우

1. 위치: 주미국 대한민국 대사관

① 주소: 2450 Massachusetts Avenue N.W. Washington, D.C. 20008

② 영사과 주소: 2320 Massachusetts Avenue N.W. Washington, D.C. 20008

③ 관할: 워싱턴 DC, 버지니아주, 메릴랜드주, 웨스트 버지니아주

2. 민원업무: 월~금 9:00 am~12:00 pm, 1:00 pm~5:00 pm

- 예약 가능 시간: 월~금 오전 9시~12시, 오후 3시~5시

※ 당일 예약 불가, 예약 필수

3. 전화번호: +1-202-939-5600/영사과 전화번호: +1-202-939-5653

4. 홈페이지: https://overseas.mofa.go.kr/us-ko/index.do

5. 예약 방법

① 재외동포 365민원포털 접속(https://www.g4k.go.kr) 또는 모바일 앱 '365민원포털' 다운로드

② 비회원 로그인 진행(또는 회원가입)
③ 빠른 민원신청 – 재외공관 방문예약 클릭
④ 대상공관 "주미국대한민국대사관" 선택
⑤ 민원업무/예약날짜/시간 선택
⑥ 예약 완료 후 확인 이메일을 출력 또는 스크린샷하여 방문 시 제시

6. 업무 절차 및 지참 서류
① 유효한 여권 원본과 사본 1부
② 영주권 원본 및 사본 1부(영주권자의 경우)
③ 미국주소지확인서류(임대계약서 또는 은행관련서류 등) 원본 및 사본 1부
④ 영사 확인 받고자 하는 서류 원본(저희가 안내해드리는 서류)
⑤ 접수 후 위임장 등 서류에 서명은 반드시 영사 앞에서 해야 함

7. 결제(2024년 기준)
– 현금 가능(위임장($2), 서명인증서($4), 상속재산분할협의서($2.50))

공증 NOTARIZATION – 시민권자의 경우

1. 위치: 가까운 Notary Public 사무실 검색하여 미팅 예약

2. 업무 시간: 공증인마다 다름, 보통 15분 단위로 예약(실제 공증은 약 10분 이내)

3. 업무 절차

① 신분 확인: 신분증 지참 필요

② 공증인 앞에서 직접 서명

- 서류는 저희가 안내해드린 서류를 출력하여 사용
- 공증인에게 아포스티유까지 받을 것이라고 미리 말씀해주세요.

4. 결제: 공증인마다 다름, 공증인에게 문의 필요

아포스티유 APOSTILLE - 시민권자의 경우

1. 위치: Office of the Secretary

- 주소: Office of Notary Commissions and Authentications (ONCA) 441 4th Street, NW, Suite 810 South

2. 업무 시간: 8:15 AM~4:45 PM

① 방문 절차 업무 시간 9:00 AM~1:00 PM(1시 전 방문 시 당일 처리)

② 예약 불요

3. 방문 업무 절차

① 워싱턴 DC 공증인으로부터 공증받은 서류 원본 제출

② 현장 비치된 신청서 작성 후 제출

4. 우편 업무 절차

① 주소: Office of Notary Commissions and Authentications 441 4th Street, NW, Suite 810 South, Washington, DC 20001

② 지불 완료되고 서류를 돌려받을 주소의 기재가 완료된 봉투 동봉(pre-paid self-addressed return envelope)

③ 수표 혹은 money order로써 지불

5. 결제(2024년 기준)

① 문서 하나당 $15.00

② 현금 불가. 수표, 머니오더, 신용카드(American Express, Discover, Master Card, Visa)

워싱턴 디씨 WASHINGTON DC, 아포스티유 샘플 Apostille Sample

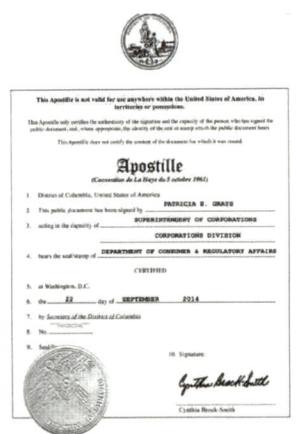

아포스티유 신청서

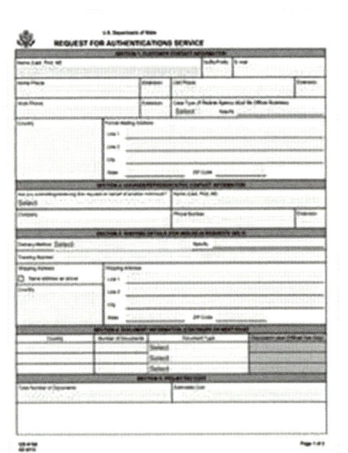

– 텍사스 TEXAS –

영사공증 – 관광입국자, 영주권자의 경우

1. 위치: 주휴스턴 대한민국 총영사관
① 주소: 1990 Post Oak Blvd. #1250, Houston, TX 77056
② 전화번호: +1-713-961-0186
③ 업무 시간: 월~금 09:00~17:00(민원실 운영시간: 09:00~12:00, 13:00~16:30)
④ 홈페이지: https://overseas.mofa.go.kr/us-houston-ko/index.do
⑤ 관할: 텍사스, 오클라호마, 루이지애나, 알칸사, 미시시피

2. 업무 절차(접수 후 즉시 처리)
① 영사관 방문 또는 순회 일정 확인하여 직접 방문
② 공증촉탁서 및 지참 서류와 함께 접수
③ 위임장 등 서명은 반드시 영사 앞에서 해야 함

3. 방문 시 지참 서류
① 여권 원본과 사본 1부
② 영주권 원본 및 사본 1부(영주권자의 경우)
③ 공증촉탁서 및 영사 확인 받고자 하는 서류 원본(저희가 안내해드리는 서류)

4. 결제(2024년 기준): 현금, 카드, 머니오더

   (money order의 pay to는 Consulate general of the Republic of Korea 로 기재)

- 위임장($2), 서명인증서($4), 상속재산분할협의서($2.50)

공증 NOTARIZATION - 시민권자의 경우

1. 위치: 가까운 Notary Public 사무실 검색하여 미팅 예약

2. 업무 시간: 공증인마다 다름, 보통 15분 단위로 예약(실제 공증은 약 10분 이내)

3. 업무 절차
① 신분 확인: 신분증 지참 필요
② 공증인 앞에서 직접 서명
- 서류는 저희가 안내해드린 서류를 출력하여 사용
- 공증인에게 아포스티유까지 받을 것이라고 미리 말씀해주세요.

4. 결제: 공증인마다 다름, 공증인에게 문의 필요

아포스티유 APOSTILLE – 시민권자의 경우

1. 직접 방문

① 주소: Secretary of State Authentications Unit 1019 Brazos, Austin, TX 78701, Room 106

② 업무 시간: 9:00 am~4:00 pm Monday~Friday Central Time

③ Request for Official Certificate of Apostille 아포스티유 신청서 작성 및 제출

https://www.sos.state.tx.us/statdoc/apostilleforms.shtml

④ 지참 서류원본과 신청서 지참하여 방문

2. 우편 신청 절차

① (5년 이내 발급된) 아포스티유가 필요한 서류들 원본

② 아포스티유 신청서 작성 및 출력하여 동봉

https://www.sos.state.tx.us/statdoc/apostilleforms.shtml

③ payment form 작성 및 출력하여 동봉

https://www.sos.state.tx.us/statdoc/apostilleforms.shtml

④ 지불이 완료된, 서류를 돌려받을 주소가 기재된 봉투(a self-addressed, stamped envelope or pre-paid overnight airbill/envelope.)

⑤ 주소: Secretary of State, Authentications Unit, P.O. Box 13550, Austin, TX 78711

3. 결제(2024년 기준)

① 문서 하나당 $15.00

② Secretary of State of Texas 앞으로 지급되는 수표 혹은 머니 오더, 현금(정확한 액수만 가능), 신용카드(American Express, Discover, MasterCard, Visa. 2.7% 수수료 추가 지불)

텍사스 TEXAS,
아포스티유 샘플 Apostille Sample   아포스티유 신청서

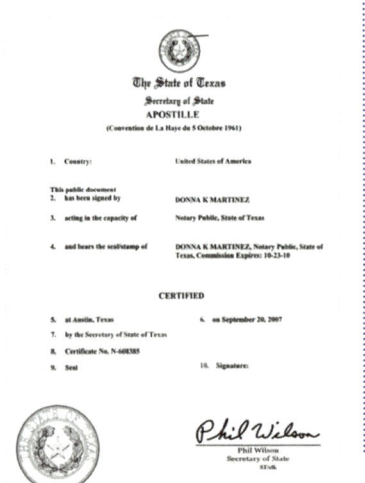

– 조지아 GEORGIA –

영사공증 – 관광입국자, 영주권자의 경우

---

1. 위치: 주 애틀란타 대한민국 총영사관

① 주소: 229 PEACHTREE STREET NE, SUITE 2100, INTERNATIONAL TOWER, ATLANTA, GA 30303

② 전화번호: 1-404-522-1611~3

③ 업무 시간: 월~금 9:00 am~5:00 pm

– 민원업무: 9:30 am~4:00 pm

④ 관할: 조지아, 플로리다, 앨라배마, 테네시, 노스캐롤라이나, 사우스캐롤라이나, 푸에르토리코, 미국령 버진아일랜드

⑤ 홈페이지: https://overseas.mofa.go.kr/us-atlanta-ko/index.do

2. 업무 절차(접수 후 즉시 처리)

① 영사관 방문 또는 순회 일정 확인하여 직접 방문

② 위임장 등 서명은 반드시 영사 앞에서 해야 함

③ 영사관 방문 온라인 예약(영사민원 24) 후 직접 방문

3. 방문 시 지참 서류

① 유효한 여권 원본과 사본 1부

② 영주권자의 경우 영주권 카드 원본

③ 공증촉탁서

④ 영사 확인 받고자 하는 서류 원본(안내를 참고하여 반드시 자필로 작성)

4. 결제(2024년 기준): 현금 가능
- 위임장($2), 서명인증서($4), 상속재산분할협의서($2.50)

공증 NOTARIZATION - 시민권자의 경우

1. 위치: 가까운 Notary Public 사무실 검색하여 미팅 예약

2. 업무 시간: 공증인마다 다름, 보통 15분 단위로 예약(실제 공증은 약 10분 이내)

3. 업무 절차
① 신분 확인: 신분증 지참 필요
② 공증인 앞에서 직접 서명
- 서류는 저희가 안내해드린 서류를 출력하여 사용
- 공증인에게 아포스티유까지 받을 것이라고 미리 말씀해주세요.

4. 결제: 공증인마다 다름, 공증인에게 문의 필요

아포스티유 APOSTILLE – 시민권자의 경우

1. 방문 신청 절차

① 주소: Georgia Issued Vital Records, Court Documents and Corporations Division Documents (GSCCCA) 1875 Century Blvd., Ste. 100, Atlanta, GA 30345

② 업무 시간: 월~금 9:00 am~4:00 pm(예약 불요)

③ 결제(2024년 기준)

- 문서당 $3.00
- 현금, GSCCCA에게 지급되는 수표 혹은 머니오더, 신용카드

④ 공증 완료된, 아포스티유 받고자 하는 서류 지참

2. 우편 접수 절차(USPS, FedEx, UPS 등)

① 주소: GSCCCA, Attn: Notary Division 1875 Century Blvd., Ste. 100, Atlanta, GA 30345

② 아포스티유 신청서 작성하여 출력 및 동봉(Apostille Request Letter)

https://www.gsccca.org/file/notary-forms#Misc

③ 공증 완료된 서류들 동봉

④ 아포스티유 완료된 서류를 받을 주소가 기재되고 지급 완료된 우편 봉투 동봉(pre-paid, self-addressed envelope or airbill for return)

조지아 GEORGIA, 아포스티유 샘플 Apostille Sample	아포스티유 신청서
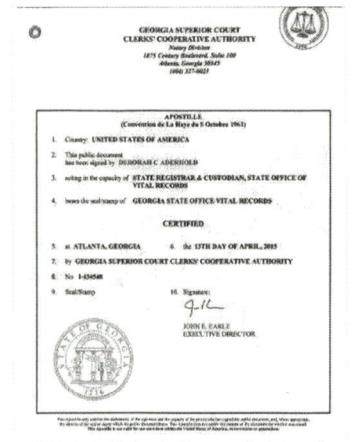	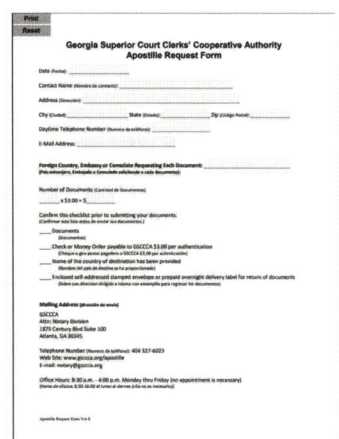

- 워싱턴 WASHINGTON -

영사공증 - 관광입국자, 영주권자의 경우

1. 위치: 주시애틀 대한민국 총영사관

① 주소: Consulate General of the Republic of Korea, 115 W Mercer St. Seattle, WA 98119

② 전화번호: +1-206-441-1011~4

③ 업무 시간: 월~금 8:30 am~4:30 pm

- 민원업무: 8:30 am~4:00 pm

④ 관할: 워싱턴주, 오레곤주, 아이다호주, 몬태나주, 알라스카주

⑤ 홈페이지: https://overseas.mofa.go.kr/us-seattle-ko/index.do

2. 예약 절차: 민원실 방문 전 예약 필수(온라인으로 방문 예약)

① 재외동포 365민원포털 접속(https://www.g4k.go.kr/biz/main/main.do)
② 재외공관 방문예약 클릭
③ SMS/이메일 로그인((국제)SMS인증 OR 이메일 인증)
④ 재외공관 선택('지역-북미, 국가-미국, 공관-주시애틀총영사관' 선택)
⑤ '방문업무/날짜/시간' 선택
⑥ 신원확인번호 및 보안문자 입력(유효한 한국 OR 미국 여권번호 입력 요망)
⑦ 예약 완료 후 확인 이메일 출력 또는 스크린샷, 방문 시 제시

3. 업무 절차

① 위임장 등 서명은 반드시 영사 앞에서 해야 함
② 지참 서류
- 여권 원본과 사본 1부
- 영주권 원본 및 사본 1부(영주권자의 경우)
- 영사 확인 받고자 하는 서류 원본(저희가 안내해드리는 서류)

4. 결제(2024년 기준)

- 위임장($2), 서명인증서($4), 상속포기 위임장($2.50), 상속재산

분할협의서($2.50)

공증 NOTARIZATION - 시민권자의 경우

1. 위치: 가까운 Notary Public 사무실 검색하여 미팅 예약

2. 업무 시간: 공증인마다 다름, 보통 15분 단위로 예약(실제 공증은 약 10분 이내)

3. 업무 절차
① 신분 확인: 신분증 지참 필요
② 공증인 앞에서 직접 서명
- 서류는 저희가 안내해드린 서류를 출력하여 사용
- 공증인에게 아포스티유까지 받을 것이라고 미리 말씀해주세요.

4. 결제: 공증인마다 다름, 공증인에게 문의 필요

아포스티유 APOSTILLE - 시민권자의 경우

1. 위치: Washington Secretary of State
https://www.sos.wa.gov/corporations-charities/apostilles-program/how-obtain-apostille-or-certificate-authentication

2. **일반 우편 접수 절차**(5~7 business days 소요)

① 주소: Corporations Division Apostille and Certificate Program, PO Box 40228, Olympia, WA 98504

② 아포스티유 받을 공증받은 서류 원본 동봉

③ 아포스티유 신청서 작성 및 출력하여 동봉(Apostille Authentication Request Form): https://www.sos.wa.gov/sites/default/files/2023-08/Apostille%20Authentication%20Request%20Form.pdf

④ 문서당 $15.00(수표 혹은 머니 오더 – Secretary of State로 지급) 동봉(2024년 기준)

3. **빠른 절차**(방문 시 당일 처리. 우편으로는 2~3 business days 소요)

① 주소: Corporations Division Apostille and Certificate Program, 801 Capitol Way South, Olympia, WA 98501

② 아포스티유 받을 공증받은 서류

③ 아포스티유 신청서 작성 및 출력(Apostille Authentication Request Form): https://www.sos.wa.gov/sites/default/files/2023-08/Apostille%20Authentication%20Request%20Form.pdf

④ 결제(2024년 기준, 수표 혹은 머니 오더 – Secretary of State로 지급)

- $100.00 추가 비용 지불
- 문서당 $15.00

워싱턴 WASHINGTON, 아포스티유 샘플 Apostille Sample

아포스티유 신청서

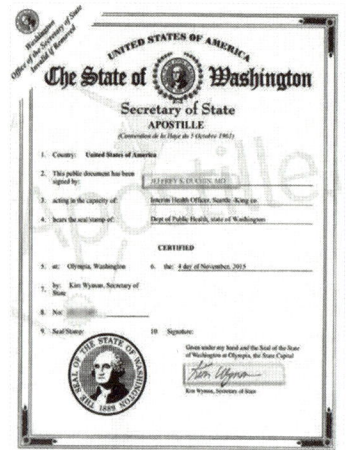
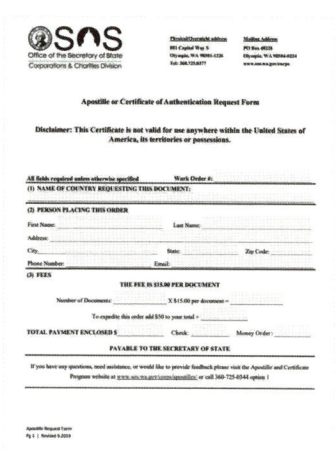

- 일리노이 ILLINOIS -

영사공증 - 관광입국자, 영주권자의 경우

1. 위치: 주 시카고 대한민국 총영사관

① 주소: Korean Consulate General NBC Tower 2700, 455 N. Cityfront Plaza Dr., Chicago, IL 60611

② 전화번호: 1-312-822-9485

③ 업무 시간: 월~금 9:00 am~5:00 pm

- 민원업무: 9:30 am~4:30 pm

④ 관할: 일리노이, 미시간, 미네소타, 오하이오, 미주리, 인디애

나, 위스콘신, 켄터키, 아이오와, 캔자스, 네브래스카, 사우스다코타, 노스다코타

⑤ 홈페이지: https://down.mofa.go.kr/us-chicago-ko/index.do

2. **민원실 방문 전 예약 필수: 재외동포 365민원포털**(https://www.g4k.go.kr)

① 재외공관 방문 예약 클릭
② 회원가입 또는 비회원 로그인 진행
③ 재외공관 선택 – 주 시카고 대한민국 총영사관
④ 민원업무 선택
- 순회영사는 반드시 '순회영사(장소명)'를 먼저 선택하고 세부 업무를 선택해야 함. 그렇지 않으면 민원실 방문으로 예약되어 순회영사 장소에서 민원접수가 어려움
⑤ 예약일시 및 시간 선택(당일 예약 불가)
⑥ 예약완료 후, 이메일 접수증 프린트 또는 스크린샷(민원실 방문 시 제시)

3. **업무 절차**

① 공증 완료된 서류 및 공증촉탁서 지참
② 유효한 여권 원본 및 사본 1매 지참(주민번호가 삭제된 한국여권 소지자는 '여권정보증명서'를 추가로 제출. 영사민원24 사이트에서 받거나 영사관 방문 시 여권과에서 발급 가능 – 영사관 방문발급시 추가수수료 $1)

③ 위임장 등 서명은 반드시 영사 앞에서 해야 함

4. 결제(2024년 기준)
① 현금 혹은 Money order(Korean Consulate General에게 지급)
② 위임장($2), 서명인증서($4), 상속재산분할협의서($2.50)

공증 NOTARIZATION - 시민권자의 경우

1. 위치: 가까운 Notary Public 사무실 검색하여 미팅 예약

2. 업무 시간: 공증인마다 다름, 보통 15분 단위로 예약(실제 공증은 약 10분 이내)

3. 업무 절차
① 신분 확인: 신분증 지참 필요
② 공증인 앞에서 직접 서명
- 서류는 저희가 안내해드린 서류를 출력하여 사용
- 공증인에게 아포스티유까지 받을 것이라고 미리 말씀해주세요.

4. 결제: 공증인마다 다름, 공증인에게 문의 필요

아포스티유 APOSTILLE – 시민권자의 경우

1. 위치
① Illinois Secretary of State, Index Department 111 E. Monroe Springfield, IL 62756
② Chicago Office(Walk-in): Illinois Secretary of State's Index Department 17 N. State St. Suite 1030 Chicago, IL 60602

2. 업무 절차
① 일리노이주 공증인으로부터 공증받은 서류 원본 제출
② 신청서 작성(http://bitly.kr/lcnoaniB) 후 제출

3. 결제(2024년 기준)
① 문서 하나당 $2.00
② 신용카드, 머니오더 가능

[캐나다]

- 브리티시 콜롬비아 BRITISH COLUMBIA -

영사공증 - 관광입국자, 영주권자의 경우

1. 위치: 주 밴쿠버 대한민국 총영사관
① 주소: Suite 1600, 1090 West Georgia Street Vancouver, British Columbia, Canada V6E 3V7(16층 민원실)
② 관할: 유콘준주, 노스웨스트준주, 브리티시컬럼비아, 앨버타, 사스카추완

2. 업무 시간: 오전 09:00~12:00, 오후 01:00~04:30

3. 업무 절차
① 공증촉탁서 및 지참서류와 함께, 2번-3번 창구에서 접수
② 접수 후 대기시간 등 총 1시간 30분~2시간 정도 소요 예상
③ 위임장 등 서명은 반드시 영사 앞에서 해야 함

4. 방문 시 지참 서류
① 여권 원본(유효기간 내)
② 비자 및 영주권카드 원본
(관광입국자의 경우, ETA 승인 이메일 출력본 및 비행기 왕복 티켓 출력본)

③ 공증촉탁서 및 영사 확인 받고자 하는 서류 원본(저희가 안내해드리는 서류)

5. **결제**(2024년 기준): **현금 가능**

- 위임장(C$2.60), 서명인증서(C$5.20), 상속재산분할협의서(C$5.20)

공증 및 영사확인 샘플	공증 촉탁서
	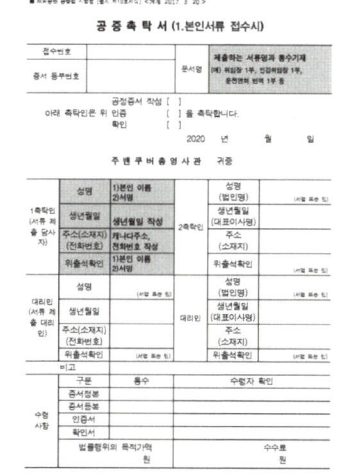

공증 NOTARIZATION - 시민권자의 경우

1. 위치: 가까운 Notary Public 사무실 검색하여 미팅 예약

2. 업무 시간: 공증인마다 다름, 보통 15분 단위로 예약(실제 공증은 약 10분 이내)

3. 업무 절차
① 신분 확인: 보통 신분증 2개 필요(하나는 사진이 부착된 신분증이어야 함)
② 공증인 앞에서 직접 서명
- 서류는 저희가 안내해드린 서류를 출력하여 사용
- 공증인에게 아포스티유까지 받을 것이라고 미리 말씀해주세요.

4. 결제: 공증인마다 다름, 공증인에게 문의 필요

5. 번역본 제출
① Canadian Translators, Terminologists and Interpreters Council 사이트에 접속하여 인증받은 번역가들을 확인 후, 그들이 번역한 서류를 동봉하여 공증받음
② Society of Translators and Interpreters of British Columbia 사이트에 접속하여 인증받은 번역가들을 확인 후, 그들이 번역한 서류를 동봉하여 공증받음

③ 영어와 한국어 둘 다 말할 줄 아는 공증인에게 공증을 받음
- 제공한 번역본이 공증받으려는 서류와 내용이 같음과
- 공증인이 영어 그리고 한국어를 한다는 공증 내용이 같이 기입 되어야 함

① DAVID WATTS, NOTARY PUBLIC
- 675 W Hastings St #1412, Vancouver, BC V6B 1N2
- 주밴쿠버 총영사관 근처
- 전화: 604-685-7786
  홈페이지: davidnotary.com
  예약: youcanbook.me
- 공증인이 매우 친절, 업무 프로세스가 신속하고 정확함, 합리적인 가격
- 여권과 운전면허증 등 신분증 2개 필요 (하나는 사진이 있어야 함)

② PARK&ASSOCIATES NOTARY PUBLIC
- 67 W 2nd Ave, Vancouver, BC V5Y 1B1
- 전화: 604-670-1197
  홈페이지 falsecreeknotary.ca
- 한인 직원들이 있어서 한국어 소통 가능
- 여권과 운전면허증 등 신분증 2개 필요 (하나는 사진이 있어야 함)

* 직접 방문한 현지 공증사 중 위 2곳 추천

아포스티유 APOSTILLE – 시민권자의 경우

1. 방문 접수 불가
- 우편 접수 주소: Ministry of Attorney General OIC Administration Office Attention: BC Authentication Program 1001 Douglas Street, Victoria, BC V8W 2C5

2. 업무 절차
① 공증받은 서류들 준비
② 아포스티유 인증 신청서(B.C. Document Authentication Request form)를 온라인으로 작성하여 완성 후 인쇄하여 날짜와 서명 기입
- 링크: https://pay.gov.bc.ca/public/lsb/bcDocAuthRequest
③ 신청서와 서류들을 우편 접수 주소로 송부(신청서 작성 시 온라인 결제를 선택하지 않은 경우 아포스티유 수수료도 같이 동봉)

3. 서류 제출 시 유의사항
① 40페이지를 초과하는 분량의 서류는 제출 전 오피스에 연락해야 함
② 여러 묶음의 서류를 보내는 경우, 스테이플이나 클립으로 명확하게 묶음 구별을 해서 보내야 함
③ 한 신청서 당 20개의 서류 묶음을 신청할 수 있음

4. 결제(2024년 기준)

① 온라인 결제 가능(신청서 작성시 결제 방법 선택)
- 마스터카드, debit 마스터카드, 비자 카드, 비자 debit 카드, 아메리칸 익스프레스
② 온라인 결제를 하지 않을 경우 money order, bank draft, 수표로 결제 가능
③ 문서당 $20.00 CAD

5. British Columbia 웹사이트 참고

① Home → British Columbians and our governments → Government ID → Guide to the Authentication of Documents
② https://www2.gov.bc.ca/gov/content/governments/government-id/guide-to-the-authentication-of-documents

JAN.11.2024. 전 발행하던 PROVINCEIAL 공증 샘플	JAN.11.2024. 이후 발행되는 아포스티유 샘플
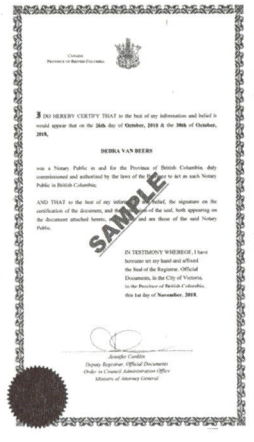	

참고) 영사관 안내

주밴쿠버 총영사관

- 영사확인 및 영사공증 업무: 2번 창구
- 업무 정도에 따라 3번 창구에서 접수 진행(담당 직원의 안내에 따르시기 바랍니다)
- 공증담당영사를 별도 공간에서 대면하고 서류를 검토 받는 것은 아니고, 2번 창구 앞에서 간단한 본인 확인을 거친 후 서류를 제공합니다.
- 3번 창구 옆에 복사기도 있어서, 여권 복사 등 가능합니다.

* 직접 방문하여 촬영한 2번 및 3번 창구 사진

– 온타리오 ONTARIO –

영사공증 – 관광입국자, 영주권자의 경우

1. 위치: 주 토론토 대한민국 총영사관

① 주소: 555 Avenue Road, Toronto, Ontario, Canada, M4V 2J7

② 전화번호: +1-416-920-3809

③ 관할: 온타리오(오타와 제외), 마니토바

④ 홈페이지: https://overseas.mofa.go.kr/ca-toronto-ko/index.do

2. 업무 시간: 오전 09:00~16:30

3. 업무 절차

① 방문 전 예약 필수: www.torbooking.com

② 증촉탁서 및 지참서류와 함께 접수

③ 위임장 등 서명은 반드시 영사 앞에서 해야 함

4. 방문 시 지참 서류

① 여권 원본(유효기간 내)

② 캐나다 체류 비자 및 영주권카드 원본

(관광입국자의 경우, ETA 승인 이메일 출력본 및 비행기 왕복 티켓 출력본)

③ 공증촉탁서 및 영사 확인 받고자 하는 서류 원본(저희가 안내해드리는 서류)

5. **결제**(2024년 기준): **현금 또는 데빗카드 결제만 가능**
   - 위임장(C$2.60), 서명인증서(C$5.20), 상속재산분할협의서(C$5.20)

주 토론토 총영사관
- 영사확인 및 영사공증 업무 접수
- 번호표 발급 후 순서대로 대기
- 영사관 입구를 지나 안쪽에 주차장 있음
- 빈 주차 공간이 없는 경우 1시간 무료 거리 주차 공간 이용
- 영사관으로 올라가는 계단 앞에 영사 민원실 안내 표지판 따라 이동
- 영사 발급 후 바로 서울로 서류 발송 가능(매일택배 이용, 3~5일 소요)

공증 NOTARIZATION - 시민권자의 경우

1. 위치: 가까운 Notary Public 사무실 검색하여 미팅 예약

2. 업무 시간: 공증인마다 다름, 보통 15분 단위로 예약(실제 공증은 약 10분 이내)

3. 업무 절차
① 신분 확인: 보통 신분증 2개 필요(하나는 사진이 부착된 신분증이어야 함)
② 공증인 앞에서 직접 서명
- 서류는 저희가 안내해드린 서류를 출력하여 사용
- 공증인에게 아포스티유까지 받을 것이라고 미리 말씀해주세요.

4. 결제: 공증인마다 다름, 공증인에게 문의 필요

5. 번역본 제출
① Canadian Translators, Terminologists and Interpreters Council 사이트에 접속하여 인증받은 번역가들을 확인후 그들 중 하나가 번역한 서류를 동봉하여 공증
② 영어와 한국어 둘 다 말할 줄 아는 공증인에게 공증을 받음
- 제공한 번역본이 공증받으려는 서류와 내용이 같음과
- 공증인이 영어나 프랑스어, 그리고 한국어를 한다는 공증 내용

이 같이 기입되어야 함

아포스티유 APOSTILLE – 시민권자의 경우

1. 방문 신청 주소(8:30 AM~5 PM): 예상 소요 시간 30분

① Official Documents Services 222 Jarvis St, Main Floor, Toronto, ON M7A 0B6

② ServiceOntario – Ottawa City Hall 110 Laurier Avenue West, Ottawa, Ontario K1P 1J1 (Ottawa City Hall)

③ ServiceOntario – Sault St. Marie 101-420 Queen Street East, Sault Ste. Marie, Ontario P6A 1Z7

④ ServiceOntario – Windsor City Hall 205-400 City Hall Square East, Windsor, Ontario N9A 7K6 (Windsor City Hall)

⑤ ServiceOntario – Thunder Bay 113-435 James Street South, Thunder Bay, Ontario P7E 6T1

2. 우편 신청 주소(15 business days 소요 예상)

① Official Documents Services 222 Jarvis St, Main Floor, Toronto, ON M7A 0B6

3. 방문 신청 절차

① 온라인으로 방문 예약: https://cxp.mgcs.gov.on.ca/eab-web/home

(예약에 어려움을 겪는 경우 1-800-267-8097/416-326-1234로 전화하여 도움 요청)

② 공증받은 서류 준비

③ 아포스티유 신청서 제출(온라인/메일/방문 신청 모두 가능)

- 온라인 신청 링크: https://www.officialdocuments.mgcs.gov.on.ca/en-US/authentication-landingpage/
- 신청서 출력 링크: https://forms.mgcs.gov.on.ca/en/dataset/002-35-5118

④ 결제 수단 준비하여 방문(2024년 기준)

- 일반 서류: $16 CAD/온타리오 발행 서류: $32 CAD
- 현금, Visa, Master Card, Debit, Certified Cheque, Money order 모두 가능

4. 우편 신청 절차

① 공증받은 서류 준비

② 아포스티유 신청서 출력하고 기입 후 동봉

- 신청서 출력 링크: https://forms.mgcs.gov.on.ca/en/dataset/002-35-5118

③ 수표/money order: The Minister of Finance 로 지급

- 일반 서류: $16 CAD/온타리오 발행 서류: $32 CAD
- Visa 혹은 Master Card는 신청서에 해당 항목 기입하여 제출하는 것으로 갈음

공증 및 영사확인 샘플	공증 촉탁서
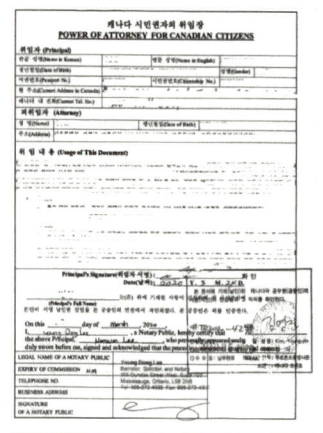	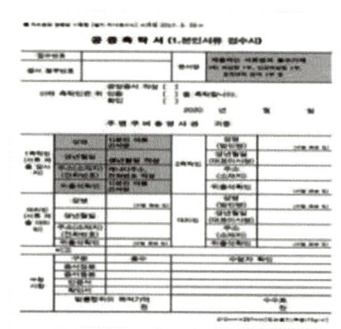

- 앨버타 ALBERTA -

영사공증 - 관광입국자, 영주권자의 경우

1. 위치: 주 밴쿠버 대한민국 총영사관

① 주소: Suite 1600, 1090 West Georgia Street Vancouver, British Columbia, Canada V6E 3V7(16층 민원실)

② 관할: 유콘준주, 노스웨스트준주, 앨버타, 사스카추완

2. 업무 시간: 오전 09:00~12:00, 오후 01:00~4:30

3. 업무 절차

① 공증촉탁서 및 지참서류와 함께, 2번-3번 창구에서 접수

② 접수 후 대기시간 등 총 1시간 30분~2시간 정도 소요 예상

③ 위임장 등 서명은 반드시 영사 앞에서 해야 함

4. 방문 시 지참 서류

① 여권 원본(유효기간 내)

② 비자 및 영주권카드 원본

(관광입국자의 경우, ETA 승인 이메일 출력본 및 비행기 왕복 티켓 출력본)

③ 공증촉탁서 및 영사 확인 받고자 하는 서류 원본(저희가 안내해드리는 서류)

5. 결제(2024년): 현금 가능

- 위임장(C$2.60), 서명인증서(C$5.20), 상속재산분할협의서(C$5.20)

공증 NOTARIZATION - 시민권자의 경우

1. 위치: 가까운 Notary Public 사무실 검색하여 미팅 예약

2. 업무 시간: 공증인마다 다름, 보통 15분 단위로 예약(실제 공증은 약 10분 이내)

3. 업무 절차

① 신분 확인: 보통 신분증 2개 필요(하나는 사진이 부착된 신분증이어야 함)

② 공증인 앞에서 직접 서명

- 서류는 저희가 안내해드린 서류를 출력하여 사용
- 공증인에게 아포스티유까지 받을 것이라고 미리 말씀해주세요.

4. 결제: 공증인마다 다름, 공증인에게 문의 필요

아포스티유 APOSTILLE – 시민권자의 경우

1. 우편 접수만 가능

    주소: Official Documents and Appointments #111, 9833 109 Street, Edmonton, Alberta T5K 2E8, Canada

2. 우편 접수 절차(7~10 business days 소요)

① 공증받은 서류들 동봉

② 아포스티유 신청서 작성 및 동봉(Apostille Request Form: https://www.alberta.ca/document-authentication-other-jurisdictions-countries)

③ 온라인으로 미리 결제 후 이메일로 송부된 영수증을 출력하여 동봉

- 문서당 $10.00 CAD

- 현금 결제 불가
- https://eservices.alberta.ca/certificates-of-authentication.html

3. 아포스티유 완료된 문서들을 돌려받는 방법

① Courier를 통하길 원할 경우
- 미리 지급이 완료된 waybill 동봉(수기로 작성된 waybill은 사용 불가 수기 작성시 Canada Post 통해 아포스티유 완료된 문서들을 돌려보냄)

② 미리 지급이 완료된 봉투를 동봉하여 Canada Post를 통해 서류들을 돌려받기 원할 경우
- 미리 지불이 완료된 Priority Courier 혹은 Xpresspost 봉투 동봉
- 서류들을 돌려받을 주소를 봉투에 기재
- 봉투 제출 전 tracking information 보관
- 해외 주소로 서류들을 돌려받기 원할 경우 미리 전자적으로 지급이 완료된 waybill 이 필요함(pre-paid electronic waybill)

  ※ 미리 지불이 완료된 봉투 혹은 waybill을 동봉하지 않을 경우 Canada Post를 통해 서류들을 돌려받게 됨

  ※ 빠른 진행을 위해 서류들을 돌려받을 주소가 기재된 봉투를 동봉하는 것이 권장됨

[호주]

- 호주 AUSTRALIA -

영사공증 - 관광입국자, 영주권자의 경우

---

1. 위치: 주 호주 대한민국 대사관

① 주소: 113 Empire Circuit, Yarralumla ACT 2600, Australia

② 전화번호: +61-2-6270-4100

③ 업무 시간

- 월 09:00~12:30, 13:30~17:00

- 화~금 09:00~12:30, 13:30~16:00

④ 관할: A.C.T, South Australia주, Western Australia주, Tasmania주

⑤ 홈페이지: https://overseas.mofa.go.kr/au-ko/index.do

⑥ 업무 절차

- 공증촉탁서(회색 부분만 작성) 및 지참 서류와 함께 접수
- 위임장 등 서명은 반드시 영사 앞에서 해야 함
- 여권 원본과 사본 1부 지참

⑦ 결제(2024년 기준)

- 위임장(AU$2.80), 서명인증서(AU$5.60), 상속재산분할협의서(AU$3.50)

2. 위치: 주 시드니 대한민국 총영사관

① 주소: Level 10, 44 Market Street Sydney NSW 2000

- 우편 주소: PO Box Q506 QVB NSW 1230

② 전화번호: +61-2-9210-0206

③ 업무 시간: 월~금 09:00~16:00

- 점심시간: 12:00~13:00

④ 관할: New South Wales 주, Queensland주, Northern Territory

* Queensland 주는 주브리즈번 출장소 관할 지역(대표전화: 07-3221-1440)

⑤ 홈페이지: https://overseas.mofa.go.kr/au-sydney-ko/

index.do

⑥ 업무 절차
- 공증촉탁서 및 지참 서류와 함께 방문 접수
- 위임장 등 서명은 반드시 영사 앞에서 해야 함
- 유효한 신분증 지참

⑦ 결제(2024년 기준): 현금 및 카드 결제 모두 가능
- 위임장(대한민국 국적자 AU$2.80/외국 국적자 AU$3.50), 서명인증서 (AU$5.60), 상속재산분할협의서(AU$3.50)

3. 위치: 주 호주연방 대한민국 대사관 멜번 분관

① 주소: Level 10, 636 St Kilda Road, Melbourne VIC 3004, 호주
② 전화번호: +61-3-9533-3800
③ 업무 시간: 월~금: 09:00~11:30, 13:00~16:00
④ 관할: Victoria주
⑤ 홈페이지: https://overseas.mofa.go.kr/au-melbourne-ko/index.do
⑥ 업무 절차
- 공증이 필요한 서류와 함께 접수
- 위임장 등 서명은 반드시 영사 앞에서 해야 함
- 유효한 여권 지참

⑦ 결제(2024년 기준)
- 위임장(AU$2.80), 서명인증서(AU$5.60)

4. 위치: 주브리즈번 대한민국 출장소

① 주소: Level 1, 102 Adelaide St, Brisbane City QLD 4000

② 전화번호: +61-7-3221-1440

③ 업무 시간: 월~금 09:00~16:00

- 점심시간 12:00~13:00

④ 관할: QLD

⑤ 홈페이지: https://overseas.mofa.go.kr/au-brisbane-ko/index.do

⑥ 업무 절차

- 공증촉탁서 및 지참 서류와 함께 접수
- 위임장 등 서명은 반드시 영사 앞에서 해야 함
- 유효한 신분증, 수수료 지참

⑦ 결제(2024년 기준)

- 위임장(대한민국 국적자 AU$2.80/외국 국적자 AU$3.50), 서명인증서(AU$5.60), 상속재산분할협의서(AU$3.50)

공증 NOTARIZATION – 시민권자의 경우

1. 위치: 가까운 Notary Public 사무실 검색하여 미팅 예약

2. 업무 시간: 공증인마다 다름

3. 업무 절차

① 신분 확인: 여권 등 신분증 필요

② 공증인 앞에서 직접 서명

- 서류는 저희가 안내해드린 서류를 출력하여 사용
- 공증인에게 아포스티유까지 받을 것이라고 미리 말씀해주세요.

4. 결제: 공증인마다 다름, 공증인에게 문의 필요

아포스티유 APOSTILLE - 시민권자의 경우

1. 방문 신청 주소(방문 전 온라인으로 예약 필수)

① Australian Passport Office - Adelaide 1st Floor Allianz House 55 Currie Street, Adelaide, South Australia, 5000

- Tel: +61 1300 935 260 8 AM~5 PM

② Australian Passport Office - Brisbane Level 17, 150 Charlotte Street, Brisbane City, Queensland, 4000

- 8:30 AM~3 PM

③ Australian Passport Office - Canberra R G Casey Building, Sydney Avenue, Barton, Australian Capital Territory, 2600

- 8 AM~5 PM

④ Australian Passport Office - Darwin Level 7, T.C.G Centre, 80 Mitchell Street, Darwin, Northern Territory,

0800
- 8:30 AM~1 PM

⑤ Australian Passport Office - Hobart Level 1, 111 Macquarie Street, Hobart, Tasmania, 7000
- 8 AM~5 PM

⑥ Australian Passport Office - Melbourne Collins Square, Level 2, 747 Collins Street, Docklands, Victoria, 3008
- 8:30 AM~1 PM

⑦ Australian Passport Office - Perth Level 1, Mitchell Lane, 140 William Street, Perth, Western Australia, 6000
- 8:30 AM~1 PM

⑧ Australian Passport Office - Sydney Level 7 280 Elizabeth Street, Surry Hills, New South Wales, 2010
- 8:30 AM~4 PM

2. 우편 신청 주소

① Australian Passport Office Authentications Section GPO Box 2239, MELBOURNE VIC 3001

② Australian Passport Office Authentications Section GPO Box 2239, SYDNEY NSW 2001

3. 방문 신청 절차

① 가까운 PASS PORT 사무실로 예약 필수

(https://www.smartraveller.gov.au/consular-services/notarial-services/documents-in-australia사이트 접속 후 방문할 사무실 링크 접속 및 해당 사무실 예약)

② 결제 위한 신용카드 혹은 Debit card 지참

③ 신청서 작성 후 같이 제출

(https://www.smartraveller.gov.au/our-services/notarial-services/notarial-forms 사이트에 접속 후 Documemnt Lagalisation Request Form 출력)

④ 방문 신청 후 우편으로 인증 완료된 서류를 받고 싶은 경우 반송 우편 결제 후 지참(Self-addressed registered post envelope)

4. 우편 신청 절차

① 아포스티유 인증이 필요한 서류를 우편으로 송부

② 아포스티유 신청 페이지 중 section7의 결제 관련 페이지 작성 후 동봉

(https://www.smartraveller.gov.au/our-services/notarial-services/notarial-forms 사이트에 접속 후 Documemnt Lagalisation Request Form 출력)

③ 반송 우편 결제 후 동봉(Self-addressed registered post envelope)

5. 결제(2024년 기준): 문서 하나당 $98.00

호주 AUSTRALIA, 아포스티유 샘플 Apostille Sample

아포스티유 신청서(1~3페이지)

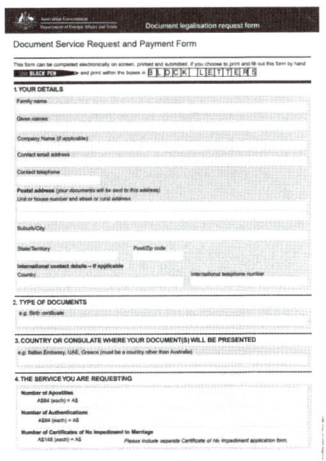

[뉴질랜드]

- 뉴질랜드 NEW ZEALAND -

영사공증 - 관광입국자, 영주권자의 경우

1. 위치

① 주 뉴질랜드 대한민국 대사관
- 주소: Level 20, ANZ Centre, 171 Featherston Street, Wellington 6011, New Zealand
- 전화번호: +64-4-473-9073

- 업무 시간: 09:00~12:00, 13:00~17:00(영사과: 09:00~12:00, 13:30~16:30)
- 홈페이지: https://overseas.mofa.go.kr/nz-ko/index.do
- 관할: 주오클랜드 분관 관할 지역 제외한 모든 지역

② 주 오클랜드 대한민국 분관
- 주소: Level 12, Tower 1, 205 Queen Street, Auckland Central , New Zealand
- 전화번호: +64-9-379-0818
- 업무 시간: 09:00~12:00, 13:00~17:00(오전 9시~11시 30분 또는 오후 1시~3시 30분까지 접수)
- 홈페이지: https://overseas.mofa.go.kr/nz-auckland-ko/index.do
- 관할: 오클랜드, 와이카토, 베이오브플렌티, 노스랜드, 기스본

2. 업무 절차 (접수 후 1~2시간 내 처리)
① 재외국민의 경우, 재외국민등록 필수
② 공증촉탁서 및 지참 서류와 함께 접수
③ 위임장 등 서명은 반드시 영사 앞에서 해야 함

3. 방문 시 지참 서류
① 여권 원본과 사본 1부(보충적으로 한국 운전면허증 또는 주민등록증도 가능)
② 공증 촉탁서 및 영사 확인받고자 하는 서류 원본(저희가 안내해드

리는 서류)

4. **결제**(2024년 기준): 현금 또는 EFTPOS로만 가능
- 위임장 NZ$2.80, 서명인증 및 진술서 NZ$5.60

공증 NOTARIZATION – 시민권자의 경우

1. **위치**: 가까운 Notary Public 사무실 검색하여 미팅 예약

2. **업무 시간**: 공증인마다 다름

3. **업무 절차**
① 신분 확인: 여권 또는 운전면허증 등 필요(사진이 부착되어 있는 신분증)
② 공증인 앞에서 직접 서명
- 서류는 저희가 안내해드린 서류를 출력하여 사용
- 문서는 한국어로 작성된 것이어도 가능
- 공증인에게 아포스티유까지 받을 것이라고 미리 말씀해주세요.

4. **결제**: 공증인마다 다름, 공증인에게 문의 필요

아포스티유 APOSTILLE - 시민권자의 경우

1. 방문 신청

① Auckland: 방문 전 예약 필수

- 주소: Department of Internal Affairs Carlaw Park, Ground Level, 12-14 Nicholls Lane, Building 2, Parnell, Auckland 1052
- 결제: 신용카드 혹은 debit card만 받음(현금 결제 불가)

② Manukau: 방문 전 예약 필수

- 주소: Level 5, 5 Osterley Way, Manukau City Centre, Auckland 2104
- 전화번호: +64 4 462 0651

③ Wellington: 방문 전 예약 필수

- 주소: Level 2, 7 Waterloo Quay, Pipitea, Wellington 6011
- 전화번호: +64 9 339 0852

④ Christchurch: 방문 전 예약 필수

- 주소: Level 1, BNZ Centre, 120 Hereford Street, Christchurch 8011
- 전화번호: +64 9 339 0852

2. 방문 신청 업무 절차

① 공증 완료된 서류 지참
② 아포스티유 신청 서류 작성 및 출력

(BDM460 Request a document authentication or apostille:https://www.govt.nz/browse/passports-citizenship-and-identity/proving-and-protecting-your-identity/use-your-nz-documents-overseas/)

③ 결제
- 신청서 작성을 통한 신용카드, debit card, gift card 결제
- EFTPOS

3. 우편 접수 업무 절차

① Post 주소: Authentication Unit, Department of Internal Affairs

PO Box 10526, Wellington 6140, New Zealand

② Courier 주소: Authentication Unit, Department of Internal Affairs Level 27 Waterloo Quay, Wellington, New Zealand

③ 공증 완료된 서류 동봉

④ 아포스티유 신청 서류 작성 및 출력하여 동봉

(BDM460 Request a document authentication or apostille:https://www.govt.nz/browse/passports-citizenship-and-identity/proving-and-protecting-your-identity/use-your-nz-documents-overseas/)

⑤ 결제
- 신청서 작성을 통한 신용카드, debit card, gift card 결제

4. 아포스티유 절차 비용(2024년 기준)

- 문서당 $32.00 NZ/추가 문서는 문서당 $15.00 NZ

뉴질랜드 NEW ZEALAND,
아포스티유 샘플 Apostille Sample

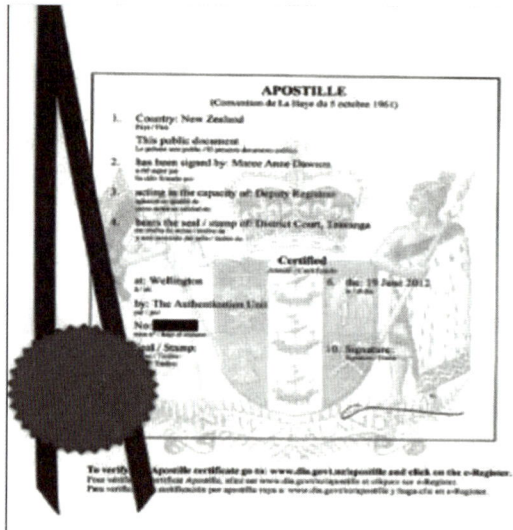

[미국 주요 주의 부동산 및 동산 상속에 관한 준거법]

미국 국제사법의 일반원칙에 해당하는 'Restatement(second) of Conflict of Laws'에 따르면, 유언이 없는 부동산 상속은 토지의 소재지법(제236조), 동산의 상속은 사망 시 본적지법(260조)이 적용된다고 규정하고 있습니다. 리스테이트먼트는 주법이 아니라 미국법률가협회가 발행하는 모델 법전이라서 법적 구속력을 가지진 않으나, 각 주에서는 이를 기초로 주법을 만드는 등 사실상의 구속력을 가지고 있습니다.

> **Restatement of the Law, 2nd, Conflict of Laws, § 236 (1971)**
>
> *§236 Intestate Succession to Land (1)*
>
> *The devolution of interests in land upon the death of the owner intestate is determined by the law that would be applied by the courts of the situs.*
>
> 제236조 **부동산의 무유언 상속**
>
> 무유언 소유자의 사망의 경우, 부동산의 분배는 **그 소재지의 법원**에 의하여 적용되는 법에 따라 결정된다.
>
> *§260 Intestate Succession to Movables*
>
> *The devolution of interests in movables upon intestacy is determined by the law that would be applied by the courts of the state where the decedent was domiciled at the time of his death*
>
> 제260조 **동산의 무유언 상속**
>
> 무유언의 경우 동산의 분배는 **피상속인이 사망 당시에 본적지를 두고 있던 주(국가)의 법원**에 의하여 적용되는 법에 따라 결정된다.

− 캘리포니아 −

Supreme Court of California − LUND V. L UND

원문

1. Descent and distribution

Whether a child shall succeed to the estate of his father is determined, in the case of land, by the law of the situs of the land, and in the case of movables, by the law of the domicile of the father at the time of his death, unless the law of the situs of the property provides that the law of the decedent's domicile shall not govern. Civ. Code, §755, §946

국문 번역

1. 상속과 분배

자녀가 아버지의 재산을 상속받을 수 있는지 여부는 재산 소재지의 법, 토지의 경우에는 토지가 소재한 주(국가)의 법에 따라 결정되며, 동산의 경우에는 동산이 소재한 주(국가)의 법에서 피상속인의 본적지법이 적용되지 아니한다고 규정하고 있지 아니한 이상, 피상속인이 사망 당시 본적지를 두고 있던 주(국가)의 법에 따라 결정된다. 캘리포니아 민법 제755조, 제946조 참조.

California Civil Code − CIV 제755조, 제946조

원문

§755

Section Seven Hundred and Fifty-five. Real property within the State if governed by the law of this State except where the title

원문	§946 If there is no law to the contrary, in the place where personal property is situated, it is deemed peroson of its owner, and is governed by the law of his domicile. (added by Code Amendments 1875-76, Ch. 167.)
국문 번역	§ 755 주 내의 부동산은 소유권이 미국에 있는 경우를 제외하고는 이 주(캘리포니아주)의 법률이 적용된다. § 946 개인 재산이 위치한 장소에서 이와 상반되는 법률이 없는 한, 그 재산에 대해서는 소유자의 법을 따르는 것으로 간주되며, 그의 본적지의 법이 준거법이 된다.

- 뉴저지주 -

IN the Matter of the ESTATE of Harry D. AVERY, Deceased.

(Superior Court of New Jersey, Appellate Division, 1980)

원문	*The right to inherit personal property in an intestacy is determined by the law of the state of decedent's domicile at the time of death. Caruso v. Caruso, 106 N.J.Eq. 130, 142, 146, 139 A. 812 (E. & A. 1930); Restatement, Conflict of Laws, s 260 (1971).*
국문 번역	무유언 상속에서 동산을 상속받을 권리는 **피상속인 사망 당시의 본적지의 법률**에 의해 결정된다.

MITCHELL v. NEW BRUNSWICK TRUST CO. et al.

(Court of Chancery of New Jersey, 1943)

원문	*So far as concerns the real estate, the descent of the same is governed by the law of the State in which it is situated.*
국문 번역	부동산에 관하여, 그 상속은 **그 부동산이 소재한 주(국가)의 법**에 의한다.

— 텍사스주 —

Welch v. Trustees of Robert A. Welch Found.,

(Courts of Civil appeals of Texas, 1971)

원문	The general rule that **the law of the state in which real estate is situated** governs its descent, alienation and transfer is not questioned.
국문 번역	**부동산이 위치하는 국가 또는 주의 법**이 그 상속·양도·이전을 규율한다는 일반원칙에는 의심의 여지가 없다.

In re Ests. of Garcia-Chapa, (Courts of Appeals of Texas, 2000)

원문	The laws of the Domicile of a person who dies intestate control in the succession of movable or personal property of his estate.
국문 번역	**유언 없이 사망한 사람의 본적지의 법**이 그의 유산 중 동산의 상속을 규율한다.

― 조지아주 ―

King v. King(Supreme Court of Georgia, 1948)

원문	Law governing the title and disposition of land is exclusively subject to the **laws of the State** where it is **situated**. Chidsey v. Brooks, 130 Ga. 218(2), 220, 60 S.E. 529, 14 Ann.Cas. 975, and citations. Such a rule is essential to the sovereignty of the

원문	State over the land within its borders. Where a court has no jurisdiction of the subject-matter of a suit, the parties cannot waive it. Epps v. Buckmaster, 104 Ga. 698(2), 30 S.E. 959; Smith v. Ferrario, 105 Ga. 51, 55, 31 S.E. 38; Cutts v. Scandrett, 108 Ga. 620(3), *818 34 S.E. 186. Accordingly, in the instant case, the decree of the Tennessee court could not have the effect of transferring the title to the realty here involved, as it was without jurisdiction so to do
국문 번역	토지의 소유권 및 처분을 규율하는 법률은 토지가 위치한 국가의 법률을 따른다.

Squire v. Vazquez(Court of Appeals of Georgia, 1935)

원문	1 1. It is the **law of** every country where law has the semblance of science that personal property has no locality. If the owner of personal property dies, it is not necessarily the **law of** the country in which the property is or in which the owner thereof dies, but the **law of** the country or state of the **domicile** of the deceased, that will regulate the disposition, transmission, or succession of such property. It is a part of the law prevailing in Georgia that personal property should be distributed according to the jus domicilii. Latine v. Clements, 3 Ga. 426, 432; Grote v. Pace, 71 Ga. 231, 237; 1 H.Bla. 690; Story's Conf.L. §§ 376-380. Cf. Code of 1933, §§ 113-904, 113-905.

| 국문 번역 | 모든 국가의 법은 동산에는 소재지(지역성)가 없다는 공통적인 모습을 지닌다. 동산의 소유자가 사망할 경우 동산이 있는 곳의 법률이 아닌, 사망한 자의 본적지의 법률이 그 재산의 분배나 상속을 결정한다. |

- 워싱턴 DC -

Noyes v. Parker

(United States Court of Appeals for the District of Columbia, 1937)

| 원문 | It is a principle firmly established that to the law of the State in which the land is situated we must look for the rules which govern its descent, alienation, and transfer, and for the effect and construction of wills and other conveyances. United States v. Crosby, 7 Cranch 115 (3 L.Ed. 287); Clark v. Graham, 6 Wheat. 577 (5 L.Ed. 334); McGoon v. Scales, 9 Wall. 23 (19 L.Ed. 545); Brine v. Insurance Co., 96 U.S. 627 (24 L.Ed. 858). |
| 국문 번역 | 우리는 토지(부동산)가 위치한 국가의 법에 따라 토지의 상속을 규율하는 규칙을 찾아야 한다는 것이 확고하게 확립된 원칙이다. |

Dixon v. Walker(Orphans' Court, District of Columbia, 1859)

원문

McCrery's Lessee v. Somerville, 9 Wheat. [22 U. S.] 350. Justice Story held that the statute of 11 & 12 Wm. Ill. c. 6,[2] which is in force in this District, removes the common-law disability of claiming title through an alien ancestor, but does not apply to a living alien ancestor; consequently the claim of the two naturalized sons of the sister of the deceased is invalid. The personal estate, however, over which this court has exclusive jurisdiction, rests upon different principles.

This will be distributed according to the law of the last domicil of the deceased, that being in this case the District of Columbia.

국문 번역

이 사건 동산은 피상속인의 본적지(이 경우 워싱턴 DC)의 법에 따라 분배된다.

― 뉴욕 ―

Sand. Ch. 173 Chancery Court of New York.
SUAREZ, Administrator, &c. v. THE MAYOR, ALDERMEN AND COMMONALTY OF THE CITY OF NEW YORK.

원문	It is an universal principle of jurisprudence, at this day, in civilized countries, that the succession of personal or movable property, wherever situated, is governed exclusively by the law of the country where the decedent was domiciled at the time of his death.
국문 번역	오늘날 문명국에서, 어디에 소재하든지 간에 동산의 상속은 오직 피상속인의 사망 당시의 본적지인 국가의 법에 의해 규율된다는 것이 보편적인 법 원칙이다.

PART 2

상속재산분할과 유류분반환 청구

상속재산분할의
이해와 적용

앞서 우리는 상속세와 증여세에 대해 알아보았습니다. 상속세와 증여세는 거주자 판단과 재산의 형태 및 소재지 등의 관계를 이해하면 비교적 명확하게 파악할 수 있었습니다. 또 상속과 증여에 관련한 여러 사례를 보면서 절세를 할 수 있는 나름의 방법도 알게 되었습니다.

이번에 살펴볼 주제는 상속과정에서 일어나는 상속재산분할에 관한 내용입니다. 상속인이 1인이라면 비교적 손쉽게 상속을 받아 세금 문제를 해결할 수 있지만, 공동상속인이 여러 명이고 망인이 특정 상속인에게 생전증여를 한 상황이나 특별수익, 기여분이 인정되는 경우에는 재산분할에 있어 고려해야 할 요소가 많습니다.

물론 망자의 유언이 있거나, 유언이 없어도 공동상속인들 사이에 재산분할협의의 과정을 원만히 거쳤다면 아무런 분쟁이 일어나지 않겠죠. 하지만 현실은 상속재산을 두고 여러 이해관계가 얽혀 있기 때문에 재산분할이 생각대로만은 이뤄지지 않습니다. 그래서 상속재산분할협의 과정에서 우리가 생각지도 못한 수많은 상황이 연출될 수도 있고, 가족 간의 일이기 때문에 불이익이나 상처를 입는 사람들도 있을 수 있습니다.

분쟁이 발생하지 않으면 좋겠지만, 한 치 앞을 모르는 게 우리네 삶이니 상속재산분할에 대해 명확히 이해하고 있으면 문제가 발생했을 때 원만히 해결하는 데 분명 도움이 될 겁니다. 특히 해외거주자들은 본인 외의 공동상속인들이 한국에 거주하는 경우라면 상속재산분할협의에 적극적 참여가 힘들 수 있고, 소외나 배제되는 사례도 종종 발생합니다.

우선 해외거주자들에게 일어날 수 있는 상속재산분할 과정에서의 일반적인 사례를 바탕으로 상속재산분할협의를 이해하도록 하겠습니다.

[사례 엿보기 1] 미국 시민권자 상속인을 배제하고 상속재산분할협의 가능할까?

저는 현재 미국에서 거주하고 있는 미국 시민권자이며, 사정상 이민 후 대한민국에 거의 방문하지 못하였습니다. 그런데 최근 친척을 통해서 몇 달 전 아버지가 돌아가셨다는 사실을 듣게 되었는데, 대한민국에 있는 형제들은 저에게는 아버지가 돌아가신 사실이나 유산 상속에 관하여 아무런 이야기가 없었습니다. 대한민국에 있는 형제들에게 연락해서 왜 아버지가 돌아가신 것을 이야기하지 않았느냐고 따지면서 상속재산을 알려달라고 하자, 미국으로 떠나 국적을 상실하고 아버지 생전 연락도 제대로 하지 않은 저에게는 아무런 권리가 없고 자신들이 알아서 할 것이니 빠져 있으라고 합니다. 저의 동의 없이 국내에 있는 상속인들끼리 아버지 재산을 나눠 갖는 것이 가능할까요?

첫 번째 사례는 미국 시민권자인 상속인을 배제하고 한국에 있는 공동상속인들이 상속재산분할협의가 가능한지 여부를 묻고 있습니다. 해외에 거주하는 **다른 나라 국적의 자녀라도 대한민국 국적인 부모님의 재산을 상속받을 권리**가 있습니다. 사례에서처럼 대한민국 국적을 상실했다거나, 부모님을 자주 찾아뵙지 못했다고 해서 돌아가신 부모님의 재산을 상속받을 권리가 사라지는 것은 아닙니다.

상속재산을 분할하고 처분하기 위해서는 공동상속인들 모두의 합의가 필요한 것이므로, **모든 자녀가 상속재산분할에 합의하고 협조해야만 상속재산을 처분**할 수 있습니다. 다만, 돌아가신 아버지가 생전 상속재산에 대해 유언 등으로 미리 분할 방법을 정했다면 별도의 협의가 없더라도 유언에 따라 상속재산이 분할됩니다.

그런데 사례를 보면 아버지가 생전 해외에 거주하는 상속인에게는 재산을 물려주지 않는다는 내용의 유언장을 남긴 것도 아닙니다. 만약, 아버지가 사망 당시 일정한 재산을 남겨두었음에도, **해외에 거주하는 자녀를 제외하고 대한민국에 있는 상속인들끼리만 아버지의**

재산을 상속받았다면 이는 **불법**적으로 해당 자녀의 **상속권을 침해**한 것입니다. 해당 자녀는 상속권의 침해가 있음을 안 날로부터 3년, 상속권이 침해된 지 10년 이내에 상속회복청구를 할 수 있습니다.

또한 유언이나 생전증여, 유증이 있어 다른 상속인들이 상속재산을 훨씬 많이 받아간 경우라면 유류분에 부족함이 있는지를 확인하여 유류분반환 청구를 할 수 있습니다.

★ **관련 법령**

민법 제1000조(상속의 순위)
① 상속에 있어서는 다음 순위로 상속인이 된다. 〈개정 1990. 1. 13.〉
1. 피상속인의 직계비속
2. 피상속인의 직계존속
3. 피상속인의 형제자매
4. 피상속인의 4촌 이내의 방계혈족
② 전항의 경우에 동순위의 상속인이 수인인 때에는 최근친을 선순위로 하고 동친 등의 상속인이 수인인 때에는 공동상속인이 된다.
③ 태아는 상속순위에 관하여는 이미 출생한 것으로 본다. 〈개정 1990. 1. 13.〉

민법 제1001조(대습상속) 전조 제1항 제1호와 제3호의 규정에 의하여 상속인이 될 직계비속 또는 형제자매가 상속개시 전에 사망하거나 결격자가 된 경우에 그 직계비속이 있는 때에는 그 직계비속이 사망하거나 결격된 자의 순위에 갈음하여 상속인이 된다. 〈개정 2014. 12. 30.〉

민법 제999조(상속회복청구권)
① 상속권이 참칭상속권자로 인하여 침해된 때에는 상속권자 또는 그 법

정대리인은 상속회복의 소를 제기할 수 있다.
② 제1항의 상속회복청구권은 그 침해를 안 날부터 3년, 상속권의 침해행위가 있은 날부터 10년을 경과하면 소멸된다.

민법 제1112조(유류분의 권리자와 유류분) 상속인의 유류분은 다음 각호에 의한다.
1. 피상속인의 직계비속은 그 법정상속분의 2분의 1
2. 피상속인의 배우자는 그 법정상속분의 2분의 1
3. 피상속인의 직계존속은 그 법정상속분의 3분의 1
4. 피상속인의 형제자매는 그 법정상속분의 3분의 1

민법 제1113조(유류분의 산정)
① 유류분은 피상속인의 상속개시시에 있어서 가진 재산의 가액에 증여재산의 가액을 가산하고 채무의 전액을 공제하여 이를 산정한다.
② 조건부의 권리 또는 존속기간이 불확정한 권리는 가정법원이 선임한 감정인의 평가에 의하여 그 가격을 정한다.

민법 제1114조(산입될 증여) 증여는 상속개시 전의 1년간에 행한 것에 한하여 제1113조의 규정에 의하여 그 가액을 산정한다. 당사자 쌍방이 유류분 권리자에 손해를 가할 것을 알고 증여를 한 때에는 1년 전에 한 것도 같다.

[사례 엿보기 2] 해외거주자가 상속재산분할협의를 하기 위해 한국에 위임장 등 서류를 보낼 때 주의할 점은?

저는 미국에 오래 거주하고 있는데, 아버지가 돌아가셨다는 이야기에 잠깐 귀국하여 장례식에만 참석하고 다시 미국으로 돌아오게 되었습니다. 아버지는 토지 수 필지와 건물 등을 남기신 것으로 알고 있는데, 저는 미국에 오래 살아 아버지가 보유하신 재산의 정확한 내역은 알지 못하는 상황입니다. 그런데 오빠가 상속세 신고 및 각종 세금 납부와 상속 문제는 국내에 있는 형제들이 알아서 처리할 테니 신속하게 위임장을 보내라고 합니다. 저는 상속재산이 무엇이 있는지도 제대로 모르고 있는 상황인데, 오빠는 상속세와 취득세를 내는 것이 급선무라며 상속재산분할협의 및 등기, 처분 등에 관한 일체의 권한을 위임하는 내용으로 위임장을 써서 보내라고 합니다. 오빠가 요구하는 대로 위임장을 보내주어도 괜찮을까요?

물론 가족끼리 서로 믿고 상속을 처리할 수 있다면 가장 좋은 방법일 겁니다. 하지만 사례와 같이 포괄적으로 권한을 위임하게 되면 미처 예상하지 못한 일이 발생할 수 있기에 위임권한 범위 등은 확실히 정하고 위임장을 작성해 보내는 것이 좋습니다. 위임장 등을 보내기 전에 상속재산분할 방법을 구체적으로 협의하고 협의된 내용대로 협의서를 작성해서 보내야 합니다. 즉, 위임장상 위임내용을 작성할 때, **상속인 간 협의한 내용으로 상속 처리를 하기 위해 필요한 범위로 한정하여 작성**하는 것이 현명하다는 의미입니다.

그렇지 않고 지나치게 포괄적인 권리를 부여하는 위임장을 보내게 되다면, 추후 생각지도 못한 내용으로 상속재산분할이 이루어질 수도 있으니 주의해야 합니다. 위임장을 받아 상속을 처리하는 측에서 자신들에게만 유리한 방식으로 상속을 처리하거나, 상속재산이 추가로 존재함에도 불구하고 해당 재산을 자신들끼리만 나누어 갖는 등 부당하게 상속을 처리할 위험도 존재합니다.

그런데, 만약 부당한 상속재산분할이 이루어진 후에 이러한 사실을 알게 된다면 어떻게 될까요? 위임장을 작성해준 측에서 이러한 행위가 위임의 범위를 벗어난 것이라는 점을 입증해야만 이를 번복할 수 있습니다. 또 위임장을 보내는 것에 대한 협의를 전화 등 구두로만 진행하고 위임장을 보낸 경우라면, 해당 행위가 위임의 범위를 벗어난 것이라는 내용을 증명하기가 어려울 수도 있죠.

물론 우리 법원은 위임장 등이 작성된 경우 그에 의하여 위임한 행위의 내용 및 권한의 범위는 위임장 등 문언의 내용뿐 아니라, 그 작성 목적과 작성 경위 등을 두루 살펴 신중하게 판단하고 있습니다.

그럴더라도 위임장에 영사공증을 받거나 현지 Notary 공증 및 아포스티유 인증까지 완료하여 보낸 경우에는 위임받은 사람의 행위가 정당하게 위임받은 권한에 의한 행위가 아니라는 점을 주장하는 측에서 입증해야 하므로, **위임하는 권한의 범위를 최대한 구체적으로 기재해서 보내는 것**이 중요합니다.

★ 판결 및 판례

사문서는 본인 또는 대리인의 서명이나 날인 또는 무인이 있는 때에는 진정한 것으로 추정되므로, 사문서의 작성명의인이 스스로 당해 사문서에 서명·날인·무인하였음을 인정하는 경우, 즉 인영 부분 등의 성립을 인정하는 경우에는 다른 특별한 사정이 없는 한 그 문서 전체에 관한 진정성립이 추정되고, 인영 부분 등의 진정성립이 인정된다면 다른 특별한 사정이 없는 한 당해 문서는 그 전체가 완성되어 있는 상태에서 작성명의인이 그러한 서명·날인·무인을 하였다고 추정되며, 그 문서의 전부 또는 일부가 미완성된 상태에서 서명날인만 먼저 하였다는 등의 사정은 이례에 속하므로 완성문서로서의 진정성립의 추정력을 뒤집으려면 그럴만한 합리적인 이유와 이를 뒷받침할 간접반증 등의 증거가 필요하다(대법원 1994. 10. 14. 선고 94다11590 판결 참조).

문서에 날인된 작성명의인의 인영이 그의 인장에 의하여 현출된 것이라면 특별한 사정이 없는 한 그 인영의 진정성립, 즉 날인행위가 작성명의인의 의사에 기한 것임이 사실상 추정되고, 일단 인영의 진정성립이 추정되면 그 문서 전체의 진정성립이 추정되나, 위와 같은 사실상 추정은 날인행위가 작성명의인 이외의 자에 의하여 이루어진 것임이 밝혀진 경우에는 깨어지는 것이므로, 문서제출자는 그 날인행위가 작성명의인으로부터 위임받은 정당한 권원에 의한 것이라는 사실까지 증명할 책임이 있다(대법원 2009. 9. 24. 선고 2009다37831 판결 참조).

[사례 엿보기 3] 상속재산 처리에 있어 공동상속인 중 한 명이 맡긴 인감도장 등을 가지고 상속절차를 진행한다고 일방적인 통보를 한다면?

> 저는 미국으로 발령을 받은 남편을 따라 미국으로 와서 캘리포니아에서 거주하고 있습니다. 미국으로 떠나기 전 우편물 등을 받을 주소가 필요하여 주민등록주소를 오빠네 집으로 옮겨두고, 혹시 몰라서 인감도장과 주민등록증 등을 오빠에게 맡겨두고 왔습니다. 그러다. 얼마 전 아버지가 돌아가셨다는 이야기에 잠깐 귀국하여 장례식에만 참석하고 아이들 학교 문제로 다시 미국으로 돌아오게 되었습니다.
>
> 아버지는 서울의 아파트 등 상당한 재산을 가지고 있었는데, 오빠는 자신이 재산 처리 및 상속세 신고 등을 알아서 한다고 하면서 제가 맡겨둔 인감도장 등을 사용한다고 합니다. 구체적인 내용을 알려주지 않는 오빠의 일방적인 통보에 저는 가만히 있어도 괜찮을까요?

상속인 간 협의에 의해 상속재산분할을 하기 위해선 원칙적으로 상속인 모두의 인감도장이 협의서에 날인되어야 하고, 인감증명서가 첨부되어야 합니다. 해외거주자들은 인감도장이 없기 때문에 서명확인서 등 해외에서 공증을 받은 다른 서류가 필요하나, 국내에 있는 가족들에게 인감도장을 맡기고 오는 경우도 있습니다.

특히 잠시 해외로 이주를 하여 거주하는 경우, 즉 이민 등이 아닌 체류목적으로 해외로 건너가는 경우에 제시된 사례와 같은 일이 자주 발생합니다. 그런데 **문제는 한국의 가족이 나의 인감도장을 임의대로 사용하여 자신과 사전 협의되지 않은 내용으로 재산분할을 할**

때 발생**합니다.

한국의 가족은 분할협의서 등을 작성하여 임의대로 협의내용을 정한 후, 해당 내용으로 상속 처리를 했을 것인데, 협의서에 인감도장이 날인된다면 일단 특별한 사정이 없다면 **그 협의서는 진정하게 작성된 것으로 추정**됩니다. 만약 해당 협의내용에 이의를 제기하는 자가 있다면 이의를 제기하는 쪽에서 해당 협의서는 자신의 의사와 관련이 없이 작성된 것으로 무효라는 점을 입증해야 합니다.

따라서 애초 이러한 문제를 발생하지 않기 위해서는, 만약 한국에 있는 가족이 재산분할을 위해 인감도장을 사용한다고 하면 **구체적으로 상속 처리를 어떻게 할 것인지 그 처리 방향을 명확하게 협의**하고, **해당 내용으로 처리하는 범위에서 인감도장 등을 사용**하라고 해야 합니다.

아울러, 최소한 본인이 직접 인감도장을 날인하지 않았고, 한국에 있는 가족이 나의 인감도장을 사용하여 협의서에 인감도장을 날인했다는 사실을 남겨두는 것도 중요합니다. 왜냐하면 상속재산분할협의서에 자신의 인감도장이 날인되어 있다면 기본적으로 그 협의서의 진정성립이 추정, 즉 적법하게 작성된 서류로 인정이 되어 해당 협의서는 자신의 의사와 관련 없이 무단으로 작성된 것이라는 점을 스스로 입증해야 합니다. 그런데 만약 자신이 도장을 날인하지 않은 것이 밝혀진다면, 이때는 협의서의 효력을 주장하는 쪽에서 상대방으로부터 정당한 권한을 받아서 도장을 날인하여 문서를 작성한 것이라는 점을 입증해야 합니다.

따라서 한국에 있는 가족과 협의한 내용이나 그 가족에게 자신의 인감도장을 협의서에 날인하는 것을 위임할 때 **이러한 의사는 구두로만 남겨두지 말고, 통화내용을 녹음을 하거나 이메일로 소통을 하는 등 협의내용을 확인할 수 있는 근거를 남겨두는 게 중요**합니다. 만약 불안한 마음이 있으면 애초에 인감도장 등을 맡기지 않는 것도 현명한 방법입니다.

★ **판결 및 판례**

차용증서 등 처분문서의 작성명의자가 자신의 서명이나 날인 부분에 대해서는 진정성립을 인정하면서도 그 내용에 대하여는 그 전부 또는 일부가 당초 공란인 백지상태로 교부되었는데 사후에 채권자 등이 임의로 보충한 것이라고 주장하는 경우가 있다. 일반적으로 문서의 일부가 미완성인 상태로 서명날인을 하여 교부한다는 것은 이례에 속하므로 그 문서의 교부 당시 백지상태인 공란 부분이 있었고 그것이 사후에 보충되었다는 점은 작성명의인이 증명하여야 할 것이다. 그러나 일단 문서의 내용 중 일부가 사후 보충되었다는 사실이 증명이 된 다음에는 그 백지 부분이 정당하게 위임받은 권한에 의하여 보충되었다는 사실은 그 백지 부분의 기재에 따른 효과를 주장하는 당사자가 이를 증명할 책임이 있다(대법원 2013. 8. 22., 선고, 2011다100923, 판결 참조).

문서에 날인된 작성명의인의 인영이 그의 인장에 의하여 현출된 것이라면 특별한 사정이 없는 한 그 인영의 진정성립, 즉 날인행위가 작성명의인의 의사에 기한 것임이 사실상 추정되고, 일단 인영의 진정성립이 추정되면 그 문서 전체의 진정성립이 추정되나, 위와 같은 사실상 추정은 날인행위가 작성명의인 이외의 자에 의하여 이루어진 것임이 밝혀진 경우에는 깨어지는 것이므로, 문서제출자는 그 날인행위가 작성명의인으로부터 위임받은 정당한 권원에 의한 것이라는 사실까지 증명할 책임이 있다(대법원 2009. 9. 24. 선고 2009다37831 판결 참조).

[사례 엿보기 4] 상속인들 사이에 상속재산분할 방법에 대한 합의가 되지 않는다면?

아버지는 최근에 돌아가셨고, 상속인은 4 형제가 있습니다. 아버지는 상속재산으로 대한민국에 전, 답, 임야에 해당하는 토지들을 남겨두었습니다. 형제들은 모두 젊은 시절부터 미국에 이민을 와서 정착했고, 아버지 사망 후 토지를 어떻게 분할할 것인지 논의했습니다. 그런데 형제 중 한 명은 형제들 전원이 한국에 살지도 않으니, 토지를 매각해야 한다고 주장하면서 상속재산협의분할에 응하지 않고 있습니다. 상속재산인 토지들을 처분하지 않고 상속받을 수 있는 방법이 궁금합니다.

상속재산의 분할 방법은 망인의 유언이 있으면 그 유언에 따라 결정되고, 유언이 없으면 공동상속인들 사이의 상속재산협의분할에 의해 결정됩니다.

상속재산협의분할에서 상속인들이 결정해야 하는 내용은 각 상속인들이 얼마나 그리고 어떤 재산을 분할 받을지 하는 것입니다. 즉, 각 상속인들이 어떤 재산을 얼마나 취득할지에 대한 합의를 하는 것이죠.

그런데 상속인들 사이에서 상속재산분할 방법에 대한 합의가 되지 않을 수도 있습니다. 상속재산협의분할은 반드시 공동상속인 전원의 동의가 있어야 하기에 상속인들이 합의가 되지 않으면 상속재산분할이 이루어질 수가 없고, 상속재산은 정리가 되지 않은 상태로 있을 수밖에 없습니다.

대한민국「민법」제1013조 제1항은 공동상속인들은 언제든지 협의에 의해 상속재산을 분할할 수 있다고 규정하고 있으나,「민법」제1013조 제2항은 공유물 분할에 관한 규정인「민법」제269조를 준용한다고 하고 있습니다. 그리고「민법」제269조 제1항은 분할의 방법에 관하여 협의가 성립되지 아니한 때에는 공유자는 법원에 그 분할을 청구할 수 있다고 규정하고 있습니다.

따라서「민법」규정에 의거 **상속인들 사이에 상속재산분할의 방법에 관하여 협의가 성립하지 않으면 상속인들은 법원에 상속재산의 분할을 청구**할 수 있고, 법원은 그 청구에 따라 상속재산의 분할 방법을 결정해줍니다. 이러한 청구를 **상속재산분할심판**이라 합니다.

법원은 후견적 재량을 가지고 상속재산의 종류 및 성격, 상속인들의 의사, 상속인들 간의 관계, 상속재산의 이용관계, 상속인의 직업·나이·심신상태, 상속재산분할로 인한 분쟁 재발의 우려 등 여러 사정을 고려하여 상속재산의 분할 방법을 결정해줍니다(대법원 2014. 11. 25 자 2012스156, 157 결정). 즉 법원이 판단했을 때 가장 합리적이고 적절한 방법으로 분할 방법을 결정해주는 것이죠.

예를 들어 상속재산으로 부동산이 있는 경우 법원은 부동산을 상속인들이 각자의 상속분 비율로 공유하도록 할 수도 있고, 부동산은 상속인 중 1인이 단독으로 소유하되, 대신 다른 상속인들에게 정산금으로 돈을 지급하도록 할 수도 있습니다. 또한 부동산을 경매하여 그 경매대금을 상속분에 따라 지급받도록 하는 분할 방법을 결정할 수도 있습니다.

[사례 엿보기 4]에서 상속재산분할을 완료하기 위해서는 법원에 상속재산분할심판을 제기해야 하고, 상속재산인 부동산이 유지되어야 하는 사유와 매각을 주장하는 동생의 주장에 대한 적절한 대안을 제시하여 법원이 부동산을 처분(경매)하는 것 이외 다른 방법의 분할 방법을 결정하도록 설득해야 합니다.

★ **관련 법령**

민법 제1013조(협의에 의한 분할)
① 전조의 경우 외에는 공동상속인 언제든지 그 협의에 의하여 상속재산을 분할할 수 있다.
② 제269조의 규정은 전항의 상속재산의 분할에 준용한다.

민법 제269조(분할의 방법)
① 분할의 방법에 관하여 협의가 성립되지 아니한 때에는 공유자는 법원에 그 분할을 청구할 수 있다.
② 현물로 분할할 수 없거나 분할로 인하여 현저히 그 가액이 감손될 염려가 있는 때에는 법원은 물건의 경매를 명할 수 있다.

[사례 엿보기 5] 망인의 예금은 상속재산분할의 대상이 아닌가?

어머니가 얼마 전 사망했습니다. 어머니의 상속인으로는 저와 동생이 있습니다. 어머니는 은행 예금 1억 원을 남겨두었습니다. 저는 미국에서 거주하고 있고 동생은 한국에서 거주하고 있습니다. 어머니는 사망하기 전 한국에 거주하고 있는 동생에게 전세금으로 보태라고 2천만 원을 주었습니다. 그래서 저는 동생에게 이미 받은 2천만 원을 고려하여 남은 예금은 제가 6천만 원, 동생이 4천만 원으로 나누어 가지자고 했습니다.
그런데, 동생은 법률상 예금은 어머니가 사망하면 당연히 저와 동생이 법정상속분대로 나누어 가지는 것이므로, 예금 중 5천만 원은 자신의 것이라고 합니다. 동생의 말이 맞는 것인가요?

    망인이 돌아가신 후 상속인들은 협의 또는 법원의 심판을 통해 상속재산분할을 합니다. 이러한 **상속재산분할은 분할이 완료되지 않은 상속재산을 대상**으로 합니다. 만약 상속인들이 망인의 재산 중 일부에 대해 협의를 하거나 일부 재산의 분할이 완료되었다면, 이후 상속재산분할의 대상은 협의가 되지 않은 재산만을 대상으로 합니다. 상속재산분할이 완료된 재산에 대해 재차 법원에 상속재산분할심판을 청구해도 법원에서 받아주지 않습니다.
    망인의 은행 예금은 금액이 나누어 지급되더라도 그 가치에 변동이 없습니다. 이처럼 **급부를 분할할 수 있는 채권을 가분채권**이라 합니다. 은행 예금과 같은 가분채권의 상속에 대해 상속개시와 동시에 당연히 법정상속분에 따라 공동상속인들에게 분할되어 귀속되므로 **상속재산분할의 대상이 될 수 없는 것이 원칙**입니다(대법원 2016. 5. 4.자 2014스122 결정). 즉 망인의 은행 예금과 같은 금전채권은 망인의 사망과 동시에 상속인들에게 각자의 법정상속분에 따라 분할이 완료되는 것이죠.

그런데 금전채권이 반드시 상속재산분할의 대상이 되지 않는 것은 아닙니다. **예외적인 경우에는 가능**합니다. 금전채권과 같은 가분채권을 상속재산분할의 대상에서 제외하면 상속분산정에서 부당한 결과가 발생하고, **공동상속인들 사이에 형평을 기할 특별한 사정이 있는 경우 가분채권도 예외적으로 상속재산분할의 대상**이 될 수 있습니다(대법원 2016. 5. 4 자 2014스122 결정).

예를 들어 상속인 중 1인만 망인에게서 증여받은 재산이 있는데, 망인의 상속재산이 예금만이 있는 경우 상속인들이 예금을 법정상속분대로 분할 받게 된다면, 이는 이미 재산을 증여받은 자의 상속분만 늘어나게 되는 결과가 됩니다. 이러한 경우 예금은 가분채권이지만 예외적으로 상속재산분할의 대상이 되는 겁니다.

사례에서의 동생은 망인에게서 2천만 원을 이미 증여받았고, 망인의 상속재산으로 예금만 있으므로 예금을 상속재산분할대상에서 제외하면 질문자는 동생보다 적게 상속받는 부당한 결과가 발생하기에 망인의 예금은 상속재산분할의 대상이 됩니다.

★ **판결 및 판례**

[대법원 2016. 5. 4.자 2014스122 결정]

금전채권과 같이 급부의 내용이 가분인 채권은 공동상속되는 경우 상속개시와 동시에 당연히 법정상속분에 따라 공동상속인들에게 분할되어 귀속되므로 <u>상속재산분할의 대상이 될 수 없는</u> 것이 원칙이다.

그러나 가분채권을 일률적으로 상속재산분할의 대상에서 제외하면 부당한 결과가 발생할 수 있다. 예를 들어 공동상속인들 중에 초과특별수익자가 있는 경우 초과특별수익자는 초과분을 반환하지 아니하면서도 가분채권은 법정상속분대로 상속받게 되는 부당한 결과가 나타난다. 그 외에도 특별수익이 존재하거나 기여분이 인정되어 구체적인 상속분이 법정상속분과 달라질 수 있는 상황에서 상속재산으로 가분채권만이 있는 경우에는 모든 상속재산이 법정상속분에 따라 승계되므로 수증재산과 기여분을 참작한 구체적 상속분에 따라 상속을 받도록 함으로써 공동상속인들 사이의 공평을 도모하려는 민법 제1008조, 제1008조의 2의 취지에 어긋나게 된다.

따라서 이와 같은 특별한 사정이 있는 때는 상속재산분할을 통하여 공동상속인들 사이에 형평을 기할 필요가 있으므로 <u>가분채권도 예외적으로 상속재산분할의 대상이 될 수 있다.</u>

부모님이 사망했을 때 자녀들은 망인의 유언이 없다면 상속재산분할협의를 통해 자기 몫의 상속분을 받게 됩니다. 그런데 종종 공동상속인 가운데 오랫동안 연락이 되지 않아 행방을 알 수 없는 경우가 있습니다. 특히 해외로 이민을 가서 대한민국 방문이 거의 없어 가족과 연락이 끊긴 사례도 드물게 있습니다.

그런데 문제는 상속을 받기 위해서는 공동상속인 전원이 모여 협의를 통해 재산을 분할해야 하는데, 상속인 1인이라도 없이 분할협의를 하면 법적으로 무효가 됩니다. 상속인의 행방을 알지 못할 때, 다른 상속인들이 대처할 수 있는 방법을 사례를 통해 알아보겠습니다.

[사례 엿보기 6] 다른 상속인의 행방을 알지 못해도 상속재산분할이 가능한가?

아버지는 첫 번째 결혼을 하시고 전처 사이에서 자녀도 두었습니다. 아버지는 전처와 이혼을 하였고, 이후 저의 친모와 재혼하고 제가 태어났습니다. 저는 아버지에게서 이복형제에 대한 이야기를 들어서 존재는 알고 있었습니다. 저와 부모님은 오래전 미국으로 이민을 왔고, 아버지는 첫 번째 자녀와의 연락이 완전히 끊겼습니다.

아버지는 최근 미국 시민권자로 캘리포니아에 거주하다가 사망하였고 대한민국에 부동산을 상속재산으로 남겨두었습니다. 그래서 부동산에 대한 상속재산분할을 해야 하는데, 여기저기 수소문해도 이복형제의 행방을 알 수가 없습니다. 제가 미국에 거주하고 있어서 찾기가 더 어렵습니다. 이런 상황에서 상속재산분할을 할 수 있는 방법이 없나요?

망인이 남겨놓은 상속재산은 상속인들에게 분할되어 상속됩니다. 대한민국은 상속재산을 어떻게 분할할 것인지에 관하여 민법에 규정하고 있습니다. 「민법」 제1012조는 피상속인의 유언으로 상속재산의 분할 방법을 정할 수 있다고 규정하고 있고, 제1013조는 피상속인의 유언이 있는 경우를 제외하고는 공동상속인은 언제든지 협의에 의하여 상속재산을 분할할 수 있다고 규정하고 있습니다.

피상속인이 미국 시민권자라면 대한민국에 남겨둔 부동산에 대해서는 「국제사법」 제49조에 따라 본국법, 즉 미국 법이 적용됩니다. 그런데, [사례 엿보기 6]에서 피상속인은 미국 캘리포니아를 마지막 거주지로 사망했으므로, 캘리포니아 법이 상속에 관한 준거법이 됩니다. 캘리포니아 법에 따르면 망인이 남겨둔 부동산의 경우 그 소재지법에 따른다고 규정되어 있어, 결국 제시된 사례에서 부동산은 대한민국 법에 따라 상속이 이루어집니다.

따라서 망인이 유언을 남겨놓았으면 그 유언내용에 따라 상속재산 분할 방법이 결정되고, 망인이 유언을 남겨놓지 않았으면 공동상속인들의 협의로 상속재산분할 방법을 정해야 합니다.

그런데 만약 상속인 중 누군가가 연락이 되지 않고 행방을 알 수 없다면 어떻게 해야 할까요? **상속재산협의분할은 불가능**합니다. 이런 경우 상속재산분할을 할 수 있는 방법은 **가정법원에 상속재산분할심판 소송을 제기**하는 겁니다. 소송을 제기하면 법원을 통하여 행방을 알 수 없는 자의 주소를 파악할 수 있고, 파악된 주소지로 소장을 송달할 수 있습니다. 상대방은 소장을 송달받음으로써 망인의 사망소식을 알게 되어 다른 상속인들과의 협의에 나설 수 있습니다. 상대방이 소장을 송달받은 후 협의에 나서지 않거나 협의를 거부하는 경우에는 상속재산분할 방법은 법원의 심판을 통하여 결정됩니다.

혹여나 **끝내 상대방 상속인의 행방을 파악할 수 없다면 법원은 상대방 상속인에 대하여 공시송달의 방법으로 소송을 진행**시킬 수 있고, 이러한 경우 협의 자체가 불가능하기 때문에 **상속재산분할 방법은 법원의 심판을 통해 결정**됩니다. 여기에서 말하는 공시송달은 당사자의 주소나 근무 장소를 알 수 없어 법원서류를 송달할 수 없는 경우 법원게시판에 송달할 서류 보관사실을 게시하는 것으로 송달된 것으로 처리하는 제도입니다. 법원서류가 송달 처리가 되면 소송절차를 진행할 수 있습니다. 다만, 상속인이 생사나 행방을 알 수 없는 경우 공시송달이 아닌 실종선고나 부재자 재산관리인 선임을 통해 재산분할을 진행할 수도 있는데, 이는 별도의 사례에서 자세히 살펴보도록 하겠습니다.

★ **관련 법령**

민법 제1012조(유언에 의한 분할방법의 지정, 분할금지) 피상속인은 유언으로 상속재산의 분할방법을 정하거나 이를 정할 것을 제삼자에게 위탁할 수 있고 상속개시의 날로부터 5년을 초과하지 아니하는 기간 내의 그 분할을 금지할 수 있다.

민법 제1013조(협의에 의한 분할)
① 전조의 경우 외에는 공동상속인은 언제든지 그 협의에 의하여 상속재산을 분할할 수 있다.

국제사법 제49조(상속)

① 상속은 사망 당시 피상속인의 본국법에 의한다.

② 피상속인이 유언에 적용되는 방식에 의하여 명시적으로 다음 각호의 법 중 어느 것을 지정하는 때에는 상속은 제1항의 규정에 불구하고 그 법에 의한다.

1. 지정 당시 피상속인의 상거소가 있는 국가의 법. 다만, 그 지정은 피상속인이 사망 시까지 그 국가에 상거소를 유지한 경우에 한하여 그 효력이 있다.
2. 부동산에 관한 상속에 대하여는 그 부동산의 소재지법

★ **판결 및 판례**

[대법원 2010. 2. 25. 선고 2008다96963,96970 판결]

상속재산의 협의분할은 공동상속인 간의 일종의 계약으로서 공동상속인 전원이 참여하여야 하고 일부 상속인만으로 한 협의분할은 무효라고 할 것이나, 반드시 한 자리에서 이루어질 필요는 없고 순차적으로 이루어질 수도 있으며, 상속인 중 한 사람이 만든 분할 원안을 다른 상속인이 후에 돌아가며 승인하여도 무방하다.

[사례 엿보기 7] 상속인 중 행방을 알 수 없는 자가 있어도 상속재산협의분할을 할 수 있는가?

아버지가 사망하였고 상속재산으로 부동산이 있습니다. 아버지의 공동상속인으로 자녀 5명이 있습니다. 그런데, 자녀 5명 중 1명은 멕시코에서 사업을 하는 터라, 몇 년 전 멕시코로 출국한 이후 현재 연락이 되지 않고 있으며, 국내에는 아들이 있는데 아들에게도 거의 연락을 하지 않는다고 합니다. 그 형제를 제외한 나머지 4명은 상속재산분할에 대한 협의를 했지만, 멕시코로 떠난 형제로 인해 분할협의를 완료하지 못하고 있습니다.
이런 상황에서 상속재산분할협의를 할 수 있는 방법은 없나요?

공동상속인들이 협의로 상속재산분할 방법을 결정하는 것을 상속재산의 협의분할이라고 합니다. 상속재산의 협의분할은 반드시 상속인 전원이 참여해야 하고, 일부 상속인만이 참여한 상속재산협의분할은 무효입니다(대법원 2010. 2. 25. 선고 2008다96963,96970 판결). 그러므로 **상속재산협의분할을 하고자 하면 상속인 전원의 참여와 동의**가 있어야 하고, **상속인 중 한 명이라도 참여하지 않는다면 상속재산협의분할을 할 수 없습니다.**

그런데, 특정 상속인이 외국으로 출국했거나 주민등록말소된 상태로 연락이 아예 불가능한 경우라면 해당 상속인을 상대로 상속재산분할심판을 제기한 후, 해당 상속인에 대해서는 공시송달의 방법으로 소송을 진행하여 재산을 분할하는 방법이 있습니다.

만약 그 상속인이 오래전 주소 또는 거소를 떠나 행방을 알 수 없게 된 자라면 이는 민법상 **'부재자'**에 해당됩니다. 이러한 경우에는 **'부재자재산관리인'을 선임하여 해당 관리인과 협의하여 재산을 분할**할 수도 있습니다. 그럼 부재자 재산관리인에 대해 좀 더 자세히 살펴보도록 하겠습니다.

부재자재산관리인이란 종래의 주소나 거소를 떠나 돌아올 가망이 없는 자의 재산을 관리해주는 대리인을 말하며, 이해관계인의 청구에 의하여 법원이 선임합니다(대한민국 「민법」 제22조). 부재자재산관리인은 청구인의 희망에 따라 부재자의 친족이 선임되기도 하며, 친족이 아닌 제3자를 법원에서 관리인으로 선임하기도 합니다.

부재자재산관리인은 법원이 지정한 권한 범위 내에서 부재자의 재산을 관리하며, 권한 범위를 넘어서는 행위는 법원의 허가를 받아 할 수 있습니다. 상속재산분할에 대한 협의는 부재자재산관리인의 권한 범위를 초과하는 행위로 법원의 허가를 받아야 합니다.

[사례 엿보기 7]에서 상속인 중 멕시코로 떠난 형제가 돌아올 가망이 없을 경우 부재자에 해당될 수 있습니다. 그렇다면 한국에 있는 아들을 재산관리인으로 선임하고, 선임된 부재자재산관리인과 상속재산분할에 대한 협의를 할 수 있습니다. 그리고 부재자재산관리인은 법원의 허가를 받아 상속재산분할협의를 완료하게 됩니다.

★ **관련 법령**

민법 제1013조(협의에 의한 분할)
① 전조의 경우 외에는 공동상속인은 언제든지 그 협의에 의하여 상속재산을 분할할 수 있다.
② 제269조의 규정은 전항의 상속재산의 분할에 준용한다.

민법 제22조(부재자의 재산의 관리)
① 종래의 주소나 거소를 떠난 자가 재산관리인을 정하지 아니한 때에는 법원은 이해관계인이나 검사의 청구에 의하여 재산관리에 관하여 필요한 처분을 명하여야 한다. 본인의 부재 중 재산관리인의 권한이 소멸한 때에도 같다.

민법 제25조(관리인의 권한) 법원이 선임한 재산관리인이 제118조에 규정한 권한을 넘는 행위를 함에는 법원의 허가를 얻어야 한다. 부재자의 생사가 분명하지 아니한 경우에 부재자가 정한 재산관리인이 권한을 넘는 행위를 할 때에도 같다.

민법 제118조(대리권의 범위) 권한을 정하지 아니한 대리인은 다음 각호의 행위만을 할 수 있다.
1. 보존행위
2. 대리의 목적인 물건이나 권리의 성질을 변하지 아니하는 범위에서 그 이용 또는 개량하는 행위

상속재산분할에서의 어려움은 공동상속인 간에 재산분할협의를 원만히 진행하지 못할 때 발생합니다. 법정상속분으로 균등하게 상

속재산을 나눌 수 있으면 가장 좋겠지만, 망인이 생전에 특정 상속인에게 증여를 했거나 교육비 지원 등을 많이 한 상황이라면 다른 상속인이 이를 특별수익으로 주장할 수도 있습니다. 또 망인 생전에 부양을 책임졌던 상속인이 있다면 상속재산분할협의 시 기여분 인정을 요구할 수도 있죠.

모든 상황을 다 가정할 수 없기에 여기서는 공동상속인 간에 상속재산분할협의를 할 때 가장 많이 발생할 수 있는 사례를 중심으로 살펴보겠습니다.

[사례 엿보기 8] 망인에게 생전증여를 받은 상속인이 있더라도 남은 재산을 법정상속분대로 나누어야 하는가?

저는 대한민국을 떠난 지 오래된 미국 시민권자입니다. 최근 아버지가 돌아가셨는데 대한민국에 있는 형제들이 상속세와 취득세 신고를 빨리 해야 한다면서 서둘러 상속재산을 처분하여 세금을 내자고 합니다. 저는 상속재산분할협의도 하지 않았는데, 세금부터 내야 한다는 것이 못마땅하여, 그럼 상속재산은 어떻게 나누는 것이 좋겠느냐고 물었습니다. 당연히 형제들은 법정상속분대로 나누는 것으로 해야 한다고 합니다.

그런데 아버지는 생전 장남인 큰형에게 재정지원을 많이 해주셨습니다. 이에 제가 형에게 형은 아버지 생전에 이미 받은 것이 많으니 남은 재산은 저를 포함한 동생들에게 더 달라고 했는데, 형은 예전에 받은 것은 이미 10년도 지난 일이고 받은 재산 중 남은 것도 없으니, 남은 상속재산은 반드시 법정상속분으로 공평하게 나누어야 한다고 합니다. 형의 말대로 법정상속분으로 나눌 수밖에 없는 것일까요?

대한민국 「민법」은 공동상속인이 생전증여를 받은 경우에는 수증재산이 자신의 상속분에 달하지 못한 때에는 그 부족한 부분의 한도에서 상속분이 있다고 규정하고 있습니다. 또한 **공동상속인이 받은 증여는 아무리 오래전에 받았더라도 상속재산분할 시 고려**될 수 있으며, 그 받은 시기에 따라 상속재산분할에 반영 여부가 결정되는 것은 아닙니다. 따라서 오래전이라 하더라도 형이 예전에 아버지로부터 받은 재산이 있다면 이를 반영하여 상속재산을 나눌 수 있고, **반드시 법정상속분대로 나누어야 하는 것은 아닙니다.**

다만, 어떠한 생전증여가 특별수익에 해당하는지 여부는 피상속인의 생전의 자산, 수입, 생활수준, 가정상황 등을 참작하고 공동상속인들 사이의 형평을 고려하여 해당 생전증여가 장차 상속인으로 될 사람에게 돌아갈 상속재산 중 그의 몫의 일부를 미리 주는 것이라고 볼 수 있는지에 의해 결정하게 됩니다.

그래서 **모든 증여가 전부 특별수익이 되는 것은 아닙니다.** 예를 들어 일시적으로 생활비 수준의 금전을 지원하는 것 등은 특별수익으로 보지 않는 것입니다. 즉 아버지가 형에게 금전 등으로 재정지원을 했더라도, 이것이 상속분의 선급으로 평가받을 수 있는 수준이어야만 특별수익이 되는 겁니다.

한편, 상속세는 상속인이 국내에 거주한다면 상속개시일이 속하는 달의 말일로부터 6개월, 상속인 전원 또는 망인이 국외에 거주하는 경우에는 상속개시일이 속하는 달의 말일로부터 9개월 이내에 신고 및 납부를 하도록 되어 있습니다. 이 기간이 지나면 신고불성실 가산세로 20%, 납부불성실가산세로 납부 시까지 매월 0.9%가량의 가산세가 붙기 때문에 기간 내에 신고 및 납부를 끝내는 것이 좋습니다.

따라서 [사례 엿보기 8]에서 형이 법정상속분대로 분할을 고집해서 상속재산분할협의가 원만히 이루어지지 않는다면, **가정법원에 상속재산분할심판을 청구해서 형이 아버지 생전에 받아간 재산을 반영하여 공평하게 상속재산의 분할을 구하면** 됩니다. 소송을 통한 상속재산분할 완료 시까지 상당한 시간이 예상되는 경우라면 신고불성실 가산세 등의 부과를 막기 위하여 우선 상속세 신고만이라도 하고 상속재산분할협의 또는 심판을 진행하는 것이 좋습니다. 이후 상속세를 납부하지 않음으로 인한 가산세는 부과될 것이나, 신속하게 분할심판을 진행하여 상속비율이 확정된 후 각 상속분대로 납부한다면 가산세 부담을 최소화할 수 있을 것입니다.

★ 관련 법령

민법 제1008조(**특별수익자의 상속분**) 공동상속인 중에 피상속인으로부터 재산의 증여 또는 유증을 받은 자가 있는 경우에 그 수증재산이 자기의 상속분에 달하지 못한 때에는 그 부족한 부분의 한도에서 상속분이 있다. 〈개정 1977. 12. 31.〉

★ 판결 및 판례

[대법원 1997. 3. 21., 자, 96스62, 결정]

【판시사항】

공동상속인 중에 특별수익자가 있는 경우의 구체적 상속분 산정을 위한 재산 평가시점(상속개시일) 및 대상분할의 방법에 의한 상속재산분할시의 정산을 위한 상속재산 평가시점(분할시)

【판결요지】

공동상속인 중에 피상속인으로부터 재산의 증여 또는 유증 등의 특별수익을 받은 자가 있는 경우에는 이러한 특별수익을 고려하여 상속인별로 고유의 법정상속분을 수정하여 구체적인 상속분을 산정하게 되는데, 이러한 구체적 상속분을 산정함에 있어서는 상속개시시를 기준으로 상속재산과 특별수익재산을 평가하여 이를 기초로 하여야 할 것이고, 다만 법원이 실제로 상속재산 분할을 함에 있어 분할의 대상이 된 상속재산 중 특정의 재산을 1인 및 수인의 상속인의 소유로 하고 그의 상속분과 그 특정의 재산의 가액과의 차액을 현금으로 정산할 것을 명하는 방법(소위 대상분할의 방법)을 취하는 경우에는, 분할의 대상이 되는 재산을 그 분할시를 기준으로 하여 재평가하여 그 평가액에 의하여 정산을 하여야 한다.

[사례 엿보기 9] 공동상속인의 가족이 증여받은 재산도 해당 상속인의 특별수익으로 볼 수 있는가?

저는 미국에서 거주하고 있습니다. 얼마 전에 아버지가 돌아가셔서 장례를 위해 귀국했을 때 아버지가 살고 계시던 서울 집을 이미 2년 전에 오빠와 새언니, 그리고 조카들 앞으로 전부 증여했다는 사실을 알게 되었고, 조카들 명의로 거액의 예금도 예치했다는 사실도 알게 되었습니다. 저는 오빠와 오빠 식구들이 재산을 많이 받았고, 오빠 식구들이 받은 재산은 오빠가 받은 것이나 다름없다고 생각했습니다. 또 가져간 재산이 남은 상속재산보다 더 가치가 크므로, 남은 상속재산은 저에게 전부 달라고 이야기했습니다.

그런데 오빠는 이미 옛날에 증여받은 것이고, 새언니와 조카들은 제3자이므로 상속재산분할에 반영할 수 없다고 주장합니다. 제 생각에는 아버지가 오빠 가족들의 명의로 증여한 재산은 당연히 오빠에게 이득이 되는 것이므로 이를 오빠의 특별수익에 포함시키는 것이 마땅하다고 생각합니다. 상속재산분할 시에 새언니와 조카들이 받은 재산을 오빠의 특별수익으로 보아 공평하게 재산을 분할할 수 있을까요?

[사례 엿보기 9]와 같이 부모님이 생전에 특정 상속인의 가족들에게 증여를 하는 경우가 종종 있습니다. 그런데 상속분산정에서 증여 또는 유증을 참작하게 되는 것은 원칙적으로 상속인이 유증 또는 증여를 받은 경우일 때입니다. 따라서 그 **상속인의 직계비속, 배우자, 직계존속이 유증 또는 증여를 받은 경우가 전부 해당 상속인의 특별수익으로 평가되는 것은 아닙니다.**

다만, 증여 또는 유증의 경위, 증여나 유증된 물건의 가치, 성질,

수증자와 관계된 상속인이 실제 받은 이익 등을 고려하여 **실질적으로 피상속인으로부터 상속인에게 직접 증여된 것과 다르지 않다고 인정되는 경우에는** 상속인의 직계비속, 배우자, 직계존속 등에게 이루어진 증여나 유증도 해당 **상속인의 특별수익으로 고려할 수 있다**는 것이 법원의 태도입니다(대법원 2007. 8. 28. 자 2006스3,4 결정).

대법원에서 공동상속인 중 딸의 배우자인 사위와 아들이 망인으로부터 증여받은 부동산을 해당 공동상속인의 특별수익으로 판단한 사례 등이 있습니다. 따라서 망인이 특정 자녀에게 부동산 등을 증여하면서 절세 혜택 등을 위하여 그 자녀의 배우자나 자녀들에게 나누어 증여한 경우나 해당 공동상속인과 생계를 같이하는 가족들에게 증여를 한 경우에는 해당 상속인의 특별수익으로 볼 가능성이 높습니다.

따라서 사례의 질문자가 오빠와 상속재산분할협의가 되지 않는 경우에는 가정법원에 이와 같은 사정을 주장하고 입증하여, 오빠뿐만 아니라 오빠의 식구들이 받은 재산을 오빠의 특별수익으로 판단 받으면 나머지 상속재산을 전부 받을 수 있는 가능성이 있습니다.

★ **판결 및 판례**

[대법원 2007. 8. 28. 자 2006스3,4 결정【상속재산분할 · 기여분】]

【판시사항】

[1] 부부 일방의 특유재산의 추정이 번복되는 경우의 소유관계

[2] 상속인의 직계비속, 배우자, 직계존속 등에게 이루어진 증여

와 유증을 상속분 산정에서 특별수익으로 고려할 수 있는지 여부(한정 적극)

나. 「민법」 제1008조는 '공동상속인 중에 피상속인으로부터 재산의 증여 또는 유증을 받은 자가 있는 경우에 그 수증재산이 자기의 상속분에 달하지 못한 때에는 그 부족한 부분의 한도에서 상속분이 있다.'고 규정하고 있는바, 이와 같이 상속분의 산정에서 증여 또는 유증을 참작하게 되는 것은 원칙적으로 상속인이 유증 또는 증여를 받은 경우에만 발생하고, 그 상속인의 직계비속, 배우자, 직계존속이 유증 또는 증여를 받은 경우에는 그 상속인이 반환의무를 지지 않는다고 할 것이나, 증여 또는 유증의 경위, 증여나 유증된 물건의 가치, 성질, 수증자와 관계된 상속인이 실제 받은 이익 등을 고려하여 실질적으로 피상속인으로부터 상속인에게 직접 증여된 것과 다르지 않다고 인정되는 경우에는 상속인의 직계비속, 배우자, 직계존속 등에게 이루어진 증여나 유증도 특별수익으로서 이를 고려할 수 있다고 함이 상당하다.

[사례 엿보기 10] 망인이 자녀에게 준 유학비도 특별수익이 될까?

동생은 대학교를 졸업한 후 2년 동안 직장생활을 했습니다. 동생은 직장생활을 하던 중 좀 더 공부를 하고 싶다며 미국 유학을 가기로 결정했습니다. 동생은 3년 예정의 유학비를 충당하기엔 턱없이 부족했고 그래서 아버지에게 도움을 요청했습니다. 아버지는 시세 5억 원 상당의 아파트 1채를 소유하고 있었고, 노후자금으로 1억 5천만 원을 보유하고 있었습니다. 아버지는 동생의 유학기간 3년 동안 5천만 원을 지원했습니다. 저를 포함한 다른 형제들은 대학교까지만 학비를 지원받았습니다.

최근 아버지가 사망해 가족들은 상속재산분할에 대한 협의를 했습니다. 저는 동생이 이미 유학자금으로 5천만 원을 받았기에 남은 상속재산에서는 5천만 원만큼 덜 받아야 한다고 생각했습니다. 그런데 동생은 유학비는 학업을 위해서 지원해준 돈인데, 상속재산을 받은 것으로 인정할 수 없다며 본인도 법정상속분에 따라 다른 형제들과 동일한 상속분을 받아야 한다고 주장합니다. 동생이 받은 유학비는 상속분 계산 시 고려되지 않나요?

공동상속인 중 망인에게서 재산의 증여 또는 유증을 받은 자를 특별수익자라고 합니다. 특별수익자의 상속분은 증여 또는 유증받은 재산이 자기의 상속분에 달하지 못한 경우 그 부족분의 한도에서 상속분이 있습니다. 즉 망인에게서 재산을 증여 또는 유증 받은 자는 남은 상속재산에서 이미 증여 또는 유증 받은 재산만큼 덜 받게 되는 것이죠.

그런데 망인에게서 증여 또는 유증 받은 모든 재산이 상속분산정에서 고려되는 것은 아닙니다. **상속분의 선급으로 평가할 수 있는**

증여 또는 유증받은 재산만을 특별수익이라 하여 상속분의 산정에서 고려하는 겁니다. 다시 말하면 **망인의 증여 또는 유증한 재산이 상속재산을 미리 준 것이라고 평가할 수 있는 정도**가 되어야 특별수익으로 취급할 수 있다는 의미입니다.

가령 자산이 10억 원이 있는 부모님이 성인자녀에게 1년에 1회 용돈 50만 원을 주었다고 해서 이 정도 금전 지급이 상속재산을 미리 준 것이라고 하기는 어려울 겁니다. 하지만, 3억 원 정도를 지급했다면 이는 상속재산을 미리 준 것이라고 평가할 수 있을 것입니다. 한편, 유언을 통하여 재산을 주는 유증의 경우 망인이 사망해야 유증의 효력이 있는 것이므로 유증의 경우 특별한 사정이 없는 이상 특별수익에 해당합니다.

망인이 증여한 재산이 상속분의 선급인지 여부는 증여 당시 망인과 수증자의 경제력, 증여 경위, 증여 이후 망인의 재산 상황, 증여재산의 규모 등을 종합하여 판단합니다.

[사례 엿보기 10]에서 망인은 자녀들에게 동일하게 대학교 학비까지 지원했으나, 막냇동생만 추가로 유학비를 지원했고 망인의 자산 규모를 고려해볼 때 5천만 원은 비중이 적다고 할 수 없습니다. 또 증여 당시 막냇동생은 스스로 직장을 그만두고 유학을 간 사정 등이 있으므로, 막냇동생이 받은 유학비 5천만 원은 상속분의 선급으로 평가될 가능성이 있습니다.

실제, 종전 사례를 보면, 넉넉지 않은 사정의 집안에서 특정 자녀에게 유학비 등으로 상당한 지원을 해준 경우 해당 유학비가 특별수익으로 인정되기도 하였습니다. 그러나, 최근 판례 흐름상 자녀의 교육비 등은 현재 대한민국의 수준 등에 비추어 상속분을 미리 준 것으로 평가할 수 없어 특별수익이 아니라는 사례도 다수 나오고 있는바, 결국 유학비의 특별수익 해당 여부는 구체적인 사안에 따라 달라진다는 점을 유념하셔야 합니다.

★ 판결 및 판례

[대법원 1998. 12. 8., 선고, 97므513, 판결]

민법 제1008조는 공동상속인 중에 피상속인으로부터 재산의 증여 또는 유증을 받은 자가 있는 경우에 그 수증재산이 자기의 상속분에 달하지 못한 때에는 그 부족한 부분의 한도에서 상속분이 있다고 규정하고 있는바, 이는 공동상속인 중에 피상속인으로부터 재산의 증여 또는 유증을 받은 특별수익자가 있는 경우에 공동상속인들 사이의 공평을 기하기 위하여 그 수증재산을 상속분의 선급으로 다루어 구체적인 상속분을 산정함에 있어 이를 참작하도록 하려는 데 그 취지가 있는 것이므로, 어떠한 생전 증여가 특별수익에 해당하는지는 피상속인의 생전의 자산, 수입, 생활수준, 가정상황 등을 참작하고 공동상속인들 사이의 형평을 고려하여 당해 생전 증여가 장차 상속인으로 될 자에게 돌아갈 상속재산 중의 그의 몫의 일부를 미리 주는 것이라고 볼 수 있는지에 의하여 결정하여야 할 것이다.

[사례 엿보기 11] 망인과 가까운 곳에 살았다는 이유만으로 기여분이 인정될 수 있는가?

저는 결혼 후 미국으로 이민을 갔습니다. 대한민국에는 부모님과 형님이 계셨습니다. 미국으로 간 이후 아무래도 거리가 있다 보니 부모님을 1년에 한두 번 정도밖에 뵙지 못했습니다. 형님은 결혼하고 분가했지만, 같은 도시에서 거주했습니다. 아무래도 형님이 부모님과 가까운 곳에 있어서 저보다 자주 방문했던 것은 사실입니다. 부모님은 노후 준비가 다 되어 있었고 두 분 다 건강에 문제가 없었습니다. 이처럼 부모님 사정이 좋아서 형님은 경제적으로 부담이 없었고 간병할 일도 없었습니다.

그런데 아버님이 불의의 사고로 갑자기 사망하였습니다. 형님과 상속재산분할에 대한 협의를 했는데, 형님은 저의 경우 미국에 있어서 부모님에 대한 아무런 부양을 하지 않았고, 본인은 부모님과 가까운 곳에 살면서 부양을 했으니 기여분이 인정된다고 합니다. 형님의 말이 맞는 것인지 궁금합니다.

'**기여분**'이란 공동상속인 중 망인을 상당한 기간 동거·간호 그 밖의 방법으로 피상속인을 특별히 부양하거나 피상속인의 재산의 유지 또는 증가에 특별히 기여한 자가 있을 때에는 **기여한 자의 상속분으로 기여분을 가산**하여 주는 제도를 말합니다(대한민국 「민법」 제1008조의 2). 기여분이 인정되면 그 기여자는 인정된 기여분만큼 상속분이 증가하게 되는 것이죠.

기여분은 **공동상속인의 협의로 결정**합니다. 만약 상속인들 사이에 협의가 되지 않으면 가정법원에 청구를 제기해서 기여분 결정을 받아야 합니다.

기여분 제도는 공동상속인 중에 피상속인을 특별히 부양하였거나 피상속인의 재산 유지·증가에 특별히 기여하였을 경우 이를 상속분 산정에서 고려함으로써 공동상속인들 사이의 실질적 공평을 도모하려는 것이므로, 기여분을 인정하기 위해서는 공동상속인들 사이의 공평을 위하여 상속분을 조정해야 할 필요가 있을 만큼 피상속인을 특별히 부양하였다거나 상속재산의 유지·증가에 특별히 기여하였다는 사실이 인정되어야 합니다(대법원 2019. 11. 21 자 2014스44, 45 전원합의체 결정).

예를 들어 망인을 상당기간 간병했다든지, 망인에게 부동산 취득 자금을 보태주었다든지 하는 등의 사정이 기여분을 주장할 수 있는 요소가 되는 겁니다. 그러나 기여분을 인정받기 위해서는 망인을 위한 기여가 말 그대로 특별해야 합니다. 만약 자녀가 부모님을 부양했더라도 그 부양이 특별하다고 평가할 수 없으면 기여분을 인정받을 수 없습니다.

대법원 판례 중에도 자녀가 부모를 부양했으나, 그 부양은 자식으로서 기본적 부양의무를 이행한 것이므로 기여분을 인정할 수 없다고 한 것이 있으며(대법원 2014. 11. 25 자 2012스156, 157 결정), 부인이 남편을 간호했어도 그 부양이 처로서 통상 기대되는 정도를 넘지 않는다며 기여분을 인정하지 않은 것도 있습니다(대법원 2019. 11. 21 자 2014스44, 45 전원합의체 결정).

[사례 엿보기 11]에서 형이 부모님과 같은 도시에 거주하면서 미국에 있는 동생보다 부모님을 자주 찾아뵈었던 것은 사실이나, 부모

님의 건강이 양호하였고 부모님이 형에게서 경제적으로도 지원을 받지 않았기에 형의 기여분을 인정할만한 사정은 없을 것으로 판단될 가능성이 큽니다.

★ **관련 법령**

민법 제1008조의 2(기여분)

① 공동상속인 중에 상당한 기간 동거·간호 그 밖의 방법으로 피상속인을 특별히 부양하거나 피상속인의 재산의 유지 또는 증가에 특별히 기여한 자가 있을 때에는 상속개시 당시의 피상속인의 재산가액에서 공동상속인의 협의로 정한 그 자의 기여분을 공제한 것을 상속재산으로 보고 제1009조 및 제1010조에 의하여 산정한 상속분에 기여분을 가산한 액으로써 그 자의 상속분으로 한다.
② 제1항의 협의가 되지 아니하거나 협의할 수 없는 때에는 가정법원은 제1항에 규정된 기여자의 청구에 의하여 기여의 시기·방법 및 정도와 상속재산의 액 기타의 사정을 참작하여 기여분을 정한다.
③ 기여분은 상속이 개시된 때의 피상속인의 재산가액에서 유증의 가액을 공제한 액을 넘지 못한다.
④ 제2항의 규정에 의한 청구는 제1013조 제2항의 규정에 의한 청구가 있을 경우 또는 제1014조에 규정하는 경우에 할 수 있다.

마지막으로 상속재산분할에서 상속재산이 부동산일 경우 종종 발생하는 사례를 보겠습니다.

[사례 엿보기 12] 상속인 전원의 동의 없이 법정상속분에 따른 등기가 된 후에도 이를 변경(경정)할 수 있는가?

저는 미국에 거주하며 미국에서 회사를 다니고 있어서 아버지가 돌아가신 뒤 장례식만 참석한 뒤 미국으로 돌아왔습니다. 장례식 이후 한동안 업무가 바빠 상속문제에 대해서 신경을 쓰지 못했는데, 얼마 전 대한민국의 형제들이 마음 대로 상속재산인 부동산을 법정상속분대로 등기하고 상속분할을 마친 사실을 알게 되었습니다. 그런데 제 입장에서는 대한민국에 있는 형제들은 이미 받은 것이 많아서 법정상속분대로 등기하는 것은 부당하다고 생각합니다. 아마 형제들은 저와 상속재산분할협의를 하면 당연히 법정상속분대로 나누는 것에 반대하리라 생각하여 이처럼 처리한 것으로 생각됩니다.

그런데 저는 형제들에게 상속재산 등기를 위한 위임장이나 그 어떤 서류도 제공한 적이 없는데, 형제들이 제 동의 없이 상속재산에 대하여 상속등기를 하는 것이 가능한가요? 제 위임장 등의 서류를 위조한 것이 아닐까요? 만약 법정상속분대로 상속등기를 하는 것이 가능한 일이 맞는다면, 이미 등기를 마친 상태에서도 상속재산분할협의를 하거나, 법원에 상속재산분할심판 청구를 할 수 있을까요?

공동상속인 중 1인이 상속재산인 부동산에 대하여 법정상속분대로 상속등기를 신청하는 경우, 다른 상속인들의 동의나 협조가 없이도 가능합니다. 이는 위법한 것이 아니며 등기 신청 시 상속인 전부의 위임장 등이 필요하지도 않습니다.

즉, 이미 등기를 마친 이후라도 법정상속분에 따른 분할을 받아들이기 힘든 경우, 다시 말하면 공동상속인 사이에 **상속재산분할에 대**

한 협의나 심판이 없었다면 상속재산분할협의 또는 상속재산분할심판을 통해 등기를 변경(경정)할 수 있습니다.

[사례 엿보기 12]에서는 다른 공동상속인이 자녀 중 1인이 법정상속분에 따른 상속재산분할에 동의하지 않을 것을 예상하여 상속재산분할협의를 하지 않고 일방적으로 상속재산에 대한 법정상속분에 따른 등기를 마쳤다면 우선 상속재산분할협의를 시도해볼 수 있을 겁니다.

만약 협의가 되지 않는다면 가정법원에 상속재산분할심판 등을 제기할 수 있으며, 그 결과에 따라 등기를 다시 하는 것이 가능하며, 애초에 협의가 없었기에 지분이 변동된다고 해도 증여세가 부과되지 않습니다.

아울러, 특정 상속인의 채권자가 담보 확보를 위해 망인이 남겨둔 상속재산에 대해 모든 상속인들 명의로 법정상속분에 따라 일명 '대위등기'를 했다고 하더라도, 상속재산분할협의 또는 상속재산분할심판을 통해 얼마든지 재등기를 할 수 있고, 이 경우 지분이 변동된다고 해도 증여세가 부과되지 않습니다.

그러나 만약 상속인 간 협의를 완료했으나, 단지 등기상의 편의를 위해 법정상속등기를 한 경우 추후 상속인 간 지분변동이 되는 내용으로 분할협의를 한다면 변동분에 대한 증여세가 부과될 가능성이 있다는 점도 유념해야 합니다.

★ **관련 법령**

상증법시행령 제3조의 2(증여세 과세대상) 법 제4조 제3항 단서에서 "무효 또는 취소 등 대통령령으로 정하는 정당한 사유"란 다음 각호의 어느 하나에 해당하는 경우를 말한다. 〈개정 2017. 2. 7.〉

1. 상속회복청구의 소에 의한 법원의 확정판결에 따라 상속인 및 상속재산에 변동이 있는 경우
2. 「민법 제404조」에 따른 채권자대위권의 행사에 의하여 공동상속인들의 법정상속분대로 등기등이 된 상속재산을 상속인 사이의 협의분할에 의하여 재분할하는 경우
3. 법 제67조에 따른 상속세과세표준 신고기한(이하 "상속세과세표준 신고기한"이라 한다) 내에 상속세를 물납하기 위하여 「민법 제1009조」에 따른 법정상속분으로 등기·등록 및 명의개서 등을 하여 물납을 신청하였다가 제71조에 따른 물납허가를 받지 못하거나 물납재산의 변경명령을 받아 당초의 물납재산을 상속인 사이의 협의분할에 의하여 재분할하는 경우

상증법 제4조(증여세 과세대상)

① 다음 각호의 어느 하나에 해당하는 증여재산에 대해서는 이 법에 따라 증여세를 부과한다. 〈개정 2016. 12. 20.〉

③ 상속개시 후 상속재산에 대하여 등기·등록·명의개서 등(이하 "등기등"이라 한다)으로 각 상속인의 상속분이 확정된 후, 그 상속재산에 대하여 공동상속인이 협의하여 분할한 결과 특정 상속인이 당초 상속분을 초과하여 취득하게 되는 재산은 그 분할에 의하여 상속분이 감소한 상속인으로부터 증여받은 것으로 보아 증여세를 부과한다. 다만, 제67조에 따른 상속세 과세표준 신고기한까지 분할에 의하여 당초 상속분을 초과하여 취득한 경우와 당초 상속재산의 분할에 대하여 무효 또는 취소 등 대통령령으로 정하는 정당한 사유가 있는 경우에는 증여세를 부과하지 아니한다. 〈개정 2020. 6. 9.〉

[사례 엿보기 13] 상속인 중 1인이 오래전 상속재산분할협의 없이 부동산등기 특조법에 따라 이전해간 상속재산을 찾아올 수 있는가?

> 저희 아버지는 1980년대에 돌아가셨는데, 당시 저는 미성년자였기에 상속에 대하여 잘 알지 못해 별다른 신경을 쓰지 못했습니다. 아버지가 남겼던 재산은 수도권의 농지였는데, 저는 성인이 된 뒤로는 계속 미국에 살고 있어서 지금까지 이 토지가 어머니 앞으로 상속되었을 것으로 생각했습니다.
>
> 그런데 최근 어머니가 돌아가신 뒤에 대한민국에 갔을 때 어머니 앞으로 재산이 아무것도 남아 있지 않다는 사실을 알게 되었습니다. 등기부를 확인해보니 오빠가 아버지가 돌아가신 뒤에 부동산소유권 이전등기 등에 관한 특별조치법에 의하여 아버지의 상속재산을 전부 자신의 명의로 등기했다는 사실을 알게 되었습니다. 이미 30년도 더 지난 일이기는 하지만, 지금이라도 저의 권리를 찾고 싶습니다. 제가 오빠에게 제 몫의 상속분을 달라고 요청할 수 있을까요?

「부동산소유권 이전등기 등에 관한 특별조치법(이하 특별조치법)」은 과거 등기부의 소유권 기재사항이 실제 권리자와 일치하지 않아 재산권이나 소유권 행사를 제대로 못 하고 있는 실제소유자가 보증서와 확인서를 발급받아 간편하게 등기 신청을 할 수 있도록 하고자 만들어진 법입니다.

과거 「특별조치법」에 의해 소유권 이전등기를 하려면 우선 상속 및 매매, 증여 등을 원인으로 하는 실제소유자가 동·리별 보증인으로 위촉한 3명의 보증서를 첨부해 토지 및 건축물대장 관리관청에 확인서 발급을 신청하고, 보증취지 확인 및 현지조사를 통해 2개월 동안 공고기간을 거친 후 해당 군수·구청장이 발급한 확인서에 의해 등기를 내야 했습니다.

그런데 이와 같은 점을 악용하여 진정한 권리자가 아닌 사람이 허위의 보증인을 내세우는 방법 등을 통해 등기를 무단으로 이전해가는 문제점이 발생했습니다. 아예 부동산 권리자와 관계없는 사람이 이러한 일을 꾸미는 일 외에도 **공동상속인 중 1인이 모두 자신이 상속받은 것처럼 꾸며 단독으로 등기를 신청하는 일**도 종종 발생했습니다.

이와 같은 사실을 뒤늦게 알게 된 다른 공동상속인들은 해당 부동산에 대한 소유권 또는 지분권 등을 주장할 수 있었을 것입니다. 다른 공동상속인들은 결국 상속을 원인으로 한 소유권 등을 주장하는 것이며, 이러한 원인으로 소유권 말소 또는 이전등기를 청구하는 소송은 **'상속회복청구의 소'**에 해당합니다. 그런데 상속회복청구의 소는 **제척기간이 10년**입니다. 상속침해행위, 즉 상속인 중 1인 또는 참칭상속인이 「특별조치법」에 따라 등기를 신청한 때로부터 10년 내에 반드시 소로써 청구를 해야 하는 것입니다. 이 기간이 도과한 뒤 소를 제기하게 되면 법원은 소송을 각하하게 됩니다.

따라서 **「특별조치법」에 따른 등기의 원인이 '상속'으로 되어 있는 경우라면 제척기간이 도과하여 상속회복청구의 소를 제기할 수 없을 겁니다.** 그러나 「특별조치법」에 따른 등기의 원인이 상속이 아닌 매매나 증여라면, 이때 등기의 말소를 구하는 소송은 상속회복청구의 소가 아니게 되므로 10년의 제척기간 적용을 받지 않습니다.

결국 [사례 엿보기 13]에서 등기의 원인이 상속이라고 되어 있는 경우라면 안타깝게도 상속회복청구를 할 수 없습니다. 그렇지 않은 경우라면 소유권이전등기말소청구로 등기의 적법성을 다툴 기회가 있을 것입니다. 다만, 등기의 원인은 진정한 것으로 추정되므로, 사망 후에 매매나 증여를 원인으로 등기가 되었다 하더라도 바로 이 등기가 무효가 되는 것은 아니기에 관련된 사정을 잘 주장하여 입증해야 할 것입니다.

★ 판결 및 판례

소유권이전등기절차이행

[대법원 2008. 6. 26., 선고, 2007다7898, 판결]

【판시사항】

[1] 상속재산인 부동산에 관하여 공동상속인 중 1인 명의로 소유권이전등기가 경료되었으나 등기부상 등기원인이 매매나 증여로 기재된 경우, 그 등기명의인이 참칭상속인에 해당하는지 여부(소극)

[2] 공동상속인 중 1인이 구 부동산 소유권이전등기 등에 관한 특별조치법에 의하여 매매 또는 증여를 원인으로 한 이전등기를 경료한 경우, 그 말소를 구하는 소가 상속회복청구의 소에 해당하는지 여부(소극)

[3] 단독상속 받은 자기소유의 부동산에 대한 점유를 취득시효의 기초로서의 점유로 볼 수 있는지 여부(소극) 및 공유자인 공

동상속인 1인의 상속토지 점유를 전체 토지의 자주점유로 볼 수 있는지 여부(소극)

소유권 이전등기
[대법원 2010. 1. 14., 선고, 2009다41199, 판결]

【판시사항】
[1] 진정한 상속인임을 전제로 참칭상속인 등을 상대로 상속재산인 부동산에 관한 등기의 말소 등을 청구하는 경우, 상속을 원인으로 하는 것인 이상 그 청구원인에 관계없이 상속회복청구의 소에 해당하는지 여부(적극) 및 상속회복청구권의 제척기간에 관한 「민법」 제999조 제2항이 이 경우에도 적용되는지 여부(적극)

[2] 공동상속인 중 1인이 상속등기에 갈음하여 구 부동산소유권이전등기 등에 관한 특별조치법에 따라 그 명의의 소유권이전등기를 경료한 경우, 다른 공동상속인이 그 등기의 말소를 청구하는 소가 상속회복청구의 소에 해당하는지 여부(적극)

[3] 상속회복청구의 소에서 제척기간의 준수 여부가 법원의 직권조사사항인지 여부(적극) 및 제척기간 도과 후 제기된 소에 대한 법원의 조치(=각하)

[사례 엿보기 14] 망인이 자녀 명의로 매수한 건물이 상속재산으로 인정되어, 자녀가 받아온 월세를 특별수익이라고 볼 수 있는가?

저는 최근에 미국에서 아버지가 돌아가신 뒤 대한민국에 살고 있는 형과 상속재산분할협의를 하는 과정에서, 아버지가 형의 명의로 취득했던 건물은 상속재산이므로 법정상속분대로 나눠야 하고, 이 건물에서 발생한 임대료는 형이 다 받아갔으니 이것을 특별수익으로 보아야 한다고 이야기했습니다. 그런데 형은 자신의 명의로 등기된 건물은 본인 이름으로 취득한 것이므로 아버지에게 받은 것이라고도 할 수 없고, 월세도 자신의 건물에서 나온 것이므로 특별수익이 될 수 없다고 주장하고 있습니다. 둘 다 이 건물이 아버지가 형 명의로 산 것을 잘 알고 있는데 이렇게 주장하는 형에게 화가 납니다. 건물을 나눠 갖고, 형이 받은 월세를 특별수익이라 할 수 있을까요?

[사례 엿보기 14]에서는 결국 **아버지가 형에게 건물을 명의신탁했던 사실을 입증하는 것이 관건**이 될 것입니다. 만약 명의신탁이 인정되어 아버지 사망 시까지 계속 유지가 되었다면, 해당 부동산은 아버지 소유로써 상속인 간 분할대상이 되는 상속재산으로 인정될 가능성이 있습니다. 그러나 안타깝게도 부모 자식 간에 명의신탁을 인정받는 것은 쉬운 일이 아닙니다. 부부 사이 명의신탁 등 **특별한 경우를 제외하고는 명의신탁은 위법**하기에 법이 보호해주지 않고 있으며, 더욱이 부모 자식 간에는 명의신탁 계약서를 쓰거나 하는 일이 거의 없으므로 이를 **입증하기가 어렵기** 때문입니다.

그리고 건물 매수 당시 아버지의 의도와는 상관없이 돌아가실 때까지 건물 명의를 아버지로 변경하지 않았다면, 법원에서는 이를 자녀에게 증여할 의사였다고 보는 것이 일반적입니다. 결국 이 건물은 명의신탁 재산으로 인정받게 될 가능성보다 **형의 특별수익으로 인정될 가능성**이 더 클 것으로 보입니다.

또한 특별수익 확정에 있어서도, 건물 매매 계약 시 매매대금 조달 및 납부에 관한 사정, 계약의 실제 당사자가 누구였는지 등 계약 당시와 이후 건물 관리 등에 관한 사정이 어떠했는지에 따라 건물 자체가 특별수익이 될 것인지 아니면 매매대금만이 특별수익이 될 것인지 여부도 달라집니다.

이 건물이 아버지가 형에게 명의신탁한 재산으로 인정받지 못한다면, 증여의 목적물인 건물의 소유권이 형에게 있기에 이 건물에서 나온 월세도 당연히 형에게 귀속됩니다. 그래서 이를 별도의 특별수익으로 보기는 어려울 것입니다. 그리고 명의신탁은 법리가 복잡하여 명의신탁한 사실이 인정되더라도 명의신탁 유형에 따라 상속재산이 되는 것은 부동산 자체일 수도 있고 부동산 매매대금일 수도 있기에, 부동산 자체가 상속재산이 되지 않을 가능성도 상당합니다. 만약 명의신탁이 인정되어 부동산 자체가 상속재산이 될 경우, 부동산실명제법 위반으로 상당한 과징금 등이 부과될 수 있다는 점도 감수해야 하는 부분입니다.

결국 [사례 엿보기 14]는 만약 망인 명의로 다른 상속재산도 많이 남아 있다면 해당 부동산은 아버지가 취득하고 관리해왔다는 점을 입증하여 매수자금이 아닌, 해당 부동산 자체의 상속개시 시 가치가 형의 특별수익으로 인정받는 것도 좋은 방안이 될 것입니다.

그러나 망인 명의로 남아 있는 재산이 별로 없다면 명의신탁이 인정되어 상속재산으로 인정되는 것이 일단 나의 상속분 규모 자체만 보면 좀 더 실익이 있을 수 있으나, 부동산 실명제법 위반 등으로 상당한 과징금 등이 부과될 수 있어, 그만큼의 실익이 줄어들 여지가 있다는 점은 유념해야 합니다.

★ 판결 및 판례

[대법원 1999. 5. 14. 선고 99두35판결]

부동산 실권리자명의 등기에 관한 법률 제5조에 의하여 부과된 과징금 채무는 대체적 급부가 가능한 의무이므로 위 과징금을 부과받은 자가 사망한 경우 그 상속인에게 포괄승계된다.

★ 관련 법령

부동산 실명법 제3조 (실권리자명의 등기의무 등)
① 누구든지 부동산에 관한 물권을 명의신탁약정에 따라 명의수탁자의 명의로 등기하여서는 아니 된다.
② 채무의 변제를 담보하기 위하여 채권자가 부동산에 관한 물권을 이전받는 경우에는 채무자, 채권금액 및 채무변제를 위한 담보라는 뜻이 적힌 서면을 등기신청서와 함께 등기관에게 제출하여야 한다.
[전문개정 2010. 3. 31.]

제4조(명의신탁약정의 효력)

① 명의신탁약정은 무효로 한다.
② 명의신탁약정에 따른 등기로 이루어진 부동산에 관한 물권변동은 무효로 한다. 다만, 부동산에 관한 물권을 취득하기 위한 계약에서 명의수탁자가 어느 한쪽 당사자가 되고 상대방 당사자는 명의신탁약정이 있다는 사실을 알지 못한 경우에는 그러하지 아니하다.
③ 제1항 및 제2항의 무효는 제3자에게 대항하지 못한다.
[전문개정 2010. 3. 31.]

제5조(과징금)

① 다음 각호의 어느 하나에 해당하는 자에게는 해당 부동산 가액(價額)의 100분의 30에 해당하는 금액의 범위에서 과징금을 부과한다.
1. 제3조 제1항을 위반한 명의신탁자
2. 제3조 제2항을 위반한 채권자 및 같은 항에 따른 서면에 채무자를 거짓으로 적어 제출하게 한 실채무자(實債務者)
② 제1항의 부동산 가액은 과징금을 부과하는 날 현재의 다음 각호의 가액에 따른다. 다만, 제3조 제1항 또는 제11조 제1항을 위반한 자가 과징금을 부과받은 날 이미 명의신탁관계를 종료하였거나 실명등기를 하였을 때에는 명의신탁관계 종료 시점 또는 실명등기 시점의 부동산 가액으로 한다.
1. 소유권의 경우에는 「소득세법」 제99조에 따른 기준시가
2. 소유권 외의 물권의 경우에는 「상속세 및 증여세법」 제61조 제5항 및 제66조에 따라 대통령령으로 정하는 방법으로 평가한 금액
③ 제1항에 따른 과징금의 부과기준은 제2항에 따른 부동산 가액(이하 "부동산평가액"이라 한다), 제3조를 위반한 기간, 조세를 포탈하거나 법령에 따른 제한을 회피할 목적으로 위반하였는지 여부 등을 고려하여 대통령령으로 정한다.

④ 제1항에 따른 과징금이 대통령령으로 정하는 금액을 초과하는 경우에는 그 초과하는 부분은 대통령령으로 정하는 바에 따라 물납(物納)할 수 있다.

⑤ 제1항에 따른 과징금은 해당 부동산의 소재지를 관할하는 특별자치도지사·특별자치시장·시장·군수 또는 구청장이 부과·징수한다. 이 경우 과징금은 위반사실이 확인된 후 지체 없이 부과하여야 한다. 〈개정 2016. 1. 6.〉

⑥ 제1항에 따른 과징금을 납부기한까지 내지 아니하면 「지방행정제재·부과금의 징수 등에 관한 법률」에 따라 징수한다. 〈개정 2013. 8. 6., 2020. 3. 24.〉

⑦ 제1항에 따른 과징금의 부과 및 징수 등에 필요한 사항은 대통령령으로 정한다.

제6조(이행강제금)

① 제5조 제1항 제1호에 따른 과징금을 부과받은 자는 지체 없이 해당 부동산에 관한 물권을 자신의 명의로 등기하여야 한다. 다만, 제4조 제2항 단서에 해당하는 경우에는 그러하지 아니하며, 자신의 명의로 등기할 수 없는 정당한 사유가 있는 경우에는 그 사유가 소멸된 후 지체 없이 자신의 명의로 등기하여야 한다.

② 제1항을 위반한 자에 대하여는 과징금 부과일(제1항 단서 후단의 경우에는 등기할 수 없는 사유가 소멸한 때를 말한다)부터 1년이 지난 때에 부동산평가액의 100분의 10에 해당하는 금액을, 다시 1년이 지난 때에 부동산평가액의 100분의 20에 해당하는 금액을 각각 이행강제금으로 부과한다.

③ 이행강제금에 관하여는 제5조 제4항부터 제7항까지의 규정을 준용한다.

유류분반환 청구의 다양한 실무 사례

 망인은 유언이나 생전증여를 통해 자신의 재산을 처분할 수 있지만, 상속권이 있는 유족에게 상속재산의 일정액을 유보해둬야 합니다. 그 한도를 넘는 유증이나 증여가 있었을 경우 상속인은 반환을 청구할 수 있는데, 이를 유류분반환 청구라고 합니다.

 이 제도는 피상속인이 유언 등을 통해서 자유롭게 재산을 처분하는 것도 인정하지만, 상속권을 가진 사의 생계도 고려해야 하기에 일정 비율의 재산을 상속인들을 위해 남기도록 한 것입니다.

 유류분반환 청구도 상속재산분할과 마찬가지로 다양한 이야기가 나올 수 있는데요, 해외거주자들에게 자주 볼 수 있는 실무 사례를 중심으로 유류분반환 청구를 이해하도록 하겠습니다.

[사례 엿보기 15] 망인은 미국 영주권자이고 자녀는 미국 시민권자인 경우, 망인의 자녀가 유류분반환을 청구할 수 있는가?

부모님과 저는 제가 어릴 때 미국으로 이민을 왔는데, 부모님은 영주권자셨고 저는 시민권자입니다. 아버지는 대한민국과 미국에 재산을 가지고 있었는데 돌아가신 뒤 공개된 유언장에는 아버지가 생전 대한민국에 있는 고모와 오빠에게 남아 있는 상속재산보다 훨씬 많은 재산을 증여했다는 사실이 기재되어 있었고, 얼마 남지 않은 재산만 저와 엄마에게 남겼다는 사실을 알게 되었습니다. 저와 엄마는 살만하기 때문이라는 이유로 이와 같이 재산을 분할했다고 하셨지만, 저와 엄마는 속이 상해서 오빠와 고모에게 유류분반환 청구를 하고 싶습니다.

그런데 제가 살고 있는 미국에는 유류분반환제도가 존재하지 않습니다. 미국 시민권자인 제가 대한민국 국민인 고모와 오빠에게 유류분반환 청구를 할 수 있을까요? 그리고 상속인이 아닌 고모에게도 유류분반환을 청구할 수 있을까요?

상속은 피상속인의 국적에 따라 이루어집니다. 아버지가 대한민국 국적을 가지고 있었다면 영주권자라 하더라도, **상속인의 국적과 관계없이 대한민국 법에 따라 상속**이 이루어지는 것이죠. 따라서 상속인이 미국 시민권자이며 미국 법상 유류분반환제도가 존재하지 않는다고 해도 **대한민국 「민법」에 따라 유류분반환 청구권을 행사**할 수 있습니다.

아버지 재산상속에 있어 질문자와 오빠, 어머니는 공동상속인입니다. 아버지가 오빠에게 유류분반환제도가 시행된 1979년 1월 1일 이후에 증여한 것에 대해서는 유류분반환 청구권을 행사할 수 있습니다.

대법원 판례는 공동상속인 중에 피상속인으로부터 재산의 생전증여에 의하여 특별수익을 한 자가 있는 경우에는 그 증여는 상속개시 1년 이전의 것인지 여부, 당사자 쌍방이 손해를 가할 것을 알고서 하였는지 여부에 관계없이 유류분산정을 위한 기초재산에 산입된다고 보고 있기 때문입니다(대법원 1996. 2. 9., 선고, 95다17885, 판결).

그리고 고모에 대해서도 유류분반환 청구권을 행사할 수 있습니다. 그러나 고모는 아버지 재산상속에 대하여 공동상속인이 아니므로, 공동상속인인 오빠와는 달리 상속개시 전 1년 이내에 증여를 받은 경우에만 고모가 받은 재산에 대해 유류분반환 청구를 할 수 있게 됩니다.

다만, 이때에도 고모가 재산을 증여받을 당시 아버지와 고모가 증여로 인해 유류분 권리자인 공동상속인들에게 손해(유류분의 부족)가 발생할 것을 알고 있었다면, 1년 전의 증여에 대해서도 반환 청구를 할 수 있을 겁니다.

★ **판결 및 판례**

[대법원 1996. 2. 9., 선고, 95다17885, 판결]

【판시사항】

[1] 특별수익자의 상속분에 관한 「민법」 제1008조의 취지

[2] 공동상속인 중에 피상속인으로부터 특별수익을 한 자가 있

는 경우, 「민법」 제1114조의 적용 여부(소극)

[3] 유류분 산정의 기초가 되는 증여재산의 가액 산정 시기

[4] 공동상속인 및 공동상속인이 아닌 제3자가 피상속인으로부터 각 증여 또는 유증을 받은 경우, 각자의 유류분반환 의무의 범위

【판결요지】

[1] 「민법」 제1008조의 취지는 공동상속인 중에 피상속인으로부터 재산의 증여 또는 유증을 받은 특별수익자가 있는 경우에, 공동상속인들 사이의 공평을 기하기 위하여 그 수증 재산을 상속분의 선급으로 다루어 구체적인 상속분을 산정함에 있어 이를 참작하도록 하려는 데 있다.

[2] 공동상속인 중에 피상속인으로부터 재산의 생전 증여에 의하여 특별수익을 한 자가 있는 경우에는 「민법」 제1114조의 규정은 그 적용이 배제되고, 따라서 그 증여는 상속개시 1년 이전의 것인지 여부, 당사자 쌍방이 손해를 가할 것을 알고서 하였는지 여부에 관계없이 유류분 산정을 위한 기초재산에 산입된다.

[3] 원심이 유류분 산정의 기초가 되는 증여 부동산의 가액 산정 시기를 피상속인이 사망한 상속개시 당시의 가격으로 판시한 것은 정당하다.

[4] 유류분 권리자가 유류분반환청구를 함에 있어 증여 또는 유증을 받은 다른 공동상속인이 수인일 때에는 「민법」이 정한 유류분 제도의 목적과 「민법」 제1115조 제2항의 취지에 비추어 다른 공동상속인들 중 각자 증여받은 재산 등의 가액이 자기 고유

의 유류분액을 초과하는 상속인만을 상대로 하여 그 유류분액을 초과한 금액의 비율에 따라서 반환청구를 할 수 있다고 하여야 하고, 공동상속인과 공동상속인이 아닌 제3자가 있는 경우에는 그 제3자에게는 유류분이라는 것이 없으므로 공동상속인은 자기 고유의 유류분액을 초과한 금액을 기준으로 하여, 제3자는 그 수증가액을 기준으로 하여 각 그 금액의 비율에 따라 반환청구를 할 수 있다고 하여야 한다.

★ 관련 법령

민법 제1114조(산입될 증여) 증여는 상속개시 전의 1년간에 행한 것에 한하여 제1113조의 규정에 의하여 그 가액을 산정한다. 당사자 쌍방이 유류분권리자에 손해를 가할 것을 알고 증여를 한 때에는 1년 전에 한 것도 같다.

[사례 엿보기 16] 유류분반환 청구권 양도가 가능한가?

저는 삼 남매 중 둘째로 미국에 살고 있고, 다른 형제들과 어머니는 대한민국에 거주했습니다. 그런데 지난해 어머니가 돌아가셨고, 상속재산을 조회해보니 별다른 재산을 남기신 것이 없어 특별히 재산상속 등의 정리를 한 것이 없습니다. 그런데 최근 어머니가 생전 장남에게만 거액의 재산을 증여한 사실을 알게 되었습니다. 사실 저는 미국에서 사업체를 운영하면서 자리를 잡아 경제적으로 부족함이 없어 어머니의 결정에 조금은 서운하지만, 특별히 이를 형에게 받고 싶은 생각은 없습니다.

그런데 막내는 생활이 넉넉하지 않아서 막내가 형에게 생전 받은 재산을 조금 나누어 달라고 했더니, 형이 화를 내면서 막내를 욕심쟁이 취급을 한 사실을 알게 되었습니다. 막내는 장남만 중하게 생각하시는 어머니에게서 특별히 받은 것도 없는데, 형에게 욕심쟁이 취급을 받는 것이 억울하다며 형에게 유류분반환 청구를 한다고 합니다. 막내가 저에게도 형에 대하여 유류분반환 청구를 같이 하자고 하는데, 저는 소송을 하고 싶은 생각은 없습니다. 제가 막내에게 저의 유류분반환 청구권을 양도하면 막내 혼자 소송을 진행해도 제 몫까지 다 받을 수 있을까요?

대한민국 법원은 **유류분반환 청구권**은 그 행사 여부가 유류분 권리자의 인격적 이익을 위해 그의 자유로운 의사결정에 전적으로 맡겨진 권리로 행사상의 일신전속성을 가진다고 보아야 하지만, 그렇다고 해서 양도나 상속 등의 승계까지 부정해야 할 아무런 이유가 없으므로 **귀속상의 일신전속성까지 가지는 것은 아니**라고 판시하고 있습니다(대법원 2013. 4. 25. 선고 2012다80200 판결).

즉 유류분반환 청구권은 그 행사자 본인만 행사할 수 있는 권리가 아니라는 겁니다. 이는 **유류분권자가 일단 유류분반환 청구권을 행사한다면 행사 이후에는 이 유류분반환 청구권을 타인에게 양도하거나 상속하는 것이 가능하다**는 뜻입니다. [사례 엿보기 16]에서도 질문자가 일단 형에게 유류분반환 청구권을 행사하기로 해서 이러한 의사표시를 한 뒤에는 막내에게 양도할 수 있습니다. 막내는 유류분반환 청구소송을 단독으로 수행할 수 있으며, 법원에서도 양도된 유류분을 막내가 큰형에게 반환받아야 하는 유류분액에 가산하여 지급하는 내용의 판결을 내릴 수 있을 겁니다.

유류분반환 채권 양도를 위해서는 유류분권자인 질문자가 권리행사기간 내에 큰형에게 유류분 부족액을 반환하라는 의사표시를 하면서 채권을 막내에게 양도했다는 사실을 소송 외 또는 소송 중에 알립니다. 이후 막내가 자신의 몫에 더하여 질문자의 몫까지 양도받은 뒤 큰형에 대한 소송을 진행하면 됩니다.

다만, 대한민국 「민사소송법」과 「신탁법」 등에서는 타인에게 소송을 시킬 목적으로 재산권을 양도하거나 그 밖의 것을 처분하는 것을 금지하고 이를 무효로 보고 있으므로, 단지 미국에 있는 상속인이 편의를 위해 유류분을 양도하는 것은 허용되지 않습니다.

따라서 유류분반환 청구권의 양도행위가 단순히 소송수행의 편의를 위한 목적으로 보인다면, 이러한 양도는 법에서 금지되는 소송신탁으로 판단되어 청구를 기각당할 수 있으므로 주의해야 합니다.

★ **관련 법령**

신탁법 제6조(소송을 목적으로 하는 신탁의 금지) 수탁자로 하여금 소송행위를 하게 하는 것을 주된 목적으로 하는 신탁은 무효로 한다.

민사소송법 제87조(소송대리인의 자격) 법률에 따라 재판상 행위를 할 수 있는 대리인 외에는 변호사가 아니면 소송대리인이 될 수 없다.

[사례 엿보기 17] 망인 사망일로부터 1년이 지난 후에도 유류분반환 청구권 행사가 가능한가?

저는 해외에 오래 거주하였는데, 8년 전 아버지가 돌아가셨을 때 대한민국에 있는 형제들은 저에게 아버지가 남긴 재산이 별로 없다고 하면서 남은 재산을 정리하여 제 몫을 챙겨준다고 했습니다. 우선 예금을 정리한 돈 중 2천만 원을 준다고 하기에 받았습니다. 당시에는 어머니도 살아계셔서 어머니가 돌아가신 뒤에야 재산을 나눌 것으로 생각했는데, 오빠는 이후 8년 동안 아무런 이야기가 없었습니다. 최근 어머니가 돌아가신 뒤 대한민국에 있는 오빠에게 아버지 상속 건은 어떻게 되었느냐고 묻자 화를 내면서 그것은 유언에 따라서 이미 다 처리되었다고 이야기했습니다.

그런데 저는 상속 당시 아버지가 유언을 남기셨다는 사실은 전혀 알지 못했습니다. 제가 어떤 유언인지를 묻자 오빠는 유언장 사진을 보내주었고, 그제야 저는 아버지가 오빠에게 아버지가 사시던 5층짜리 건물을 유증했다는 사실을 알게 되었습니다. 저는 아버지가 이 건물에 대해서 별다른 유언을 남기지 않았을 것으로 생각했고, 어머니가 이 건물에서 살고 계시니 어머니가 돌아가실 때까지 재산분할을 별도로 하지 않는 것으로 여겼습니다. 오빠도 어머니가 돌아가시기 전까지 저에게 아버지 유언장의 존재에 대해서 전혀 언급한 적이 없었고요. 그런데 이미 아버지가 돌아가신 지 8년이 지났기에 오빠는 다 지난 일이라면서 아버지 상속에 대해서는 대화를 일체 거부하고 있습니다. 지금이라도 오빠에게 유류분반환을 청구할 수 있을까요?

[사례 엿보기 17]의 질문자는 오빠에 대해 유류분반환 청구권 행사를 할 수 있을 것으로 보입니다. 대개 유류분반환 청구권의 소멸

시효를 상속개시 후, 즉 망인이 사망한 날로부터 1년으로 알고 있는 사람들이 많은데, 「민법」은 **유류분반환 청구권의 소멸시효에 대해 안 날로부터 1년, 상속이 개시된 때로부터 10년 이내에 행사할 수 있다고 규정**하고 있습니다. 여기서 '안 날'이란 유류분 권리자가 상속의 개시뿐 아니라 반환해야 할 증여나 유증이 있었다는 사실을 알 때를 의미합니다.

다만, 통상 부모님이 돌아가시기 전에 특정 자녀에게 증여한 경우, 이러한 사실은 다른 자녀들도 이미 알고 있는 경우가 많기에 사망일로부터 1년 이내에 유류분반환 청구권을 행사해야 하는 경우가 많을 겁니다. 상속개시 이전에 증여사실을 알았다 하더라도 망인이 살아있는 동안에는 이에 대해 유류분반환을 청구할 수 없기 때문에, 이미 생전증여사실을 알고 있었더라면 상속개시 1년 이내에 유류분반환 청구권을 행사해야 합니다.

사례에서는 **상속개시로부터 8년이나 지났지만, 유류분반환 청구권자인 질문자가 유증사실을 비교적 최근에야 알게 되었고, 아직 상속이 개시된 때로부터 10년이 지나지는 않았습니다.** 안 때로부터 1년 이내라면 유증을 받은 공동상속인에게 유류분 부족액의 반환을 청구할 수 있을 겁니다.

한편, 유류분의 부족이 있음을 안 때와 관련해 대법원의 판례는 해외에 거주하다가 피상속인의 사망사실을 뒤늦게 알게 된 상속인이 유증사실 등을 제대로 알 수 없는 상태에서 다른 공동상속인이 교부한 피상속인의 자필유언증서 사본을 보았다는 사정만으로는 자기의 유류분을 침해하는 유증이 있었음을 알았다고 볼 수 없고, 그 후 유언의 검인을 받으면서 자필유언증서의 원본을 확인한 시점에 그러한 유증이 있었음을 알았다고 본 사례가 있으므로(대법원 2006. 11. 10., 선고, 2006다46346, 판결), 오빠가 보내준 유언장 사진을 봤다는 사정만으로 이때 유류분의 부족이 있음을 알았다고 할 수 없을 가능성도 존재합니다. 다만, 이에 대한 판단은 당시 사정을 종합적으로 고려해 이루어지게 되므로, 가급적 빠른 시일 내에 유류분반환 청구를 하는 것이 좋습니다.

★ 관련 법령

민법 제1117조(소멸시효) 반환의 청구권은 유류분권리자가 상속의 개시와 반환하여야 할 증여 또는 유증을 한 사실을 안 때로부터 1년 내에 하지 아니하면 시효에 의하여 소멸한다. 상속이 개시한 때로부터 10년을 경과한 때도 같다.

★ 판결 및 판례

[대법원 2006. 11. 10., 선고, 2006다46346, 판결]

【판시사항】

[1] 공동상속인 및 공동상속인이 아닌 제3자가 피상속인으로부터 각각 증여 또는 유증을 받은 경우, 각자의 유류분반환의무의 범위

[2] 유류분반환청구권의 단기소멸시효기간의 기산점인

「민법」 제1117조의 '유류분권리자가 상속의 개시와 반환하여야 할 증여 또는 유증을 한 사실을 안 때'의 의미

[3] 해외에 거주하다가 피상속인의 사망사실을 뒤늦게 알게 된 상속인이 유증사실 등을 제대로 알 수 없는 상태에서 다른 공동상속인이 교부한 피상속인의 자필유언증서 사본을 보았다는 사정만으로는 자기의 유류분을 침해하는 유증이 있었음을 알았다고 볼 수 없고, 그 후 유언의 검인을 받으면서 자필유언증서의 원본을 확인한 시점에 그러한 유증이 있었음을 알았다고 본 사례

【판결요지】

[1] 유류분권리자가 유류분반환청구를 함에 있어 증여 또는 유증을 받은 다른 공동상속인이 수인일 때에는 각자 증여 또는 유증을 받은 재산 등의 가액이 자기 고유의 유류분액을 초과하는 상속인에 대하여 그 유류분액을 초과한 가액의 비율에 따라서 반환을 청구할 수 있고, 공동상속인과 공동상속인 아닌 제3자가 있는 경우에는 그 제3자에게는 유류분이 없으므로 공동상속인에 대하여는 자기 고유의 유류분액을 초과한 가액을 기준으로 하여, 제3자에 대하여는 그 증여 또는 유증받은 재산의 가액을 기준으로 하여 그 각 가액의 비율에 따라 반환청구를 할 수 있다.

[2] 「민법」 제1117조가 규정하는 유류분반환청구권의 단기소멸시효기간의 기산점인 '유류분권리자가 상속의 개시와 반환하여야 할 증여 또는 유증을 한 사실을 안 때'는 유류분권리자가 상속이 개시되었다는 사실과 증여 또는 유증이 있었다는 사실 및

그것이 반환하여야 할 것임을 안 때를 뜻한다.

[3] 해외에 거주하다가 피상속인의 사망사실을 뒤늦게 알게 된 상속인이 유증사실 등을 제대로 알 수 없는 상태에서 다른 공동상속인이 교부한 피상속인의 자필유언증서 사본을 보았다는 사정만으로는 자기의 유류분을 침해하는 유증이 있었음을 알았다고 볼 수 없고, 그 후 유언의 검인을 받으면서 자필유언증서의 원본을 확인한 시점에 그러한 유증이 있었음을 알았다고 본 사례.

[사례 엿보기 18] 1970년대에 받은 재산도 유류분반환 청구 대상이 되는가?

저는 미국에서 30년 넘게 거주하고 있으며, 오빠도 미국에 거주하고, 남동생과 아버지는 대한민국에 거주했습니다. 최근 아버지가 99세의 일기를 마치고 돌아가셨는데, 아버지가 재산을 남동생에게 전부 생전 증여했다는 사실을 알게 되었습니다. 저는 남동생에게 재산을 좀 나누어 달라고 했는데, 남동생이 거절하여 유류분반환 청구를 하게 되었습니다.

그런데 남동생이 오빠도 1970년대에 아버지로부터 받은 토지가 있다고 했습니다. 유류분을 반환하더라도 저에게 오빠가 받았던 토지가 남동생이 상속받은 재산보다 훨씬 가치가 높으니, 오빠도 유류분 나눠 부담해야 한다며 오빠에게도 유류분반환을 청구하라고 이야기했습니다. 제가 오빠에게 이러한 이야기를 하니 오빠는 50년 전에 받은 재산이 이제 와서 유류분반환의 대상이 되어야 하는 것은 부당하다며 오빠도 남동생에게 유류분반환 청구를 한다고 합니다. 저는 받은 것이 하나도 없어서 당연히 남동생에게는 받을 것이 있는데, 남동생이 오빠에게 유류분 부족액을 반환해야 할까요? 그리고 저는 오빠에게도 유류분반환을 청구할 수 있을까요?

대한민국 「민법」상 유류분제도는 1979년 1월 1일 새로이 도입되었습니다. 이에 따라 1979년 1월 1일 이후 상속이 개시되었다면 피상속인의 증여로 인해 유류분에 부족이 생긴 상속인은 특별수익자에게 그 재산의 반환을 청구할 수 있게 됩니다. 그런데 **유류분제도가 생기기 이전에 재산의 증여가 이루어졌다면** 1979년 1월 1일 이후에 피상속인이 돌아가신 경우라고 하더라도, 유류분제도 시행 이전 증여재산에 대해서는 **유류분반환 청구의 대상이 되지 않습니다.**

결국 [사례 엿보기 18]에서 질문자의 오빠는 유류분제도 시행 이전에 재산을 증여받은 것이므로, 오빠에게 유류분의 반환을 구할 수는 없으며 남동생은 유류분 부족액을 전액 반환해야 합니다.

그런데 1970년대에 받은 재산이 유류분반환의 대상이 되지 않는 경우라 하더라도 오빠가 남동생에게 유류분반환을 청구하는 것은 어려울 겁니다. 유류분제도가 생기기 전에 재산을 증여한 경우라면 증여받은 재산이 유류분제도에 의한 반환 청구의 대상이 되지는 않습니다. 그러나 **유류분제도 시행 이전에 재산을 증여받았다는 이유만으로 이를 특별수익으로도 고려하지 않는 것은 상속재산의 공평한 분배를 위하여 도입된 유류분제도의 취지와 목적에 반하게 됩니다** (대법원 2018. 7. 12., 선고, 2017다278422, 판결).

따라서 유류분제도 시행 이전에 재산을 증여받아 이것이 유류분반환의 대상에서 제외되고 유류분산정을 위한 기초재산에서 제외된다고 하더라도, 이러한 재산은 유류분반환 청구권자의 유류분 부족액 산정 시 특별수익으로 공제되는 것입니다.

결국, 질문자의 오빠가 남동생에게 유류분반환 청구를 하더라도 오빠가 유류분제도 시행 이전에 받은 토지는 오빠의 특별수익이 될 것이고, 이 토지가 남동생이 유증받은 재산의 가치보다 훨씬 크기 때문에 남동생은 오빠에게는 반환할 유류분이 없게 될 겁니다.

★ **관련 법령**

민법 제1112조(유류분의 권리자와 유류분) 상속인의 유류분은 다음 각호에 의한다.

1. 피상속인의 직계비속은 그 법정상속분의 2분의 1
2. 피상속인의 배우자는 그 법정상속분의 2분의 1
3. 피상속인의 직계존속은 그 법정상속분의 3분의 1
4. 피상속인의 형제자매는 그 법정상속분의 3분의 1

민법 제1113조(유류분의 산정)
① 유류분은 피상속인의 상속개시시에 있어서 가진 재산의 가액에 증여재산의 가액을 가산하고 채무의 전액을 공제하여 이를 산정한다.
② 조건부의 권리 또는 존속기간이 불확정한 권리는 가정법원이 선임한 감정인의 평가에 의하여 그 가격을 정한다.

민법 제1114조(산입될 증여) 증여는 상속개시 전의 1년간에 행한 것에 한하여 제1113조의 규정에 의하여 그 가액을 산정한다. 당사자 쌍방이 유류분권리자에 손해를 가할 것을 알고 증여를 한 때에는 1년 전에 한 것도 같다.

민법 제1115조(유류분의 보전)
① 유류분권리자가 피상속인의 제1114조에 규정된 증여 및 유증으로 인하여 그 유류분에 부족이 생긴 때에는 부족한 한도에서 그 재산의 반환을 청구할 수 있다.

② 제1항의 경우에 증여 및 유증을 받은 자가 수인인 때에는 각자가 얻은 유증가액의 비례로 반환하여야 한다.

민법 제1116조(반환의 순서) 증여에 대하여는 유증을 반환받은 후가 아니면 이것을 청구할 수 없다.

민법 제1117조(소멸시효) 반환의 청구권은 유류분권리자가 상속의 개시와 반환하여야 할 증여 또는 유증을 한 사실을 안 때로부터 1년 내에 하지 아니하면 시효에 의하여 소멸한다. 상속이 개시한 때로부터 10년을 경과한 때도 같다.

★ 판결 및 판례

[대법원 2018. 7. 12., 선고, 2017다278422, 판결]

【판시사항】
유류분 반환청구자가 유류분 제도 시행 전에 피상속인으로부터 재산을 증여받아 이행이 완료된 경우, 그 재산이 유류분산정을 위한 기초재산에 포함되는지 여부(소극) 및 이때 위 재산이 유류분 반환청구자의 유류분 부족액 산정 시 특별수익으로 공제되어야 하는지 여부(적극)

【판결요지】
유류분 제도가 생기기 전에 피상속인이 상속인이나 제3자에게 재산을 증여하고 이행을 완료하여 소유권이 수증자에게 이전된 때에는 피상속인이 1977. 12. 31. 법률 제3051호로 개정된 「민법」(이하 '개정 「민법」'이라 한다) 시행 이후에 사망하여 상속이 개시되더라도 소급하여 증여재산이 유류분 제도에 의한 반환청구의 대상이 되지는 않는다. 개정 「민법」의 유류분 규정을 개정 「민법」 시행 전에 이루어지고 이행이 완료된 증여에까지 적용한다면 수증자의 기득권을 소급입법에 의하여 제한 또는 침해하는 것이 되어 개정 「민법」 부칙 제2항의 취지에 반하기 때문이다. 개정 「민법」 시행 전에 이미 법률관계가 확정된 증여재산에 대한 권리관계는 유류분 반환청구자이든 반환의무자이든 동일하여야 하므로, <u>유류분 반환청구자가 개정 「민법」 시행 전에 피상속인으로부터 증여받아 이미 이행이 완료된 경우에는 그 재산 역시 유류분산정을 위한 기초재산에 포함되지 아니한다고 보는 것이 타당하다.</u>

그러나 유류분 제도의 취지는 법정상속인의 상속권을 보장하고 상속인 간의 공평을 기하기 위함이고, 「민법」 제1115조 제1항에서도 '유류분권리자가 피상속인의 증여 및 유증으로 인하여 그 유류분에 부족이 생긴 때에는 부족한 한도 내에서 그 재산의 반환을 청구할 수 있다'고 규정하여 이미 법정 유류분 이상을 특별수익한 공동상속인의 유류분 반환청구권을 부정하고 있다. 이는 개정 「민법」 시행 전에 증여받은 재산이 법정 유류분을 초과한 경우에도 마찬가지로 보아야 하므로, 개정 「민법」 시행 전에 증여를 받았다는 이유만으로 이를 특별수익으로도 고려하지 않는 것은 유류분 제도의 취지와 목적에 반한다고 할 것이다. 또한 「민법」 제1118조에서 제1008조를 준용하고 있는 이상 유류분 부족액 산정을 위한 특별수익에는 그 시기의 제한이 없고, 「민법」 제1008조는 유류분 제도 신설 이전에 존재하던 규정으로 「민법」 부칙 제2조와도 관련이 없다.

따라서 개정 「민법」 시행 전에 이행이 완료된 증여 재산이 유류분 산정을 위한 기초재산에서 제외된다고 하더라도, 위 재산은 당해 유류분 반환청구자의 유류분 부족액 산정 시 특별수익으로 공제되어야 한다.

[사례 엿보기 19] 망인이 살아 있을 때 한 유류분의 사전 포기가 효력이 있는가?

저는 미국에서 살고 있습니다. 저희 아버지는 매우 가부장적입니다. 미국에서 살다 보니 아무래도 아버지를 자주 만나지 못했습니다. 5년 전 오랜만에 한국에 가서 아버지를 만났는데, 갑자기 아버지가 저에게 아버지의 사망 시 아버지의 재산과 관련한 유류분 및 상속을 포기한다는 문서를 제시하더니 서명을 하라고 했습니다. 갑작스런 일에 너무나 당황했고 평소 엄한 아버지가 막무가내로 서명을 하라고 해서 결국 서명을 하고 말았습니다.

얼마 전 아버지가 사망하였고 가족들이 모여 상속재산에 대한 이야기를 하였습니다. 그런데 막냇동생이 제가 5년 전 작성한 문서를 가지고 있다고 하면서, 아버지가 모든 재산을 본인에게 이미 증여했고, 저는 아버지에 대한 유류분 및 상속을 포기했으니 아무런 재산도 받을 수 없다고 했습니다. 동생의 말이 맞는 것인지 궁금합니다.

어떤 사람에 대한 상속은 그 사람이 사망해야 시작됩니다. 이를 상속개시라고 합니다(대한민국「민법」제997조). 바꾸어 말하면 사람이 사망하지 않으면 그 사람에 대한 상속은 개시되지 않으며, 그 사람의 상속인이 될 자들도 상속에 관한 절차를 진행할 수 없습니다.

이처럼 사람이 사망해야 상속이 개시되는데, [사례 엿보기 19]에서는 그 사람이 사망하기 이전 상속인이 될 자가 자신의 유류분을 포함한 상속권리를 미리 포기할 수 있는지 묻고 있습니다.

「민법」제1019조는 상속인은 상속개시 있음을 안 날로부터 3월 내에 상속포기를 할 수 있다고 하고 있으며, 「민법」제1041조는 상속인이 상속을 포기한 때에는 상속개시 있음을 안 날로부터 3월 내에 가정법원에 포기의 신고를 하라고 규정하고 있습니다. 이와 같이 대한민국「민법」은 상속포기에 대한 규정을 두고 있고, 포기는 규정에 따라 이루어져야 하는데, **사람이 사망하지 않았으면 그 사람에 대한 상속이 개시되지 않아 상속포기를 할 수 없습니다.**

따라서 누군가의 사망 전에 그 상속인이 될 자가 유류분을 포함한 상속을 포기하였더라도 **이러한 상속포기는 법정포기의 방식을 따르지 않은 것으로 효력이 없습니다.**

그런데 상속개시 이전의 상속포기가 효력이 없더라도 상속개시 이전 상속포기 한 자가 상속개시 이후 상속포기를 하지 않았음을 주장하는 것이 신의칙에 위반되는 것이 아닌지 문제될 수 있습니다.

예를 들어, 법률의 규정을 따른 것은 아니지만 가족 전원이 모여서 각자의 진정한 의사로 상속포기 문서를 작성했다면 그 상속포기의 내용에 따르는 것이 신의성실의 원칙에 부합하는 것이 아닌가 하는 것입니다. 하지만 대한민국 「민법」은 상속포기의 절차와 방식을 규정해놓았고, 이 규정을 따르지 않은 상속포기의 효력을 부정하는 것이 신의칙 위반이라고 보기는 어려울 겁니다.

사례에서 질문자는 망인의 사망 이전 유류분을 포기한다는 문서를 작성했지만, 이는 「민법」에서 정한 포기의 방식과 절차를 따르지 않은 것으로 효력이 없기에 형은 동생을 상대로 유류분반환 청구를 할 수 있습니다.

★ **관련 법령**

민법 제997조(상속개시의 원인) 상속은 사망으로 인하여 개시된다.

민법 제1041조(포기의 방식) 상속인이 상속을 포기할 때에는 제1019조 제1항의 기간 내에 가정법원에 포기의 신고를 하여야 한다.

민법 제1019조(승인, 포기의 기간)
① 상속인은 상속개시 있음을 안 날로부터 3월 내에 단순승인이나 한정승인 또는 포기를 할 수 있다. 그러나 그 기간은 이해관계인 또는 검사의 청구에 의하여 가정법원이 이를 연장할 수 있다.

다음은 해외거주자에게도 충분히 적용될 수 있는 생전증여와 무상의 상속분 양도에 대한 유류분반환 청구, 그리고 유류분 부족분 계산 시 증여받은 부동산의 가액 산정 사례를 보겠습니다.

[사례 엿보기 20] 배우자가 받은 재산은 특별수익에서 제외될 수 있을까?

저는 남편과 함께 40년간 시장에서 작은 가게를 운영하면서 열심히 살았습니다. 저희 부부는 이렇게 모은 돈으로 마련한 주택에서 함께 살며 남편과 전처 사이의 아이들을 키웠고, 남편이 죽기 몇 년 전 저에게 지금 사는 집을 제 명의로 이전해주었습니다. 남편에게는 전처소생 아들 둘이 있고, 이 집 외에 별다른 재산은 없었습니다.

그런데 남편이 죽자 아들들이 저를 상대로 유류분반환 청구를 했습니다. 저는 이 집에서 현재 살고 있는데 아이들이 저를 상대로 소송을 걸어오자 집에서 쫓겨날까 봐 너무 불안합니다. 집을 증여받기 전에 남편 명의로 되어 있기는 했지만, 이 집을 마련하는 데는 저의 노력도 들어갔습니다. 제가 아들들에게 유류분을 반환해야 하는 걸까요?

대한민국 「민법」 제1008조는 "공동상속인 중에 피상속인으로부터 재산의 증여 또는 유증을 받은 자가 있는 경우에 그 수증재산이 자기의 상속분에 달하지 못한 때에는 그 부족한 부분의 한도에서 상속분이 있다"라고 규정하고 있습니다. 이는 공동상속인 중에 피상속인으로부터 재산의 증여 또는 유증을 받은 특별수익자가 있는 경우에 공동상속인 사이의 공평을 기하기 위해 그 수증재산을 상속분의 선급으로 다루어 구체적인 상속분을 산정함에 있어 이를 참작하도록 하려는 데 그 취지가 있습니다.

즉 생전증여라고 해서 모두 특별수익이 되는 것은 아닙니다. 어떠한 생전증여가 특별수익에 해당하는지는 피상속인의 생전의 자산,

수입, 생활수준, 가정상황 등을 참작하고 공동상속인 사이의 형평을 고려하여 상속분의 선급이라고 볼 수 있는지에 의하여 결정됩니다.

사례에서 배우자는 평생 남편과 함께 시장에서 가게를 운영하며 경제활동을 했습니다. 이렇게 마련한 돈으로 증여받은 주택을 마련했습니다. **재산형성 과정에서 기여를 한 경우에, 이 재산을 증여하는 것을 두고 상속분의 선급이라고 보는 것은 배우자의 입장에서 부당한 일**이 될 겁니다.

우리 대법원도 "생전 증여를 받은 상속인이 배우자로서 일생 동안 가족의 경제적 기반인 재산을 획득·유지하고 자녀들에 대한 양육과 지원을 계속해 온 경우, 생전 증여를 특별수익에서 제외하는 것이 자녀인 공동상속인들과의 관계에서 공평에 반하지 않는다"고 판단하고 있고(대법원 2011. 12. 8., 선고, 2010다66644. 판결), 최근에는 "피상속인으로부터 생전 증여를 받은 상속인이 피상속인을 특별히 부양하였거나 피상속인의 재산의 유지 또는 증가에 특별히 기여하였고, 피상속인의 생전 증여에 상속인의 위와 같은 특별한 부양 내지 기여에 대한 대가의 의미가 포함되어 있는 경우와 같이 상속인이 증여받은 재산을 상속분의 선급으로 취급한다면 오히려 공동상속인들 사이의 실질적인 형평을 해치는 결과가 초래되는 경우에는 그러한 한도 내에서 생전 증여를 특별수익에서 제외할 수 있다(대법원 2022. 3. 17. 선고 2021다230083호, 2021다230090호 판결)"고 판시하며 종전에 일관되게 부정하던 기여분 항변에 대해 사실상 인정 가능성을 열어두었으며, 더 나아가 우리 헌법재판소는 기여분에 관한 민법 조항(제1008조2)를 유류분에 준용하지 않는 것은 헌법에 위배된다고 판시하였던 바, 2026. 1.

1.부터는 새로운 입법을 통해 유류분 청구에 있어 기여분 항변을 인정할 수 있는 가능성을 기대할 수 있게 되었습니다(2020헌가4 등).

이런 점을 통해 볼 때, 결국 남편이 질문자에게 증여한 주택은 특별수익이 되지 않을 가능성도 분명히 있습니다만, 이는 일률적으로 말할 수 없는 것이고 관련 사정을 종합적으로 판단해 결정하게 될 것입니다.

★ 판결 및 판례

[대법원 2011. 12. 8., 선고, 2010다66644, 판결]

【판시사항】

[1] 생전 증여를 받은 상속인이 배우자로서 일생 동안 피상속인의 반려가 되어 그와 함께 가정공동체를 형성하고 서로 헌신하며 가족의 경제적 기반인 재산을 획득·유지하고 자녀들에 대한 양육과 지원을 계속해 온 경우, 생전 증여를 특별수익에서 제외하는 것이 자녀인 공동상속인들과의 관계에서 공평에 반하는지 여부(소극)

[2] 甲이 乙과 사이에 딸 丙 등과 아들 丁을 두고 乙의 사망 시까지 혼인생활을 유지해 오다가 乙의 사망 7년 전에 乙에게서 부동산을 생전 증여받은 사안에서, 위 부동산 외에는 아무런 재산이 없던 乙이 이를 모두 甲에게 증여하였다는 사정만으로 증여재산 전부를 특별수익에 해당한다고 본 원심판결에는 배우자의 특별수익에 관한 법리오해의 위법이 있다고 한 사례

【판결요지】

[1] 「민법」제1008조는 "공동상속인 중에 피상속인으로부터 재산의 증여 또는 유증을 받은 자가 있는 경우에 그 수증재산이 자기의 상속분에 달하지 못한 때에는 그 부족한 부분의 한도에서 상속분이 있다."라고 규정하고 있는데, 이는 공동상속인 중에 피상속인에게서 재산의 증여 또는 유증을 받은 특별수익자가 있는 경우에 공동상속인들 사이의 공평을 기하기 위하여 수증재산을 상속분의 선급으로 다루어 구체적인 상속분을 산정할 때 이를 참작하도록 하려는 데 그 취지가 있다. 여기서 어떠한 생전 증여가 특별수익에 해당하는지는 피상속인의 생전의 자산, 수입, 생활수준, 가정상황 등을 참작하고 공동상속인들 사이의 형평을 고려하여 당해 생전 증여가 장차 상속인으로 될 자에게 돌아갈 상속재산 중 그의 몫의 일부를 미리 주는 것이라고 볼 수 있는지에 의하여 결정하여야 하는데, 생전 증여를 받은 상속인이 배우자로서 일생 동안 피상속인의 반려가 되어 그와 함께 가정공동체를 형성하고 이를 토대로 서로 헌신하며 가족의 경제적 기반인 재산을 획득·유지하고 자녀들에게 양육과 지원을 계속해 온 경우, 생전 증여에는 위와 같은 배우자의 기여나 노력에 대한 보상 내지 평가, 실질적 공동재산의 청산, 배우자 여생에 대한 부양의무 이행 등의 의미도 함께 담겨 있다고 봄이 타당하므로 그러한 한도 내에서는 생전 증여를 특별수익에서 제외하더라도 자녀인 공동상속인들과의 관계에서 공평을 해친다고 말할 수 없다.

[2] 甲이 乙과 사이에 딸 丙 등과 아들 丁을 두고 乙의 사망 시까

지 43년 4개월 남짓의 혼인생활을 유지해 오다가 乙의 사망 7년 전에 乙에게서 부동산을 생전 증여받은 사안에서, 乙이 부동산을 甲에게 생전 증여한 데에는 甲이 乙의 처로서 평생을 함께 하면서 재산의 형성·유지과정에서 기울인 노력과 기여에 대한 보상 내지 평가, 청산, 부양의무 이행 등의 취지가 포함되어 있다고 볼 여지가 충분하고, 이를 반드시 공동상속인 중 1인에 지나지 않는 甲에 대한 상속분의 선급이라고 볼 것만은 아니므로, 원심으로서는 甲과 乙의 혼인생활의 내용, 乙의 재산 형성·유지에 甲이 기여한 정도, 甲의 생활유지에 필요한 물적 기반 등 제반 요소를 심리한 후, 이러한 요소가 생전 증여에 포함된 정도나 비율을 평가함으로써 증여재산의 전부 또는 일부가 특별수익에서 제외되는지를 판단하였어야 함에도, 단순히 위 부동산 외에는 아무런 재산이 없던 乙이 이를 모두 甲에게 증여하였다는 사정만으로 증여재산 전부를 특별수익에 해당한다고 본 원심판결에는 배우자의 특별수익에 관한 법리오해의 위법이 있다고 한 사례.

[대법원 2022. 3. 17. 선고 2021다230083호, 2021다230090호 판결]

유류분에 관한 민법 제1118조에 따라 준용되는 민법 제1008조는 '특별수익자의 상속분'에 관하여 "공동상속인 중에 피상속인으로부터 재산의 증여 또는 유증을 받은 자가 있는 경우에 그 수증재산이 자기의 상속분에 달하지 못한 때에는 그 부족한 부분의 한도에서 상속분이 있다."라고 정하고 있다. 이는 공동상속인 중에 피상속인으로부터 재산의 증여 또는 유증을 받은 특별수익자가 있는 경우에 공동상속인들 사이의 공평을 기하기 위하여 그 수증재산을 상속분의 선급으로 다루어 구체적인 상속분을 산정하는 데 참작하도록 하기 위한 것이다. 여기서 어떠한 생전 증여가 특별수익에 해당하는지는 피상속인의 생전의 자산, 수입, 생활수준, 가정상황 등을 참작하고 공동상속인들 사이의 형평을 고려하여 당해 생전 증여가 장차 상속인으로 될 자에게 돌아갈 상속재산 중 그의 몫의 일부를 미리 주는 것이라고 볼 수 있는지에 의하여 결정하여야 한다.

따라서 피상속인으로부터 생전 증여를 받은 상속인이 피상속인을 특별히 부양하였거나 피상속인의 재산의 유지 또는 증가에 특별히 기여하였고, 피상속인의 생전 증여에 상속인의 위와 같은 특별한 부양 내지 기여에 대한 대가의 의미가 포함되어 있는 경우와 같이 상속인이 증여받은 재산을 상속분의 선급으로 취급한다면 오히려 공동상속인들 사이의 실질적인 형평을 해치는 결과가 초래되는 경우에는 그러한 한도 내에서 생전 증여를 특별수익에서 제외할 수 있다. 여기서 피상속인이 한 생전 증여에 상속인의 특별한 부양 내지 기여에 대한 대가의 의미가 포함되어 있는지 여부는 당사자들의 의사에 따라 판단하되, 당사자들의 의사가 명확하지 않은 경우에는 피상속인과 상속인 사이의 개인적 유대관계, 상속인의 특별한 부양 내지 기여의 구체적 내용과 정도, 생전 증여 목적물의 종류 및 가액과 상속재산에서 차지하는 비율, 생전 증여 당시의 피상속인과 상속인의 자산, 수입, 생활수준 등을 종합적으로 고려하여 형평의 이념에 맞도록 사회 일반의 상식과 사회통념에 따라 판단하여야 한다. 다만 유류분제도가 피상속인의 재산처분행위로부터 유족의 생존권을 보호하고 법정상속분의 일정비율에 해당하는 부분을 유류분으로 산정하여 상속인의 상속재산 형성에 대한 기여와 상속재산에 대한 기대를 보장하는 데 그 목적이 있는 점을 고려할 때, 피상속인의 생전 증여를 만연히 특별수익에서 제외하여 유류분제도를 형해화시키지 않도록 신중하게 판단하여야 한다.

[사례 엿보기 21] 유류분 청구에서 기여분 항변이 가능할까?

남편은 평생 교직에 종사했는데 일찍이 결혼을 하여 아들 1명을 두었습니다. 남편은 전 부인과 성격 차이로 이혼을 하였고, 교사로 재직하던 저와 만나 재혼을 하여 자녀 1명을 두고 40여 년간 결혼생활을 해왔습니다. 전 배우자 사이에 있는 자녀는 전 배우자가 키우고 남편은 성인이 될 때까지 꾸준히 양육비를 주었고, 성인이 된 후에도 대학교 등록금 등 꾸준히 지원을 했습니다.

저희 부부는 평생 맞벌이를 하면서 살아왔는데 남편은 교장선생님까지 지낸 터라 집안 살림에는 별다른 관심이 없었고, 집안의 살림과 재산 형성 등은 모두 제가 주도적으로 해왔습니다. 다만, 대부분 재산은 남편 명의로 형성해왔고 재산은 월세가 나오는 상가건물과 거주하는 아파트였으며, 대부분 저와 같이 일하며 모은 자금으로 형성했습니다. 남편은 사망 전 저의 노후 생활비와 거주할 장소 등을 염려하여 월세가 나오는 건물과 거주하던 아파트를 저에게 증여했습니다. 남편은 사망 전 건강이 좋지 않아 제가 물심양면 간병하면서 하늘나라로 떠나보냈습니다. 그런데 남편이 죽자 전 배우자 사이의 아들이 저를 상대로 유류분반환 청구를 했습니다. 저는 현재 이 집에서 살고 있고 월세를 받아서 생활비를 충당하고 있는데, 저를 상대로 소송을 걸어오자 집에서 쫓겨날까 봐 너무 불안합니다. 집과 상가를 남편 명의로 구입하긴 했으나, 구입자금 중 상당 부분은 제가 벌어온 자금도 들어가서 부동산 형성에 있어 제가 기여한 부분이 상당합니다. 아울러, 저는 남편 사망 전 3년이 넘게 건강이 좋지 않은 남편을 간병하면서 지내왔습니다. 제가 유류분을 반환해야 하는 걸까요?

어떠한 생전 증여가 특별수익에 해당하는지는 피상속인의 생전의 자산, 수입, 생활수준, 가정상황 등을 참작하고 공동상속인들 사이의 형평을 고려하여 상속분의 선급이라고 볼 수 있는지에 따라 결정됩니다.

[사례 엿보기 20]에서 살펴보았듯이 **재산 형성 과정에서 기여를 한 경우에, 이 재산을 증여하는 것을 두고 상속분의 선급이라고 보는 것은 배우자의 입장에서 부당한 일**이 될 겁니다. 법원도 생전 증여를 받은 상속인이 배우자로서 일생 동안 가족의 경제적 기반인 재산을 획득·유지하고 자녀들에 대한 양육과 지원을 계속해 온 경우, 생전 증여를 특별수익에서 제외하는 것이 자녀인 공동상속인들과의 관계에서 공평에 반하지 않는다고 판단하고 있습니다(대법원 2011. 12. 8.. 선고, 2010다66644, 판결).

그런데, 이 같은 대법원 사례는 우리 민법에서 규정하고 있는 기여분과는 다른 내용입니다. 즉, 기여분은 망인이 남겨둔 재산을 형성하거나 유지하는 데 상당한 기여를 하거나 망인을 특별히 부양한 경우 상속분을 좀 더 인정하는 제도인데, 유류분 청구를 당한 입장에서 일정의 기여분을 주장하며, 유류분 청구에 대응할 수 있는지는 특별수익의 상속분 선급 여부의 인정과는 결이 다른 또 다른 문제이기 때문입니다.

이와 관련하여 **유류분 청구에서 기여분을 인정할지 여부는 결론적으로 최근 헌법재판소 결정**(2020헌가4 등)**을 통해 2026. 1. 1.부터 새로운 입법을 통해 가능**하게 되었는데, 그간의 경과내용을 구체적으로 살펴보면 아래와 같습니다.

본래, **우리 대법원은 유류분 청구에서 기여분이 별도 소송에서 정해지지 않는 한 기여분 항변은 인정되지 않는다고 오래전부터 판시**(대법원 1994. 10. 14., 선고, 94다8334 참조)해 왔습니다. 또 기여분의 대상은 사망 당시 망인 명의로 남아 있는 상속재산일 뿐 증여재산이 아니므로, 유류분반환자 입장에서는 유류분반환 대상인 증여재산에 대한 기여분 주장을 할 수 없었던 것입니다.

그러나 최근 대법원에서는 **사실상 기여분을 근거로 유류분 기초재산에서 제외, 즉 특별수익한 재산을 유류분으로 반환하지 않아도 된다는 판례**를 내놓아 좀 더 진일보한 판결을 내놓기도 하였습니다(대법원 2022. 3. 17. 선고 2021다230083호, 2021다230090호 판결 참조).

즉 대법원은 "피상속인으로부터 생전 증여를 받은 상속인이 피상속인을 특별히 부양하였거나 피상속인의 재산의 유지 또는 증가에 특별히 기여하였고, 피상속인의 생전 증여에 상속인의 위와 같은 특별한 부양 내지 기여에 대한 대가의 의미가 포함되어 있는 경우"라고 판시하여, **기여분의 요건과 동일한 '특별히 부양, 재산의 유지 또는 증가에 특별히 기여'를 유류분 기초재산에서 제외할 수 있는 하나의 조건을 제시**하고 있습니다.

이때 **'생전 증여에 상속인의 특별한 부양 내지 기여에 대한 대가의 의미가 포함되어 있는지 여부'**를 판단하는 기준으로, 먼저 ① 당사자들의 의사에 따라 판단해야 한다고 하고 있고, ② 만약 당사자들의 의사가 명확하지 않은 경우에는 피상속인과 상속인 사이의 개인적 유대관계, 상속인의 특별한 부양 내지 기여의 구체적 내용과 정도, 생전 증여 목적물의 종류 및 가액과 상속재산에서 차지하는 비율, 생전 증여 당시의 피상속인과 상속인의 자산, 수입, 생활수준 등을 종합적으로 고려하여 형평의 이념에 맞도록 사회일반의 상식과 사회통념에 따라 판단해야 한다고 하면서, 그 기준까지 제시하고 있습니다.

다만, 유류분 제도가 유족의 생존권과 상속재산에 대한 기대 등을 보장하는 제도라는 점에 비추어, 피상속인의 생전 증여를 만연히 특별수익에서 제외하여 유류분제도를 형해화시키지 않도록 신중하게 판단해야 한다고 제한을 두고 있습니다.

결론적으로 대법원은 종전에 기여분 주장은 유류분의 항변사유로 인정하지 않는다는 입장을 오랫동안 견지해 왔으나, 최근 일정한 경우 가능하다는 변화된 입장을 보였다는 점에 의의가 있었습니다.

그런데, 최근 헌법재판소에서는 위와 같은 대법원 판결이 기여의 대가로 받은 증여재산이 유류분 산정 기초재산에 산입되지 않을 수 있는 가능성을 열어놓기는 하였으나 위 판결만으로는 기여분에 관한 민법 제1008조의 2를 유류분에 준용하는 효과를 거두고 있다고 평가하기는 어렵다고 하면서, 유류분에 기여분을 준용하지 않는 민법 규정(제1118조)은 헌법에 위배된다고 판시하였던 바, 2026. 1. 1.부터는 새로운 입법을 통해 명시적으로 유류분 청구에 있어 기여분 항변 주장이 가능하게 되었던바, 향후 새로운 입법이 실시되면 다양한 하급심 사례를 통해 해당 증여재산이 기여의 대가로 받은 것인지 아닌지에 따라 유류분 청구를 배척할 수 있는 하나의 새로운 기준을 기대할 수 있게 되었습니다(2020헌가4 등).

이에 [사례 엿보기 21]에서는 남편이 질문자에게 증여한 부동산에 대해 재산 형성 등 기여분을 근거로 특별수익이 되지 않을 가능성도 있는데, 기여의 대가로 받은 것인지 여부 등은 새로운 입법이 실시되면 다양한 실무사례를 통해 판례가 적용되는 정도에 대한 어느 정도의 구체적인 기준이 확립될 것입니다.

★ **판결 및 판례**

[대법원 1994. 10. 14., 선고, 94다8334, 판결]

【판시사항】

가. 상속개시 전에 이루어진 상속포기약정의 효력

나. 기여상속인이 민법 소정의 방식에 따라 기여분이 결정이 되기 전에 유류분반환청구소송에서 상속재산 중 자신의 기여분에

대한 공제항변을 할 수 있는지 여부

【판결요지】

가. 유류분을 포함한 상속의 포기는 상속이 개시된 후 일정한 기간 내에만 가능하고 가정법원에 신고하는 등 일정한 절차와 방식에 따라야만 그 효력이 있으므로, 상속개시 전에 이루어진 상속포기약정은 그와 같은 절차와 방식에 따르지 아니한 것으로 그 효력이 없다.

나. 공동상속인 중 피상속인의 재산의 유지 또는 증가에 관하여 특별히 기여하거나 피상속인을 특별히 부양한 자가 있는 경우 그 기여분의 산정은 공동상속인들의 협의에 의하여 정하도록 되어 있고, 협의가 되지 않거나 협의할 수 없는 때에는 기여자의 신청에 의하여 가정법원이 심판으로 이를 정하도록 되어 있으므로 이와 같은 방법으로 기여분이 결정되기 전에는 유류분반환청구소송에서 피고가 된 기여상속인은 상속재산 중 자신의 기여분을 공제할 것을 항변으로 주장할 수 없다.

[대법원 2022. 3. 17. 선고 2021다230083호, 2021다230090호 판결]

피상속인으로부터 생전 증여를 받은 상속인이 피상속인을 특별히 부양하였거나 피상속인의 재산의 유지 또는 증가에 특별히 기여하였고, 피상속인의 생전 증여에 상속인의 위와 같은 특별한 부양 내지 기여에 대한 대가의 의미가 포함되어 있는 경우와 같이 상속인이 증여받은 재산을 상속분의 선급으로 취급한다면 오히려 공동상속인들 사이의 실질적인 형평을 해치는 결과가 초래되는 경우에는 그러한 한도 내에서 생전 증여를 특별수익에서 제외할 수 있다. 여기서 피상속인이 한 생전 증여에 상속인의 특별한 부양 내지 기여에 대한 대가의 의미가 포함되어 있는지 여부는 당사자들의 의사에 따라 판단하되, 당사자들의 의사가 명확하지 않은 경우에는 피상속인과 상속인 사이의 개인적 유대관계, 상속인의 특별한 부양 내지 기여의 구체적 내용과 정도, 생전증여 목적물의 종류 및 가액과 상속재산에서 차지하는 비율, 생전 증여 당시의 피상속인과 상속인의 자산, 수입, 생활수준 등을 종합적으로 고려하여 형평의 이념에 맞도록 사회일반의 상식과 사회통념에 따라 판단하여야 한다. 다만 유류분제도가 피상속인의 재산처분행위로부터 유족의 생존권을 보호하고 법정상속분의 일정비율에 해당하는 부분을 유류분으로 산정하여 상속인의 상속재산 형성에 대한 기여와 상속재산에 대한 기대를 보장하는 데 그 목적이 있는 점(헌법재판소 2010. 4. 29. 선고 2007헌바144 결정 참조)을 고려할 때, 피상속인의 생전 증여를 만연히 특별수익에서 제외하여 유류분제도를 형해화시키지 않도록 신중하게 판단하여야 한다.

[유류분에 관한 위헌제청 및 헌법소원 사건(2020헌가4 등 위헌소원)]

민법이 1990. 1. 13. 법률 제4199호로 개정되면서 상속과 관련하여 피상속인을 특별히 부양하거나 피상속인의 재산의 유지 또는 증가에 특별히 기여한 공동상속인(이하 '기여상속인'이라 한다)에 대한 기여분을 인정하는 제도를 도입하였다(제1008조의2 참조).

그런데 민법 제1118조는 유류분반환청구 사건의 성질과 절차에 반하지 않는 범위 내에서 기여분에 관한 민법 제1008조의2를 유류분에 준용하는 규정을 두고 있지 않아서 상속에서의 기여분제도와 유류분제도는 서로 관계가 없는 단절된 상태로 남아있다(대법원 2015. 10. 29. 선고 2013다60753 판결 참조). 이 때문에 피상속인으로부터 기여에 대한 보답으로 재산의 일부를 증여받은 기여상속인은 비기여상속인의 유류분반환청구에 대하여 기여의 대가로 받은 증여재산을 유류분 산정 기초재산에서 공제해달라는 취지의 항변을 할 수 없고(대법원 1994. 10. 14. 선고 94다8334 판결 참조), 그 결과 기여상속인이 기여의 대가로 피상속인으로부터 증여받은 재산도 유류분 산정 기초재산에 산입되어 비기여상속인에게 반환하여야 하는 부당한 상황이 발생하게 된다.

예컨대, 피상속인이 생전에 기여상속인(배우자)이 행한 부양 등 기여에 대한 보답으로 기여상속인에게 살던 주택을 증여해 주었고 피상속인의 사망 당시 다른 상속재산이 남아있지 않은 경우, 비기여상속인(직계비속)은 기여상속인이 위와 같이 증여받은 특별수익으로 인하여 자신의 유류분이 침해되었음을 이유로 기여

상속인을 상대로 위 주택에 대한 유류분반환을 청구할 수 있고, 기여상속인은 법정상속분을 기준으로 획일적으로 산정된 유류분 부족액 전액을 반환할 의무를 부담하게 된다.

이와 같이 기여분에 관한 제1008조의2를 유류분에 준용하지 않은 민법 제1118조 때문에 기여분제도와 유류분제도가 단절되고 이로 인하여 기여상속인이 정당한 대가로 받은 기여분 성격의 증여까지도 유류분반환의 대상이 됨으로써, 기여상속인과 비기여상속인 간의 실질적 형평과 연대가 무너지고, 기여상속인에게 보상을 하려고 하였던 피상속인의 의사가 부정되는 불합리한 결과를 초래한다.

최근 대법원은 피상속인으로부터 생전 증여를 받은 상속인이 피상속인을 특별히 부양하였거나 피상속인의 재산의 유지 또는 증가에 특별히 기여하였고, 피상속인의 생전 증여에 상속인의 위와 같은 특별한 부양 내지 기여에 대한 대가의 의미가 포함되어 있는 경우와 같이 상속인이 증여받은 재산을 상속분의 선급으로 취급한다면 오히려 공동상속인들 사이의 실질적인 형평을 해치는 결과가 초래되는 경우에는 그러한 한도 내에서 생전 증여를 특별수익에서 제외할 수 있다고 판시하여(대법원 2022. 3. 17. 선고 2021다230083, 230090 판결), 기여상속인이 자신의 기여에 대한 대가로 피상속인으로부터 증여를 받은 경우에는 해당 증여가 유류분 산정 기초재산에 산입되지 않을 수 있는 가능성을 열어놓았다. 그러나 ① 대법원은 유류분반환청구 소송에서 기여분 공제의 항변을 인정하고 있지 아니한 판례(대법원 2015. 10. 29. 선고 2013다60753 판결 참조)를 유지하고 있는 점, ② 기여분결정 청구는 상속재산의 분할청구가 있는 때에 비로소 할 수 있는데 (민법 제1008조의2 제4항 참조), 상속재산분할청구 사건은 가사비송사건(가사소송법 제2조 제1항 제2호 나목 마류 가사비송사건)으로서 민사사건인 유류분반환청구 사건과는 병합하여 처리할 수 없으므로, 결국 기여분결정청구 사건도 유류분반환청구 사건과 병합할 수 없는 점, ③ 대법원은 기여분의 결정 문제와 유류분반환청구 소송에서 특별수익을 부정하는 문제 간에 어떤 차이가 있는지에 대하여 명시적으로 밝히지 않고 있는 점 등을 고려할 때, 대법원의 2021다230083, 230090 판결만으로는 기여분에 관한 민법 제1008조의 2를 유류분에 준용하는 효과를 거두고 있다고 평가하기는 어렵다.

따라서 대법원의 2021다230083, 230090 판결에도 불구하고 민법 제1118조가 기여분에 관한 제1008조의2를 준용하지 않은 결과 기여분과 유류분의 단절로 인하여 기여상속인의 정당한 이익이 침해되는 불합리한 문제는 여전히 남아있게 된다. 비교법적으로 볼 때, 독일은 상속재산을 유지·증가 시키거나 피상속인을 장기간 간호하는 등의 특별 기여를 한 상속인에 대하여 급부가 조정된 경우 유류분을 정할 때도 이를 참작하도록 하는 규정을 두고 있다(독일민법 제2316조 제1항 참조). 그렇다면 기여분에 관한 민법 제1008조의 2를 유류분반환청구 사건의 성질과 절차에 반하지 않는 범위 내에서 유류분에 준용하지 않고 있는 민법 제1118조가 합리적이거나 정당하다고 보기 어렵다.

[사례 엿보기 22] 무상의 상속분 양도가 유류분반환의 대상이 되는 특별수익이 될 수 있는가?

저희 아버지는 5년 전에 사망하셨고 최근 어머니까지 돌아가셨습니다. 5년 전 아버지 상속재산분할심판을 하면서 어머니는 둘째 오빠에게 어머니의 상속분을 양도하겠다고 하셨습니다. 이에 둘째 오빠가 아버지의 상속재산인 아파트를 단독으로 소유하게 되었고, 다른 공동상속인들에게는 수억원씩 정산금을 지급하게 되었으나, 어머니에게는 아무런 정산금을 지급하지 않았습니다. 당시 어머니는 평소 욕심이 많고 가까이 살던 둘째 오빠가 조르자 어쩔 수 없이 이와 같이 결정을 하셨던 것입니다.

최근 어머니가 돌아가셨는데, 어머니는 평생 둘째 오빠에게만 재산을 증여하셨고, 아버지에게서 물려받은 상속재산도 둘째 오빠에게 넘기셨습니다. 이에 제가 서운한 마음에 둘째 오빠에게, 엄마가 받을 아버지 재산을 오빠가 가져간 것이니 이것도 유류분반환의 대상이 되어야 한다고 이야기했습니다. 그러자 오빠는 상속재산분할심판을 통해서 상속재산분할이 이루어진 것일 뿐이어서 오빠가 아버지로부터 재산을 물려받은 것이지, 엄마에게 따로 재산을 증여받은 것이 아니므로, 반환할 수 없다고 합니다. 엄마가 오빠에게 양도한 상속분은 특별수익이 될 수 없을까요?

사례에서 오빠는 어머니로부터 아버지의 상속재산인 아파트를 증여받은 것이 아니라, 아버지 상속재산의 상속재산분할심판 결과 오빠가 아파트를 단독으로 소유하게 된 것이므로 이것이 어머니로부터의 증여가 될 수 없다고 주장하고 있는 것으로 보입니다.

그러나 대법원은 **공동상속인이 다른 공동상속인에게 무상으로 자신의 상속분을 양도하는 것은 특별한 사정이 없는 한 유류분에 관한 「민법」 제1008조의 증여에 해당**하므로, 그 상속분은 양도인의 사망으로 인한 상속에서 유류분산정을 위한 기초재산에 산입된다고 봐야 한다고 보고 있습니다(대법원 2021. 7. 15. 선고 2016다210498 판결).

오빠는 증여의 형식상, 오빠가 어머니의 재산을 받은 것이 아니라 아버지의 재산을 받은 것이기 때문에 이 상속분을 양도받은 것이 어머니 재산을 받은 것으로 볼 수 없다고 주장하며 상속분에 해당하는 금액을 유류분산정 시 반영해서는 안 된다고 주장합니다.

그러나 어머니가 오빠에게 상속분을 양도함으로써, 어머니가 받아야 할 재산이 감소된 것이므로 **이는 실질적인 관점에서 어머니의 재산을 감소시키는 무상처분에 해당한다고 봐야** 합니다. 즉 상속분에 재산적 가치가 있다면 상속분 양도는 양도인과 양수인이 합의하여 재산적 이익을 이전하는 것입니다.

결국 사례에서 질문자는 오빠에게 어머니의 상속재산에 대한 유류분반환을 구하면서, 어머니가 오빠에게 양도한 아버지 상속재산에 대한 상속분을 포함하여 유류분의 반환을 구할 수 있습니다.

★ 판결 및 판례

[대법원 2021. 7. 15. 선고 2016다210498 판결]

상속분 양도는 상속재산분할 전에 적극재산과 소극재산을 모두 포함한 상속재산 전부에 관하여 공동상속인이 가지는 포괄적 상속분, 즉 상속인 지위의 양도를 뜻한다. 공동상속인이 다른 공동상속인에게 무상으로 자신의 상속분을 양도하는 것은 특별한 사정이 없는 한 유류분에 관한 민법 제1008조의 증여에 해당하므로, 그 상속분은 양도인의 사망으로 인한 상속에서 유류분 산정을 위한 기초재산에 산입된다고 보아야 한다. 그 이유는 다음과 같다.

유류분제도는 피상속인의 재산처분행위로부터 유족의 생존권을 보호하고 법정상속분의 일정비율에 해당하는 부분을 유류분으로 산정하여 상속인의 상속재산 형성에 대한 기여와 상속재산에 대한 기대를 보장하는 데 그 목적이 있다. 민법 제1118조에 따라 준용되는 민법 제1008조는 공동상속인 중에 피상속인으로부터 재산의 증여 또는 유증을 받은 특별수익자가 있는 경우에 공동상속인들 사이의 공평을 기하기 위하여 그 수증재산을 상속분의 선급으로 다루어 구체적인 상속분을 산정하는 데 참작하도록 하려는 데 그 취지가 있다.

이러한 유류분제도의 입법 목적과 민법 제1008조의 취지에 비추어 보면, 유류분 산정의 기초재산에 산입되는 증여에 해당하는지 여부를 판단할 때에는 피상속인의 재산처분행위의 법적 성질을 형식적·추상적으로 파악하는 데 그쳐서는 안 되고, 재산

처분행위가 실질적인 관점에서 피상속인의 재산을 감소시키는 무상처분에 해당하는지 여부에 따라 판단하여야 한다.

다른 공동상속인으로부터 상속분을 양수한 공동상속인은 자신이 가지고 있던 상속분과 양수한 상속분을 합한 상속분을 가지고 상속재산분할 절차에 참여하여 그 상속분 합계액에 해당하는 상속재산을 분배해 달라고 요구할 수 있다. 따라서 상속분에 포함된 적극재산과 소극재산의 가액 등을 고려할 때 상속분에 재산적 가치가 있다면 상속분 양도는 양도인과 양수인이 합의하여 재산적 이익을 이전하는 것이라고 할 수 있다.

[사례 엿보기 23] 유류분 부족분 계산 시 증여받은 부동산의 가액은 어떻게 산정하는가?

형에게는 아버지로부터 증여받은 토지가 있습니다. 아버지는 형에게 증여한 토지 이외에 다른 특별한 재산은 없었습니다. 형이 증여받을 당시 토지의 시가는 2억 원 정도였는데, 최근 부동산 가격이 올라서 6억 원 이상 시세를 형성하고 있습니다. 아버지의 상속인으로는 저와 형이 있으며, 저는 형과 유류분반환에 대한 이야기를 나누었습니다. 형도 유류분을 반환하겠다는 입장이었고, 논의 끝에 제가 미국에 살고 있는 까닭으로 토지 지분이 아닌 제 지분에 해당하는 돈을 받기로 했습니다.

그런데 형은 증여받을 당시 토지 시가가 2억 원이었으니, 이 금액을 기준으로 유류분을 주겠다고 합니다. 유류분반환 시 증여받은 부동산의 가액은 어떻게 산정하나요?

유류분반환 범위는 망인의 사망 당시(상속개시 당시) 남아 있는 재산과 문제된 증여재산을 합한 재산을 평가하여 그 재산액에 유류분 청구권자의 유류분액을 곱하여 얻은 유류분액을 기준으로 산정합니다.

이처럼 **유류분반환 범위는 망인의 사망 당시를 기준으로 산정하므로, 증여재산의 가액도 사망 당시를 기준으로 산정**합니다. 금전을 증여받은 경우 받은 액수에 물가상승률을 반영하여 상속개시 당시의 가치로 환산합니다. 부동산을 증여받았다면 받은 시기가 언제이든 상관없이 부동산의 시가는 망인의 사망 당시를 기준으로 산정합니다.

만약 부동산을 증여받은 이후 부동산을 매각하였고, 이로 인하여 **망인의 사망 당시 부동산을 보유하고 있지 않더라도 수증자가 얻은 증여재산의 가액은 여전히 망인의 사망 당시 기준 부동산 시가로 산정**합니다.

사례에서 형은 아버지로부터 증여 당시 시가가 2억 원인 부동산을 증여받았지만, 유류분반환 범위 산정 시 증여재산의 시가는 사망 당시를 기준으로 산입하므로, 형이 아버지로부터 받은 부동산의 가액은 아버지 사망 당시 기준 시가인 6억 원이며, 이 금액을 기준으로 유류분 부족액을 산정해야 합니다.

공동상속인은 자녀 2명이므로, 동생의 법정상속분은 1/2, 유류분은 법정상속분의 절반인 1/4이고, 동생은 형에게 유류분으로 부동산 가액 6억 원 중 1/4에 해당하는 1억 5천만 원을 유류분반환으로 요구할 수 있습니다.

그런데, 만약 형이 해당 부동산을 아버지 사망전에 4억에 매각한 경우엔 기준을 달리합니다. 이 경우에도 우리 대법원은 상속 개시 당시의 가액을 어느 정도 반영을 하는데, 부동산 그 자체의 금액이 아니라, 매각금액에서 상속개시 당시까지의 물가상승률을 반영한 가액으로 산정하여야 한다고 판시하였습니다.

실무적으로 물가상승률은 GDP 디플레이터 수치로 반영을 하는데, 만약 2018년에 부동산을 4억에 처분하였고 2023년에 상속개시가 되었다면 부동산 가액은 427,912,482원(= 400,000,000원 x (2023년 GDP 디플레이터 112.066 ÷ 2018년 GDP 디플레이터 104.756)이 되는바, 유류분 청구금액은 위 금액의 1/4인 106,978,120원이 됩니다.

● **유류분 부족액 산정 공식**

유류분 부족액 = {유류분산정의 기초가 되는 재산액(A) × 당해 유류분권자의 유류분의 비율(B)} − 당해 유류분권자의 특별수익액(C) − 당해 유류분권자의 순상속분액(D)

A = 남은 상속재산 + 증여액 − 상속채무액

B = 피상속인의 직계비속은 그 법정상속분의 1/2

C = 당해 유류분권자의 수증액 + 수유액

D = 당해 유류분권자가 상속에 의하여 얻는 재산액 − 상속채무 분담액

★ 관련 법령

민법 제1113조(유류분의 산정)

① 유류분은 피상속인의 상속개시시에 있어서 가진 재산의 가액에 증여재산의 가액을 가산하고 채무의 전액을 공제하여 이를 산정한다.

★ 판결 및 판례

[대법원 2011. 4. 28. 선고 2010다29409 판결]

유류분반환범위는 상속개시 당시 피상속인의 순재산과 문제된 증여재산을 합한 재산을 평가하여 그 재산액에 유류분청구권자의 유류분비율을 곱하여 얻은 유류분액을 기준으로 하는 것인 바, 그 유류분액을 산정함에 있어 반환의무자가 증여받은 재산의 시가는 상속개시 당시를 기준으로 하여 산정하여야 한다.

[대법원 2023. 5. 18 선고 2019다222867 판결]

민법 문언의 해석과 유류분 제도의 입법 취지 등을 종합할 때 피상속인이 상속개시 전에 재산을 증여하여 그 재산이 유류분반환청구의 대상이 된 경우, 수증자가 증여받은 재산을 상속개시 전에 처분하였거나 증여재산이 수용되었다면 민법 제1113조 제1항에 따라 유류분을 산정함에 있어서 그 증여재산의 가액은 증여재산의 현실 가치인 처분 당시의 가액을 기준으로 상속개시까지 사이의 물가변동률을 반영하는 방법으로 산정하여야 한다.

[사례 엿보기 24] 뉴욕에 거주하는 미국 시민권자가 증여 또는 유언을 한 부동산에 대해서도 유류분 청구가 가능한가?

아버지는 오래전 미국 뉴욕으로 이민을 가셔서 미국 시민권을 취득하셨고, 한국과 미국에 많은 재산을 형성했습니다. 상속인으로는 전혼 사이에서의 자녀들과 재혼 사이에서의 자녀들이 있었고, 저는 전혼 사이에 태어난 딸입니다. 그런데 아버지는 한국에서 형성한 많은 재산을 재혼녀와 재혼녀 사이의 자녀에게 생전 증여를 하였고, 한국에 남아 있는 부동산과 금융재산도 재혼녀 가족에게 유증한다는 유언을 남겨두셨는데, 해당 유언은 망인이 거주하시는 미국 뉴욕주법에 따라 작성된 것이었습니다.
한국에 남아 있는 저는 이 경우 한국의 재산에 대한 유류분반환 청구권을 행사할 수 있는지 궁금합니다.

「국제사법」 제49조에 따라 상속에 관한 준거법은 망인의 본국법이 됩니다. 따라서 대한민국에 있는 재산에 대해서 상속이 이루어질 때, 해당 재산에 대한 준거법은 돌아가신 소유자의 본국법이 적용될 겁니다. 사례에서처럼 **망인이 미국 시민권으로 뉴욕 거주자라면 미국 법 및 뉴욕주 법이 상속에 관한 준거법**이 됩니다.

그런데 미국 국제사법의 일반원칙(Restatement of the Law, 2nd,

Conflict of Laws) 제236조는 부동산에 대하여 유언이 없는 일명 '무유언 상속'의 경우 상속에 관한 준거법은 부동산이 소재한 소재지국의 법률이 준거법이 되어야 한다고 규정하고 있습니다. 그리고 대한민국「국제사법」제9조 제1항은 대한민국 법에 의해 외국법이 준거법이 되었을 때 그 외국법이 다시 대한민국 법을 준거법으로 지정한 경우, 즉 준거법 지정 시의 반정 또는 그 유추 적용인 '숨은 반정'에 의해 최종적으로 대한민국 민법이 준거법이 될 것입니다.

쉽게 말해, 상속은 원래 망인의 국적인 미국의 법에 따라 이루어지는 것이지만, 미국 법에 의하면 **부동산이 유언 없이 상속된 경우에는 예외적으로 부동산 소재지 국가의 법이 적용된다**고 하였으므로, 결국 대한민국 법에 따라 상속이 이루어진다는 것입니다.

즉 상속에 관한 준거법이 대한민국 법이 된다면 한국은 유류분제도를 규정하고 있어 유류분에 대한 권리를 주장할 수 있을 것이고, 만약 미국 뉴욕주 법이 준거법으로 지정된 경우 **뉴욕주 법에서는 유류분 권리를 인정하지 않으므로 유류분 권리를 주장할 수 없다**는 겁니다.

그런데 사례를 보면, 부동산은 이미 모두 생전증여가 되었거나 유언을 통해 증여가 되었습니다. 즉 상속재산은 사망 당시 망인 명의로 남아 있는 재산으로, 그 재산에 대해 별다른 유언이 없는 것이어야 하는데, 부동산은 이미 생전증여가 되었거나 유언을 통한 유증이 된 재산에 해당하므로 무유언 상속에 대한 규정이 적용될 수 없습니다. 그래서 준거법은 망인의 본국법인 미국 법이 되는 것이지, 반정에 의해 대한민국 민법이 될 수 없는 것입니다.

결론적으로 전혼 사이의 자녀는 아버지가 생전증여 및 유증을 한 한국의 부동산에 대하여 유류분에 대한 권리를 행사할 수 없습니다.

만약 유언에 따른 승계에 대해 준거법 지정에 대한 반정을 통해 대한민국 민법이 적용될 수 있는지와 관련하여, 대한민국 하급심은 "'New York State Law Estates, Powers & Trusts' 제3-5.1조 (b)(1)항은 부동산에 대한 유언의 효력이 문제되는 경우, 유언 처분의 철회 내지 변경이 있는 경우, 상속개시 후 부동산이 유언에 의해 처분되지 않은 경우의 승계방식 등에 관해 해당 부동산의 소재지 관할 법원의 법률에 의하도록 규정하고 있고, 'Restatement of the Law, 2nd, Conflict of Laws' 제239조 (1)항은 유언에 의한 부동산의 처분 등과 관련해 준거법 지정의 반정을 규정한 것으로 볼 여지가 있을 수 있어도, 부동산에 관한 상속 전반에 관한 준거법 지정의 반정을 규정한 것은 아니다"라고 판시하며, 유증재산에 대해서도 대한민국 법이 상속 전반에 관한 준거법이 될 수는 없음을 명확히 했습니다.

다만 이러한 경우 외국법이 준거법이 된다 해도 「국제사법」 제7조에 따라 유류분규정은 대한민국의 강행규정이므로 한국법이 적용될 수 있는지 여부와 「국제사법」 제10조에 따라 한국법이 적용되지 않으면 대한민국의 선량한 풍속 및 사회질서에 위배되는지 여부에 관해, 우리 하급심은 "유류분제도가 준거법에 관계없이 적용되어야 하는 대한민국의 강행규정이라고 볼 수 없고, 피상속인의 본국법이 유류분을 인정하지 않는 경우에 그 법률을 적용하는 것이 대한민국의 공서양속에 위배된다고 할 수도 없다"고 판시했습니다.

따라서 **미국 시민권자가 특정 상속인에게 한국에 있는 부동산을**

생전증여하거나 유언을 통해 증여했을 경우, 다른 상속인들은 그러한 재산에 대하여 대한민국 민법에 따른 유류분에 대한 권리를 주장할 수는 없게 될 것입니다.

★ **관련 법령**

대한민국 「국제사법」

제3조(본국법) ③ 당사자가 지역에 따라 법을 달리하는 국가의 국적을 가지는 때에는 그 국가의 법 선택규정에 따라 지정되는 법에 의하고, 그러한 규정이 없는 때에는 당사자와 가장 밀접한 관련이 있는 지역의 법에 의한다.

제7조(대한민국 법의 강행적 적용) 입법목적에 비추어 준거법에 관계없이 해당 법률관계에 적용되어야 하는 대한민국의 강행규정은 이 법에 의하여 외국법이 준거법으로 지정되는 경우에도 이를 적용한다.

제9조(준거법 지정시의 반정)
① 이 법에 의하여 외국법이 준거법으로 지정된 경우에 그 국가의 법에 의하여 대한민국 법이 적용되어야 하는 때에는 대한민국의 법(준거법의 지정에 관한 법규를 제외한다)에 의한다.

제10조(사회질서에 반하는 외국법의 규정) 외국법에 의하여야 하는 경우에 그 규정의 적용이 대한민국의 선량한 풍속 그 밖의 사회질서에 명백히 위반되는 때에는 이를 적용하지 아니한다.

제49조(상속)

① 상속은 사망 당시 피상속인의 본국법에 의한다.

② 피상속인이 유언에 적용되는 방식에 의하여 명시적으로 다음 각호의 법 중 어느 것을 지정하는 때에는 상속은 제1항의 규정에 불구하고 그 법에 의한다.

1. 지정 당시 피상속인의 상거소가 있는 국가의 법. 다만, 그 지정은 피상속인이 사망시까지 그 국가에 상거소를 유지한 경우에 한하여 그 효력이 있다.
2. 부동산에 관한 상속에 대하여는 그 부동산의 소재지법

제50조(유언)

① 유언은 유언 당시 유언자의 본국법에 의한다.

Restatement of the Law, 2nd, Conflict of Laws(일반적으로 승인되는 미국 국제사법의 일반원칙)

Chapter 9. Property(제9장 재산권)

Topic 2. Immovables(제2절 부동산)

Title G. Succession on Death(제G관 사망에 따른 승계)

§ 236 Intestate Succession to Land(제236조 부동산의 무유언 상속)

(1) The devolution of interests in land upon the death of the owner intestate is determined by the law that would be applied by **the courts of the situs**(무유언 소유자의 사망의 경우, 부동산의 분배는 그 소재지의 법원에 의하여 적용되는 법에 따라 결정된다)

§ 260 Intestate Succession to Movables(제260조 동산의 무유언 상속)

The devolution of interests in movables upon intestacy is determined by the law that would be applied by **the courts of**

the state where the decedent was domiciled at the time of his death(무유언의 경우 동산의 분배는 피상속인이 사망 당시에 본적지를 두고 있던 주(국가)의 법원에 의하여 적용되는 법에 따라 결정된다)

§ 239 Validity and Effect of Will of Land(제239조 토지에 관한 유언의 유효성과 효력)

(1) Whether a will transfers an interest in land and the nature of the interest transferred are determined by the law that would be applied by the courts of the situs(유언으로 토지에 관한 이익과 이에 준하는 성질의 것이 이전되는지 여부는 토지의 소재지 법원이 적용하는 법률에 의한다).

(2) These courts would usually apply their own local law in determining such questions(전항에서 토지의 소재지 법원은 그와 같은 문제를 해결함에 있어 고유한 소재지 법을 적용할 수 있다).

New York State Law Estates, Powers & Trusts(뉴욕주 부동산 및 신탁법)
Article 3 Substantive Law of Wills(유언에 관한 실질법)
Part 5. Rules Governing Wills Having Relation to Another Jurisdiction(다른 재판관할에 관련이 있는 유언에 대한 규율규정)

§ 3-5.1 Formal validity, intrinsic validity, effect, interpretation, revocation or alteration of testamentary dispositions of, and exercise of testamentary powers of appointment over property by wills having relation to another jurisdiction(제3-5.1조 다른 재판관할과 관련이 있는 형식적 유효성, 실질적 유효성, 효력, 해석, 유언처분의 철회와 변경, 재산에 관한 지정유언집행자의 집행).

(b) Subject to the other provisions of this section(본 절의 다른 규정에 따르되):

(1) The formal validity, intrinsic validity, effect, interpretation, revocation or alteration of a testamentary disposition of real property, and the manner in which such property descends when not disposed of by will, are determined by the law of the jurisdiction in which the land is situated(형식적 유효성, 실질적 유효성, 효력, 해석, 부동산에 대한 유언처분의 철회와 변경, 부동산이 유언에 의하여 처분되지 않은 경우의 승계방식은 해당 부동산의 소재지 관할법원의 법률에 따라 판단한다).

★ **판결 및 판례**

[서울중앙지방법원 2017. 12. 13. 선고 2017가합516013 판결]

1) 국제사법 제9조 제1항은 이른바 '준거법 지정시의 반정' 법리를 규정하고 있으나, 원고가 그 주장의 근거로 들고 있는 "New York State Law Estates, Powers & Trusts" 제3-5.1조 (b)(1)항은 '형식적 유효성, 실질적 유효성, 효력, 해석, 부동산에 대한 유언처분의 철회와 변경, 부동산이 유언에 의하여 처분되지 않은 경우의 승계방식은 해당 부동산의 소재지 관할법원의 법률에 따라 판단한다'고 규정함으로써 부동산과 관련한 유언에 대하여, 그 유언의 효력이 문제되는 경우, 유언처분의 철회 내지 변경이 있는 경우, 상속개시 후 부동산이 유언에 의하여 처분되지 않은 경우의 승계방식 등에 관하여 해당 부동산의 소재지 관할법원의 법률에 의하도록 규정하고 있고, "Restatement of the Law, 2nd, Conflict of Laws" 제239조 (1)항은 '유언으로 토지

에 관한 이익과 이에 준하는 성질의 것이 이전되는지 여부는 토지의 소재지 법원이 적용하는 법률에 의한다'고 규정함으로써 유언에 의한 토지 내지 토지 관련 이익의 이전 등과 관련된 문제는 토지의 소재지 법원의 법률에 의하도록 규정하고 있는바, 이러한 규정 내용 및 취지를 비롯하여 위 각 조문의 규정체계를 고려하여 볼 때, 위 규정은 유언에 의한 부동산의 처분 등과 관련하여 준거법 지정의 반정을 규정한 것으로 볼 여지가 있을지언정 부동산에 관한 상속 전반에 관한 준거법 지정의 반정을 규정한 것은 아니라고 할 것이다.

2) 그런데 위 인정사실에 의하면, 별지 2, 3 각 표 기재 각 부동산은 망인의 생전인 1984. 3. 26.경부터 2009. 6. 2.경까지 사이에 피고들에게 증여된 것이고, 망인이 2012. 12. 20. 작성한 유언증서에 의하여 유증된 것이 아님을 알 수 있는바, 이미 생전 증여가 완료된 부동산에 대하여 위 "Restatement of the Law, 2nd, Conflict of Laws", "New York State Law Estates, Powers & Trusts"의 관련 규정이 적용될 여지가 없고, 따라서 위 규정에 의한 반정이 문제되지 않는다고 할 것이며, 나아가 위 각 규정의 취지 등에 비추어 그에 숨겨져 있는 저촉규정에 의한 숨은 반정이 허용된다고 보기도 어렵다(한편 우리 민법에서 인정되는 유류분은 그 산정을 위한 기초재산에 공동상속인이 피상속인으로부터 생전 증여받은 재산을 제한 없이 포함시키기는 하지만 이는 유류분에 관한 우리 민법의 적용을 전제로 하는 것으로, 거꾸로 생전 증여를 받은 부동산이 대한민국에 소재한다는 이유로 그 생전 증여 부동산에

관한 유류분반환청구와 관련하여 그 생전 증여 부동산의 소재지법이 적용되어야 한다고 할 수는 없다).

3) 따라서 원고가 망인의 생전 증여 재산에 관하여 유류분이 침해되었음을 이유로 한 주장을 하고 있는 이 사건에 있어, 망인의 본국법인 미국 뉴욕 주법상 준거법 지정의 반정 또는 숨은 반정이 허용된다고 할 수 없는 이상 망인의 사망으로 인한 상속에 관한 준거법으로는 미국 뉴욕 주법이 적용될 수밖에 없고, 미국 뉴욕 주법에는 상속과 관련하여 유류분제도가 존재하지 않으므로, 피고들에 의하여 원고의 유류분이 침해되었음을 전제로 한 원고의 주장은 나머지 점에 나아가 살필 필요 없이 이유 없다.

서울고등법원 2018나2005889 유류분반환청구

원고는, 대한민국 민법의 유류분제도는 유족들의 생존권 보호 등을 입법목적으로 한 강행규정이므로, 외국법이 준거법으로 지정되는 경우에도 국제사법 제7조에 의해 이를 적용해야 하고, 이 사건의 경우 유류분제도를 인정하지 않는 뉴욕주법을 적용하면 대한민국의 공서양속에 명백히 위반되는 결과가 되므로 국제사법 제10조에 의해 뉴욕주법을 적용해서는 아니 된다고 주장한다. 그러나 유류분반환청구권은 포기할 수 있는 재산상의 권리인 점 등에 비추어 보면, 유류분제도가 준거법에 관계없이 적용되어야 하는 대한민국의 강행규정이라고 볼 수 없고, 피상속인의 본국법이 유류분을 인정하지 않는 경우에 그 법률을 적용하는 것이 대한민국의 공서양속에 위배된다고 할 수도 없다.

[사례 엿보기 25] 한국과 미국 이중국적자가 한국과 미국의 재산 모두를 생전 또는 유언으로 증여한 경우 유류분 청구가 가능한가?

아버지는 오래전 미국 캘리포니아로 이민을 가셔서 미국 시민권을 취득하셨고, 많은 재산을 형성했습니다. 아버지는 평소에도 자식들이 모두 장성한 시기에 여생은 한국의 형제 및 친구들과 보내고 싶다고 하셨는데, 실제 어머니가 돌아가시고 몇 년 후(아버지가 67세가 되셨을 때) 한국으로 역이민을 가셨습니다. 한국으로 돌아오신 아버지는 국적법에 따라 만 65세 이상으로 국적회복을 하셨고, 교회에서 여생을 함께할 수 있는 좋은 배우자를 만나 재혼도 했습니다.

그러다 몇 년 후 아버지가 돌아가셨는데, 한국에 이민 가신 후 구입한 아파트는 이미 재혼 배우자에게 증여하셨고, 기타 한국과 미국에 남은 모든 재산은 모두 재혼 배우자에게 준다는 유언장을 남겨두셔서 자식들은 충격에 빠졌습니다. 이러한 경우 자녀들은 아버지 재산에 대해 별다른 청구를 할 수 없는지 궁금합니다.

[사례 엿보기 24]에서 자세히 살펴보았듯이, 만약 망인이 미국 시민권자라면 한국에 남은 부동산이라고 하더라도 증여나 유언을 통해 특정 상속인에게 증여했다면 망인의 본국법은 미국 법입니다. 미국 법에는 유류분에 관한 규정이 없으므로 다른 상속인은 이에 대한 유

류분 권리를 행사할 수가 없습니다.

아울러 대한민국 「국적법」은 일정한 경우 복수국적을 인정하고 있는데, 그 대표적인 예로 미국 국적을 취득한 후 만 65세 이후에 대한민국으로 영주 귀국한 경우입니다. 즉 미국 시민권자가 만 65세 이후에 대한민국에 영주목적으로 귀국하여 국적회복을 하고 대한민국에서 미국 국적을 행사하지 않겠다고 서약하면, 미국과 한국의 복수국적을 인정하고 있습니다(「국적법」 제9조 및 제10조 참조).

그런데 상속에 관한 준거법은 망인의 본국법인데(「국제사법」 제49조 제1항), **미국과 한국의 복수국적을 가지고 있는 자가 사망한 경우 국적 중 하나가 대한민국일 때 본국법은 대한민국 법**이 됩니다(「국적사법」 제3조 제1항).

제시된 사례에서 아버지 사망에 따른 본국법은 비록 아버지가 한국과 미국 국적 2개를 보유하고 있더라도, 한국 「국제사법」에 따라 대한민국 법이 본국법이 되므로 **아버지 사망에 따른 상속은 대한민국 법에 따라 처리**되어야 합니다.

따라서 아버지가 재혼 배우자에게 한국의 부동산을 증여하고, 남은 한국과 미국의 재산도 재혼 배우자에게 준다는 유언을 남겨둔 경우, 아버지의 자녀들은 재혼 배우자를 상대로 대한민국 「민법」에 따른 유류분을 청구할 수가 있습니다.

그런데 만약 아버지가 한국에서 국적회복을 한 후, 얼마 뒤 다시 미국으로 건너가서 거주하다가 유언도 미국 법에 따라 남겨두었을 경우에도 여전히 아버지의 본국법이 한국 법이 되는지 의문이 있을 수 있습니다. 대한민국 「국적법」에 따라 아버지가 대한민국 국적회복후 대한민국 내에서 미국 국적을 행사하지 않겠다고 서약하였다면 복수국적이 인정됩니다. 이때 **어디에 거주하는지 등은 복수국적 유지의 요건이 아니므로, 미국으로 다시 가서 거주한다고 하더라도 대한민국 「국적법」에 따라 아버지의 본국법은 대한민국 법**이 되고, 이에 따라 유류분의 문제가 발생할 수가 있게 됩니다.

이러한 경우 아버지의 입장에서 차후에 유류분의 문제가 발생하지 않게 하기 위해선 별도의 조치를 취해둬야 하는데, 이에 대해서는 다음 사례에서 자세히 살펴보겠습니다.

★ **관련 법령**

「국제사법」

제3조(본국법)
① 당사자의 본국법에 의하여야 하는 경우에 당사자가 둘 이상의 국적을 가지는 때에는 그와 가장 밀접한 관련이 있는 국가의 법을 그 본국법으로 정한다. 다만, 그 국적 중 하나가 대한민국인 때에는 대한민국 법을 본국법으로 한다.

제49조(상속)
① 상속은 사망 당시 피상속인의 본국법에 의한다.

국적법

제9조(국적회복에 의한 국적 취득)

① 대한민국의 국민이었던 외국인은 법무부장관의 국적회복허가(國籍回復許可)를 받아 대한민국 국적을 취득할 수 있다.

② 법무부장관은 국적회복허가 신청을 받으면 심사한 후 다음 각호의 어느 하나에 해당하는 사람에게는 국적회복을 허가하지 아니한다. 〈개정 2017. 12. 19.〉

1. 국가나 사회에 위해(危害)를 끼친 사실이 있는 사람
2. 품행이 단정하지 못한 사람

제10조(국적 취득자의 외국 국적 포기 의무) ② 제1항에도 불구하고 다음 각호의 어느 하나에 해당하는 자는 대한민국 국적을 취득한 날부터 1년 내에 외국 국적을 포기하거나 법무부장관이 정하는 바에 따라 대한민국에서 외국 국적을 행사하지 아니하겠다는 뜻을 법무부장관에게 서약하여야 한다. 〈신설 2010. 5. 4.〉

4. 외국에서 거주하다가 영주할 목적으로 만 65세 이후에 입국하여 제9조에 따라 국적회복허가를 받은 자

제12조(복수국적자의 국적선택의무)

① 만 20세가 되기 전에 복수국적자가 된 자는 만 22세가 되기 전까지, 만 20세가 된 후에 복수국적자가 된 자는 그때부터 2년 내에 제13조와 제14조에 따라 하나의 국적을 선택하여야 한다. 다만, 제10조 제2항에 따라 법무부장관에게 대한민국에서 외국 국적을 행사하지 아니하겠다는 뜻을 서약한 복수국적자는 제외한다. 〈개정 2010. 5. 4.〉

★ **판결 및 판례**

> [서울고등법원 1976. 2. 12., 선고, 73나2457 판결]
>
> 부모가 대한민국의 국민인 자가 출생지법에 따라 미국 국적을 취득하여 이중국적자가 되었다 하여도 대한민국의 국적을 이탈하지 않은 이상 부재자의 사망의제에 관하여 우리법률을 적용할 것이다.

[사례 엿보기 26] 미국에 거주하는 미국 영주권자(또는 미국과 한국 복수국적자)**가 일정한 재산을 증여나 유증한 경우, 다른 상속인의 유류분 청구를 막는 것이 가능한가?**

저는 오래전 미국으로 이민을 와서 영주권을 취득하여 거주하고 있습니다. 전 배우자와의 사이에 자녀 3명이 있고, 현재 재혼을 하여 캘리포니아에서 배우자와 거주하고 있습니다. 특별히 시민권을 취득할 필요는 느끼지 못해서 시민권은 취득하지 않았는데요. 그동안 형성해온 재산에 대해 이제 어느 정도 정리를 하려고 하는데, 아무래도 제가 먼저 사망할 경우 재혼 배우자가 여생을 문제없이 보낼 수 있게, 배우자에게 대부분 재산을 넘기려고 하고 있습니다.

그런데 제가 미국 영주권이지만 국적은 한국이라서, 배우자에게만 재산을 넘기게 될 경우 한국법에 따라 자녀들이 유류분에 대한 권리를 행사할 수 있다고 해서 걱정이 됩니다. 자녀들에게는 이미 일부 재산을 주기는 했습니다. 하지만 자녀들 입장에서도 재혼 배우자에게만 재산을 준다면 서운해

할 것이라는 부분이 이해가 됩니다만, 남은 생을 살아가야 하는 배우자의 생존이 사실 더 염려가 됩니다.

이런 경우 제가 유언이나 신탁을 통해 배우자에게 대부분의 재산을 넘긴다 해도 유류분에서 문제가 되지 않는 방법이 있을까요?

대한민국 「국제사법」 제49조 제1항에 따라 망인이 사망하면 상속에 관한 준거법은 망인의 본국법이 됩니다. 사례에서처럼 미국에 영주권자로서 오랫동안 거주했더라도 국적은 대한민국이기 때문에 사망 시 상속에 관한 준거법은 대한민국 법이 됩니다. 그래서 재산의 분배 현황에 따라 염려하는 것과 같이 자녀들이 유류분에 대한 권리를 행사할 수도 있습니다.

앞서 [사례 엿보기 24]에서 자세히 살펴보았듯이, 만약 아버지의 국적이 미국 시민권이라면 상속에 관한 준거법은 미국 법이 되므로, 미국 주법에 유류분에 대한 제도를 규정하고 있지 않다면 생전증여나 유언을 통해 유류분이 문제 되지는 않을 겁니다.

하지만 제시된 사례에서처럼 국적이 대한민국이고, 당장 미국 국적을 취득하는 것이 어렵다면 **일정한 경우 국적이 대한민국임에도 상속에 관한 준거법을 미국 법으로 명시적으로 지정하여 유류분 문제가 적용되는 것을 피해갈 방법**이 있습니다.

즉 대한민국 「국제사법」 제49조 제2항 제1호에 따라 **아버지가 거주하는 캘리포니아의 법에 따라 유언을 남기면서, 상속에 관한 준거**

법으로 캘리포니아 법을 명시적으로 지정하면 아버지는 대한민국 국적임에도 미국 캘리포니아 법이 상속에 관한 준거법이 될 수가 있습니다. 단, 이 경우 아버지는 사망 시까지 계속 캘리포니아에 거주해야 합니다.

또한, 「국제사법」 제49조 제2항 제2호에 따라 만약 유언 대상 부동산이 미국에 있는 부동산이라면 역시 캘리포니아 법에 따라 적정한 유언을 남기면서 해당 부동산의 상속에 관한 준거법으로 캘리포니아 법을 명시적으로 지정한다면, 이 경우에도 캘리포니아 법이 준거법으로 적용될 수가 있습니다.

캘리포니아 법이 상속에 관한 준거법으로 지정된다면 아버지가 생전에 부동산을 증여하거나 유언을 남겨두었더라도, 상속에 관한 준거법으로 미국 법이 적용되기 때문에 미국 법에 별도로 유류분에 관한 제도를 규정하고 있지 않은 한 유류분이 적용되지는 않을 겁니다.

이러한 경우는 미국 영주권자 외에도 미국 시민권자인 상황에서 65세 이후에 대한민국 국적을 회복하거나, 대한민국에 특별한 기여를 한 자로서 특별귀화를 한 후 대한민국에서 미국 국적을 행사하지 않기로 서약하여 복수국적을 보유한 사람에게도 의미가 있게 적용될 수 있습니다.

즉 복수국적자가 실제 거주는 미국에서 거주를 하다가 사망한 경우, 대한민국 「국제사법」 제3조 제1항 및 제49조 제1항에 따라 상속에 관한 준거법은 대한민국 법이 되어, 자칫 사후에 유류분 문제가 발생할 수 있습니다. 따라서 복수국적 상태에서 미국에 거주한다면 훗날 유류분 분쟁을 대비하여 미국에서 주법에 따라 적법한 유언을 남기면서 명시적으로 상속에 관한 준거법을 남겨놓을 필요가 있을 겁니다.

★ 관련 법령

「국제사법」

제3조(본국법)

① 당사자의 본국법에 의하여야 하는 경우에 당사자가 둘 이상의 국적을 가지는 때에는 그와 가장 밀접한 관련이 있는 국가의 법을 그 본국법으로 정한다. 다만, 그 국적 중 하나가 대한민국인 때에는 대한민국 법을 본국법으로 한다.

제49조(상속)

① 상속은 사망 당시 피상속인의 본국법에 의한다.
② 피상속인이 유언에 적용되는 방식에 의하여 명시적으로 다음 각호의 법 중 어느 것을 지정하는 때에는 상속은 제1항의 규정에 불구하고 그 법에 의한다.
1. 지정 당시 피상속인의 상거소가 있는 국가의 법. 다만, 그 지정은 피상속인이 사망시까지 그 국가에 상거소를 유지한 경우에 한하여 그 효력이 있다.
2. 부동산에 관한 상속에 대하여는 그 부동산의 소재지법

PART
3

한정승인과 상속포기

한정승인과 상속포기의 기본적 이해

　상속인은 망인(피상속인)의 생전 재산 상황을 정확히 알고 있다면 상속을 진행할 때 큰 어려움이 없을 겁니다. 하지만 망인의 재산 현황을 제대로 파악하고 있지 않으면 예상치 못한 망인의 채무를 떠안을 수 있는 위험성도 존재합니다. 더군다나 상속인이 해외에 거주하고 있다면 망인의 남겨둔 재산을 파악하는 것은 한국에 거주하는 경우보다 쉽지 않을 것입니다. 그렇다면 갑작스러운 부모님의 사망에 망인의 상속재산 현황을 잘 알지 못할 때, 상속인들은 어떤 대응을 해야 할까요?
　정답은 간단합니다. 상속인들은 피상속인의 사망 이후 재산목록을 정확히 정리를 해서, 상속을 받을 것인지 아니면 상속을 포기할 것인지를 결정해야 합니다. 대한민국 민법에는 상속인들이 상속재산,

특히 상속채무를 떠안지 않기 위해 **한정승인과 상속포기**에 대한 규정이 있습니다. 쉽게 말해 **한정승인은 상속에 의해 얻은 재산의 한도 내에서만 망인의 채무를 변제하는 책임을 지는 상속의 승인**을 말합니다. 이 경우 망인의 채무는 상속재산만으로 청산하고, 상속재산이 부족하더라도 상속인은 자신의 재산으로 그 채무를 변제할 의무가 없습니다. 그리고 청산의 결과, 상속재산이 남으면 상속인에게 귀속되는 것이지요.

상속포기는 말 그대로 상속인으로서의 자격을 포기하는 것으로, 상속재산의 전부 포기를 의미합니다. 상속재산보다 상속채무가 더 많은 것이 확실하다면 상속인들은 상속포기를 함으로써 망인의 채무를 변제하지 않아도 되는 것이죠.

상속인들은 망인의 상속채무의 정도를 파악해 한정승인이나 상속포기, 둘 중 하나를 선택해야 합니다. 상속재산보다 상속채무가 많은 것이 분명하다면 상속을 포기하면 그만이지만, 상속재산과 상속채무 중 어느 것이 더 많은지 불분명할 때는 한정승인을 하는 것이 현명한 선택일 수도 있습니다. 한정승인은 청산 과정에서 상속채무가 더 많아도 상속인은 자신의 고유재산에서 채무의 변제 책임이 없고, 만약 상속채무를 변제하고도 재산이 남는다면 그 재산은 상속인에게 귀속되기 때문이죠.

이번 장에서는 한정승인과 상속포기에 대한 기본적 개념을 이해하고, 관련된 사례를 통해 한정승인과 상속포기 과정에서 나타날 수 있는 현실적인 문제와 해결책을 찾아보겠습니다. 이 부분은 단순히 개념만 이해하고 있다고 해서 모든 문제가 해결되지는 않습니다. 한정승인과 상속포기에 대해 많은 사람들이 오해를 하는 부분도 많기에 그런 점을 염두에 두고 사례를 보면, 불확실한 상황 해결에 큰 도움이 될 겁니다.

자, 그럼 한정승인과 상속포기의 기본적 이해를 돕는 사례부터 출발해보겠습니다.

[사례 엿보기 1] 대한민국 국민인 아버지가 채무를 남긴 채 사망한 경우, 미국 시민권자인 자녀도 아버지의 채무를 상속받는가?

> 저는 10년 전에 배우자와 함께 미국으로 이민 와서 미국 시민권을 취득했고, 대한민국 국적을 상실한 채 미국에서 계속 생활하고 있습니다. 최근 아버지가 돌아가셨다는 연락을 받고 급히 입국하여 장례를 치렀는데, 형제들이 말하길 아버지가 많은 채무를 남긴 채 돌아가셨다고 합니다.
> 형제들은 채무를 떠안지 않기 위해 상속포기 · 한정승인을 한다고 하는데, 저는 대한민국 국민이 아니라 미국 시민권자인데도 아버지의 채무를 상속받는 것인지, 아버지의 채무를 떠안지 않기 위해서는 무엇을 해야 하는지 궁금합니다.

대한민국 국민이 사망한 경우 미국 시민권자인 자녀도 상속인이 됩니다. 대한민국「국제사법」제49조 제1항은 "상속은 사망 당시 피상속인의 본국법에 의한다"라고 규정하고 있습니다. 여기서 '상속'이란 망인의 사후 누가 상속인이 되어야 할지, 어떠한 재산이 상속되는지, 각자가 상속받을 몫이 얼마인지뿐만 아니라 상속포기 또는 한정승인을 포함한 상속에 관한 일체의 문제를 의미하며, '본국법'이란 망인이 사망 당시 가지고 있던 국적의 국가의 법을 의미합니다. 즉 **대한민국은 망인이 사망할 당시 가지고 있던 국적의 국가의 법에 따라 상속인을 정하고 있는 것**입니다.

따라서 대한민국 국민이 사망하였다면 그 자녀가 대한민국 국민이든 외국 시민권자이든 관계없이 망인의 본국법인 대한민국 「민법」에 따라 그 상속인을 확정하게 됩니다. 「민법」 제1000조 제1항 제1호는 망인의 직계비속, 즉 망인의 자녀 등이 상속인이 된다고 규정하고 있으므로, 사례의 질문자도 미국 시민권자인 것과 관계없이 아버지의 상속인이 됩니다.

아버지가 많은 채무를 남기고 사망했을 경우 상속채무를 떠안지 않기 위해서는 한정승인 또는 상속포기를 해야 합니다. 「민법」 제1026조 제2호는 "상속인이 상속개시 있음을 안 날로부터 3월 내에 한정승인 또는 상속포기를 하지 아니한 때에는 단순승인을 한 것으로 본다"라고 규정하면서, 「민법」 제1019조 제1항은 "상속인은 상속개시 있음을 안 날로부터 3월 내에 단순승인이나 한정승인 또는 포기를 할 수 있다"고 규정하여 상속인에게 일정한 기간 동안 피상속인의 재산과 채무에 대해 한정승인 또는 상속포기를 할 수 있도록 보장하고 있습니다.

여기서 **'단순승인'**은 아무런 제한 없이 망인의 상속재산·채무를 그대로 상속받는 것을(「민법」 제1025조), **'한정승인'**은 망인의 상속재산·

채무를 상속받되, 그 상속채무는 상속받은 재산의 범위 내에서만 갚도록 상속인의 책임을 제한하는 것을(「민법」 제1028조), **'상속포기'**는 애초에 망인의 상속인이 아니었던 상태로 만들어 어떠한 상속재산·채무도 상속받지 않도록 하는 것을(「민법」 제1042조) 각각 의미합니다.

만약 망인이 상속재산보다 훨씬 많은 상속채무를 남겼을 때 상속인이 단순승인을 한다면 상속받은 재산뿐만 아니라, 상속인이 스스로 형성했거나 장차 형성할 재산으로도 그 채무를 모두 갚아야만 합니다.

그러나 **상속인이 한정승인을 한다면** 상속인이 스스로 형성했거나 장차 형성할 재산으로는 그 채무를 갚을 의무가 없고, 다만 **망인으로부터 상속받은 재산으로만 그 채무를 갚으면 모든 법적인 책임을 다한 것**이 됩니다. 예를 들어 상속받은 재산이 10만 원이고 상속받은 채무가 1억 원인 경우, 상속인 본인의 고유한 재산이 얼마가 있든 상관없이 1억 원의 상속채무에 대해서는 10만 원의 상속재산만 갚으면, 상속인은 더 이상 채무에 대한 법적인 책임을 지지 않습니다. 한편 상속인이 상속포기를 한다면 처음부터 상속인이 아니었던 것이 되므로 애초에 망인의 상속채무를 상속받지 않아 이를 갚을 의무가 전혀 없습니다.

망인이 상속채무를 남겼고 상속인이 그 채무를 떠안지 않기를 원하는 경우, 상속인은 「민법」이 정한 기간 내에 상속포기나 한정승인을 해야 합니다.

그리고 망인이 대한민국 국민이라면 상속인은 국적에 관계없이 대한민국 법원에 한정승인 또는 상속포기 신청을 할 수 있습니다.

앞서 살펴본 바와 같이 상속에 관한 모든 문제는 망인의 본국법에 따라 정해진다고 했습니다. 망인이 대한민국 국민이라면 상속인은 본인의 국적과는 무관하게 대한민국 법원에서 한정승인 또는 상속포기심판을 받을 수 있습니다.

다만 「민법」 제1024조는 착오, 사기 또는 강박에 의하여 상속포기 또는 한정승인심판을 청구하는 등 특별한 경우가 아니라면 상속포기 또는 한정승인을 취소할 수 없다고 규정하고 있기에 상속인이 한번 상속포기 또는 한정승인을 하면 원칙적으로 이를 취소할 수 없습니다.

그렇기 때문에 상속포기 또는 한정승인을 하기 전에 망인의 상속재산·채무를 조사하여 신중하게 이를 진행해야 할 것이고, 만약 「민법」이 정한 기간 내에 망인의 상속재산에 대한 조사를 마치지 못해 결정하기 어렵다면 기간 연장을 신청하는 등의 조치를 취해야 할 것입니다.

★ **관련 법령**

대한민국 「국제사법」

제49조(상속)
① 상속은 사망 당시 피상속인의 본국법에 의한다.

대한민국 「민법」

제1019조(승인, 포기의 기간)
① 상속인은 상속개시 있음을 안 날로부터 3월 내에 단순승인이나 한정승인 또는 포기를 할 수 있다. 그러나 그 기간은 이해관계인 또는 검사의 청구에 의하여 가정법원이 이를 연장할 수 있다.

제1025조(단순승인의 효과) 상속인이 단순승인을 한 때에는 제한 없이 피상속인의 권리의무를 승계한다.

제1026조(법정단순승인) 다음 각호의 사유가 있는 경우에는 상속인이 단순승인을 한 것으로 본다.
1. 상속인이 상속재산에 대한 처분행위를 한 때
2. 상속인이 제1019조 제1항의 기간 내에 한정승인 또는 포기를 하지 아니한 때
3. 상속인이 한정승인 또는 포기를 한 후에 상속재산을 은닉하거나 부정소비하거나 고의로 재산목록에 기입하지 아니한 때

제1028조(한정승인의 효과) 상속인은 상속으로 인하여 취득할 재산의 한도에서 피상속인의 채무와 유증을 변제할 것을 조건으로 상속을 승인할 수 있다.

제1042조(포기의 소급효) 상속의 포기는 상속개시된 때에 소급하여 그 효력이 있다.

제1024조(승인, 포기의 취소금지)
① 상속의 승인이나 포기는 제1019조 제1항의 기간 내에도 이를 취소하지 못한다.
② 전항의 규정은 총칙편의 규정에 의한 취소에 영향을 미치지 아니한다. 그러나 그 취소권은 추인할 수 있는 날로부터 3월, 승인 또는 포기한 날로부터 1년 내에 행사하지 아니하면 시효로 인하여 소멸된다.

[사례 엿보기 2] 외국 시민권자 및 영주권자가 상속포기·한정승인을 하기 위해 준비해야 할 서류는?

> 최근 어머니가 돌아가셔서 자녀들이 상속포기를 하려고 합니다. 그런데 형은 캐나다 영주권자로 캐나다 밴쿠버에 거주 중이고, 저는 미국 시민권자로 캘리포니아주에 거주 중입니다.
> 인터넷 검색을 해보니 상속포기심판 청구를 하기 위해서는 인감증명서를 제출해야 한다고 하는데, 형과 저의 경우 외국에 있어서 인감증명서를 발급받을 수가 없는데, 어떤 서류를 준비해야 하는지 궁금합니다.

한정승인이나 상속포기를 신고하려는 상속인은 기본적으로 법원에 피상속인의 사망사실 및 그 연월일, 상속인과 피상속인의 관계, 상속인이 상속개시 있음을 안 날, 신고 연월일, 피상속인의 최후 주소, 상속인이 한정승인이나 상속포기를 한다는 의사의 표시 및 당사자의 등록기준지, 주소, 성명, 생년월일 등을 기재하여 제출하고, 이를 소명하기 위한 자료를 첨부하여 제출해야 합니다. 일반적으로 **국내에 있는 대한민국 국민의 경우 한정승인 또는 상속포기심판 청구서에 행정복지센터 등에서 발급받은 신분관계 서류들을 첨부하여 제출**합니다.

그런데 해외에 체류 중인 대한민국 국민은 영사관을 방문하더라도 인감증명서를 발급받을 수 없습니다. 외국 시민권자의 경우 해당 국가에서 인감제도를 운영하지 않는 한 별도의 인감증명서를 발급받을 수도 없고, 대한민국 국적을 상실한 시기에 따라 대한민국에 가족관계등록이 되어 있지 않아 기본증명서나 가족관계증명서 자체가 존재하지 않는 경우도 있습니다.

그렇다면 외국에 있는 대한민국 국민이나 해외 시민권자가 한정승인 또는 상속포기를 하기 위해서는 어떠한 서류들을 준비해야 하는 것일까요?

해외에 거주하고 있는 대한민국 국민은 외국의 영주권을 가지고 있든 가지고 있지 않든 한정승인이나 상속포기를 하고자 할 경우, **가까운 영사관에서 가족관계 및 주소에 관한 증빙서류를 발급**받을 수 있습니다. 아울러, 한정승인이나 상속포기를 신청하는 권한을 위임한다는 취지를 기재한 **위임장**과 그 서명의 진정성을 보여주는 **서명진술서를 영사관에서 영사공증을 받아 첨부**하는 것으로, 한정승인이나 상속포기를 한다는 의사를 소명할 수 있습니다. 만약, 미국과 같은 아포스티유 협약국가라면 영사공증은 현지 공증인의 공증(Notarization) 및 아포스티유 인증을 받는 것으로 대체할 수 있고, 캐나다와 같은 아포스티유 협약국가가 아닌 경우에는 현지 공증인의 공증(Notarization), 주 정부의 인증(Authentication) 및 한국 영사관의 영사확인을 받는 것으로 대체할 수도 있습니다.

이와는 다르게 **외국 시민권자**가 대한민국에서 한정승인이나 상속포기를 신고하고자 하는 경우, 만약 대한민국 국적 상실 전에 가족관계등록부에 등록이 되어 있었다면 여전히 영사관 또는 행정복지센터에서 기본증명서 및 가족관계증명서를 발급받을 수 있습니다. 그 서류들로 망인과의 관계 등을 소명할 수 있을 것이죠. 그런데 **대한민국에 가족관계등록부 등록이 되어 있지 않다면**, 기본증명서나 가족관계증명서를 발급받을 수 없습니다. 그래서 **현재 국적국에서 발급된 출생증명서나 혼인증명서 등 가족관계를 소명할 수 있는 서류를 준비**해야 합니다.

외국 시민권자가 국내에 외국인등록이나 국내거소신고를 하고 국내에 거주 중이라면 대한민국 국민과 동일하게 인감증명서 또는 본인서명사실확인서를 통해 본인의 의사를 표시할 수 있습니다. 반면 외국 시민권자가 해외에 거주 중이라면 기본적으로 동일인증명서, 거주확인서, 위임장 및 서면진술서를 각각 공증받아야 하는데, 이러한 서류는 특정하게 정해진 양식이 없으므로, 작성자마다 명칭이나 양식이 상이할 수 있습니다. 해당 서류는 통상 시민권자 본인이 직접 작성하거나 변호사 등을 통해 적정하게 작성해야 합니다.

공증은 대한민국 국민의 경우와 마찬가지로, 영사공증이나 공증 및 아포스티유 인증 등 개인의 상황에 맞게 가장 편한 방법을 선택해서 진행하면 됩니다.

★ **관련 법령**

「가사소송규칙」

제75조(한정승인 · 포기의 신고)
① 상속의 한정승인 또는 포기의 신고는 법 제36조 제3항에 규정한 사항 외에 다음 각호의 사항을 기재하고, 신고인 또는 대리인이 기명날인 또는 서명한 서면에 의하여야 한다.

1. 피상속인의 성명과 최후주소
2. 피상속인과의 관계
3. 상속개시 있음을 안 날
4. 상속의 한정승인 또는 포기를 하는 뜻

② 제1항의 신고서에는 신고인 또는 대리인의 인감증명서를 첨부하여야 한다.
③ 가정법원이 제1항의 신고를 수리할 때에는, 그 신고의 일자 및 대리인에 의한 신고인 경우에는 그 대리인의 주소와 성명을 기재한 심판서를 작성하여야 한다.

「재외공관 공증법」

제1조(적용) 대한민국 영토 밖에서의 공증(公證)에 관한 사무는 이 법에서 정하는 바에 따른다.

제3조(공증담당영사의 권한과 직무수행)
① 공증담당영사는 소속 공관의 관할구역에서 당사자나 그 밖의 관계인의 촉탁(囑託)을 받아 다음 각호에 관한 사무를 처리한다.
1. 법률행위나 그 밖에 사권(私權)에 관한 사실에 대한 공정증서(公正證書)의 작성
2. 사서증서(私署證書)의 인증
3. 공증에 관계되는 문서의 확인

제30조(주재국 공문서 등의 확인)
① 공증담당영사는 주재국 공무원이 발행하였거나 주재국 공증인이 공증한 문서에 찍힌 도장 또는 서명의 진위 여부와 그 공무원이나 공증인의 직위를 확인할 수 있다. 다만, 주재국이 「외국공문서에 대한 인증의 요구를 폐지하는 협약」(이하 "아포스티유 협약"이라 한다)의 가입국인 경우에는 아포스티유 협약에서 정하는 바에 따른다.

[주로스앤젤레스 대한민국 총영사관 공지사항]

< 미국 시민권자의 영사확인 변경안내 (필독) >

미국 시민권자는 기본적으로 미국공증(Notarization)을 받아 아포스티유(Apostille)를 받는 절차로 진행하셔야 합니다. 다만, 원하실 경우 사서인증의 일부로 영사 확인 받으실 수도 있습니다.

※ 영사관에서는 아포스티유를 하지 않으며, 미국 기관이 공증했거나 아포스티유가 완료된 문서에 추가 확인은 불가합니다.
※ 아포스티유에 대한 안내는 문서 하단의 내용을 참고하시기 바랍니다.

https://overseas.mofa.go.kr/us-losangeles-ko/brd/m_4357/view.do?seq=1106550&page=1

[사례 엿보기 3] 한정승인을 하면 상속재산에 대한 취득세나 재산세를 내야 하나?

미국 시민권자인데 최근 아버지께서 돌아가셨습니다. 아버지는 자동차와 약간의 토지를 상속재산으로 남기셨는데, 알아보니 수십억 원의 채무도 남기셔서 법원에서 한정승인 심판을 받았습니다. 한정승인 심판을 받고 모든 것이 끝난 줄 알았는데, 갑자기 구청에서 취득세와 재산세를 내라는 고지서를 받았습니다.

저는 한정승인을 했고 아버지는 재산보다 채무를 훨씬 많이 남기셨는데, 취득세와 재산세를 내야 하는 것인지 궁금합니다.

망인이 사망하면서 재산보다 훨씬 많은 채무를 남겨둔 경우, 상속세 등 별다른 세금을 납부할 필요가 없다고 단정하고 한정승인 또는 상속포기만을 한 채 세금 납부에 대해 신경을 쓰지 않는 경우가 있습니다.

그러나 대한민국 대법원은 "상속인의 고유한 채무에 해당하는 취득세 등 납부의무는 상속재산의 한정승인과는 아무런 관련이 없다고 할 것이다"라고 하여(대법원 2007. 4. 12. 선고 2005두9491 판결), **한정상속인이 망인의 상속재산에 대해 취득세를 납부할 의무가 있다**고 밝히고 있습니다.

또한 한정상속인은 망인의 상속재산을 상속받아 이를 망인의 채권자들에게 청산해야 하는데, 그 과정에서 망인의 상속재산을 보유하게 됩니다. 이에 **상속인은 한정승인 여부와는 무관하게 그 보유 기간 동안의 상속재산에 대해 재산세를 납부**해야 합니다.

조세심판원은 이와 같은 견지에서 "상속개시일 이후에 상속재산에 대한 납세의무가 새로이 성립된 지방세의 경우 피상속인의 상속채무에 해당하지 아니한 바, **한정상속 승인 받은 사실이 새로이 납세의무가 성립한 지방세의 부과처분에 영향을 끼칠 수는 없다 할 것이다**"라고 하고 있습니다(조세심판원 2013.11.11. 조심2013지0699 기각).

따라서 [사례 엿보기 3] 질문자는 한정승인을 했는지 상관없이 그 상속재산에 부과된 취득세와 재산세를 본인의 부담으로 납부해야 합니다.

★ **판결 및 판례**

[대법원 2007. 4. 12. 선고 2005두9491 판결] [취득세등부과처분취소]

원고는 그 한정승인의 효과로서 위 부동산을 상속에 의하여 취득하였고 위 부동산이 취득세 비과세대상을 한정적으로 규정한 지방세법 제110조 제3호 소정의 비과세대상으로서 '1가구 1주택' 또는 '자경농지'에 해당하지 아니함이 분명하므로 원고에게 위 부동산에 관한 취득세 납부의무가 있다고 본 원심의 판단은 정당하다.

[조심2013지0699, 2013. 11. 11.]

청구인들에게 부과된 이 건 재산세는 청구인들의 쟁점주택 상속이 개시된 2012.11.2. 이후에 새로이 납세의무가 성립되어 청구인들에게 부과된 조세이므로 피상속인의 상속채무에 해당하지 않고, 쟁점주택에 대하여 한정상속승인을 받았으므로 사실상 소유자로 보아 재산세를 부과한 처분은 적법함

[사례 엿보기 4] 한정승인을 하면 상속 부동산이 매각된 경우 양도소득세를 내야 하나?

미국 시민권자인데 최근 아버지께서 돌아가셨습니다. 아버지는 지방에 토지를 남겨두셨습니다. 그 외에 수십억 원 이상의 채무도 남기셔서, 법원에서 한정승인 심판을 받았습니다. 한정승인 심판을 받고 모든 것이 끝난 줄 알았는데, 갑자기 세무서에서 양도소득세를 신고하라는 통지서를 받았습니다. 알아보니, 아버지가 남기신 토지는 경매에 붙여져서 사망 당시 공시지가보다 더 높은 가격으로 매각이 되었던 것입니다.
저는 한정승인을 했고 아버지는 재산보다 채무를 훨씬 많이 남기셨는데, 이 경우 양도소득세를 부담해야 하는 것인지 궁금합니다.

이 경우는 위 [사례 엿보기 3]과는 조금 다른 측면이 있습니다. 즉, [사례 엿보기3]에서 상속부동산에 대하여 재산세와 취득세는 한정승인자가 부담해야 하지만, 상속부동산이 사망 당시 가액보다 나중에 더 높은 가격으로 매각이 되어 매각차익에 대한 양도소득세가 발생했다고 하더라도, 이를 한정승인자가 부담하는 것에 대해서는 억울한 부분이 많기 때문입니다. 남겨둔 경우, 상속세 등 별다른 세금을 납부할 필요가 없다고 단정하고 한정승인 또는 상속포기만을 한 채 세금 납부에 대해 신경을 쓰지 않는 경우가 있습니다.

이에 대해 우리 대법원은 상속인이 망인의 채권자들에게 상속재산을 청산하기 위해 이를 경매 등을 통해 매도하는 경우 양도차익이 발생했다면 이에 대하여 양도소득세를 납부해야 한다고 판단하였지만,

이 사건 양도소득세 채무가 상속채무의 변제를 위한 상속재산의 처분과정에서 부담하게 된 채무로서 민법 제998조의2에서 규정한 상속에 관한 비용에 해당하고, 상속인의 보호를 위한 한정승인 제도의 취지상 이러한 상속비용에 해당하는 조세채무에 대하여는 상속재산의 한도 내에서 책임질 뿐이라고 볼 여지가 있다'고 판시(대법원 2012. 9. 13. 선고 2010두13630 판결)하였고, 하급심 사례를 보면 한정승인을 한 경우 양도소득세는 '상속에 관한 비용' 중 청산비용에 해당하므로 상속재산 범위 내에서만 상속인이 부담해야 한다는 사례(부산지방법원 2017. 3. 31. 선고 2016구합25063 판결 참조), "한정승인을 한 상속인이 상속재산의 청산을 종료하는 시점에 발생하게 되는 비용, 즉 상속한 부동산이 경매절차에서 매각됨에 따라 발생하는 양도소득세는 '상속에 관한 비용' 중 청산비용에 해당하고, 상속인의 보호를 위한 한정승인제도의 취지상 이러한 상속비용에 해당하는 조세채무에 대하여는 상속재산의 한도 내에서 책임질 뿐이다"(대구지방법원 2018. 12. 19 선고 2018구합892 판결 참조)라고 판시하였습니다.

이에 질문자께서는 상속부동산에 부과된 양도소득세는 상속비용으로써 상속재산 한도 내에서 변제해야 하는바, 상속재산 청산 과정에서 양도소득세를 상속채무에 포함하여 상속재산으로 세금을 납부해야 합니다.

★ 판결 및 판례

[부산고등법원 2005. 5. 13 선고 2003누3369 판결]

상속의 한정승인은 채무의 존재를 한정하는 것이 아니라 단순히 그 책임의 범위를 한정하는 것에 불과할 뿐이고 상속세부과처분은 적극재산에서 소극재산을 공제한 상속재산에 대하여만 행해지는 것이므로, 상속의 한정승인이 있다 하더라도 이를 이유로 상속세의 부과처분이 위법하게 되는 것은 아니다.

[대법원 2012. 9. 13. 선고 2010두13630 판결]

저당권의 실행을 위한 부동산 임의경매는 담보권의 내용을 실현하여 현금화하기 위한 행위로서 소득세법 제4조 제1항 제3호, 제88조 제1항의 양도소득세 과세대상인 '자산의 양도'에 해당하고, 이 경우 양도소득인 매각대금은 부동산의 소유자에게 귀속되며, 그 소유자가 한정승인을 한 상속인이라도 그 역시 상속이 개시된 때로부터 피상속인의 재산에 관한 권리의무를 포괄적으로 승계하여 해당 부동산의 소유자가 된다는 점에서는 단순승인을 한 상속인과 다르지 않으므로 위 양도소득의 귀속자로 보아야 함은 마찬가지이다.

[서울행정법원 2004. 6. 11. 선고 2003구합11599 판결 / 대법원 2007. 4. 12. 선고 2005두9491 판결]

상속재산의 한정승인을 한 상속인은 상속채무 등에 관하여 상속재산의 한도 내에서 유한책임을 지는 것에 불과하므로 상속채무가 아니라 상속인이 우선 책임을 부담하여야 하는 <u>상속인의 고유한 채무에 해당하는 취득세 등 납부의무는 상속재산의 한정승인과는 아무런 관련이 없다</u>고 할 것이다.

[조세심판원 조심2013지0699, 2013.11.11., 기각]

「지방세법」제107조 제1항의 규정에 따르면 재산세 과세기준일 현재 재산을 사실상 소유하고 있는 자는 재산세를 납부할 의무가 있고, 상속개시일 이후에 상속재산에 대한 납세의무가 새로이 성립된 지방세의 경우 피상속인의 상속채무에 해당하지 아니한바, <u>한정상속 승인 받은 사실이 새로이 납세의무가 성립한 지방세의 부과처분에 영향을 끼칠 수는 없다</u> 할 것이다.

[부산지방법원 2017. 3. 31. 선고 2016구합25063 판결] [압류처분취소]

민법 제998조의 2에서는 '상속에 관한 비용은 상속재산 중에서 지급한다.'라고 규정하고 있고, '상속에 관한 비용'은 조세 기타 공과금, 관리비용, 청산비용 등을 의미하며(대법원 1997. 4. 25. 선고 97다3996 판결, 대법원 2003. 11. 14. 선고 2003다30968 판결 등 참조), 상속인은 상속이 개시되면 민법 제1022조에 따라 상속인이 한정승인을 할 때까지 상속재산 관리를 하여야 할 뿐만 아니라, 나아가 상속재산에 대한 청산이 종료할 때까지 관리를 계속하여야 한다고 해석하여야 함이 상당한바, 상속재산 청산이 종료되는 시점에 발생하게 되는 비용, 즉 이 사건 양도소득세와 같이 상속재산이 강제경매절차에 따라 매각됨에 따라 발생하는 양도소득세는 '상속에 관한 비용' 중 청산비용에 해당한다고 봄이 상당하다.

위와 같이 '상속에 관한 비용'을 '상속재산'의 범위 내에서 지급하도록 하는 민법 제998조의 2 규정은 상속재산과 고유재산이 분리되는 한정승인의 경우에 있어 그 의미를 가지는데, 이 사건 양도소득세와 같이 상속재산의 매각 등으로 인하여 발생하는 조세 채무의 성격을 '상속에 관한 비용'으로 해석하지 아니할 경우, 상속인이 한정승인을 하였음에도 불구하고 실질적으로 상속을 받은 재산의 범위를 초과하여 상속으로 인한 채무를 부담하게 되는 결과가 발생하게 되어 한정승인의 취지에 반하게 된다.

이 사건 양도소득세가 '상속에 관한 비용'이라고 본다면 이 사건 양도소득세는 '상속재산 중에서 지급'하여야 할 것이고, '상속재산 중에서 지급'한다는 것은 상속으로 인하여 받은 재산을 한도로 하여 변제한다는 것을 의미한다고 보아야 할 것이므로, 원고는 상속재산인 이 사건 지분이 강제경매절차에 따라 매각됨에 따라 원고에게 부과된 이 사건 양도소득세에 대하여 원고가 상속으로 인하여 받은 상속재산 중에서만 지급할 의무를 부담할 뿐, 원고의 고유재산으로서 이 사건 양도소득세를 지급할 의무를 부담하지는 않는다고 할 것이다.

[사례 엿보기 5] 한정승인을 한 이후에 망인의 재산은 어떻게 처리해야 하나?

저는 미국에서 유학 중인데, 아버지께서 돌아가셔서 급히 귀국하여 장례를 치렀습니다. 아버지는 자동차와 부동산 및 운영하시던 공장 내에 각종 기계 등 많은 재산을 남겼지만, 공장 근로자들에 대한 급여와 각종 체납세금 등 재산보다 더 많은 채무를 남기셨습니다.

이에 법원에서 한정승인심판을 받았으나, 저는 학업을 계속해야 해서 다시 미국으로 출국하려고 합니다. 한정승인심판을 받은 이후 아버지의 재산들은 어떻게 처리해야 하는지 궁금합니다.

한정승인 후 상속재산의 청산

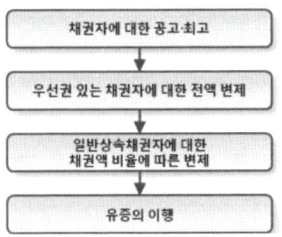

「민법」제1031조는 한정승인을 한 상속인의 망인에 대한 재산상의 권리 의무가 소멸하지 않는다고 규정하고 있습니다. 즉 **한정승인을 한 상속인은 망인의 상속인으로서의 지위를 계속해서 유지한다**는 의미죠. 다만 **한정승인을 한 상속인**은「민법」제1028조에 따라 망인으로부터 **상속받은 재산의 한도 내에서 망인의 상속채무를 변제할 의무만을 부담하는 것으로 그 책임 범위가 제한**됩니다.

이에「민법」은 한정승인을 한 상속인이 한정승인심판을 받은 이후 해야 할 일정한 후속조치를 규정하고 있습니다. ① 먼저 상속인은 한정승인심판문을 송달받은 날로부터 5일 내에 **'신문공고'**를 하고, 알고 있는 채권자들에게는 한정승인사실과 채권 신고를 할 것을 알리는 **'채권자 통지'**를 해야 합니다. 이때 신문에 공고가 된 때로부터 2달 이상의 기간을 두고 채권자들의 신고를 받아야 하므로, 공고기간 중에는 채권자의 변제 요구를 거절하고 공고기간이 지난 이후 배당이 될 것임을 안내할 수 있습니다. ② 공고기간 2달이 경과하면, 상속인은 그때까지 채권을 신고한 채권자와 이미 알고 있는 채권자들에 대해 우선권이 있는 채권이 있는지 여부를 고려한 후 **각 채권액의 비율로 배당 변제를 해야** 하는데, 이를 **'청산'**이라고 합니다.

만약 상속재산 중 자동차나 기계와 같은 유체동산, 부동산, 주식 등 금전이 아닌 재산이 있다면 경매 등을 통해 이를 현금화해야 하며, 이후 현금화된 상속재산을 각 채권자들에게 배당해야 합니다. 다만 이때 「민법」 제1034조 제1항 단서가 "우선권 있는 채권자의 권리를 해하지 못한다"고 규정하고 있기에 **상속인은 근저당권자, 임대차보증금반환채권자 등 우선권이 있는 채권자에게 배당순위에 따라 배당**을 하고, 나머지 금액을 일반채권자들에게 채권액의 비율대로 안분하여 배당해야 합니다.

상속인은 기본적으로 별도의 법원의 관여 없이 직접 또는 대리인을 통해 청산을 진행해야 하는데, 이를 일명 **'임의청산'**이라고 합니다. 아울러, 상속인은 「채무자 회생 및 파산에 관한 법률」 제299조 제1항에 따라 **'상속재산파산'**을 신청하여, 법원이 선임한 파산관재인이 상속인을 대신하여 망인의 상속재산과 채무를 조사·확정하고,

상속재산을 현금화하여 청산할 수도 있습니다.

[사례 엿보기 4]의 경우에는 아버지가 자동차와 부동산 및 기계 등 현금화가 필요한 재산을 많이 남겨둔 상태입니다. 그리고 상속채무도 그 권리 순위가 복잡하고 다양할 것이기에 임의청산을 진행하기에는 다소 어려움이 있을 수 있습니다. 그렇다면 **법원에 상속재산파산을 신청하여 파산관재인이 상속재산을 청산하는 사무를 처리할 수 있도록 해야 할 것**입니다.

★ 관련 법령

「민법」

제88조(채권신고의 공고)
① 청산인은 취임한 날로부터 2월 내에 3회 이상의 공고로 채권자에 대하여 일정한 기간 내에 그 채권을 신고할 것을 최고하여야 한다. 그 기간은 2월 이상이어야 한다.
② 전항의 공고에는 채권자가 기간 내에 신고하지 아니하면 청산으로부터 제외될 것을 표시하여야 한다.
③ 제1항의 공고는 법원의 등기사항의 공고와 동일한 방법으로 하여야 한다.

제89조(채권신고의 최고) 청산인은 알고 있는 채권자에게 대하여는 각각 그 채권신고를 최고하여야 한다. 알고 있는 채권자는 청산으로부터 제외하지 못한다.

제1028조(한정승인의 효과) 상속인은 상속으로 인하여 취득할 재산의 한도에서 피상속인의 채무와 유증을 변제할 것을 조건으로 상속을 승인할 수 있다.

제1031조(한정승인과 재산상 권리의무의 불소멸) 상속인이 한정승인을 한 때에는 피상속인에 대한 상속인의 재산상 권리의무는 소멸하지 아니한다.

제1032조(채권자에 대한 공고, 최고)
① 한정승인자는 한정승인을 한 날로부터 5일 내에 일반상속채권자와 유증받은 자에 대하여 한정승인의 사실과 일정한 기간 내에 그 채권 또는 수증을 신고할 것을 공고하여야 한다. 그 기간은 2월 이상이어야 한다.

제1033조(최고기간 중의 변제거절) 한정승인자는 전조 제1항의 기간만료 전에는 상속채권의 변제를 거절할 수 있다.

제1034조(배당변제)
① 한정승인자는 제1032조 제1항의 기간만료 후에 상속재산으로서 그 기간 내에 신고한 채권자와 한정승인자가 알고 있는 채권자에 대하여 각 채권액의 비율로 변제하여야 한다. 그러나 우선권 있는 채권자의 권리를 해하지 못한다.

제1037조(상속재산의 경매) 전3조의 규정에 의한 변제를 하기 위하여 상속재산의 전부나 일부를 매각할 필요가 있는 때에는 민사집행법에 의하여 경매하여야 한다.

「비송사건절차법」

제65조의 3(등기사항을 공고할 신문의 선정)
① 지방법원장은 매년 12월에 다음 해에 등기사항의 공고를 게재할 신문을 관할구역의 신문 중에서 선정하고, 일간신문에 이를 공고하여야 한다.
② 공고를 게재할 신문이 휴간되거나 폐간되었을 때에는 다시 다른 신문을 선정하여 제1항과 같은 방법으로 공고하여야 한다.

제65조의 3(등기사항을 공고할 신문의 선정)

① 지방법원장은 매년 12월에 다음 해에 등기사항의 공고를 게재할 신문을 관할구역의 신문 중에서 선정하고, 일간신문에 이를 공고하여야 한다.
② 공고를 게재할 신문이 휴간되거나 폐간되었을 때에는 다시 다른 신문을 선정하여 제1항과 같은 방법으로 공고하여야 한다.

「채무자 회생 및 파산에 관한 법률」

제299조(상속재산의 파산신청권자)

① 상속재산에 대하여 상속채권자, 유증을 받은 자, 상속인, 상속재산관리인 및 유언집행자는 파산신청을 할 수 있다.
② 상속재산관리인, 유언집행자 또는 한정승인이나 재산분리가 있는 경우의 상속인은 상속재산으로 상속채권자 및 유증을 받은 자에 대한 채무를 완제할 수 없는 것을 발견한 때에는 지체 없이 파산신청을 하여야 한다.

③ 상속인·상속재산관리인 또는 유언집행자가 파산신청을 하는 때에는 파산의 원인인 사실을 소명하여야 한다.

제300조(상속재산에 대한 파산신청기간) 상속재산에 대하여는 「민법」 제1045조(상속재산의 분리청구권)의 규정에 의하여 재산의 분리를 청구할 수 있는 기간에 한하여 파산신청을 할 수 있다. 이 경우 그사이에 한정승인 또는 재산분리가 있는 때에는 상속채권자 및 유증을 받은 자에 대한 변제가 아직 종료하지 아니한 동안에도 파산신청을 할 수 있다.

제307조(상속재산의 파산원인) 상속재산으로 상속채권자 및 유증을 받은 자에 대한 채무를 완제할 수 없는 때에는 법원은 신청에 의하여 결정으로 파산을 선고한다.

제346조(파산과 한정승인 및 재산분리) 상속인이나 상속재산에 대한 파산선고는 한정승인 또는 재산분리에 영향을 미치지 아니한다. 다만, 파산취소 또는 파산폐지의 결정이 확정되거나 파산종결의 결정이 있을 때까지 그 절차를 중지한다.

★ 판결 및 판례

[대법원 2013. 9. 12. 선고 2012다33709 판결]

민법 제1037조에 근거하여 민사집행법 제274조에 따라 행하여지는 상속재산에 대한 형식적 경매는 한정승인자가 상속재산을 한도로 상속채권자나 유증받은 자에 대하여 일괄하여 변제하기 위하여 청산을 목적으로 당해 재산을 현금화하는 절차이므로, 제도의 취지와 목적, 관련 민법 규정의 내용, 한정승인자와 상속채권자 등 관련자들의 이해관계 등을 고려할 때 일반채권자인 상속채권자로서는 민사집행법이 아닌 민법 제1034조, 제1035조, 제1036조 등의 규정에 따라 변제받아야 한다고 볼 것이고, 따라서 그 경매에서는 일반채권자의 배당요구가 허용되지 아니한다.

[사례 엿보기 6] 상속재산파산을 신청하면 상속인의 신용에 문제가 생기는가?

저는 미국 시민권을 취득한 이후 줄곧 미국에서 생활하고 있습니다. 몇 달 전에 아버지께서 돌아가셔서 장례를 치렀는데, 아버지께서 많은 채무를 남기신 사실을 발견하고 한정승인을 하였습니다. 아버지는 돌아가시기 전에 동거하시던 분이 있었는데 그분께서 아버지가 사시던 집의 보증금을 자기가 지급했다며 그 보증금은 아버지의 상속재산이 아니라 자신에게 돌려주어야 한다고 주장하고 있습니다. 저는 아버지와 같이 생활하지는 않아서 아버지가 사시던 집의 보증금이 아버지의 돈인지 동거하시던 분의 돈인지 알지를 못합니다.

한정승인 이후에 상속재산을 청산하기 위해서 상속재산파산을 신청할 수 있다고 하던데, 상속재산파산 선고가 되면 제 신용에 문제가 생기는 것은 아닌지 궁금합니다.

원칙적으로 망인이 사망할 당시에 망인의 명의로 남아 있는 재산은 망인의 상속재산에 해당합니다. 망인이 생전에 망인의 명의로 임대차 계약을 체결했다면, 그 임대차 계약에 따라 임대인으로부터 돌려받을 임대차 보증금은 특별한 사정이 없는 한 원칙적으로 망인의 상속재산에 해당합니다.

형식상 망인의 상속재산으로 파악되는 재산에 대해 망인의 것이 아니라 자신의 재산이라고 주장을 하는 사람이 있다면 법원의 판결을 통해 자신의 재산임을 인정받아야 합니다. 법적으로는 망인에게 보증금 납부를 위해 돈을 빌려준 것이거나 증여해준 것으로 평가될 가능성도 있습니다. 그렇기에 단순히 망인이 지급해야 할 임대차 보증금을 대신 지급해주었다는 사실만으로 애초에 그 임대차 보증금 반환 채권 자체가 자신의 것이라고 인정받기는 어려울 것입니다.

[사례 엿보기 6]에서도 망인의 동거인은 임대차 보증금이 자신의 돈이라고 주장하고 있으나, 그 **임대차 계약상의 임차인이 망인인 이상 임대차 보증금 반환 채권은 망인의 상속재산에 해당**합니다. 그럼에도 망인의 동거인이 임대차 보증금에 대한 권리를 계속해서 주장한다면, 질문자는 현실적으로 상속채무를 망인의 채권자들에게 청산하는 데에 어려움이 있을 수 있습니다.

질문자는 스스로 임의청산을 진행하기보다는 **상속재산파산을 신청**하여 법원이 선임한 파산관재인이 청산 사무를 대신하도록 하는 것이 낫습니다. 「채무자 회생 및 파산에 관한 법률」 제384조에 따르면 파산관재인이 망인의 상속재산을 관리·처분할 권한을 갖고 파산관재인이 파산재단에 관한 소송에서 당사자가 됩니다. 이에 망인의 임대차 보증금에 대한 관리·처분을 파산관재인이 대신하게 되며, 혹시라도 망인의 동거인이 임대차 보증금에 대한 권리를 주장하기 위해 소송을 제기하는 경우에도 파산관재인을 상대로 소송을 제기해야 합니다.

결국 상속재산파산을 신청하여 파산관재인이 선임되면 더 이상 망인의 동거인과 임대차 보증금으로 다투지 않아도 되며, 망인의 채권자들에게 망인의 상속재산을 나누어주는 청산을 직접 신경 쓸 필요도 없습니다.

한편, **상속재산파산**은 망인의 상속재산에 대하여 파산선고를 하는 것이지, **상속인에 대하여 파산선고를 하는 것이 아닙니다.** 상속재산파산은 상속인의 신용에는 아무런 영향을 미치지 않습니다.

★ **관련 법령**

「채무자 회생 및 파산에 관한 법률」

제359조(당사자적격) 파산재단에 관한 소송에서는 파산관재인이 당사자가 된다.

제384조(관리 및 처분권) 파산재단을 관리 및 처분하는 권한은 파산관재인에게 속한다.

[사례 엿보기 7] 자녀가 상속포기를 하면 손자녀들이 상속인이 되는가?

미국 영주권자로 미국에서 결혼해 자녀들과 함께 생활하고 있습니다. 최근 대한민국에 있는 고모로부터 아버지가 돌아가셨다는 소식을 들었습니다. 아버지는 제가 어렸을 때 어머니와 이혼하셨고, 저는 이후 어머니하고만 생활하여 아버지의 재산상속에는 관심도 없을 뿐만 아니라, 어차피 아버지는 별다른 재산 없이 채무만 많이 남기셨다고 들었습니다.

아버지의 재산상속에는 관여하고 싶지 않은데, 저만 상속포기를 하면 되는 것인가요? 제가 상속포기를 하면 제 자녀들은 아버지와는 상관이 없는 것인지 궁금합니다.

우선 상속순위에 대해 알아보겠습니다.「민법」제1000조 제1항은 상속의 순위를 정하고 있는데, **"피상속인의 ① 직계비속, ② 직계존속, ③ 형제자매, ④ 4촌 이내의 방계혈족의 순서로 상속인이 된다"** 고 규정하고 있습니다. 이때 직계비속은 가계도에서 직선으로 아래로 뻗은 후손으로 자녀와 손자녀, 증손자녀와 같이 본인으로부터 출산된 혈족을 의미하며, 반대로 직계존속은 가계도에서 직선으로 위로 뻗은 선조로 부모와 조부모, 증조부모와 같이 본인을 출산하도록 한 혈족을 의미합니다. 방계혈족이란 같은 선조에서 갈라져 나간 혈족을 의미하는데, 예를 들어 삼촌, 고모, 외삼촌, 이모, 조카, 종손, 이종사촌, 고종사촌 등이 4촌 이내의 방계혈족에 해당합니다.

아울러「민법」제1000조 제2항은 "동순위의 상속인이 수인인 때에는 최근친을 선순위로 하고 동친 등의 상속인이 수인인 때에는 공동상속인이 된다"고 규정하고 있습니다. 예를 들어 사망한 피상속인에게 자녀와 손자녀, 증손자녀가 있다면, 자녀는 1촌 직계비속, 손자녀는 2촌 직계비속, 증손자녀는 3촌 직계비속이므로 촌수가 가장 가까운 자녀가 우선하여 상속인이 되고, 자녀들이 총 4명이라면 그 4명이 공동하여 상속인이 된다는 것입니다.

또한 「민법」 제1003조 제1항은 "피상속인의 배우자는 제1000조 제1항 제1호와 제2호의 규정에 의한 상속인이 있는 경우에는 그 상속인과 동순위로 공동상속인이 되고 그 상속인이 없는 때에는 단독상속인이 된다"고 규정하고 있습니다. 이는 피상속인의 배우자는 피상속인에게 직계비속이나 직계존속이 있다면 그 사람들과 함께 상속인이 되고, 만약 직계비속이나 직계존속이 없다면 배우자가 단독으로 상속인이 된다는 것을 의미합니다.

그렇다면 **만약 선순위 상속인이 상속포기를 하면 어떻게 될까요?** 「민법」 제1043조는 "상속인이 수인인 경우에 어느 상속인이 상속을 포기한 때에는 그 상속분은 다른 상속인의 상속분의 비율로 그 상속인에게 귀속된다"고 규정하고 있습니다. 이에 같은 순위의 상속인이 여러 명이 있는데, 그중 일부가 상속포기를 한다면 상속포기를 한 사람들을 제외한 나머지 상속인들만이 상속을 받게 되는 것이죠. 그리고 **선순위 상속인들이 모두 상속포기를 하는 경우 후순위 상속인이 상속인이 됩니다.**

따라서 [사례 엿보기 7]에서는 질문자를 포함한 **망인의 자녀들이 모두 상속포기를 한다면 망인의 손자녀들이 상속인이 되게 되므로, 질문자의 자녀들도 상속포기를 해야** 합니다.

그런데 미국에 있는 상속인이 대한민국에 있는 형제들과 원만하게 협조가 되지 않는 경우, 그 상속인은 대한민국에 있는 다른 형제들이 상속포기를 할지 한정승인을 할지 알 수 없습니다. 이때 다른 형제 중 누군가가 한정승인을 한다면 질문자의 자녀는 애초에 상속인이 되지 않기 때문에 상속포기를 할 필요가 없겠지만, 다른 형제들도 모두 상속포기를 한다면 질문자의 자녀가 상속인이 되므로 상속포기를 해야 합니다.

대한민국 대법원은 「상속포기의 신고에 관한 예규」를 통해 "상속이 개시된 이후에는 선순위 상속인이 상속포기신고를 하지 아니한 경우라도 선순위 상속인보다 먼저 또는 선순위 상속인과 동시에 상속포기의 신고를 할 수 있다"고 하여 **후순위 상속인이 선순위 상속인보다 먼저 또는 동시에 상속포기를 할 수 있다**고 규정하고 있어, 질문자 자녀들의 불확실한 상황을 해결할 수 있습니다.

★ 관련 법령

「민법」

제1000조(상속의 순위)

① 상속에 있어서는 다음 순위로 상속인이 된다.

1. 피상속인의 직계비속
2. 피상속인의 직계존속
3. 피상속인의 형제자매
4. 피상속인의 4촌 이내의 방계혈족

② 전항의 경우에 동순위의 상속인이 수인인 때에는 최근친을 선순위로 하고 동친 등의 상속인이 수인인 때에는 공동상속인이 된다.

③ 태아는 상속순위에 관하여는 이미 출생한 것으로 본다.

제1003조(배우자의 상속순위)

① 피상속인의 배우자는 제1000조 제1항 제1호와 제2호의 규정에 의한 상속인이 있는 경우에는 그 상속인과 동순위로 공동상속인이 되고 그 상속인이 없는 때에는 단독상속인이 된다.

② 제1001조의 경우에 상속개시 전에 사망 또는 결격된 자의 배우자는 동조의 규정에 의한 상속인과 동순위로 공동상속인이 되고 그 상속인이 없는 때에는 단독상속인이 된다.

[사례 엿보기 8] 아버지 사망 후 배우자는 한정승인을 하고 자녀가 상속포기를 하는 경우 손자녀들이 상속인이 되는가?

아버지가 사망을 하셨고, 상속인은 어머니와 자녀들이 있습니다. 모든 사람이 상속포기를 하면 손자녀를 비롯 망인의 사촌까지 상속순위가 넘어간다고 하여 1명은 한정승인을 하려고 합니다. 자녀들은 모두 미국에 거주하고 있고, 한정승인은 청산을 해야 하므로, 한국에 계신 어머니가 한정승인을 하고 자녀들은 모두 포기를 하는 게 좋을 듯한데요. 이 경우, 손자녀들은 같이 상속포기를 해야 한다고 하는데 사실인지 궁금합니다.

[사례 엿보기 7]은 상속인이 자녀들만 있지만, [사례 엿보기 8]은 상속인 중 배우자가 있는 경우입니다.

결론적으로, 2023년 대법원 전원합의체 결정에 따라 배우자가 한정승인을 하고 자녀들이 모두 상속포기를 하는 경우 손자녀들은 상속포기를 할 필요는 없습니다.

종전 변경되기 전의 대법원 판례와 실무례를 살펴보면, 종래 대법원은 "피상속인의 배우자와 자녀 중 자녀 전부가 상속을 포기한 경우에는 배우자와 피상속인의 손자녀 또는 직계존속이 공동으로 상속인이 되고, 피상속인의 손자녀와 직계존속이 존재하지 아니하면 배우자가 단독으로 상속인이 된다(대법원 2015. 5. 14. 선고 2013다48852 판결 참조)"고 하여, 만약 망인의 배우자가 한정승인을 하고 망인의 자녀들이 모두 상속포기를 한다면, 망인의 배우자와 망인의 손자녀들이 공동상속인이 되었던바, 이 경우엔 반드시 손자녀들도 상속포기를 했어야 했습니다.

많은 분들이 이를 놓치고 단지 공동상속인 중 1명이 한정승인을 하고 나머지 상속인들이 상속포기를 하면 더 이상 다음 순위의 사람이 상속인이 되지 않는다고 여겨, **망인의 배우자와 자녀가 공동상속인일 때 단순히 망인의 배우자가 한정승인을 하고 자녀들만 상속포기를 해서, 훗날 손자녀들이 망인의 채무를 떠안는 경우가 생겼는데요.**

대법원은 이 부분의 문제점을 고려하여, "상속에 관한 입법례와 민법의 입법 연혁, 민법 조문의 문언 및 체계적·논리적 해석, 채무상속에서 상속포기자의 의사, 실무상 문제 등을 종합하여 보면, 피상속인의 배우자와 자녀 중 자녀 전부가 상속을 포기한 경우에는 배우자가 단독상속인이 된다고 봄이 타당하다. 이와 달리 피상속인의 배우자와 자녀 중 자녀 전부가 상속을 포기한 경우 배우자와 피상속인의 손자녀 또는 직계존속이 공동상속인이 된다는 취지의 종래 판례는 이 판결의 견해에 배치되는 범위 내에서 변경하기로 한다"고 판시(대법원 2023. 3. 23.자 2020그42 전원합의체 결정 참조)하여 현행 기준으로, 위 사례에서는 손자녀들이 상속포기를 할 필요 없이, 한정승인을 한 배우자만 단독상속인이 되어 이후 남은 재산으로 청산을 하면 되겠습니다.

★ 관련 법령

「민법」

제1000조(상속의 순위) ① 상속에 있어서는 다음 순위로 상속인이 된다.
1. 피상속인의 직계비속
2. 피상속인의 직계존속
3. 피상속인의 형제자매
4. 피상속인의 4촌 이내의 방계혈족

② 전항의 경우에 동순위의 상속인이 수인인 때에는 최근친을 선순위로 하고 동친 등의 상속인이 수인인 때에는 공동상속인이 된다.
③ 태아는 상속순위에 관하여는 이미 출생한 것으로 본다.

제1003조(배우자의 상속순위) ① 피상속인의 배우자는 제1000조제1항제1호와 제2호의 규정에 의한 상속인이 있는 경우에는 그 상속인과 동순위로 공동상속인이 되고 그 상속인이 없는 때에는 단독상속인이 된다.
② 제1001조의 경우에 상속개시전에 사망 또는 결격된 자의 배우자는 동조의 규정에 의한 상속인과 동순위로 공동상속인이 되고 그 상속인이 없는 때에는 단독상속인이 된다.

★ 판결 및 판례

[대법원 2023. 3. 23.자 2020그42 전원합의체 결정]

[다수의견] (가) 우리 민법은 제정 당시부터 배우자 상속을 혈족

상속과 구분되는 특별한 상속으로 규정하지 않았다. 상속에 관한 구 관습도 배우자가 일정한 경우에 단독상속인이 되었을 뿐 배우자 상속과 혈족 상속을 특별히 구분하지 않았다. 위와 같은 입법 연혁에 비추어 보면, 구 관습이 적용될 때는 물론이고 제정 민법 이후 현재에 이르기까지 배우자는 상속인 중 한 사람이고 다른 혈족 상속인과 법률상 지위에서 차이가 없다.

(나) 민법 제1000조부터 제1043조까지 각각의 조문에서 규정하는 '상속인'은 모두 동일한 의미임이 명백하다. 따라서 민법 제1043조의 '상속인이 수인인 경우' 역시 민법 제1000조 제2항의 '상속인이 수인인 때'와 동일한 의미로서 같은 항의 '공동상속인이 되는' 경우에 해당하므로 그 공동상속인에 배우자도 당연히 포함되며, 민법 제1043조에 따라 상속포기자의 상속분이 귀속되는 '다른 상속인'에도 배우자가 포함된다.

이에 따라 공동상속인인 배우자와 여러 명의 자녀들 중 일부 또는 전부가 상속을 포기한 경우의 법률효과를 본다. 공동상속인인 배우자와 자녀들 중 자녀 일부만 상속을 포기한 경우에는 민법 제1043조에 따라 상속포기자인 자녀의 상속분이 배우자와 상속을 포기하지 않은 다른 자녀에게 귀속된다. 이와 동일하게 공동상속인인 배우자와 자녀들 중 자녀 전부가 상속을 포기한 경우 민법 제1043조에 따라 상속을 포기한 자녀의 상속분은 남아 있는 '다른 상속인'인 배우자에게 귀속되고, 따라서 배우자가 단독상속인이 된다. 이에 비하여 피상속인의 배우자와 자녀 모두 상속을 포기한 경우 민법 제1043조는 적용되지 않는다. 민법 제1043조는 공동상속인 중 일부가 상속을 포기한 경우만 규율하고 있음이 문언상 명백하기 때문이다.

(다) 특히 상속의 포기는 피상속인의 상속재산 중 소극재산이 적극재산을 초과하는 경우의 상속(이하 '채무상속'이라 한다)에서 중요한 의미를 가진다. 상속을 포기한 피상속인의 자녀들은 피상속인의 채무가 자신은 물론 자신의 자녀에게도 승계되는 효과를 원천적으로 막을 목적으로 상속을 포기한 것이라고 보는 것이 자연스럽다. 상속을 포기한 피상속인의 자녀들이 자신은 피상속인의 채무 승계에서 벗어나고 그 대가로 자신의 자녀들, 즉 피상속인의 손자녀들에게 상속채무를 승계시키려는 의사가 있다고 볼 수는 없다. 그런데 피상속인의 배우자와 자녀들 중 자녀 전부가 상속을 포기하였다는 이유로 피상속인의 배우자와 손자녀 또는 직계존속이 공동상속인이 된다고 보는 것은 위와 같은 당사자들의 기대나 의사에 반하고 사회 일반의 법감정에도 반한다.

(라) 대법원 2015. 5. 14. 선고 2013다48852 판결(이하 '종래 판례'라 한다)에 따라 피상속인의 배우자와 손자녀 또는 직계존속이 공동상속인이 되었더라도 그 이후 피상속인의 손자녀 또는 직계존속이 다시 적법하게 상속을 포기함에 따라 결과적으로는 피상속인의 배우자가 단독상속인이 되는 실무례가 많이 발견된다.

결국 공동상속인들의 의사에 따라 배우자가 단독상속인으로 남게 되는 동일한 결과가 되지만, 피상속인의 손자녀 또는 직계존속에게 별도로 상속포기 재판절차를 거치도록 하고 그 과정에서 상속채권자와 상속인들 모두에게 불필요한 분쟁을 증가시키며 무용한 절차에 시간과 비용을 들이는 결과가 되었다. 따라서 피상속인의 배우자와 자녀 중 자녀 전부가 상속을 포기한 경우 배우자가 단독상속인이 된다고 해석함으로써 법률관계를 간명하게 확정할 수 있다.

(마) 이상에서 살펴본 바와 같이 상속에 관한 입법례와 민법의 입법 연혁, 민법 조문의 문언 및 체계적·논리적 해석, 채무상속에서 상속포기자의 의사, 실무상 문제 등을 종합하여 보면, 피상속인의 배우자와 자녀 중 자녀 전부가 상속을 포기한 경우에는 배우자가 단독상속인이 된다고 봄이 타당하다. 이와 달리 피상속인의 배우자와 자녀 중 자녀 전부가 상속을 포기한 경우 배우자와 피상속인의 손자녀 또는 직계존속이 공동상속인이 된다는 취지의 종래 판례는 이 판결의 견해에 배치되는 범위 내에서 변경하기로 한다.

[사례 엿보기 9] 망인의 재산과 채무를 알지 못할 때는 어떻게 해야 하는가?

> 미국에서 직장생활을 하고 있는 대한민국 국민입니다. 최근 아버지가 돌아가셔서 귀국하여 장례를 치렀습니다. 인터넷을 검색해보니 아버지가 돌아가신 때로부터 3개월 내에 상속포기 또는 한정승인을 해야 한다고 하는데, 아버지께서 어떠한 재산과 채무를 남기셨는지 전혀 알지 못하여 무엇을 해야 할지 모르겠습니다. 아버지의 상속재산이나 채무를 어떻게 알아볼 수 있는지, 또 상속재산과 채무를 모르는 상태에서 무엇을 해야 할지 궁금합니다.

「민법」 제1019조 제2항은 "상속인이 망인의 상속재산을 조사할 수 있다"고 규정하고 있습니다. 「민법」은 상속인이 자신이 상속을 받게 되었음을 알게 된 때로부터 3개월이라는 짧은 시간 내에 상속을 받을지, 한정승인 또는 상속포기를 할지 결정하도록 강제하고 있으므로, 상속인으로서는 예상치 못한 상속채무를 떠안게 될 우려를 줄이기 위해서라도 망인이 남긴 재산내역을 살펴볼 이유가 있습니다.

과거에는 상속인이 망인이 어디에 어떤 재산을 남겨두었는지 확인을 하기 위해서는 망인의 유품을 뒤져 단서를 찾아내거나 은행과 공공기관을 모두 돌아다니며 문의를 해야 했습니다. 그러나 지금은 **정부에서 상속인이 망인의 상속재산·채무를 조사하는 것을 돕기 위하여 '안심상속 원스톱 서비스', '상속인금융거래조회 서비스'와 같이 유관기관들의 전산망을 이용하여 일괄적으로 상속재산과 채무를 조회할 수 있는 서비스를 제공**하고 있습니다.

상속인은 망인이 사망한 뒤 '안심상속 원스톱 서비스'를 통해 망인의 금융내역(예금·보험·대출·증권 등), 토지·자동차·세금(체납액·고지세액, 환급액), 연금가입 유무(국민·공무원·사학·군인) 등 재산 조회 결과를 확인할 수 있습니다.

단 '안심상속 원스톱 서비스'는 망인의 사망일이 속한 달의 말일로부터 1년 이내에만 주민센터나 온라인으로 신청할 수 있습니다. 만약 그 기간이 지났다면 가까운 시중은행이나 우체국에서 '상속인금융거래조회 서비스'를 신청하여 망인의 금융내역(예금·보험·대출·증권 등)을 조회하고, 인터넷 등기소에서 '부동산소유현황 서비스'를 이용하거나, 시·군·구청에서 '조상땅찾기'를 신청하는 등의 방법으로 개별 기관에 상속재산·채무내역을 확인해야 합니다.

그런데 이러한 각종 조회 서비스는 상속인의 편의를 위하여 마련된 행정적 지원제도이므로, 조회 결과에 어떠한 법적인 효력이 있는 것은 아닙니다. 망인의 임대차 보증금이나 개인적으로 지인으로부터 빌린 차용금과 같이 조회가 되지 않는 재산이나 채무가 있을 수 있습니다. 그래서 **상속인은 기본적으로 조회 서비스를 이용하면서도 망인에게 다른 재산이나 채무가 있는지 살펴볼 필요**가 있는 것이죠.

하지만 망인이 생전에 상속인들에게 자신의 재산상태를 확실히 알려주지 않은 이상, 어디에 어떤 재산과 채무가 있는지 빠짐없이 파악하는 것은 불가능에 가깝습니다. 그래서 일단은 조회를 통해 기본적인 재산·채무관계를 파악하고, 확인된 재산과 채무를 바탕으로 상속인의 지위를 유지하는 것이 나을지, 아니면 상속포기 또는 한정승인을 해야 할지 여부를 판단해야 할 겁니다.

그리고 「민법」 제1019조 제1항은 "가정법원에 한정승인 또는 상속포기를 할 수 있는 3개월의 기간의 연장을 청구할 수 있다"고 규정하고 있으므로, 만약 「민법」이 정한 기간 내에 상속재산을 온전히 파악하지 못해 한정승인 또는 상속포기를 결정하지 못했다면 **가정법원에 3개월의 기간을 연장해달라는 심판 청구**를 할 수 있습니다.

그런데 **상속재산·채무를 정확하게 알지 못하는데 한정승인을 할 수 있는 걸까요?** 「민법」 제1030조 제1항은 "상속인이 법원에 한정승인의 신고를 할 경우 상속재산목록을 첨부하여야 한다"고 규정하고 있습니다.

그러나 현실적으로 상속인이 망인의 모든 재산과 채무관계를 빠짐없이 파악하는 것은 불가능합니다. 그래서 「민법」 제1026조 제3호는 "상속인이 한정승인을 하면서 고의로 상속재산을 재산목록에 기입하지 않은 경우"에만 한정승인의 효력을 인정하지 않는다고 규정하고 있습니다. 즉 한정승인을 하고자 하는 상속인은 **현재 자신이 조사해서 알고 있는 상속재산만을 빠짐없이 재산목록에 기입**하면 되고, 알지 못한 상속재산의 경우에는 상속재산목록에 기재하지 않더라도 한정승인을 할 수 있습니다.

★ 관련 법령

대한민국 「민법」

제1019조(승인, 포기의 기간)

① 상속인은 상속개시 있음을 안 날로부터 3월 내에 단순승인이나 한정승인 또는 포기를 할 수 있다. 그러나 그 기간은 이해관계인 또는 검사의 청구에 의하여 가정법원이 이를 연장할 수 있다.

② 상속인은 제1항의 승인 또는 포기를 하기 전에 상속재산을 조사할 수 있다.

제1026조(법정단순승인) 다음 각호의 사유가 있는 경우에는 상속인이 단순승인을 한 것으로 본다.

1. 상속인이 상속재산에 대한 처분행위를 한 때
2. 상속인이 제1019조 제1항의 기간 내에 한정승인 또는 포기를 하지 아니한 때
3. 상속인이 한정승인 또는 포기를 한 후에 상속재산을 은닉하거나 부정소비하거나 고의로 재산목록에 기입하지 아니한 때

제1030조(한정승인의 방식)

① 상속인이 한정승인을 함에는 제1019조 제1항 또는 제3항의 기간 내에 상속재산의 목록을 첨부하여 법원에 한정승인의 신고를 하여야 한다.

[사례 엿보기 10] 사망한 지 3개월이 지나면 상속포기를 할 수 없는가?

아버지와 어머니는 15년 전에 이혼하셨고, 저는 어머니와는 별다른 교류 없이 아버지와 함께 생활했습니다. 성인이 된 이후 미국에서 직장을 잡고 생활하고 있는데, 갑자기 아버지께서 구청으로부터 어머니가 사망했다며 자동차 명의 이전을 하라는 우편을 받았다고 연락을 하셨습니다. 알아보니 어머니가 4개월 전에 돌아가셨다고 하는데, 안심상속 원스톱 서비스를 통해 조회를 해보니 상당한 대출금 채무를 남기신 것으로 확인됩니다.

어머니와는 아무런 교류가 없이 지냈기에 어머니의 재산상속에는 관여하고 싶지 않은데, 인터넷 검색을 해보니 사망일로부터 3개월이 지나면 상속포기나 한정승인을 할 수 없다고 합니다. 어머니가 사망하신 지 이미 3개월이 지나서 더 이상 상속포기를 할 수 없는 것인지 궁금합니다.

「민법」제1019조 제1항은 "상속인은 상속개시 있음을 안 날로부터 3월 내에 단순승인이나 한정승인 또는 포기를 할 수 있다"고 규정하고 있습니다. 이에 상속인은 '상속개시 있음을 안 날'로부터 3개월 내에만 한정승인 또는 상속포기를 할 수 있고, 그 기간이 지나면 더 이상 상속포기나 한정승인을 할 수가 없습니다. 그래서 **'상속개시 있음을 안 날'이 언제인지를 밝히는 것이 중요**합니다.

이에 관해 대법원은 "상속개시 있음을 안 날이라 함은 상속개시의 원인이 되는 사실의 발생을 알고 이로써 자기가 상속인이 되었음을 안 날을 말한다"고 밝히고 있습니다(대법원 2005. 7. 22. 선고 2003다43681 판결). 즉 **'상속개시 있음을 안 날'**이란 상속인이 ① 망인이 사망한 사실과 ② 그로 인하여 자신이 망인의 상속인이 되었다는 사실을 모두 알게 된 날을 의미**합니다.

예를 들어 상속인이 망인의 자녀이고 망인의 사망사실을 알고 직접 장례를 치른 일반적인 경우라면 그 상속인은 망인의 사망일에 망인이 사망한 사실과 그로 인하여 자신이 망인이 상속인이 되었다는 사실을 모두 알게 된 것으로, 망인의 사망일부터 3개월 내에 상속포기나 한정승인을 할 수 있을 겁니다.

반면, 상속인이 망인과 함께 생활하지 않고 사망사실을 모르고 있다가 뒤늦게 그 사실을 알게 되거나, 본래 상속인이 될 지위에 있지 않았으나 선순위 상속인들의 상속포기로 인해 상속인이 된 경우에는 각 그러한 사실을 알게 된 날부터 3개월 내에 상속포기나 한정승인을 할 수 있습니다.

그런데 대법원은 상속인이 망인에게 채무가 있는지 몰랐거나 법으로 상속포기 및 한정승인을 할 수 있는 기간이 정해져 있는지 몰랐다는 것은 상속포기 또는 한정승인을 할 수 있는 기간과는 관계가 없다고 판단하고 있습니다. 즉 상속인은 망인이 사망한 사실과 자신이 상속인이 되었다는 사실을 안 날로부터 3개월이 지나면, 망인에게 채무가 있는지 몰랐거나 상속포기제도를 알지 못했더라도 더 이상 상속포기나 한정승인을 할 수 없으므로 그 기간이 경과하지 않도록 주의해야 합니다(다만 3개월이 지난 때에도 일정한 경우 특별한정승인을 할 수 있음. [사례 엿보기 11] 참고).

[사례 엿보기 10]은 어머니의 사망사실 자체를 알지 못하다가 뒤늦게 구청의 우편을 받고서야 어머니의 사망사실을 알게 되었습니

다. 이 사례에서는 어머니가 사망한 지 3개월이 지났는지 관계없이, **우편을 받고 어머니의 사망사실을 알게 된 날로부터 3개월 내에 상속포기 또는 한정승인**을 할 수 있습니다.

★ 판결 및 판례

[대법원 2005. 7. 22. 선고 2003다43681 판결]

[2] 상속인은 상속개시 있음을 안 날로부터 3월 내에 상속의 포기를 할 수 있는바(민법 제1019조 제1항), 여기서 상속개시 있음을 안 날이라 함은 상속개시의 원인이 되는 사실의 발생을 알고 이로써 자기가 상속인이 되었음을 안 날을 말한다고 할 것인데, 피상속인의 사망으로 인하여 상속이 개시되고 상속의 순위나 자격을 인식함에 별다른 어려움이 없는 통상적인 상속의 경우에는 상속인이 상속개시의 원인사실을 앎으로써 그가 상속인이 된 사실까지도 알았다고 보는 것이 합리적이나, 종국적으로 상속인이 누구인지를 가리는 과정에 사실상 또는 법률상의 어려운 문제가 있어 상속개시의 원인사실을 아는 것만으로는 바로 자신의 상속인이 된 사실까지 알기 어려운 특별한 사정이 존재하는 경우도 있으므로, 이러한 때에는 법원으로서는 '상속개시 있음을 안 날'을 확정함에 있어 상속개시의 원인사실뿐 아니라 더 나아가 그로써 자신의 상속인이 된 사실을 안 날이 언제인지까지도 심리, 규명하여야 마땅하다.

[3] 선순위 상속인으로서 피상속인의 처와 자녀들이 모두 적법하게 상속을 포기한 경우에는 피상속인의 손(孫) 등 그다음의 상속순위에 있는 사람이 상속인이 되는 것이나, 이러한 법리는 상속의 순위에 관한 민법 제1000조 제1항 제1호(1순위 상속인으로 규정된 '피상속인의 직계비속'에는 피상속인의 자녀뿐 아니라 피상속인의 손자녀까지 포함된다.)와 상속포기의 효과에 관한 민법 제1042조 내지 제1044조의 규정들을 모두 종합적으로 해석함으로써 비로소 도출되는 것이지 이에 관한 명시적 규정이 존재하는 것은 아니어서 일반인의 입장에서 피상속인의 처와 자녀가 상속을 포기한 경우 피상속인의 손자녀가 이로써 자신들이 상속인이 되었다는 사실까지 안다는 것은 오히려 이례에 속한다고 할 것이고, 따라서 이와 같은 과정에 의해 피상속인의 손자녀가 상속인이 된 경우에는 상속인이 상속개시의 원인사실을 아는 것만으로 자신이 상속인이 된 사실을 알기 어려운 특별한 사정이 있다고 본 사례.

[대법원 1988. 8. 25 자 88스10,11,12,13 결정]

민법 제1019조 제1항의 상속개시 있음을 안 날이라 함은 상속인이 상속개시의 원인되는 사실의 발생(즉 피상속인의 사망)을 알게 됨으로써 자기가 상속인이 되었음을 안 날을 말하는 것이지 상속재산의 유무를 안 날을 뜻하거나 상속포기제도를 안 날을 의미하는 것은 아니다.

[사례 엿보기 11] 사망하고 한참 뒤에 상속채무가 발견되었다면?

미국 영주권자로 미국에 거주하고 있습니다. 1년 전에 어머니께서 돌아가셔서 귀국하여 형제들과 함께 어머니의 장례를 치렀습니다. 어머니는 별다른 재산이나 채무를 남기시지는 않은 것으로 알고 있어 당시 장례를 마무리하고 별다른 조치 없이 미국으로 돌아와 생활하고 있었습니다.
그런데 최근 대한민국에 있는 동생이 대부회사가 어머니의 빚을 갚으라며 독촉장을 보냈다며 연락이 왔습니다. 독촉장을 살펴보니 어머니가 생전에 대부회사에서 돈을 빌렸다가 갚지 못하셨던 것 같은데, 어머니가 돌아가신 지 시간이 한참 지났는데 저희 형제들이 어머니의 채무를 떠안지 않을 방법이 있는지 궁금합니다.

과거 「민법」은 상속인이 상속개시 있음을 안 날로부터 3월 내에 한정승인 또는 상속포기를 할 수 있다고만 규정했습니다. 그래서 상속인들이 3개월이라는 짧은 기간 내에 망인에게 어떠한 채무가 있는지 알지 못해 한정승인이나 상속포기 하지 못하는 경우가 부지기수였고, 그러한 경우 상속인들이 여지없이 망인의 상속채무를 상속받아야만 했었죠.

헌법재판소는 1998년 8월 27일 "상속인이 귀책사유 없이 상속채무가 상속재산보다 많다는 사실을 알지 못하여 상속개시 있음을 안 날로부터 3월 내에 한정승인 또는 상속포기를 하지 못한 경우에도 단순승인을 한 것으로 보는 「민법」 규정이 헌법에 위반한다"고 판단했고, 이에 **특별한정승인**을 인정하는 현재의 「민법」과 같이 개정되었습니다.

특별한정승인을 하기 위해서는 ① **상속인이 상속개시 있음을 안 날로부터 3월이 경과하여야 하고**, ② **상속채무가 상속재산을 초과해야 하며**, ③ **상속인이 상속채무 초과사실을 중대한 과실 없이 알지 못했어야** 합니다. 법원은 상속재산보다 상속채무가 더 많은지, 상속채무 초과사실을 안 날로부터 3개월 내에 심판 청구를 했는지, 상속채무 초과사실을 알지 못한 데 대한 중과실이 없는지를 중심으로 검토하여 특별한정승인심판을 합니다.

사례의 질문자의 경우 어머니의 사후 별다른 재산이나 채무가 없는 것으로 알고 있었고, 더욱이 미국에 거주하여 어머니의 생활관계에 대해서는 알기 어려웠을 것으로 보입니다. 이에 질문자는 대부회사로부터 독촉장을 받은 날 처음 어머니의 상속재산보다 상속채무가 많다는 사실을 알게 되었을 것이므로, 그로부터 3개월 내에 특별한정승인을 해야 할 것입니다.

★ **판결 및 판례**

[대법원 2010. 6. 10. 선고 2010다7904 판결]

[1] 민법 제1019조 제3항은 민법 제1026조 제2호에 대한 헌법재판소의 헌법불합치 결정 이후에 신설된 조항으로, 위 조항에서 말하는 상속채무가 상속재산을 초과하는 사실을 중대한 과실로 알지 못한다 함은 '상속인이 조금만 주의를 기울였다면 상속

채무가 상속재산을 초과한다는 사실을 알 수 있었음에도 이를 게을리함으로써 그러한 사실을 알지 못한 것'을 의미하고, 상속인이 상속채무가 상속재산을 초과하는 사실을 중대한 과실 없이 민법 제1019조 제1항의 기간 내에 알지 못하였다는 점에 대한 증명책임은 상속인에게 있다.

[2] 피상속인을 상대로 한 손해배상청구소송의 제1, 2심에서 모두 소멸시효 완성을 이유로 원고 패소 판결이 선고된 후 상고심 계속 중에 피상속인이 사망함으로써 상속인들이 소송을 수계한 사안에서, 소멸시효 항변이 신의칙에 반하여 권리남용이 되는 것은 예외적인 법 현상인 점, 상속인들로서는 제1, 2심판결의 내용을 신뢰하여 원고의 피상속인에 대한 채권에 관하여 소멸시효가 완성된 것으로 믿을 수도 있어 법률전문가가 아닌 상속인들에게 제1, 2심의 판단과는 달리 상고심에서 소멸시효 항변이 배척될 것을 전제로 미리 상속포기나 한정승인을 해야 할 것이라고 기대하기는 어려운 점 등의 사정들을 비추어 보면, 그 후 상고심에서 위 소멸시효 항변이 신의성실의 원칙에 반하여 권리남용에 해당함을 이유로 원고 승소 취지의 파기환송 판결이 선고되었다고 하여 위 소송수계일 무렵부터 위 파기환송 판결선고일까지 사이에 상속인들이 위 원고의 채권이 존재하거나 상속채무가 상속재산을 초과하는 사실을 알았다거나 또는 조금만 주의를 기울였다면 이를 알 수 있었음에도 이를 게을리한 '중대한 과실'로 그러한 사실을 알지 못하였다고 볼 수는 없다고 한 사례.

[사례 엿보기 12] 상속인이 된 미성년자에게 친권자가 없다면?

전 남편과 혼인하여 아들을 낳았는데 얼마 지나지 않아 이혼을 하였습니다. 아들은 전 남편이 단독 친권자가 되어 양육하고 있었습니다. 저는 이후 미국 영주권을 취득하고 미국에서 생활하고 있었는데, 전 남편이 최근 상당한 채무를 남긴 채 사망했다는 소식을 들었습니다. 아직 초등학생에 불과한 하나뿐인 아들이 남편의 채무를 물려받을 처지에 놓였는데, 아들이 남편의 채무를 물려받지 않도록 하기 위해 무엇을 해줄 수 있는지 궁금합니다.

미성년자는 경험의 부족이나 판단력의 미성숙으로 인해 자유로운 거래를 하도록 할 경우 다른 사람에 의해 손해를 입게 될 우려가 크기 때문에, 오늘날 대부분의 국가들은 미성년자의 법률행위에 있어 법정대리인의 동의를 받도록 해서 미성년자를 보호하고 있습니다. 대한민국도 미성년자에 대한 법정대리인 제도를 규정하고 있는데요, 특히 「민사소송법」 제55조는 "미성년자는 법정대리인에 의해서만 소송행위를 할 수 있다"고 규정하고 있습니다. 즉 **미성년자는 법정대리인 없이 스스로 한정승인이나 상속포기를 할 수 없으며, 반드시 법정대리인을 통해 한정승인이나 상속포기를 해야** 합니다.

「민법」 제909조 및 제911조에 따라 일반적으로 미성년자의 친권자인 부모가 공동으로 법정대리인이 됩니다. 그런데 부모가 이혼을 하면서 미성년 자녀에 대한 친권을 어느 일방이 갖는 것으로 할 수도 있고, 아니면 여전히 부모 쌍방이 모두 친권을 갖는 것으로 할 수도 있습니다. 만약 부모 쌍방이 모두 친권을 가지고 있던 경우라면 어느 일방이 사망했을 때, 여전히 남은 부모가 미성년자의 친권자이므로 남은 부모가 단독으로 법정대리인이 됩니다.

그런데 지난 2011년에 단독 친권자였던 부모의 사망 시 생존한 부모의 친권이 자동으로 부활되지 않도록 「민법」이 개정되었는데요, 현재는 부모 일방을 단독 친권자로 지정한 경우 그 친권자가 사망하면 미성년자에게는 더 이상 친권자가 없게 됩니다. 「민법」 제909조의 2는 "이 경우 가정법원에 생존한 부모를 친권자로 지정할 것을 청구할 수 있다"고 규정하고 있으며, 「민법」 제928조는 "미성년자에게 친권자가 없는 경우에는 미성년후견인을 두어야 한다"고 규정하고 있습니다.

이에 **단독 친권자의 사망으로 친권자가 없게 된 미성년자**의 경우 ① **가정법원에서 생존한 부모를 친권자로 지정하는 심판을 받거나** ② 만약 생존한 부모가 친권자로 지정되기를 거부하는 등 **친권자 지정이 어려운 경우에는, 다른 친족을 미성년후견인으로 선임하는 심판을 받아 그 친권자 또는 미성년후견인이 법정대리인**으로서 미성년자를 위하여 한정승인 또는 상속포기를 할 수 있도록 해야 합니다.

[사례 엿보기 12] 질문자의 경우 미성년인 아들의 단독 친권자였던 전 남편이 사망하여 아들에게 친권자가 없는 상태가 되었으므로, 먼저 가정법원에서 질문자를 아들의 친권자로 지정해달라는 심판을 받고, 이후 아들의 법정대리인으로서 남편에 대한 한정승인 또는 상속포기를 해야 할 겁니다.

그렇다면 법정대리인이 없는 상태에서 3개월이 지났다면 한정승인 또는 상속포기를 할 수 없는 걸까요?

「민법」 제1020조는 "상속인이 제한능력자인 경우에는 제1019조 제1항의 기간은 그의 친권자 또는 후견인이 상속이 개시된 것을 안 날부터 기산한다"고 규정하고 있습니다.

그리고 대법원은 "민법 제1019조 제3항에서 정한 '상속채무가 상속재산을 초과하는 사실을 중대한 과실 없이 제1항의 기간 내에 알지 못하였는지 여부'를 판단함에 있어서 상속인이 무능력자인 경우에는 그 법정대리인을 기준으로 삼아야 할 것이다"라고 밝히고 있습니다(대법원 2012. 3. 15., 선고, 2012다440, 판결).

즉 미성년자의 단독 친권자가 사망한 뒤 아직 친권자가 지정되거나 미성년후견인이 선임되지 않았다면 한정승인 또는 상속포기를 할 수 있는 3개월의 기간은 진행되지 않고, **미성년자에게 친권자가 지정되거나 미성년후견인이 선임되어 그 친권자 또는 미성년후견인이 망인의 사망사실 및 미성년자가 망인의 상속인이 되었다는 사실을 알게 된 날로부터 3개월 내에 미성년자의 한정승인 또는 상속포기**를 할 수 있습니다.

따라서 사례에서는 미성년인 아들을 위하여 친권자 지정을 받는 동안 망인의 사망사실을 안 날로부터 3개월이 경과했다고 하더라도, 질문자가 친권자로 지정된 날로부터 3개월 내에 아들의 전 남편에 대한 한정승인 또는 상속포기를 할 수 있습니다.

★ 관련 법령

「민법」

제909조(친권자)

① 부모는 미성년자인 자의 친권자가 된다. 양자의 경우에는 양부모(養父母)가 친권자가 된다.

② 친권은 부모가 혼인 중인 때에는 부모가 공동으로 이를 행사한다. 그러나 부모의 의견이 일치하지 아니하는 경우에는 당사자의 청구에 의하여 가정법원이 이를 정한다.

③ 부모의 일방이 친권을 행사할 수 없을 때에는 다른 일방이 이를 행사한다.

제909조의 2(친권자의 지정 등)

① 제909조 제4항부터 제6항까지의 규정에 따라 단독 친권자로 정하여진 부모의 일방이 사망한 경우 생존하는 부 또는 모, 미성년자, 미성년자의 친족은 그 사실을 안 날부터 1개월, 사망한 날부터 6개월 내에 가정법원에 생존하는 부 또는 모를 친권자로 지정할 것을 청구할 수 있다.

제911조(미성년자인 자의 법정대리인)
친권을 행사하는 부 또는 모는 미성년자인 자의 법정대리인이 된다.

제928조(미성년자에 대한 후견의 개시)
미성년자에게 친권자가 없거나 친권자가 제924조, 제924조의 2, 제925조 또는 제927조 제1항에 따라 친권의 전부 또는 일부를 행사할 수 없는 경우에는 미성년후견인을 두어야 한다.

제1020조(제한능력자의 승인·포기의 기간) 상속인이 제한능력자인 경우에는 제1019조 제1항의 기간은 그의 친권자 또는 후견인이 상속이 개시된 것을 안 날부터 기산(起算)한다.

「민사소송법」

제55조(제한능력자의 소송능력)
① 미성년자 또는 피성년후견인은 법정대리인에 의해서만 소송행위를 할 수 있다. 다만, 다음 각호의 경우에는 그러하지 아니하다.
1. 미성년자가 독립하여 법률행위를 할 수 있는 경우
2. 피성년후견인이 「민법」 제10조 제2항에 따라 취소할 수 없는 법률행위를 할 수 있는 경우
② 피한정후견인은 한정후견인의 동의가 필요한 행위에 관하여는 대리권 있는 한정후견인에 의해서만 소송행위를 할 수 있다.

★ **판결 및 판례**

[대법원 2012. 3. 15. 선고 2012다440 판결]

민법 제1019조 제1항은 "상속인은 상속개시 있음을 안 날로부터 3월 내에 한정승인을 할 수 있다."고 규정하고 있고, 같은 조 제3항은 "제1항의 규정에 불구하고 상속인은 상속채무가 상속재산을 초과하는 사실을 중대한 과실 없이 제1항의 기간 내에 알지 못하고 단순승인을 한 경우에는 그 사실을 안 날부터 3월 내에 한정승인을 할 수 있다."고 규정하고 있으며, 한편 민법 제

1020조는 "상속인이 무능력자인 때에는 제1019조 제1항의 기간은 그 법정대리인이 상속개시 있음을 안 날로부터 기산한다."고 규정하고 있다.

이러한 규정들과 함께 민법 제1019조 제3항의 기간은 한정승인 신고의 가능성을 언제까지나 남겨둠으로써 당사자 사이에 일어나는 법적 불안상태를 막기 위하여 마련한 제척기간인 점(대법원 2003. 8. 11.자 2003스32 결정 참조), 법정대리인 제도의 취지 등을 종합하여 보면, 민법 제1019조 제3항에서 정한 '상속채무가 상속재산을 초과하는 사실을 중대한 과실 없이 제1항의 기간 내에 알지 못하였는지 여부'를 판단함에 있어서 상속인이 무능력자인 경우에는 그 법정대리인을 기준으로 삼아야 할 것이다.

[사례 엿보기 13] 정신적 제약이 있는 사람이 상속인이 되었다면?

부모님과 생활하다가 미국에 있는 회사에 취업을 하여 미국에 와서 생활을 하고 있습니다. 이후 아버지가 치매가 심해지셔서 가족조차 알아보지 못하게 되었고, 이에 누나가 아버지를 요양원에 모셨습니다. 그런데 최근 어머니가 교통사고로 돌아가시게 되었는데, 장례를 치른 뒤 어머니께서 신용카드대금과 대출금 등 상당한 채무를 남겨두신 사실을 알게 되었습니다.
배우자인 아버지와 자녀인 누나와 제가 상속인이 될 텐데, 아버지는 인감증명서도 발급받을 수가 없는데, 상속포기를 어떻게 해야 하는지 궁금합니다.

「민법」제9조 제1항은 "질병, 장애, 노령 그 밖의 사유로 인한 정신적 제약으로 사무를 처리할 능력이 지속적으로 결여된 사람에 대하여 성년후견개시의 심판을 한다"고 규정하고 있습니다.

심각한 치매로 사리판단을 제대로 하지 못하거나, 혼수상태에 빠져 인식을 할 수 없는 등의 경우 그러한 사람을 보호하기 위해 누군가 법정대리인의 역할을 해야 합니다. 이럴 때는 **성년후견개시 심판을 통해 성년후견인을 선임하여 성년후견인이 법정대리인의 역할**을 하면 됩니다.

만약 상속인 중에 그와 같은 사람이 있다면, 먼저 가정법원에 성년후견개시 심판을 청구하여 성년후견인이 선임되도록 해야 하며, 그 성년후견인이 상속인의 법정대리인으로서 관할법원의 허가를 받아 한정승인 또는 상속포기를 신고하도록 해야 합니다. 다만, 이 경우 후견인이 공동상속인이라면 경우에 따라 특별대리인의 선임이 필요할 수도 있음을 유의해야 합니다.

즉 [사례 엿보기 13]의 경우, 일단 가정법원에 아버지에 대한 성년후견개시 심판을 청구하여 누나가 아버지의 성년후견인으로 선임될 수 있도록 하고, 이후 누나가 성년후견인으로 선임되면 그로부터 3개월 내에 관할법원의 허가를 받아 아버지를 위하여 상속포기를 해야 할 겁니다.

★ 관련 법령

「민법」

제9조(성년후견개시의 심판)

① 가정법원은 질병, 장애, 노령, 그 밖의 사유로 인한 정신적 제약으로 사무를 처리할 능력이 지속적으로 결여된 사람에 대하여 본인, 배우자, 4촌 이내의 친족, 미성년후견인, 미성년후견감독인, 한정후견인, 한정후견감독인, 특정후견인, 특정후견감독인, 검사 또는 지방자치단체의 장의 청구에 의하여 성년후견개시의 심판을 한다.

제10조(피성년후견인의 행위와 취소)

① 피성년후견인의 법률행위는 취소할 수 있다.
② 제1항에도 불구하고 가정법원은 취소할 수 없는 피성년후견인의 법률행위의 범위를 정할 수 있다.
③ 가정법원은 본인, 배우자, 4촌 이내의 친족, 성년후견인, 성년후견감독인, 검사 또는 지방자치단체의 장의 청구에 의하여 제2항의 범위를 변경할 수 있다.
④ 제1항에도 불구하고 일용품의 구입 등 일상생활에 필요하고 그 대가가 과도하지 아니한 법률행위는 성년후견인이 취소할 수 없다.

제938조(후견인의 대리권 등)

① 후견인은 피후견인의 법정대리인이 된다.
② 가정법원은 성년후견인이 제1항에 따라 가지는 법정대리권의 범위를 정할 수 있다.
③ 가정법원은 성년후견인이 피성년후견인의 신상에 관하여 결정할 수 있는 권한의 범위를 정할 수 있다.

④ 제2항 및 제3항에 따른 법정대리인의 권한의 범위가 적절하지 아니하게 된 경우에 가정법원은 본인, 배우자, 4촌 이내의 친족, 성년후견인, 성년후견감독인, 검사 또는 지방자치단체의 장의 청구에 의하여 그 범위를 변경할 수 있다.

제949조(재산관리권과 대리권)
① 후견인은 피후견인의 재산을 관리하고 그 재산에 관한 법률행위에 대하여 피후견인을 대리한다.
② 제920조 단서의 규정은 전항의 법률행위에 준용한다.

[사례 엿보기 14] 미성년 자녀들은 상속포기를 하게 하고 부모가 한정승인 할 수 있는가?

아내와 혼인하여 3명의 자녀를 두고 미국에서 이민을 와서 영주권을 취득하고 생활하고 있는데, 얼마 전 아내는 지병으로 사망했습니다. 아내는 미국에 별다른 재산이나 채무를 남겨두지는 않았으나, 미국으로 오기 전 아내는 한국에 일정한 보증 채무를 남겨두었습니다.
자녀들은 모두 미성년자들인데, 모두 상속포기를 하게 하고 남편인 제가 한정승인을 할 수 있는지 궁금합니다.

공동상속인의 관계는 특정 상속인이 상속포기를 하면 다른 상속인이 더 많은 상속분을 가지게 됩니다. 따라서 상속인이 사례와 같이 아버지와 미성년 자녀들이 공동상속인이 되면 아버지는 미성년 자녀들의 법정대리인이 되는데, 자녀들이 모두 상속포기를 하게 하고, 본인은 아내가 남겨둔 모든 재산을 상속받게 할 수도 있어서, 오히려 자녀들의 이해관계를 침해할 수도 있습니다.

물론, [사례 엿보기 14]는 망인인 아내가 남겨둔 채무를 처리하기 위한 것이지만, 만약 재산이 더 많은 경우를 가정한다면 미성년 자녀들의 상속포기는 오히려 남편의 이해를 높여주는 결과가 됩니다. 그래서 우리 민법은 이런 경우 아버지는 미성년 자녀들의 상속에 관하여 자신과 이해관계가 충돌이 되어 대리행위를 할 수 없도록 규정하고 있습니다.

즉, 「민법」 제921조 제1항은 미성년자의 **법정대리인인 친권자**(부모 또는 미성년후견인)가 자녀와 이해관계가 충돌되는 행위를 할 때에는 그 문제에 있어서만큼은 법정대리인을 대신하여 자녀의 이해를 대변해줄 **특별대리인을 선임**해야 한다고 규정하고 있는 것이죠.

따라서 제시된 사례의 경우, **미성년자인 자녀들을 모두 상속포기하게 하고 자신이 한정승인을 하려면 그에 앞서 미성년 자녀들을 위한 특별대리인을 선임** 받아야 하는데, 자녀들은 모두 다른 특별대리인을 선임하게 해야 합니다.

만약 특정 자녀만이 한정승인을 하게 하고, 나머지 자녀들이 상속포기를 하도록 하려면 자신이 대리할 수 없는 나머지 2명의 자녀들에 대해서는 각각 특별대리인이 선임되어야 합니다.

아울러, 만약 남편이 아내와 이혼한 상황이라면 상속인은 오직 미성년 자녀 3명이 됩니다. 이 경우 남편은 상속인이 아니므로, 별도의 특별대리인이 필요 없이 1명은 한정승인, 나머지 2명은 상속포기를 할 수 있는지 의문이 있을 수 있습니다.

이와 관련해 「민법」 제921조 제2항은 동일한 법정대리인을 둔 여러 명의 미성년자들의 이해관계가 서로 충돌하는 경우, 그 문제에 있어서만큼은 법정대리인은 1명의 미성년자만을 대리할 수 있고, 나머지 미성년자들의 이해관계를 대변해줄 특별대리인을 선임해야 한다고 규정하고 있습니다.

따라서 제시된 사례에서 법정대리인인 아버지는 1명의 자녀에 대해 한정승인을 한다면 다른 2명의 자녀에 대해서는 상속포기를 하도록 할 수 없으며, 상속포기를 할 2명의 자녀에 대해서는 별도의 특별대리인을 선임해 상속포기를 진행해야 합니다.

★ 관련 법령

「민법」

제921조(친권자와 그 자간 또는 수인의 자간의 이해상반행위)
① 법정대리인인 친권자와 그 자 사이에 이해상반되는 행위를 함에는 친권자는 법원에 그 자의 특별대리인의 선임을 청구하여야 한다.
② 법정대리인인 친권자가 그 친권에 따르는 수인의 자 사이에 이해상반되는 행위를 함에는 법원에 그 자 일방의 특별대리인의 선임을 청구하여야 한다.

★ 판결 및 판례

[대법원 2013. 1. 24. 선고, 2010두27189 판결]

친권자가 미성년자와 이행상반되는 행위를 특별대리인에 의하지 않고 한 경우에는 특별한 사정이 없는 한 그 행위는 무효이다.

[대법원 2011. 3. 10. 선고, 2007다17482 판결]

상속재산에 대하여 소유의 범위를 정하는 내용의 공동상속재산 분할협의는 그 행위의 객관적 성질상 상속인 상호간 이해의 대립이 생길 우려가 없다고 볼만한 특별한 사정이 없는 한 민법 제921조의 이해상반되는 행위에 해당한다. 그리고 피상속인의 사망으로 인하여 1차 상속이 개시되고 그 1차 상속인 중 1인이 다시 사망하여 2차 상속이 개시된 후 1차 상속의 상속인들과 2차 상속의 상속인들이 1차 상속의 상속재산에 관하여 분할협의를 하는 경우에 2차 상속인 중에 수인의 미성년자가 있다면 이들 미성년자 각자마다 특별대리인을 선임하여 각 특별대리인이 각 미성년자를 대리하여 상속재산 분할협의를 하여야 하고, 만약 2차 상속의 공동상속인인 친권자가 수인의 미성년자 법정대리인으로서 상속재산 분할협의를 한다면 이는 민법 제921조에 위배되는 것이며, 이러한 대리행위에 의하여 성립된 상속재산 분할협의는 피대리자 전원에 의한 추인이 없는 한 전체가 무효이다.

[대법원 2001. 6. 29. 선고, 2001다28299 판결]

상속재산에 대하여 그 소유의 범위를 정하는 내용의 공동상속재산 분할협의는 그 행위의 객관적 성질상 상속인 상호간의 이해의 대립이 생길 우려가 있는 민법 제921조 소정의 이해상반되는 행위에 해당하므로 공동상속인인 친권자와 미성년인 수인의 자 사이에 상속재산 분할협의를 하게 되는 경우에는 미성년자 각자마다 특별대리인을 선임하여 그 각 특별대리인이 각 미성년자인 자를 대리하여 상속재산분할의 협의를 하여야 하고, 만약 친권자가 수인의 미성년자의 법정대리인으로서 상속재산 분할협의를 한 것이라면 이는 민법 제921조에 위반된 것으로서 이러한 대리행위에 의하여 성립된 상속재산 분할협의는 적법한 추인이 없는 한 무효라고 할 것이다.

상속채무와 관련한 다양한 사례

'한정승인과 상속포기의 기본적 이해'에서는 상속인의 입장에서 망인의 상속채무가 많은 경우 어떤 대응을 할 수 있고, 그 과정에서 나타날 수 있는 현실적 문제를 여러 사례를 통해 살펴보았습니다. 이번 장에서는 그 연장선으로 상속채무에 대해 조금 더 자세히 알아볼 텐데요. **상속채무를 남긴 망인의 채권자 입장에서는 상속인에게서라도 채무를 변제받고자 다양한 법적 절차**를 밟을 수 있을 겁니다.

상속채무를 갚으라는 소송에서부터 **상속인의 재산 가압류, 승계집행문 발급** 등 망인의 채권자가 할 수 있는 법적 조치들이 있습니다. 그런데 대한민국 민법에서는 정상적으로 한정승인이나 상속포기를 한 상속인에 대해서는 망인의 채권자라고 하더라도 상속인의 고유재산을 통해 채무를 변제할 수 없도록 하고 있습니다. 물론 채권자들이 상속인이 한정승인이나 상속포기를 했는지 여부를 알지 못해 행한 법적 조치일 수도 있지만, 어쨌든 **상속인들은 망인의 채권자가 행한 법적 조치에 대응**을 할 수밖에는 없습니다.

이번 장에서는 망인의 채권자들이 상속채무에 관련해 행하는 다양한 법적 조치에 상속인들이 어떻게 대응해야 하는지 알아보겠습니다. 그리고 상속인들은 한정승인이나 상속포기를 생각하고 있는데, 망인의 사망보험금이나 퇴직금, 퇴직연금 등에 관한 처리 문제에 있어서도 고민이 있을 수 있습니다. 이 부분도 사례를 통해 해결해보도록 하겠습니다.

[사례 엿보기 15] 망인의 채권자가 상속채무를 갚으라는 소송을 제기한다면?

> 저는 미국 시민권을 취득하였는데, 대한민국에서 직장을 다니며 생활하고 있습니다. 그런데 최근 갑자기 법원으로부터 돌아가신 큰아버지의 채무를 갚으라는 소장을 송달받았습니다. 알아보니 2년 전에 큰아버지가 대부회사에 빚을 갚지 못한 채 돌아가셨는데, 큰어머니와 사촌형제들은 모두 상속포기를 하여 저에게 소송이 들어온 것이었습니다.
>
> 큰아버지의 채무를 제가 물려받는 것인지, 채무를 떠안지 않기 위해서는 무엇을 해야 하는지 궁금합니다.

사례의 질문자는 망인이 사망한 때로부터 2년이 지나도록 한정승인이나 상속포기를 하지는 않았지만, 망인의 채권자가 제기한 소송의 소장 부본을 송달받고서야 망인이 사망한 이후 선순위 상속인들이 상속포기를 하여 자신이 상속인이 되었다는 사실을 알게 되었습니다.

질문자는 그 소장 부본을 송달받은 날로부터 3개월 내에 한정승인 또는 상속포기를 할 수 있으므로, 그 기간 내에 가정법원에 한정승인 또는 상속포기 심판 청구를 해야 합니다.

아울러 망인의 채권자가 제기한 민사 소송에 답변서를 제출하지 않으면, 그 채권자의 주장대로 채무를 갚으라는 판결이 선고될 수 있습니다. 그래서 반드시 해당 소송에 답변서 및 준비서면 등을 제출하여, 한정승인 또는 상속포기 심판의 취지대로 방어를 해야 합니다.

만약, 제대로 민사소송에 방어를 하지 않는다면, 상속인 입장에서는 한정승인 또는 상속포기를 했음에도 망인의 채무는 나의 재산으로 갚아야 하는데, 이 경우에도 한정승인자는 청구이의소송 등을 통해 판결을 집행을 저지하는 마지막 구제책이 있지만, 상속포기자는 그마저도 인정되지 않는바, 반드시 민사 소송에 적극적으로 대응함을 유의하셔야 합니다.

아울러, 사례에서 보면 큰어머니와 사촌형제들은 상속을 포기했는데, 왜 후순위 상속인인 나에게까지 소송이 제기가 되었는지 의문이 있을 수 있는데, 그 이유는 다음과 같습니다. 즉, 한정승인 심판을 받은 상속인은 「민법」 제1032조에 따라 그 이후 알고 있는 채권자들에게 자신이 한정승인을 했으므로 채권 신고를 하라는 통지를 할 것이지만, 이 경우에도 그때까지 파악하고 있지 못한 채권자에게는 통지를 할 수 없습니다. 그래서 상속인이 한정승인을 한 사실을 알지 못하는 망인의 채권자가 있을 수 있고, 상속포기의 경우에는 달리 채권자들에게 통지를 할 의무가 없기에 망인의 채권자들로서는 상속인이 상속포기를 했다는 사실을 알 수 없습니다.

이런 이유로 **상속인이 한정승인·상속포기를 했다고 하더라도, 망인의 채권자의 입장에서는 그러한 사실을 모르거나 또는 알더라도 그 신고에 하자가 있어 한정승인·상속포기가 효력이 없다고 다투기 위해 상속인을 상대로 상속채무를 변제하라는 민사소송을 제기**할 수 있는 것입니다.

여기에서 많은 사람이 어차피 소송이 들어올 것이라면 한정승인이나 상속포기를 하지 않아도 되는 것이 아니냐고 묻는 경우가 있는데, **한정승인·상속포기를 하는 것과 하지 않는 것의 차이는 명백**합니다.

상속인은 망인의 채권자가 상속인에게 상속채무를 변제하라는 소송을 제기했을 때, 한정승인을 했다면 상속받은 재산의 범위 내에서만 갚을 의무를 부담하고, 상속포기를 했다면 상속인이 아니기 때문에 상속채무를 갚을 의무를 부담하지 않는다고 항변할 수 있습니다. 결과적으로 망인의 채권자에게 자신의 고유한 재산으로 망인의 채무를 갚지 않게 되는 것이죠. 그러나 한정승인·상속포기를 하지 않았다면 망인의 채권자가 제기한 소송에 대하여 다툴 수 없고, 상속인 자신의 고유한 재산으로 망인의 채무를 전부 갚아야만 합니다.

따라서, 상속인 입장에서는 망인이 재산보다 채무를 더 많이 남겨둔 경우 반드시 한정승인이나 상속포기를 해야 하고, 제기된 민사소송에 적극적으로 대응해야 합니다.

★ **관련 법령**

「민사소송법」

제256조(답변서의 제출의무) ① 피고가 원고의 청구를 다투는 경우에는 소장의 부본을 송달받은 날부터 30일 이내에 답변서를 제출하여야 한다. 다만, 피고가 공시송달의 방법에 따라 소장의 부본을 송달받은 경우에는 그러하지 아니하다.

제257조(변론 없이 하는 판결) ① 법원은 피고가 제256조제1항의 답변서를 제출하지 아니한 때에는 청구의 원인이 된 사실을 자백한 것으로 보고 변론 없이 판결할 수 있다. 다만, 직권으로 조사할 사항이 있거나 판결이 선고되기까지 피고가 원고의 청구를 다투는 취지의 답변서를 제출한 경우에는 그러하지 아니하다.

★ **판결 및 판례**

대법원 2009. 5. 28. 선고 2008다79876 판결

채무자가 한정승인을 하였으나 채권자가 제기한 소송의 사실심 변론종결시까지 이를 주장하지 아니하는 바람에 책임의 범위에 관하여 아무런 유보 없는 판결이 선고·확정된 경우라 하더라도 채무자가 그 후 위 한정승인 사실을 내세워 청구에 관한 이의의 소를 제기하는 것이 허용되는 것은, 한정승인에 의한 책임의 제한은 상속채무의 존재 및 범위의 확정과는 관계없이 다만 판결

의 집행 대상을 상속재산의 한도로 한정함으로써 판결의 집행력을 제한할 뿐으로, 채권자가 피상속인의 금전채무를 상속한 상속인을 상대로 그 상속채무의 이행을 구하여 제기한 소송에서 채무자가 한정승인 사실을 주장하지 않으면 책임의 범위는 현실적인 심판대상으로 등장하지 아니하여 주문에서는 물론 이유에서도 판단되지 않는 관계로 그에 관하여는 기판력이 미치지 않기 때문이다. 위와 같은 기판력에 의한 실권효 제한의 법리는 채무의 상속에 따른 책임의 제한 여부만이 문제되는 한정승인과 달리 상속에 의한 채무의 존재 자체가 문제되어 그에 관한 확정판결의 주문에 당연히 기판력이 미치게 되는 상속포기의 경우에는 적용될 수 없다.

[사례 엿보기 16] 상속포기나 한정승인은 수리결정만 나면 문제가 없는 것인가?

저는 오래전 미국으로 이민을 가서 생활하고 있는데, 최근 한국에 있는 아버지가 돌아가셔서, 한국에 귀국하여 아버지 장례를 치르고 주변 정리를 하였습니다. 아버지께서 남겨두신 재산은 통장의 200만 원 정도가 전부였고, 생업을 위해 얼마 후 미국으로 다시 돌아가야 했기에, 서둘러 위 금액을 인출하여 아버지가 남겨두신 공과금 등을 변제하였으며, 저는 미국으로 돌아왔습니다.

그런데, 얼마 뒤 한국의 동생에게 연락이 와서 아버지가 생전에 빌린 채무로 인해 소송이 걸렸다는 연락을 받았는데, 아직 3개월이 지나지 않아 상속포기나 한정승인을 하려 합니다. 이 경우 법원으로부터 상속포기나 한정승인 수리 결정을 받고 민사 소송에 대응만 하면 문제가 없는 것인지 궁금합니다.

사례의 질문자는 망인 사망 후 아버지가 남겨두신 재산 200만 원을 인출한 것이 단순승인으로 의제가 되어 한정승인이나 상속포기를 할 수 없는 상황일 가능성이 있습니다. 즉, 망인 사망 후 3개월 이내에 한정승인이나 상속포기를 하지 않은 상황에서, 망인이 남겨둔 재산을 임의대로 처분하면 단순승인으로 의제가 되어 망인의 재산과 채무를 온전히 상속을 받게 되는바, 재산보다 채무가 많으면 내 재산으로 망인의 채무를 갚아야 하는 상황이 발생할 수 있게 되는 것입니다.

아울러, 현재 3개월이 지난 시점도 아니어서, 특별한정승인의 대상이 될 수도 없는 상황이라, 의뢰인 입장에서는 미국에서 장례를 위해 귀국을 하여 다시 미국으로 출국하기 전에 신속하게 재산 정리를 하려 했던 상황이 오히려 상속인 본인에게 독이 되는 상황이 발생한 것입니다.

그러나, 위와 같은 상황에서도 상속인들은 사망일자 기준의 망인의 재산과 채무 등을 조사하여 한정승인을 하거나 상속포기를 할 수는 있습니다. 우리 대법원은 "가정법원의 한정승인신고수리의 심판은 일응 한정승인의 요건을 구비한 것으로 인정한다는 것일 뿐 그 효력을 확정하는 것이 아니고 상속의 한정승인의 효력이 있는지 여부의 최종적인 판단은 실체법에 따라 민사소송에서 결정될 문제이므로,「민법」제1019조 제3항에 의한 한정승인신고의 수리 여부를 심판하는 가정법원으로서는 그 신고가 형식적 요건을 구비한 이상 상속채무가 상속재산을 초과하였다거나 상속인이 중대한 과실 없이 이를 알지 못하였다는 등의 실체적 요건에 대하여는 이를 구비하지 아니하였음이 명백한 경우 외에는 이를 문제삼아 한정승인신고를 불수리할 수 없다"고 밝히고 있습니다(대법원 2006. 2. 13.자 2004스74 결정).

따라서, 미국에 거주하는 상속인 입장에서는 아직 망인 사망일로부터 3개월이 지나지 않았기 때문에 가정법원에 형식적 요건을 갖추어 한정승인이나 상속포기를 하면, 가정법원은 상속인이「민법」제1019조가 규정하는 형식상의 요건을 갖추어 한정승인 또는 상속포기 신고를 하는 경우, 일단 한정승인 또는 상속포기 신고를 수리하는 심판을 합니다. 이 과정에서 가정법원에서는 200만 원 인출 여부를 조사하여 불수리를 하지는 않는다는 것입니다.

그러나 문제는 가정법원에서 한정승인·상속포기 심판을 받았더라도 이는 상속인의 한정승인·상속포기 신고가 아무런 하자가 없이 유효하다는 것을 확정하는 것이 아니고, 망인의 채권자가 상속인을 상대로 제기한 민사소송에서 그러한 한정승인·상속포기 신고에 상속인이 가정법원의 심판 전에 상속재산을 처분하는 등의 하자가 있다는 사실이 확인되면 그 신고의 효력이 없는 것으로 판단될 수 있다는 것입니다.

따라서, 위 사례에서 만약 민사 소송을 제기한 채권자가 상속인이 한정승인 또는 상속포기 전에 재산을 인출한 처분행위가 있었다는 점을 밝혀내어 단순승인을 했다는 점을 주장하여 인정을 받는다면 상속인은 한정승인이나 상속포기의 효력을 인정받지 못하고, 채권자가 주장하는 모든 채무를 갚아야 하는 상황이 발생할 수 있고, 더 큰 문제는 모르는 또 다른 채권자가 변제를 요구할 경우 이 또한 모두 떠안아야 하는 상황이 발생할 수 있습니다.

이에, 상속인 입장에서는 3개월 이전에 함부로 망인의 재산을 인출하거나 처분하려는 행위를 해서는 안 되고, 반드시 재산 조사를 먼저 하여 채무가 많은지 여부를 확인한 후 정리를 하셔야 합니다.

위 사례에서 상속인은 인출한 200만 원으로 망인이 남겨둔 공과금을 변제하였기 때문에, 상속을 받을 의도로 처분한 것이 아닌바, 단순승인 의제에서 벗어나올 수 있는 가능성이 있는바, 만약 3개월 이전에 재산을 처분하신 경우 다시 구제를 받을 가능성이 있으므로 반드시 전문 변호사와 상의를 하셔서 해결책을 찾으시기를 권해드립니다.

★ 관련 법령

「민법」

제1026조(법정단순승인) 다음 각호의 사유가 있는 경우에는 상속인이 단순인을 한 것으로 본다. 〈개정 2002. 1. 14.〉
1. 상속인이 상속재산에 대한 처분행위를 한 때
2. 상속인이 제1019조제1항의 기간 내에 한정승인 또는 포기를 하지 아니한 때
3. 상속인이 한정승인 또는 포기를 한 후에 상속재산을 은닉하거나 부정소비하거나 고의로 재산목록에 기입하지 아니한 때

★ 판결 및 판례

대법원 2006. 2. 13.자 2004스74 결정

[1] 가정법원의 한정승인신고수리의 심판은 일응 한정승인의 요건을 구비한 것으로 인정한다는 것일 뿐 그 효력을 확정하는 것이 아니고 상속의 한정승인의 효력이 있는지 여부의 최종적인 판단은 실체법에 따라 민사소송에서 결정될 문제이므로, 민법 제1019조 제3항에 의한 한정승인신고의 수리 여부를 심판하는 가정법원으로서는 그 신고가 형식적 요건을 구비한 이상 상속채무가 상속재산을 초과하였다거나 상속인이 중대한 과실 없이 이를 알지 못하였다는 등의 실체적 요건에 대하여는 이를 구비하지 아니하였음이 명백한 경우 외에는 이를 문제 삼아 한정승인 신고를 불수리할 수 없다.

[2] 한정승인신고수리의 심판에 있어서 실체적 요건이 구비되었다는 점을 상속인들이 적극적으로 증명하여야 한다는 전제하에서 한정승인신고를 불수리한 원심결정을 파기한 사례.

대법원 2010. 4. 29. 선고 2009다84936 판결

[1] 상속인이 상속재산에 대한 처분행위를 한 때에는 단순승인을 한 것으로 보는바, 상속인이 피상속인의 채권을 추심하여 변제받는 것도 상속재산에 대한 처분행위에 해당한다.

[2] 상속인이 피상속인의 갑에 대한 손해배상채권을 추심하여

변제받은 행위는 상속재산의 처분행위에 해당하고, 그것으로써 단순승인을 한 것으로 간주되었다고 할 것이므로, 그 이후에 한 상속포기는 효력이 없다고 한 사례.

[3] 법정단순승인에 관한 민법 제1026조 제3호의 '상속재산의 은닉'이라 함은 상속재산의 존재를 쉽게 알 수 없게 만드는 것을 뜻하고, '상속재산의 부정소비'라 함은 정당한 사유 없이 상속재산을 써서 없앰으로써 그 재산적 가치를 상실시키는 것을 의미한다.

[4] 법정단순승인에 관한 민법 제1026조 제3호의 '고의로 재산목록에 기입하지 아니한 때'라 함은 한정승인을 함에 있어 상속재산을 은닉하여 상속채권자를 사해할 의사로서 상속재산을 재산목록에 기입하지 않는 것을 뜻한다.

[사례 엿보기 17] 상속인 중 채무가 많은 사람이 있는 경우 상속인의 채권자가 상속재산을 가져가지 못하도록 할 수 있는 방법이 있는가?

대한민국에서 사업에 실패하여 많은 채무를 지게 되었습니다. 이후 미국으로 이민을 왔는데, 최근 한국에 계신 아버지가 돌아가셨습니다. 아버지는 약간의 부동산을 상속재산으로 남기셨는데, 제가 상속을 받게 되면 채권자들에게 모두 빼앗길 위험이 있고, 어차피 저는 미국에서 생활하고 있으므로 아버지의 상속재산은 국내에 있는 형제들이 모두 상속받기를 원합니다.

형제들과 저는 아버지의 재산을 상속받지 않는 것으로 상속재산분할협의를 하면 되는 것인지 궁금합니다.

대한민국 「민법」 제1043조는 "상속인이 수인인 경우에 어느 상속인이 상속을 포기한 때에는 그 상속분은 다른 상속인의 상속분의 비율로 그 상속인에게 귀속된다"고 규정하고 있습니다. 이는 특정 상속인이 망인의 상속재산을 모두 분할 받도록 하고자 할 경우, 모든 상속인들이 그 상속인이 단독으로 상속재산을 분할 받는다는 취지의 상속재산분할협의를 할 수도 있고, 그렇지 않고 나머지 상속인들이 모두 가정법원에서 상속포기심판을 받아 그 상속인이 단독상속인이 되도록 할 수도 있습니다.

이처럼 상속포기는 망인에게 상속채무가 많아서 상속인이 이를 상속받지 않기를 원할 때뿐만 아니라, 망인에게 상속재산이 더 많이 있으나 상속인이 다른 상속인에게 그 상속재산을 양보하고자 할 때 활용할 수 있습니다.

그런데 대법원은 **상속재산분할협의**는 그 성질상 재산권을 목적으로 하는 법률행위이므로 **사해행위취소권 행사의 대상**이 될 수 있다"고 밝히고 있는 반면(대법원 2001. 2. 9. 선고 2000다51797 판결), "**상속의 포기**는 「민법」 제406조 제1항에서 정하는 '**재산권에 관한 법률행위**'에 **해당하지 아니하여 사해행위취소의 대상이 되지 못한다**"고 하고 있습니다(대법원 2011. 6. 9. 선고 2011다29307 판결).

이는 즉, 만약 특정 상속인이 많은 채무를 부담하고 있는 상태에서 망인으로부터 재산을 상속받을 상속인의 지위에 있었으나, 다른 상속인들과 **상속재산분할협의**를 하면서 자신의 상속분을 양보하였다면, 이는 곧 채권자들에게 채무를 갚지 않고 다른 상속인들에게 증여를 한 것과 다름이 없다는 겁니다. 그 **상속인의 채권자들이 다른 상속인들을 상대로 그 상속인의 본래의 상속받을 몫을 반환하라며 사해행위 취소소송을 제기할 수 있다**는 말입니다.

반대로 그 상속인이 상속재산분할협의를 하지 않고 법원으로부터 **상속포기심판**을 받았다면 똑같은 결과지만, **그 상속인의 채권자들이 다른 상속인들을 상대로 사해행위 취소소송을 제기할 수 없고, 다른 상속인들은 망인의 상속재산을 온전히 상속**받을 수 있게 됩니다.

[사례 엿보기 17]의 경우 망인의 상속재산은 다른 형제들이 모두 분할 받도록 해야 할 것입니다. 그런데 이때 질문자가 자신 외의 형제들이 망인의 재산을 모두 분할 받는 것으로 상속재산분할협의를 하면 질문자의 채권자들이 다른 형제들에게 사해행위 취소소송을 제기할 우려가 있습니다. 그래서 질문자는 그러한 가능성을 원천적으로 봉쇄하기 위해 「민법」 제1019조 제1항이 정한 기간 내에 상속포기심판을 받아야 할 겁니다.

★ **판결 및 판례**

[대법원 2011. 6. 9. 선고 2011다29307 판결]

상속의 포기는 비록 포기자의 재산에 영향을 미치는 바가 없지 아니하나(그러한 측면과 관련하여서는 '채무자 회생 및 파산에 관한 법률' 제386조도 참조) 상속인으로서의 지위 자체를 소멸하게 하는 행위로서 순전한 재산법적 행위와 같이 볼 것이 아니다. 오히려 상속의 포기는 1차적으로 피상속인 또는 후순위상속인을 포함하여 다른 상속인 등과의 인격적 관계를 전체적으로 판단하여 행하여지는 '인적 결단'으로서의 성질을 가진다. 그러한 행위에 대하여 비록 상속인인 채무자가 무자력상태에 있다고 하여서 그로 하여금 상속포기를 하지 못하게 하는 결과가 될 수 있는 채권자의 사해행위취소를 쉽사리 인정할 것이 아니다. 그리고 상속은 피상속인이 사망 당시에 가지던 모든 재산적 권리 및 의무·부담을 포함하는 총체재산이 한꺼번에 포괄적으로 승계되는 것으로서 다수의 관련자가 이해관계를 가지는데, 위와 같이 상속인으로서의 자격 자체를 좌우하는 상속포기의 의사표시에 사해행위에 해당하는 법률행위에 대하여 채권자 자신과 수익자 또는 전득자 사이에서만 상대적으로 그 효력이 없는 것으로 하는 채권자취소권의 적용이 있다고 하면, 상속을 둘러싼 법률관계는 그 법적 처리의 출발점이 되는 상속인 확정의 단계에서부터 복잡하게 얽히게 되는 것을 면할 수 없다. 또한 상속인의 채권자의 입장에서는 상속의 포기가 그의 기대를 저버리는 측면이 있다고 하더라도 채무자인 상속인의 재산을 현재의 상태보다 악화시키지 아니한다. 이러한 점들을 종합적으로 고려하여 보면, <u>상속의 포기는 민법 제406조 제1항에서 정하는 "재산권에 관한 법률행위"에 해당하지 아니하여 사해행위취소의 대상이 되지 못한다.</u>

[대법원 2001. 2. 9. 선고 2000다51797 판결]

상속재산의 분할협의는 상속이 개시되어 공동상속인 사이에 잠정적 공유가 된 상속재산에 대하여 그 전부 또는 일부를 각 상속인의 단독소유로 하거나 새로운 공유관계로 이행시킴으로써 상속재산의 귀속을 확정시키는 것으로 그 성질상 재산권을 목적으로 하는 법률행위이므로 사해행위취소권 행사의 대상이 될 수 있다.

[사례 엿보기 18] 한정승인을 했는데 망인의 채권자가 상속인의 재산을 가압류했다면?

저는 미국에서 생활하고 있는 영주권자입니다. 1년 전 아버지께서 돌아가셨는데, 많은 채무를 갚지 못한 것으로 알고 있어서 아버지 사후 한정승인 심판을 받았습니다. 그런데 어제 갑자기 제가 소유하고 있던 한국의 아파트 등기부를 발급받아 보았다가 부동산에 가압류가 걸린 사실을 알게 되었습니다. 자초지종을 알아보니 아버지의 채권자였던 대부회사가 상속채무를 갚지 않았다며 제 아파트에 가압류를 걸었던 것이었습니다.

저는 한정승인을 했는데 제 재산에 가압류를 걸 수 있는 것인지, 어떻게 가압류를 풀 수 있는지 궁금합니다.

앞서 살펴봤듯이 망자의 상속인이 한정승인을 했다면 그 상속인은 망인의 상속채무는 망인으로부터 상속받은 재산으로만 변제하고, 상속인의 고유재산으로는 변제할 의무가 없습니다. 즉 **망인의 채권자는 한정승인을 한 상속인의 고유재산에 대해서는 강제집행을 할 수 없습니다.**

그리고 상속포기를 한 상속인은 애초에 망인의 상속인이 아니기에 망인의 상속채무를 변제할 의무가 없으므로, **망인의 채권자는 상속포기를 한 상속인의 고유재산에 대하여 당연히 강제집행을 할 수 없습니다.**

그러나 채권자 입장에서는 상속인들이 한정승인이나 상속포기를 했는지 여부를 자세히 알지 못하고 상속인들의 재산에 가압류 조치를 하는 경우가 종종 발생하고 있습니다.

만약 망인의 채권자가 한정승인 또는 상속포기를 한 상속인의 고유재산에 대해, 그 상속인이 망인으로부터 상속채무를 상속받았음을 전제로 가압류 또는 가처분 결정을 받았다면, 그러한 **가압류·가처분 결정은 부당한 것이므로 취소되어야** 합니다.

한정승인 또는 상속포기를 한 상속인은 이처럼 부당한 가압류·가처분에 대하여 「민사집행법」 제283조에 따라 **이의신청**을 하거나, 제288조에 따라 **취소신청**을 할 수 있습니다. 법원은 상속인이 한정승인 또는 상속포기를 이유로 가압류·가처분 이의신청 또는 취소신청을 하는 경우 상속인의 고유재산에 대한 강제집행이 허용되지 않으므로 그러한 보전처분이 이유가 없다고 판단하여, 가처분·가압류의 취소를 결정할 것입니다.

만약 망인의 채권자가 별다른 조치를 취하지 않고 가압류·가처분을 계속 유지한다면, 상속인은 법원에 제소명령을 신청할 수 있습니다. 그러면 법원은 망인의 채권자에게 언제까지 가압류·가처분 취지에 따른 본안소송을 제기할 것을 명할 것이고, 망인의 채권자가 그때까지 본안소송을 제기하지 않으면 그 가압류·가처분은 취소되게 됩니다.

다만 상속인이 제소명령을 신청했으나 채권자가 본안소송을 제기한다면 상속인으로서는 어쨌든 그 소송의 피고로서 소송에 대응해야 합니다. 가압류·가처분 취소 절차를 밟는 것보다 더 오랜 시간에 걸쳐 소송을 해야 할 가능성도 있습니다.

그래서 어떤 대응방법이 더 효율적이라고 일률적으로 얘기할 수 없으며, 상속인은 상황에 맞게 **가압류·가처분 이의신청이나 취소신청**으로 대응할지, **제소명령**으로 대응할지를 선택하는 것이 좋겠습니다.

★ 관련 법령

「민사집행법」

제283조(가압류결정에 대한 채무자의 이의신청)
① 채무자는 가압류결정에 대하여 이의를 신청할 수 있다.
② 제1항의 이의신청에는 가압류의 취소나 변경을 신청하는 이유를 밝혀야 한다.
③ 이의신청은 가압류의 집행을 정지하지 아니한다.

제287조(본안의 제소명령)
① 가압류법원은 채무자의 신청에 따라 변론 없이 채권자에게 상당한 기간 이내에 본안의 소를 제기하여 이를 증명하는 서류를 제출하거나 이미

소를 제기하였으면 소송계속사실을 증명하는 서류를 제출하도록 명하여야 한다.
② 제1항의 기간은 2주 이상으로 정하여야 한다.
③ 채권자가 제1항의 기간 이내에 제1항의 서류를 제출하지 아니한 때에는 법원은 채무자의 신청에 따라 결정으로 가압류를 취소하여야 한다.

제288조(사정변경 등에 따른 가압류취소)
① 채무자는 다음 각호의 어느 하나에 해당하는 사유가 있는 경우에는 가압류가 인가된 뒤에도 그 취소를 신청할 수 있다. 제3호에 해당하는 경우에는 이해관계인도 신청할 수 있다.
1. 가압류이유가 소멸되거나 그 밖에 사정이 바뀐 때
2. 법원이 정한 담보를 제공한 때
3. 가압류가 집행된 뒤에 3년간 본안의 소를 제기하지 아니한 때

제301조(가압류절차의 준용) 가처분절차에는 가압류절차에 관한 규정을 준용한다. 다만, 아래의 여러 조문과 같이 차이가 나는 경우에는 그러하지 아니하다.

★ **참고**

가압류와 가처분이란?

법원의 판결을 받는 궁극적인 목적은 채무자로부터 채무를 이행 받기 위해서입니다. 그런데 오랜 기간 소송이 진행되는 사이 채무자가 자신의 재산을 모두 빼돌리거나, 소송의 목적이 된 권리를 상실하는 등의 경우에는 승소 판결을 받더라도 강제집행이 불가능해지기 때문에 그 목적을 달성하기가 어렵게 됩니다. 이에 「민사집행법」은 판결을 받은 뒤 집행을 보전하기 위해 가압류 및 가처분과 같은 보전처분을 규정하고 있습니다.

가압류란 「민사집행법」 제276조에 따라 금전채권 또는 금전으로 환산할 수 있는 채권을 보전하기 위하여 본격적인 소송에 앞서 미리 채무자의 재산을 동결시켜 채무자가 함부로 그 재산을 처분하지 못하도록 하는 것입니다.

가처분이란 「민사집행법」 제300조에 따라 금전채권 이외의 권리 또는 법률관계에 관한 판결의 강제집행이 가능하도록 소송이 끝날 때까지 다툼의 대상의 현상 또는 지위를 그대로 유지하기 위하여 본격적인 소송에 앞서 미리 채무자가 현상 또는 지위를 변경하지 못하도록 하는 것입니다.

[사례 엿보기 19] 망인의 채권자가 승계집행문을 발급받았다면?

어머니는 생전에 지인으로부터 돈을 빌렸는데 갚지 못하셨습니다. 그 지인이 어머니를 상대로 소송을 제기해서 어머니가 지인에게 빌린 돈과 이자를 갚으라는 판결이 선고되었습니다. 그러나 어머니는 그 판결 이후에도 오랫동안 돈을 갚지 못하셨고, 최근에 돌아가셨습니다.

어머니 사후 저는 한정승인을 했고, 미국 영주권자인 동생은 상속포기를 했습니다. 그런데 최근 법원에서 집으로 승계집행문이 발급되었다는 우편이 송달되었습니다. 승계집행문이 무엇이며 저는 무엇을 해야 하는지 궁금합니다.

원고가 피고로부터 채무를 변제받지 못했을 경우, 법원에 소송을 제기하여 판결을 받는다는 것은 판결에 기초해 피고의 재산을 강제적으로 취득하기 위한 의미가 있습니다. 즉, **판결에는 원고가 피고의 재산에 대해서 강제집행을 하기 위한 집행력**이 있다는 말입니다.

원고가 피고의 재산에 대해 **강제집행을 하기 위해서는 판결문에 부가하여 집행문을 발급받아야** 합니다. 그리고 만약 **피고가 사망했다면 원고는 피고의 상속인들에 대한 강제집행을 하기 위하여 승계집행문을 발급**받을 수 있습니다.

그러나 망인 사망 이후 상속인이 이미 한정승인이나 상속포기를 한 경우라면 승계집행문 발급에는 오류가 있을 수 있습니다. 왜냐하면 상속포기를 한 상속인에 대해서는 승계집행문이 발급되어선 안 되고, 한정승인을 한 상속인에 대해서는 망인이 남겨둔 재산 범위 내에서만 집행을 하는 것으로 하는 승계집행문이 발급되어야 하기 때문입니다.

보통 채권자 입장에서는 상속인이 한정승인이나 상속포기를 했는지 여부를 잘 모르는 상황에서 망인에 대한 생전 판결문을 기초로 하여 상속인들 상대로 승계집행문을 받는 경우가 많습니다. 이 경우 상속인들은 법원으로부터 승계집행문 등본을 송달받았다면 망인의 채권자가 곧 강제집행을 할 위험이 있으므로 이에 대한 즉각적으로 대비를 해야 합니다.

이에 상속인은 「민사집행법」 제34조에 따라 **승계집행문 부여 이의신청**을 하거나, 제45조에 따라 **승계집행문 부여 이의의 소를 제기**할 수 있습니다. 한정승인을 했다면 상속받은 재산을 초과하는 범위에서는 취소되도록 해야 하고, 상속포기를 했다면 그 전부가 취소되도록 해야 하는 것이죠.

그런데 승계집행문 부여 이의신청 또는 이의의 소가 진행되는 중에 망인의 채권자가 이미 발급받은 승계집행문으로 상속인들의 개인

재산에 대한 강제집행을 시도할 가능성도 있습니다. 승계집행문 부여 이의신청 또는 이의의 소에 대한 법원의 결정이 있기 전에는 그 신청만으로 망인의 채권자의 강제집행을 저지할 수가 없습니다. 그래서 **필요한 경우 강제집행 정지신청도 동시에 진행하여, 법원이 승계집행문 부여를 취소하는 결정을 내릴 때까지 망인의 채권자가 진행 중인 강제집행을 멈출 수 있도록 해야** 합니다.

만약, 상속인이 법원으로부터 승계집행문 등본을 송달받고서야 망인의 사망사실이나 자신이 상속인이 되었다는 사실을 알게 된 경우에는 그 등본을 송달받은 날로부터 3개월 내에 한정승인 또는 상속포기를 할 수 있습니다. 아울러 원래 망인에 대하여 상속이 개시되었다는 사실을 알고 있었으나, 그 등본을 송달받고서야 망인에게 상속재산을 초과하는 상속채무가 있다는 사실을 알게 되었다면 그 등본을 송달받은 날로부터 3개월 내에 특별한정승인을 할 수 있습니다.

★ **관련 법령**

「민사집행법」

제29조(집행문)
① 집행문은 판결정본의 끝에 덧붙여 적는다.
② 집행문에는 "이 정본은 피고 아무개 또는 원고 아무개에 대한 강제집행을 실시하기 위하여 원고 아무개 또는 피고 아무개에게 준다."라고 적고 법원사무관등이 기명날인하여야 한다.

제30조(집행문부여)
① 집행문은 판결이 확정되거나 가집행의 선고가 있는 때에만 내어 준다.
② 판결을 집행하는 데에 조건이 붙어 있어 그 조건이 성취되었음을 채권자가 증명하여야 하는 때에는 이를 증명하는 서류를 제출하여야만 집행문을 내어 준다. 다만, 판결의 집행이 담보의 제공을 조건으로 하는 때에는 그러하지 아니하다.

제31조(승계집행문)
① 집행문은 판결에 표시된 채권자의 승계인을 위하여 내어 주거나 판결에 표시된 채무자의 승계인에 대한 집행을 위하여 내어 줄 수 있다. 다만, 그 승계가 법원에 명백한 사실이거나, 증명서로 승계를 증명한 때에 한한다.
② 제1항의 승계가 법원에 명백한 사실인 때에는 이를 집행문에 적어야 한다.

제34조(집행문부여 등에 관한 이의신청)
① 집행문을 내어 달라는 신청에 관한 법원사무관등의 처분에 대하여 이의신청이 있는 경우에는 그 법원사무관등이 속한 법원이 결정으로 재판한다.
② 집행문부여에 대한 이의신청이 있는 경우에는 법원은 제16조 제2항의 처분에 준하는 결정을 할 수 있다.

제44조(청구에 관한 이의의 소)
① 채무자가 판결에 따라 확정된 청구에 관하여 이의하려면 제1심 판결법원에 청구에 관한 이의의 소를 제기하여야 한다.
② 제1항의 이의는 그 이유가 변론이 종결된 뒤(변론 없이 한 판결의 경우에는 판결이 선고된 뒤)에 생긴 것이어야 한다.
③ 이의이유가 여러 가지인 때에는 동시에 주장하여야 한다.

제45조(집행문부여에 대한 이의의 소) 제30조 제2항과 제31조의 경우에

채무자가 집행문부여에 관하여 증명된 사실에 의한 판결의 집행력을 다투거나, 인정된 승계에 의한 판결의 집행력을 다투는 때에는 제44조의 규정을 준용한다. 다만, 이 경우에도 제34조의 규정에 따라 집행문부여에 대하여 이의를 신청할 수 있는 채무자의 권한은 영향을 받지 아니한다.

제46조(이의의 소와 잠정처분)
① 제44조 및 제45조의 이의의 소는 강제집행을 계속하여 진행하는 데에는 영향을 미치지 아니한다.
② 제1항의 이의를 주장한 사유가 법률상 정당한 이유가 있다고 인정되고, 사실에 대한 소명(疎明)이 있을 때에는 수소법원(受訴法院)은 당사자의 신청에 따라 판결이 있을 때까지 담보를 제공하게 하거나 담보를 제공하게 하지 아니하고 강제집행을 정지하도록 명할 수 있으며, 담보를 제공하게 하고 그 집행을 계속하도록 명하거나 실시한 집행처분을 취소하도록 명할 수 있다.
③ 제2항의 재판은 변론 없이 하며 급박한 경우에는 재판장이 할 수 있다.
④ 급박한 경우에는 집행법원이 제2항의 권한을 행사할 수 있다. 이 경우 집행법원은 상당한 기간 이내에 제2항에 따른 수소법원의 재판서를 제출하도록 명하여야 한다.
⑤ 제4항 후단의 기간을 넘긴 때에는 채권자의 신청에 따라 강제집행을 계속하여 진행한다.

[사례 엿보기 20] 망인의 채권자가 한정승인을 한 상속인의 재산을 압류하였다면?

저는 미국 시민권을 취득하고 대한민국에서 직장을 다니며 생활하고 있습니다. 최근 아버지가 돌아가셔서 장례를 치렀고, 이후 아버지에게 상당한 상속채무가 있다는 사실을 알고 한정승인심판을 받았습니다. 그런데 갑자기 은행에서 제 예금 계좌가 압류되었다는 통보를 받았습니다. 알아보니 아버지의 채권자였던 대부회사가 아버지를 상대로 받아두었던 판결에 기초하여 제 예금 계좌를 압류했던 것입니다. 계좌에 걸린 압류를 풀 수 있는 방법이 무엇인지 궁금합니다.

상속인이 한정승인을 했다면 망인의 상속채무는 상속인이 망인으로부터 상속받은 재산으로만 변제하면 되고, 상속인의 고유재산으로는 그 채무를 변제할 의무가 없습니다. 이에 망인의 채권자는 한정승인을 한 상속인의 고유재산에 대하여 강제집행할 수 없는 것이죠.

그런데 만약 망인의 채권자가 상속인이 한정승인을 했음에도 상속인의 예금 채권이나 급여 채권에 대해 채권 압류 및 추심 명령을 받는 등 그 고유재산을 강제집행한다면, 그러한 강제집행은 부당한 것이므로 취소되어야 합니다. **상속인은 해당 강제집행 결정에 대하여 즉시항고를 하거나 제3자이의의 소를 제기하여 부당한 강제집행이 취소될 수 있도록** 할 수 있습니다.

즉시항고는 해당 강제집행 결정에 대해서만 다투는 것이고 상속인이 그 결정문을 송달받은 날로부터 7일 이내에만 할 수 있는 것인 반면, **제3자이의의 소는 궁극적으로 채권자가 상속인의 고유재산에 대하여 강제집행을 할 수 없다는 판단을 받는 것**으로 제기기간에는 제한이 없습니다.

즉시항고는 별도의 민사소송인 제3자이의의 소에 비하여 간단하고 신속한 구제 수단입니다. 그러나 **추가적인 제2, 제3의 강제집행의 가능성이 있을 경우에는 제3자이의의 소를 통해 원천적으로 상속인의 고유재산에 대한 강제집행을 막는 것이 효율적**입니다. 그렇지 않으면 매번 즉시항고를 별개로 해야 할 수도 있기 때문이죠.

그리고 즉시항고나 제3자이의의 소를 제기하더라도, 그 자체로 바로 강제집행의 효력이 정지되는 것은 아닙니다. 즉시항고에 따른 강제집행을 취소하는 결정 또는 제3자이의의 소에 따른 강제집행을 취소하는 판결이 나오기 전 망인의 채권자가 상속인의 고유재산을 추심할 우려도 있습니다. 그래서 필요한 경우 **즉시항고 또는 제3자이의의 소를 제기함과 동시에 강제집행 정지를 함께 신청**할 필요가 있습니다.

따라서 [사례 엿보기 20]의 경우에도 대부회사가 한정상속인의 예금 채권에 대한 채권 압류 및 추심 결정을 받아 이를 압류·추심하는 것은 부당하므로, 이에 대하여 즉시항고를 신청하거나 제3자이의의 소를 제기해야 합니다. 그리고 이와 동시에 강제집행 정지를 신청하여 망인의 채권자가 상속인의 예금을 추심할 수 없도록 강제집행의 효력을 정지시키고 궁극적으로 그러한 채권 압류 및 추심 결정이 취소될 수 있도록 해야 할 것입니다.

★ 관련 법령

「민사집행법」

제15조(즉시항고)

① 집행절차에 관한 집행법원의 재판에 대하여는 특별한 규정이 있어야만 즉시항고(卽時抗告)를 할 수 있다.

② 항고인(抗告人)은 재판을 고지받은 날부터 1주의 불변기간 이내에 항고장(抗告狀)을 원심법원에 제출하여야 한다.

③ 항고장에 항고이유를 적지 아니한 때에는 항고인은 항고장을 제출한 날부터 10일 이내에 항고이유서를 원심법원에 제출하여야 한다.

④ 항고이유는 대법원규칙이 정하는 바에 따라 적어야 한다.

⑤ 항고인이 제3항의 규정에 따른 항고이유서를 제출하지 아니하거나 항고이유가 제4항의 규정에 위반한 때 또는 항고가 부적법하고 이를 보정(補正)할 수 없음이 분명한 때에는 원심법원은 결정으로 그 즉시항고를 각하하여야 한다.

⑥ 제1항의 즉시항고는 집행정지의 효력을 가지지 아니한다. 다만, 항고법원(재판기록이 원심법원에 남아 있는 때에는 원심법원)은 즉시항고에 대한 결정이 있을 때까지 담보를 제공하게 하거나 담보를 제공하게 하지 아니하고 원심재판의 집행을 정지하거나 집행절차의 전부 또는 일부를 정지하도록 명할 수 있고, 담보를 제공하게 하고 그 집행을 계속하도록 명할 수 있다.

⑦ 항고법원은 항고장 또는 항고이유서에 적힌 이유에 대하여서만 조사한다. 다만, 원심재판에 영향을 미칠 수 있는 법령위반 또는 사실오인이 있는지에 대하여 직권으로 조사할 수 있다.

⑧ 제5항의 결정에 대하여는 즉시항고를 할 수 있다.

⑨ 제6항 단서의 규정에 따른 결정에 대하여는 불복할 수 없다.

⑩ 제1항의 즉시항고에 대하여는 이 법에 특별한 규정이 있는 경우를 제외하고는 민사소송법 제3편 제3장 중 즉시항고에 관한 규정을 준용한다.

제48조(제3자이의의 소)

① 제3자가 강제집행의 목적물에 대하여 소유권이 있다고 주장하거나 목적물의 양도나 인도를 막을 수 있는 권리가 있다고 주장하는 때에는 채권자를 상대로 그 강제집행에 대한 이의의 소를 제기할 수 있다. 다만, 채무자가 그 이의를 다투는 때에는 채무자를 공동피고로 할 수 있다.
② 제1항의 소는 집행법원이 관할한다. 다만, 소송물이 단독판사의 관할에 속하지 아니할 때에는 집행법원이 있는 곳을 관할하는 지방법원의 합의부가 이를 관할한다.
③ 강제집행의 정지와 이미 실시한 집행처분의 취소에 대하여는 제46조 및 제47조의 규정을 준용한다. 다만, 집행처분을 취소할 때에는 담보를 제공하게 하지 아니할 수 있다.

제227조(금전채권의 압류)

① 금전채권을 압류할 때에는 법원은 제3채무자에게 채무자에 대한 지급을 금지하고 채무자에게 채권의 처분과 영수를 금지하여야 한다.
② 압류명령은 제3채무자와 채무자에게 송달하여야 한다.
③ 압류명령이 제3채무자에게 송달되면 압류의 효력이 생긴다.
④ 압류명령의 신청에 관한 재판에 대하여는 즉시항고를 할 수 있다.

제229조(금전채권의 현금화방법)

① 압류한 금전채권에 대하여 압류채권자는 추심명령(推尋命令)이나 전부명령(轉付命令)을 신청할 수 있다.
② 추심명령이 있는 때에는 압류채권자는 대위절차(代位節次) 없이 압류채권을 추심할 수 있다.
③ 전부명령이 있는 때에는 압류된 채권은 지급에 갈음하여 압류채권자에게 이전된다.

④ 추심명령에 대하여는 제227조 제2항 및 제3항의 규정을, 전부명령에 대하여는 제227조 제2항의 규정을 각각 준용한다.
⑤ 전부명령이 제3채무자에게 송달될 때까지 그 금전채권에 관하여 다른 채권자가 압류·가압류 또는 배당요구를 한 경우에는 전부명령은 효력을 가지지 아니한다.
⑥ 제1항의 신청에 관한 재판에 대하여는 즉시항고를 할 수 있다.

★ **판결 및 판례**

[대법원 2005. 12. 19.자 2005그128 결정]

상속채무의 이행을 구하는 소송에서 피고의 한정승인 항변이 받아들여져서 원고 승소 판결인 집행권원 자체에 '상속재산의 범위 내에서만' 금전채무를 이행할 것을 명하는 이른바 유한책임의 취지가 명시되어 있음에도 불구하고, 상속인의 고유재산임이 명백한 임금채권 등에 대하여 위 집행권원에 기한 압류 및 전부명령이 발령되었을 경우에, 상속인인 피고로서는 책임재산이 될 수 없는 재산에 대하여 강제집행이 행하여졌음을 이유로 제3자이의의 소를 제기하거나, 그 채권 압류 및 전부명령 자체에 대한 즉시항고를 제기하여 불복하는 것은 별론으로 하고, 청구에 관한 이의의 소에 의하여 불복할 수는 없다고 보아야 하고, 나아가 만약 그 채권 압류 및 전부명령이 이미 확정되어 강제집행 절차가 종료된 후에는 집행채권자를 상대로 부당이득의 반환을 구하되, 피전부채권 중 실제로 추심한 금전 부분에 관하여는 그 상당액을 반환을 구하고, 아직 추심하지 아니한 부분에 관하여는 그 채권 자체의 양도를 구하는 방법에 의할 수밖에 없다.

[사례 엿보기 21] 상속인도 모르는 사이 망인의 채권자가 상속인을 상대로 판결을 받았다면?

아버지는 어머니와 이혼하셨습니다. 누나가 아버지와, 저는 어머니와 함께 생활했습니다. 이후 저는 미국 시민권을 취득하고 미국에 살고 있습니다. 최근 우연히 누나와 다시 연락이 닿아 소식을 주고받다가, 아버지가 3년 전에 돌아가셨고 많은 채무를 남기셔서 누나는 한정승인을 했다고 합니다. 그런데 아버지의 채권자가 소송을 걸어서 저에 대해서는 공시송달로 소송이 진행되어 채무를 갚으라는 판결이 선고되었다는 말을 들었습니다. 깜짝 놀라 알아보니 이미 판결이 선고되었고 항소기간도 지나서 확정된 것으로 확인됩니다. 저는 아무것도 알지 못했는데, 판결에 따라 아버지의 채권자에게 빚을 갚아야 하는 것인지 궁금합니다.

민사소송은 변론주의의 원칙에 따라 당사자가 주장한 사항에만 기초하여 판결이 이루어지므로, 원고와 피고가 모두 소송에 참여해 주장을 할 수 있는 기회를 제공해야 합니다. 법원은 원고가 소장을 제출하면 피고에게 소장 부본을 송달하고 답변서를 제출하도록 합니다.

그런데 만약 피고의 주소를 알 수 없는 등 피고에게 소장 부본 송달이 되지 않는 때에 아무런 제한 없이 소송절차가 진행될 수 없다고 한다면, 고의적으로 소장 부본의 송달을 회피하여 이를 악용하는 경우가 발생할 수 있고 재판이 본연의 역할을 다하지 못할 우려가 있습니다. 그래서 「민사소송법」 제194조는 피고에게 송달이 이루어지지 않는 경우 법원게시판 또는 공보에 게시하거나 법원 웹사이트 공고란에 공시하는 것으로 송달을 갈음하는 공시송달을 할 수 있도록 규정하고 있습니다.

피고의 입장에서는 소송이 공시송달로 진행이 되면 현실적으로 그와 같은 소송이 진행되고 있다는 사실을 알기 어렵습니다. 이 때문에 추후 판결이 선고되더라도 항소기간 내에 항소를 제기할 수 없을 겁니다.

이처럼 피고가 판결이 선고되었다는 사실 자체를 알지 못하는 경우에 형식상의 항소기간이 경과해 항소를 제기할 수 없다면, 피고로서는 헌법이 보장하고 있는 재판을 받을 권리가 침해되는 결과가 발생할 것입니다. 이에 「민사소송법」 제173조 제1항은 **공시송달에 따라 항소기간 내에 항소를 제기하지 못한 피고는 불복하고자 하는 판결이 존재한다는 사실을 알게 된 날로부터 2주 내에 이른바 '추완 항소'를 제기**하여, 항소심에서 1심에서 하지 못했던 주장을 하여 1심 판결이 취소되도록 할 수 있습니다.

제시된 사례의 경우 누나로부터 연락을 받고서야, 질문자가 상속인이 되었다는 것과 아버지의 채권자가 질문자에 대하여 승소 판결을 받았다는 사실을 알게 되었습니다. 그렇다면 질문자는 일단 그날로부터 3개월 내에 한정승인이나 상속포기를 하는 한편, 2주 내에 법원에 추완 항소를 해야 합니다. 이후 한정승인 또는 상속포기심판을 받아 이를 항소심 절차에서 주장함으로써 1심 판결이 취소되도록 해야 할 겁니다.

★ 관련 법령

「민사소송법」

제173조(소송행위의 추후보완)

① 당사자가 책임질 수 없는 사유로 말미암아 불변기간을 지킬 수 없었던 경우에는 그 사유가 없어진 날부터 2주 이내에 게을리 한 소송행위를 보완할 수 있다. 다만, 그 사유가 없어질 당시 외국에 있던 당사자에 대하여는 이 기간을 30일로 한다.

② 제1항의 기간에 대하여는 제172조의 규정을 적용하지 아니한다.

제390조(항소의 대상)

① 항소(抗訴)는 제1심 법원이 선고한 종국판결에 대하여 할 수 있다. 다만, 종국판결 뒤에 양쪽 당사자가 상고(上告)할 권리를 유보하고 항소를 하지 아니하기로 합의한 때에는 그러하지 아니하다.

제396조(항소기간)

① 항소는 판결서가 송달된 날부터 2주 이내에 하여야 한다. 다만, 판결서 송달 전에도 할 수 있다.

② 제1항의 기간은 불변기간으로 한다.

★ **판결 및 판례**

[대법원 1994. 10. 21. 선고 94다27922 판결]

가. 제1심판결 정본이 공시송달의 방법에 의하여 피고에게 송달되었다면 비록 피고의 주소가 허위이거나 그 요건에 미비가 있다 할지라도 그 송달은 유효한 것이므로 항소기간의 도과로 그 판결은 형식적으로 확정되어 기판력이 발생한다.

나. '가'항의 경우에 피고로서는 항소기간 내에 항소를 제기할 수 없었던 것이 자신이 책임질 수 없었던 사유로 인한 것임을 주장하여 그 사유가 없어진 후로부터 2주일(피고가 외국에 있을 때는 30일) 내에 추완항소를 제기할 수 있으며, 여기서 그 사유가 없어진 때라 함은 피고가 당해 사건기록의 열람을 하는 등의 방법으로 제1심판결 정본이 공시송달의 방법으로 송달된 사실을 안 때를 의미한다.

[사례 엿보기 22] 상속포기 전에 망인의 예금을 찾아도 되나?

미국 시민권자로 미국에서 생활하고 있었는데, 최근 아버지께서 돌아가셨습니다. 장례를 위해 귀국하여 아버지 주변 정리를 하고, 통장에 있는 잔액 수백만 원도 모두 찾아서 어머니에게 생활비조로 드렸습니다. 그런데 재산조회를 해보니, 아버지는 지인들에게 꽤 많은 돈을 빌렸으나 갚지 못하셨다는 사실을 알게 되었고, 이에 어머니와 형제들은 모두 법원에 상속포기 및

> 한정승인 심판을 청구했습니다.
> 그런데, 제가 아버지 사망 이후 임의로 찾은 예금 수백만 원이 문제가 되어, 제가 신청한 상속포기가 문제가 될 수 있어서, 자칫 채무를 모두 갚아야 한다고 하는데 그게 사실인지 궁금합니다.

「민법」 제1026조 제1호는 "상속인이 상속재산에 대한 처분행위를 한 때에는 단순승인을 한 것으로 본다"고 규정하고 있습니다. 이에 관해 대법원은 "이 규정은 한정승인이나 포기의 효력이 생기기 전에 상속재산을 처분한 경우에만 적용된다. 상속인이 가정법원에 상속포기의 신고를 하였더라도 이를 수리하는 가정법원의 심판이 고지되기 이전에 상속재산을 처분하였다면, 이는 상속포기의 효력 발생 전에 처분행위를 한 것이므로 민법 제1026조 제1호에 따라 상속의 단순승인을 한 것으로 보아야 한다"고 밝히고 있습니다(대법원 2016. 12. 29. 선고 2013다73520 판결).

이 때문에 상속인은 한정승인 또는 상속포기를 하고자 하는 경우라면 가정법원으로부터 **한정승인이나 상속포기신고를 수리하는 심판을 받기 전까지는 망인의 상속재산에 대한 처분행위를 함부로 해서는 안 됩니다.** 만약 그 전에 상속재산을 처분한다면 한정승인 또는 상속포기신고를 수리하는 심판을 받더라도 추후 민사소송에서 그 효력이 부정될 수 있습니다.

여기에서 말하는 처분행위란 재산권에 변동을 가져오는 행위로, 재산을 훼손·멸실하게 하거나 그 소유권을 이전 또는 소비하는 행위 등을 의미합니다. 그래서 한정승인이나 상속포기를 하고자 하는 상속인은 가정법원의 해당 심판이 있기 전까지는 망인의 임대차 계약을 해지하고 임대차 보증금을 반환받거나, 예금을 이체 또는 출금하거나, 자동차의 소유 명의를 이전하거나, 부동산을 매도하는 등의 행위를 해서는 안 되는 겁니다.

그렇다면 **처분행위를 해서는 안 되는 상속재산**이 무엇인지 알아보겠습니다. 상속재산은 기본적으로 망인이 **사망할 당시에 망인의 소유하에 있는 재산**들이 상속재산에 해당합니다. 예를 들어 망인이 소유자로 등기된 부동산, 망인이 소유자로 등록된 자동차 등은 상속재산에 해당합니다. 한편 망인 명의로 개설된 계좌 내에 있는 예금, 망인이 체결한 임대차 계약의 임대차 보증금은 실질적으로 다른 사람이 그 금전을 지급해준 것이라고 하더라도 일단은 예금 계약 및 임대차 계약상 망인이 채권자임이 분명한 재산이므로, 상속재산에 해당한다고 할 것입니다.

[사례 엿보기 22]의 경우 망인 사망 후 예금을 임의로 찾은 것이라면 단순승인이 될 우려가 있어, 상속포기를 했다고 해도 나중에 채권자가 문제를 삼는다면 상속포기 효력이 인정되지 않을 수도 있습니다.

따라서 해당 사안의 경우 신속하게 인출한 금액을 다시 망인 계좌로 입금해두거나, 한정승인 후 청산용 재산으로 단순 보관하고 있다는 점 또는 일정한 경우 장례비 등으로 처리하는 등의 방법으로 단순승인이 되지 않도록 조치를 해야 합니다. 물론 가장 좋은 것은 애초에 인출을 하지 않는 것인데, 만약 망인이 일정한 채무를 남겨둔 경우라면 함부로 망인 사망 후 망인의 예금을 인출하지 않도록 해야 합니다.

★ **관련 법령**

「민법」

제1026조(법정단순승인) 다음 각호의 사유가 있는 경우에는 상속인이 단순승인을 한 것으로 본다.
1. 상속인이 상속재산에 대한 처분행위를 한 때
2. 상속인이 제1019조 제1항의 기간 내에 한정승인 또는 포기를 하지 아니한 때
3. 상속인이 한정승인 또는 포기를 한 후에 상속재산을 은닉하거나 부정소비하거나 고의로 재산목록에 기입하지 아니한 때

★ **판결 및 판례**

[대법원 2010. 4. 29. 선고 2009다84936 판결]

[1] 상속인이 상속재산에 대한 처분행위를 한 때에는 단순승인을 한 것으로 보는바, 상속인이 피상속인의 채권을 추심하여 변제받는 것도 상속재산에 대한 처분행위에 해당한다.
[2] 상속인이 피상속인의 甲에 대한 손해배상채권을 추심하여 변제받은 행위는 상속재산의 처분행위에 해당하고, 그것으로써 단순승인을 한 것으로 간주되었다고 할 것이므로, 그 이후에 한 상속포기는 효력이 없다고 한 사례.
… 사실관계를 위에서 본 법리에 비추어 살펴보면, 피고 1이 소

외 2에게서 1,000만 원을 받은 것은 위 망인의 소외 2에 대한 손해배상채권을 추심하여 변제받은 것으로서 상속재산의 처분행위에 해당하고, 그것으로써 피고 1은 단순승인을 한 것으로 간주되었다고 할 것이므로 그 이후에 피고 1이 한 상속포기는 그 효력이 없다고 할 것이다. …

[사례 엿보기 23] 상속포기를 하려고 하는데 사망보험금을 받아도 되나?

미국 시민권자로 미국에서 생활하고 있었는데, 최근 어머니께서 돌아가셔서 귀국하여 장례를 치렀습니다. 어머니 장례 이후 유품을 정리하면서 어머니께서 지인들과 은행에서 많은 돈을 빌렸으나 갚지 못하셨다는 사실을 알게 되었고, 형제들과 함께 법원에 상속포기 및 한정승인심판을 청구했습니다. 그런데 보험사로부터 어머니가 생전에 생명보험 가입을 하여 사망보험금이 지급될 예정이므로, 보험금을 신청하라는 연락을 받았습니다. 저희 형제들은 상속포기와 한정승인을 할 것인데, 해당 보험금을 받아도 되는 것인지 궁금합니다.

망인이 생전에 생명보험 계약을 하여 망인의 사망에 따라 사망보험금이 지급될 경우, 그 사망보험금의 성격은 망인이 남겨둔 다른 재산과는 차이가 있습니다.

즉, 대법원은 "생명보험의 보험 계약자가 스스로를 피보험자로 하면서, 수익자는 만기까지 자신이 생존할 경우에는 자기 자신을, 자신이 사망한 경우에는 '상속인'이라고만 지정하고 그 피보험자가 사망하여 보험사고가 발생한 경우, 보험금청구권은 상속인들의 고유재산으로 보아야 할 것이고, 이를 상속재산이라 할 수 없다(대법원 2001. 12. 28. 선고 2000다31502 판결 참조)"라고 판시하고 있습니다.

이를 좀 더 자세히 설명하면, 생명보험에서 사망보험금이 상속재산에 해당하는지 여부는 **보험 계약상 사망 시 수익자가 누구로 지정되었는지에 따라 다릅니다.** ① 보험 계약상 **사망 시 수익자가 법정상속인으로 지정되어 있다면,** 이는 법정상속인이 보험 계약 및 「상법」에 따라 그 사망보험금은 상속재산이 아니라 **법정상속인들의 고유재산**에 해당합니다. 그리고 ② 사망 시 수익자가 특정인으로 지정된 경우에도 그 지정된 자의 고유재산에 해당할 뿐 망인의 상속재산에 해당하지 않습니다. ③ 만약 수익자가 지정되지 않은 경우라면, 「상법」 제733조에 따라 피보험자의 법정상속인이 수익자가 됩니다. 따라서 해당 보험의 피보험자가 망인이라면, 수익자가 지정되어 있지 않은 경우에도 사망보험금은 상속인의 고유재산이 됩니다.

반면 ④ **망인이 사망 시 수익자를 피보험자인 망인 자신으로 지정한 경우, 그 사망보험금은 상속재산**에 해당합니다.

즉 사례에서의 질문자는 만약 망인이 가입한 보험 계약상 사망 시 수익자가 법정상속인으로 지정되어 있거나, 상속인 중 누군가로 지정되어 있는 경우 해당 재산은 상속인들의 고유재산이 됩니다. 만약 상속인들이 한정승인이나 상속포기를 한 경우 해당 재산으로 망인의 채무를 갚을 필요가 없고, 한정승인·상속포기심판을 받기 전에 그 사망보험금을 수령하더라도 추후 한정승인·상속포기를 하는 데에 아무런 문제가 되지 않을 겁니다.

그러나 그 재산이 만약 수익자가 망인으로 지정되어 있다면 해당 보험금은 상속재산이므로, 나중에 한정승인이 결정 난 이후에 수령을 해서 채무변제에 사용해야 합니다. 만약 한정승인심판을 받기 전에 그 보험금을 수령했다면 이는 단순승인에 해당이 되어 추후 한정승인이나 상속포기 효력 자체가 문제가 될 수 있으니 주의해야 합니다. 반드시 한정승인 결정 후에 보험금을 수령하고, 이후 적정하게 채무변제를 하는 데 사용해야 합니다.

★ 관련 법령

「상법」

제733조(보험수익자의 지정 또는 변경의 권리)
① 보험계약자는 보험수익자를 지정 또는 변경할 권리가 있다.
② 보험계약자가 제1항의 지정권을 행사하지 아니하고 사망한 때에는 피보험자를 보험수익자로 하고 보험계약자가 제1항의 변경권을 행사하지 아니하고 사망한 때에는 보험수익자의 권리가 확정된다. 그러나 보험계약자가 사망한 경우에는 그 승계인이 제1항의 권리를 행사할 수 있다는 약정이 있는 때에는 그러하지 아니하다. 〈개정 1991. 12. 31.〉
③ 보험수익자가 보험존속 중에 사망한 때에는 보험계약자는 다시 보험수익자를 지정할 수 있다. 이 경우에 보험계약자가 지정권을 행사하지 아니하고 사망한 때에는 보험수익자의 상속인을 보험수익자로 한다.

④ 보험계약자가 제2항과 제3항의 지정권을 행사하기 전에 보험사고가 생긴 경우에는 피보험자 또는 보험수익자의 상속인을 보험수익자로 한다. 〈신설 1991. 12.〉

★ **판결 및 판례**

[대법원 2001. 12. 28. 선고 2000다31502 판결]

생명보험의 보험계약자가 스스로를 피보험자로 하면서, 수익자는 만기까지 자신이 생존할 경우에는 자기 자신을, 자신이 사망한 경우에는 '상속인'이라고만 지정하고 그 피보험자가 사망하여 보험사고가 발생한 경우, 보험금청구권은 상속인들의 고유재산으로 보아야 할 것이고, 이를 상속재산이라 할 수 없다.

[대법원 2004. 7. 9. 선고 2003다29463 판결]

보험계약자가 피보험자의 상속인을 보험수익자로 하여 맺은 생명보험계약에 있어서 피보험자의 상속인은 피보험자의 사망이라는 보험사고가 발생한 때에는 보험수익자의 지위에서 보험자에 대하여 보험금 지급을 청구할 수 있고, 이 권리는 보험계약의 효력으로 당연히 생기는 것으로서 상속재산이 아니라 상속인의 고유재산이라고 할 것인데, 이는 상해의 결과로 사망한 때에 사망보험금이 지급되는 상해보험에 있어서 피보험자의 상속인을 보험수익자로 미리 지정해 놓은 경우는 물론, 생명보험의 보험계약자가 보험수익자의 지정권을 행사하기 전에 보험사고가 발생하여 상법 제733조에 의하여 피보험자의 상속인이 보험수익자가 되는 경우에도 마찬가지라고 보아야 한다.

[사례 엿보기 24] 망인이 남겨둔 국민연금과 유족연금은 상속재산에 해당되어 채무를 변제해야 할까?

저는 미국 시민권자인데 최근 아버지께서 돌아가셨고, 한국에는 어머니가 계십니다. 아버지는 공무원으로 재직하시다가 정년퇴임 이후 공무원연금을 받으셨는데, 갚지 못한 채무도 남겨두셨습니다.

어머니와 저는 아버지가 남겨두신 채무를 승계받지 않기 위해 한정승인과 상속포기를 하려 합니다. 그런데 어머니 생활비는 아버지가 남겨두신 공무원연금을 승계받아서 충당해야 하는데, 어머니가 승계받는 유족연금도 아버지가 남겨두신 상속재산에 해당이 되어 채무를 갚아야 하는지 궁금합니다.

앞서 살펴본 바와 같이 법원으로부터 한정승인 또는 상속포기심판을 받기 전이거나, 상속포기심판을 받은 이후 망인의 상속재산을 처분했다면 그와 같은 한정승인 및 상속포기심판은 무효가 될 수 있습니다. 이에 공무원이었던 망인의 사망 이후 공무원연금공단에서 지급될 **유족연금이 상속재산에 해당한다면, 법원으로부터 한정승인 또는 상속포기심판을 받기 전이거나 상속포기심판을 받은 이후라면 이**

를 함부로 수령해서는 안 되겠지만, 반대로 상속재산에 해당하지 않는다면 이를 수령해도 무방할 것입니다.

대법원은 "구 국민연금법 제72조 내지 제76조의 규정은 유족연금에 관하여 노령연금 수급권자 등이 사망할 당시 그에 의하여 부양되고 있던 유족의 생활보장과 복지향상을 목적으로 하여 민법의 상속제도와는 다른 입장에서 수급권자를 정한 것이므로, 유족연금의 수급권자는 상속인으로서가 아니라 이들 규정에 의하여 직접 자기의 고유의 권리로서 유족연금을 받을 권리를 취득하는 것이고, 그 유족연금의 수급권은 타인의 불법행위로 사망한 노령연금 수급권자 등의 상속재산에 포함되지 아니한다"고 밝히고 있는데(대법원 2014. 11. 27. 선고 2011다57401 판결), 서울고등법원은 그와 같은 견지에서 "공무원연금법 제3조 제1항 제2호, 제28조, 제29조, 제30조, 제42조 제3호, 제4호, 제56조, 제57조, 제60조, 제61조의 2의 규정은 공무원 또는 공무원이었던 자의 사망 당시 그에 의하여 부양되고 있던 유족의 생활보장과 복리향상을 목적으로 하여 민법과는 다른 입장에서 수급권자를 정한 것으로, 수급권자인 유족은 상속인으로서가 아니라 이들 규정에 의하여 직접 자기 고유의 권리로서 취득하는 것이므로 각 급여의 수급권은 상속재산에 속하지 아니한다"고 밝히고 있습니다(서울고등법원 2012. 10. 24. 선고 2012나3168,3175 판결).

즉 국민연금 가입자가 사망함에 따라 그 유족이 지급받게 될 유족연금은 상속재산에 해당하지 않고, 마찬가지로 공무원이었던 망인이 사망함에 따라 그 유족이 지급받게 되는 **유족연금은 망인의 상속재산에 해당하지 않으므로**, 망인의 상속인이 한정승인 또는 상속포기

심판을 받는지와는 무관하게 그와 같은 유족연금을 수령하여도 **상속포기 또는 한정승인심판의 효력에는 영향이 없습니다.**

따라서 해당 사안의 경우 질문자와 어머니는 한정승인 및 상속포기심판을 받기 전 공무원연금공단으로부터 유족연금을 신청하여 수령하더라도 유효하게 한정승인 및 상속포기심판을 받을 수 있으며, 한정승인 및 상속포기심판을 받았는지 여부와 무관하게 유족연금을 어머니의 생활비로 사용할 수 있을 것입니다.

★ 판결 및 판례

[대법원 2014. 11. 27. 선고 2011다57401 판결]

한편 구 국민연금법 제72조 내지 제76조의 규정은 유족연금에 관하여 노령연금 수급권자 등이 사망할 당시 그에 의하여 부양되고 있던 유족의 생활보장과 복지향상을 목적으로 하여 민법의 상속제도와는 다른 입장에서 수급권자를 정한 것이므로, <u>유족연금의 수급권자는 상속인으로서가 아니라 이들 규정에 의하여 직접 자기의 고유의 권리로서 유족연금을 받을 권리를 취득하는 것이고</u>, 그 유족연금의 수급권은 타인의 불법행위로 사망한 노령연금 수급권자 등의 <u>상속재산에 포함되지 아니한다.</u>

[대법원 2005. 2. 23 선고 2005두11845 판결]

산업재해보상보험법상의 유족급여는 피재 근로자의 사망 당시 그에 의하여 부양되고 있던 유족의 생활보장 등을 목적으로 하여 민법과는 다른 입장에서 수급권자를 정한 것으로서 피재 근로자 본인이 근로복지공단에 대하여 가지는 보험급여와는 그 성격이 다르고, 수급권자인 유족은 상속인으로서가 아니라 산업재해보상보험법의 관련 규정에 의하여 직접 자기의 고유의 권리로서 유족급여의 수급권을 취득하는 것으로 보아야 한다.

[서울고등법원 2012. 10. 24. 선고 2012나3168,3175 판결]

공무원연금법상 유족급여는 같은 법 제1조에 명시된 바와 같이 공무원의 사망에 대하여 적절한 급여를 실시함으로써 공무원에 대한 사회보장제도를 확립하고 유족의 경제적 생활안정과 복리향상에 기여함을 목적으로 하여 지급되는 것이므로, 유족급여를 지급하는 제도와 공무원의 사망으로 공무원의 상속인이 재산을 상속하는 제도는 헌법적 기초나 제도적 취지를 달리한다. 그리고 공무원연금법 제3조 제1항 제2호, 제28조, 제29조, 제30조, 제42조 제3호, 제4호, 제56조, 제57조, 제60조, 제61조의 2의 규정은 공무원 또는 공무원이었던 자의 사망 당시 그에 의하여 부양되고 있던 유족의 생활보장과 복리향상을 목적으로 하여 민법과는 다른 입장에서 수급권자를 정한 것으로, 수급권자인 유족은 상속인으로서가 아니라 이들 규정에 의하여 직접 자기 고유의 권리로서 취득하는 것이므로 각 급여의 수급권은 상속재산에 속하지 아니한다.

[사례 엿보기 25] 망인의 퇴직연금을 수령하였는데 한정승인을 할 수 없는 것인가?

미국 시민권자인데 최근 아버지께서 돌아가셨습니다. 아버지는 생전에 직장 생활을 하시면서 퇴직연금 상품을 가입해두셨습니다. 아버지의 사후 장례를 치르고 별생각 없이 퇴직연금을 일시금으로 수령하였습니다.
그런데 알아보니 아버지는 별다른 재산은 남기지 않았는데, 대출금 채무를 남겨둔 것으로 확인되었습니다. 상속재산에 해당하는 채권을 지급 받는 등 처분한 경우에는 한정승인이나 상속포기를 할 수 없다고 하는데, 저는 더 이상 한정승인을 하지 못하고 아버지의 채무를 다 갚아야만 하는 것인지 궁금합니다.

    법원으로부터 한정승인이나 상속포기심판을 받기 전에 망인의 상속재산을 처분한 경우, 추후 한정승인이나 상속포기를 하더라도 그 효력이 무효가 될 수 있습니다. 즉 망인의 사망으로 보험 계약이 해지될 경우 지급되는 해지환급금이나 사고로 사망한 망인에 대한 손해배상금과 같이 망인의 상속재산에 해당하는 채권을 채무자로부터 추심하여 지급 받으면 한정승인이나 상속포기를 하더라도 효력이 없게 됩니다.
    망인이 사망하면 고용계약이 해지되므로 사망과 동시에 퇴직금 수급권 및 퇴직연금 수급권을 갖게 되고, 이는 망인의 상속재산으로서 망인의 상속인에게 상속됩니다. 즉 **원칙적으로 망인의 퇴직금 및 퇴직연금은 상속재산에 해당**한다고 할 수 있습니다.

그런데 「민사집행법」 제246조 제1항은 "퇴직금 및 퇴직연금 중 1/2에 해당하는 금액은 압류하지 못한다"고 규정하고 있으며, 「근로자퇴직급여 보장법」 제7조 제1항은 "퇴직연금제도의 급여를 받을 권리는 양도하거나 담보로 제공할 수 없다"고 규정하고 있습니다. 이에 관해 대법원은 "「근로자퇴직급여 보장법」이 「민사집행법」보다 특별법으로서 우선하므로 퇴직연금은 그 전액을 압류할 수 없다"고 밝히고 있습니다(대법원 2014. 1. 23. 선고 2013다71180 판결). 즉 **채권자는 채무자의 퇴직금 중 1/2 상당액과 퇴직연금 전액에 대해서는 강제집행을 할 수 없는 겁니다.**

그런데 채무자가 사망하여 퇴직금 1/2 상당액과 퇴직연금이 상속된 경우에도 채권자가 강제집행을 할 수 없어, 실질적으로 상속인들이 퇴직금 등으로 채무를 변제하지 않아도 되는 것인지 하는 점이 문제가 됩니다.

이와 관련하여 우리 대법원은 "이 사건 퇴직연금채권은 퇴직급여법에서 근로자 본인뿐만 아니라 그 가족의 생계유지 등을 두텁게 보호하려는 사회적·정책적 목적 등에 따라 전액에 대하여 압류를 금지한 것이어서 다른 압류금지재산보다 압류금지 범위가 확대된 재산이므로, 이를 파산재단에서 제외하는 것이 현저히 불합리하거나 부당한 결과를 발생시킨다고 볼만한 특별한 사정이 없는 한 상속재산 파산절차에서의 파산재단에 속하지 않는 것으로 보아야 한다"고 판시(대법원 2024. 1. 4. 선고 2022다285097 판결 참조)하여, 원칙적으로 퇴직연금 등은 채권자에게 청산할 재산이 아니라고 보았습니다.

우리 하급심 사례에서도 "상속인이 된 사람이 근로자의 부양가족이었던 경우에는 위와 같은 입법취지가 여전히 관철될 필요가 있고, 그에 따라 이러한 경우 근로자의 퇴직금 등의 1/2에 해당하는 금액과 근로자의 퇴직연금은 상속채권자를 위한 책임재산에서 제외되고, 이와 같이 상속채권자를 위한 책임재산에서 제외되는 상속재산은 「민법」 제1026조 제1호에서 말하는 '상속재산'에는 해당하지 않는다고 해석함이 타당하다"라고 판시하며, "상속인이 부양가족인 경우 퇴직금 1/2과 퇴직연금은 「민법」 1026조 제1호에 규정된 처분행위 대상이 되는 '상속재산'이 아니고, 상속채권자를 위한 책임재산에서 제외된다"고 판시하였습니다(울산지방법원 2018. 3. 29. 선고 2017가단16791 판결).

즉, 위 대법원 및 하급심 사례에 따르면, **망인의 퇴직연금 등은 채권자들에게 청산할 재산이 아니므로**, [사례 엿보기 24]의 경우 한정승인 전에 이를 수령한다고 해도, 이는 「민법」 제1026조 제1호의 처분행위에 해당되지 않아, 여전히 유효하게 한정승인을 할 수 있다고 해석해야 할 것입니다.

★ 관련 법령

「민사집행법」

제246조(압류금지채권)

① 다음 각호의 채권은 압류하지 못한다.
1. 법령에 규정된 부양료 및 유족부조료(遺族扶助料)
2. 채무자가 구호사업이나 제3자의 도움으로 계속 받는 수입
3. 병사의 급료
4. 급료 · 연금 · 봉급 · 상여금 · 퇴직연금, 그 밖에 이와 비슷한 성질을 가진 급여채권의 2분의 1에 해당하는 금액. 다만, 그 금액이 국민기초생활보장법에 의한 최저생계비를 감안하여 대통령령이 정하는 금액에 미치지 못하는 경우 또는 표준적인 가구의 생계비를 감안하여 대통령령이 정하는 금액을 초과하는 경우에는 각각 당해 대통령령이 정하는 금액으로 한다.
5. 퇴직금 그 밖에 이와 비슷한 성질을 가진 급여채권의 2분의 1에 해당하는 금액

「근로자퇴직급여 보장법」

제7조(수급권의 보호)

① 퇴직연금제도의 급여를 받을 권리는 양도하거나 담보로 제공할 수 없다.
② 제1항에도 불구하고 가입자는 주택구입 등 대통령령으로 정하는 사유와 요건을 갖춘 경우에는 대통령령으로 정하는 한도에서 퇴직연금제도의 급여를 받을 권리를 담보로 제공할 수 있다. 이 경우 제26조에 따라 등록한 퇴직연금사업자는 제공된 급여를 담보로 한 대출이 이루어지도록 협조하여야 한다.

★ 판결 및 판례

울산지방법원 2018. 3. 29. 선고 2017가단16791 판결

1) 쟁점 수령금 25,143,774원은 ① 망인의 퇴직금, 급료 및 이와 비슷한 성질을 가진 채권(이하 '퇴직금 등이라 총칭한다)의 1/2에 해당하는 금액, ② 망인의 퇴직연금, ③ 위로금 등 유족 고유의 몫으로 지급된 금액 세 가지 명목으로 구성되어 있고, 그 밖의 명목으로 지급된 금액은 없다.

2) 먼저 쟁점 수령금 중 ③ 위로금 등 유족 고유의 몫으로 지급된 금액은 망인의 유족인 피고들의 고유재산이므로 그 자체로 민법 제1026조 제1호에서 말하는 '상속재산에 대한 처분행위'로 볼 여지가 없다.

3) 쟁점 수령금 중 ① 망인의 퇴직금 등의 1/2에 해당하는 금액, ② 망인의 퇴직연금은 모두 넓은 의미에서 '상속재산'에는 해당하지만 1), 아래와 같은 이유에서 피고들의 그 수령행위가 민법 제1026조 제1호에서 말하는 '상속재산에 대한 처분행위'에 해당하지 않는다고 봄이 타당하다.

가) 망인의 퇴직금 등의 1/2에 해당하는 금액은 민사집행법 제246조 제1항 제4호, 제5호에 의하여 압류가 금지되는 재산이고, 망인의 퇴직연금은 그 전액이 근로자퇴직급여 보장법 제7조 제1항의 취지상 압류가 금지되는 재산(대법원 2014. 1. 23. 선고 2013다71180 판결 참조)인바, 이와 같이 법률상 압류가 금지

되는 재산은 채권자를 위한 책임재산에서 제외된다(대법원 2006. 6. 29. 선고 2005다73105 판결, 대법원 2005. 1. 28. 선고 2004다 58963 판결 참조).

나) 법률상 압류가 금지되는 재산 중에서도 위와 같이 근로자의 퇴직금 등의 1/2에 해당하는 금액과 근로자의 퇴직연금은 근로자 F만 아니라 그 부양가족의 안정적인 생활을 보장하기 위하여 사회보장적인 차원에서 압류가 금지되는 재산으로서 근로자가 사망하여 상속인이 된 사람이 사망한 근로자의 부양가족이 아니었던 경우는 별론으로 하고 상속인이 된 사람이 근로자의 부양가족이었던 경우에는 위와 같은 입법취지가 여전히 관철될 필요가 있고(오히려 근로자가 단순히 퇴직한 경우보다 사망한 경우 그 부양가족에 대한 안정적인 생활보장의 필요성이 훨씬 더 커지므로 위와 같은 입법취지의 관철 필요성 역시 훨씬 더 커진다고 볼 수 있다), 그에 따라 이러한 경우 근로자의 퇴직금 등의 1/2에 해당하는 금액과 근로자의 퇴직연금은 상속채권자를 위한 책임재산에서 제외되고, 이와 같이 상속채권자를 위한 책임재산에서 제외되는 상속재산은 민법 제1026조 제1호에서 말하는 '상속재산'에는 해당하지 않는다고 해석함이 타당한데, 피고들의 나이, 신분(두 사람 모두 학생인 것으로 보인다) 등을 감안할 때, 피고들은 망인의 부양가족에 해당한다고 봄이 타당하다.

다) 가사 견해를 달리하여 근로자가 사망하여 그 부양가족이 상속인이 된 경우 근로자의 퇴직금 등의 1/2에 해당하는 금액과 근로자의 퇴직연금 모두 상속채권자를 위한 책임재산에 해당

하는 것으로 보거나, 아예 상속채권자를 위한 책임재산인지 여부에 상관없이 사망 당시 피상속인의 채권이기만 하면 민법 제1026조 제1호에서 말하는 '상속재산'에 해당한다는 견해에 입각하여 가정적으로 판단하더라도(따라서 이하의 판단은 방론에 해당한다) 아래와 같은 이유에서 피고들이 망인의 퇴직금 등의 1/2에 해당하는 금액과 망인의 퇴직연금을 수령한 행위는 민법 제1026조 제1호에서 말하는 '상속재산에 대한 처분행위'에 해당하지 않는다고 봄이 타당하다.

(1) 위에서 본 바와 같이 압류금지 재산인 근로자의 퇴직금 등의 1/2에 해당하는 금액과 근로자의 퇴직연금이 민법 제1026조 제1호에서 말하는 '상속재산'에 해당하는지 여부에 관하여는 이를 긍정하는 견해와 부정하는 견해가 충분히 대립할 수 있는 것으로 보인다[판례 중에는 상속포기를 한 상속인들이 상속포기 전에 피상속인의 급여 및 퇴직금을 수령한 것이 민법 제1026조 제1호에서 말하는 '상속재산에 대한 처분행위'에 해당한다고 본 것이 있기는 하나(대법원 2003. 6. 13. 선고 2003다3416 판결), 위 사안은 피상속인의 급여 및 퇴직금 중 1/2만을 수령한 사안이 아니기 때문에 이 사건에 직접적으로 적용될 수 있는 성질의 것이 아니다. 한편 학설은 오히려 압류금지 여부에 상관없이 근로자의 사망 시 유족에게 지급되는 퇴직금 등과 퇴직연금 전부가 상속재산이 아니라 유족의 고유재산에 해당한다고 보는 견해가 통설에 가까운 다수설로 보인다].

(2) 이와 같이 해석상 의문이 제기되는 상황하에서 피고들은 ○

○○차로부터 망인의 퇴직금 등의 1/2에 해당하는 금액, 망인의 퇴직연금, 명백히 자신들의 고유재산에 해당하는 금액 이 세 가지만을 쟁점 수령금으로 수령한 다음, 그중 망인의 장례비용으로 합리적인 범위 내라 할 수 있는 11,410,000원을 지출하고(합리적인 범위 내의 장례비용은 민법 제998조의2에 따라 원래 상속재산 중에서 지급할 수 있는 것으로서 이는 민법 제1026조에서 말하는 상속재산의 처분 내지 부정소비 행위에 해당하는 것으로 볼 여지가 없다), 나머지 13,733,774원은 일체 소비함이 없이 수령한 계좌에 그대로 보관하면서 법원의 판단을 구하고 있다.

(3) 한편 망인은 사망 당시 ○○차를 제3채무자로 하여 가압류를 한 채권자들만 놓고 보더라도 원고에 대하여 150,000,000원이 넘는 채무를, 주식회사 ○○○캐피탈에 대하여 47,000,000원이 넘는 채무를 각 부담하는 등 거액의 채무를 부담하고 있었다.

(4) 위 (1) 내지 (3)을 종합하여 볼 때, 피고들이 ○○차로부터 쟁점 수령금을 수령한 것을 민법 제1026조 제1호에서 말하는 '상속재산에 대한 처분행위'에 해당하는 것으로 보아 그 상속포기의 효력을 부인하는 것은 피고들에게 지나치게 가혹하여 형평에 맞지 않는 것으로 보인다.

[사례 엿보기 26] 망인이 사망 전에 상속인에게 돈을 이체해주었다면 아무 문제가 없나?

> 저는 미국에서 직장을 다니고 있었는데, 어머니가 위독하셔서 잠시 대한민국에 들어왔습니다. 어머니께서 돌아가시기 전에 아직 갚지 못한 빚이 많으므로, 어머니 사후 꼭 상속포기를 하라고 하시면서, 저에게 어머니의 전 재산인 예금 5,000만 원을 이체해주셨습니다.
> 어머니께서 돌아가신 이후 어머니의 말씀대로 상속포기심판을 받았는데, 갑자기 어머니에게 돈을 빌려주었던 은행이 저를 상대로 사해행위 취소소송을 제기했습니다. 저는 상속포기를 했고 은행에도 상속포기를 했다는 사실을 알렸는데 은행이 왜 소송을 제기한 것인지 궁금합니다.

만약 많은 채무를 부담하고 있는 채무자가 채무를 변제하지 않은 채 자신의 재산을 가족들에게 증여해버린다면, 채권자로서는 채무자를 상대로 강제집행을 하더라도 별다른 재산을 취득할 수 없게 됩니다. 「민법」 제406조는 **채무자의 악의적인 채무잠탈 행위를 방지하기 위해 채권자취소권을 규정**하고 있습니다. 이에 따라 채권자는 채무자로부터 재산을 제공받은 자를 상대로 사해행위 취소소송을 제기하여, 그 제공된 재산을 다시 채무자의 재산으로 원상회복시킬 수 있습니다.

이때 사해행위 취소소송은 망인이 생전에 채무초과상태에서 채무를 변제하거나 채무의 변제에 제공될 재산을 유지하지 않고 그 채무를 회피하기 위하여 악의적으로 재산을 증여했기 때문에 망인의 채권자가 「민법」 제406조에 따라 채권자취소권을 행사하는 것으로, **망인에 대한 상속과는 전혀 별개의 문제**입니다. 즉 상속인은 특별한 사정이 없다면 망인의 사후 유효하게 한정승인이나 상속포기를 했더라도, 망인의 생전행위에 대한 채권자의 사해행위 취소소송을 저지할 수 없습니다.

사례의 질문자의 경우, 어머니의 생전에 어머니의 유일한 재산인 5천만 원을 증여받았으므로 이는 어머니의 채권자에 대한 사해행위에 해당합니다. 그래서 질문자가 어머니의 사후 상속포기를 했는지 상관없이 어머니의 채권자가 질문자를 상대로 5천만 원을 원상회복하라는 사해행위 취소소송을 제기할 수 있는 겁니다.

한편 「채무자 회생 및 파산에 관한 법률」 제400조 및 제391조 제1호는 상속재산파산에 관해 「민법」 제406조와 마찬가지로 파산관재인이 망인의 생전의 사해행위를 부인하고 그 행위로 인하여 이익을 얻은 자로부터 수익을 원상회복시킬 수 있다고 규정하고 있습니다. 이를 **파산관재인의 부인권**이라고 하는데, **파산관재인은 원칙적으로 10년 이내에 있었던 행위에 대해 부인권을 행사할 수 있습니다.**

상속인이 상속재산파산을 신청하면 파산관재인에게 망인의 재산목록과 생전의 거래내역과 생활관계에 관한 자료들을 제출해야 합니다. 대개 채권자들은 망인의 생전 거래관계를 쉽게 파악할 수 없어 사해행위가 있었더라도 이를 포착해 사해행위 취소소송을 제기하지 못할 가능성이 큰 반면, 파산관재인은 제출받은 자료를 조사하는 과정에서 망인이 사해행위를 했다는 사실을 보다 쉽게 파악할 수 있습니다. 그래서 상속인이 망인으로부터 10년 이내에 재산을 증여받은 사실이 있는 때에는 상속재산파산 신청을 신중하게 고려할 필요가 있습니다.

★ 관련 법령

「민법」

제406조(채권자취소권)
① 채무자가 채권자를 해함을 알고 재산권을 목적으로 한 법률행위를 한 때에는 채권자는 그 취소 및 원상회복을 법원에 청구할 수 있다. 그러나 그 행위로 인하여 이익을 받은 자나 전득한 자가 그 행위 또는 전득당시에 채권자를 해함을 알지 못한 경우에는 그러하지 아니하다.
② 전항의 소는 채권자가 취소원인을 안 날로부터 1년, 법률행위 있은 날로부터 5년 내에 제기하여야 한다.

「채무자 회생 및 파산에 관한 법률」

제391조(부인할 수 있는 행위) 파산관재인은 파산재단을 위하여 다음 각 호의 어느 하나에 해당하는 행위를 부인할 수 있다.
1. 채무자가 파산채권자를 해하는 것을 알고 한 행위. 다만, 이로 인하여 이익을 받은 자가 그 행위 당시 파산채권자를 해하게 되는 사실을 알지 못한 경우에는 그러하지 아니하다.
2. 채무자가 지급정지 또는 파산신청이 있은 후에 한 파산채권자를 해하는 행위와 담보의 제공 또는 채무소멸에 관한 행위. 다만, 이로 인하여 이익을 받은 자가 그 행위 당시 지급정지 또는 파산신청이 있은 것을 알고 있은 때에 한한다.

3. 채무자가 지급정지나 파산신청이 있은 후 또는 그 전 60일 이내에 한 담보의 제공 또는 채무소멸에 관한 행위로서 채무자의 의무에 속하지 아니하거나 그 방법 또는 시기가 채무자의 의무에 속하지 아니하는 것. 다만, 채권자가 그 행위 당시 지급정지나 파산신청이 있은 것 또는 파산채권자를 해하게 되는 사실을 알지 못한 경우를 제외한다.

4. 채무자가 지급정지 또는 파산신청이 있은 후 또는 그 전 6월 이내에 한 무상행위 및 이와 동일시할 수 있는 유상행위

제400조(상속재산의 파산의 경우의 부인권) 제391조·제392조·제393조·제398조 및 제399조의 규정은 상속재산에 대하여 파산선고가 있은 경우 피상속인·상속인·상속재산관리인 및 유언집행자가 상속재산에 관하여 한 행위에 관하여 준용한다.

제405조(부인권행사의 기간) 부인권은 파산선고가 있은 날부터 2년이 경과한 때에는 행사할 수 없다. 제391조 각호의 행위를 한 날부터 10년이 경과한 때에도 또한 같다.

★ **판결 및 판례**

[대법원 2010. 5. 27. 선고 2007다40802 판결]

채권자취소권은 사해행위로 이루어진 채무자의 재산처분행위를 취소하고 그 원상회복을 구하기 위한 권리로서 사해행위에 의해 일탈된 채무자의 책임재산을 총채권자를 위하여 채무자에게 복귀시키기 위한 것이지 채권자취소권을 행사하는 특정 채권자에게만 독점적 만족을 주기 위한 권리가 아니다. 또한 사해행위 취

소의 범위는 다른 채권자가 배당요구를 할 것이 명백하거나 목적물이 불가분인 경우와 같이 특별한 사정이 없는 한 취소채권자의 채권액을 넘어서까지 취소를 구할 수 없다. 따라서 취소채권자는 위와 같은 특별한 사정이 없는 한 자신의 채권액 범위 내에서 채무자의 책임재산을 회복하기 위하여 채권자취소권을 행사할 수 있고 그 취소에 따른 효력을 주장할 수 있을 뿐이며, 채무자에 대한 채권 보전이 아니라 제3자에 대한 채권 만족을 위해서는 사해행위 취소의 효력을 주장할 수 없다.

PART
4

성년후견인제도와 기타 상속 이슈

유언의 효력

유언(遺言)은 어떤 사람이 죽은 뒤, 그와 관련한 법률관계를 정하기 위한 생전의 최종적 의사표시로 유언자의 사망으로 효력이 생깁니다. 특히 유언은 망자의 재산처분에 관한 내용이 주된 내용일 텐데요. PART 2에서 우리가 봤던 사례는 망자가 유언을 남기지 않은 상황에서의 상속재산분할협의를 주로 보았지만, 여기에서는 망자가 상속재산에 대한 유언을 남긴 사례들을 살펴볼 것입니다.

유언은 반드시 유언자 자신의 독립된 의사에 따라 행해져야 하는 법률적 행위입니다. 상대방의 수락을 필요로 하지 않는 단독행위이기도 하죠. 그렇기 때문에 유언자는 생전에 자신의 의사에 따라 자유롭게 유언을 남길 수 있고, 언제든지 이를 변경 또는 철회할 수도 있습니다.

유언이 있으면 유언대로 상속인들이 재산분할을 하면 상관없겠지만, **유언이 있어도 충분히 법적인 분쟁이 생길 수 있습니다.** 예를 들어 가장 대표적으로 형식을 제대로 갖추지 못한 유언이 있을 수가 있습니다. 유언은 「민법」 규정에 따라 엄격한 형식을 갖출 것을 필요로 합니다. 유언에는 자필증서, 비밀증서, 공정증서, 녹음, 구수증서 등의 방식이 있는데, 이러한 유언의 방식을 갖추지 못한 유언은 효력이 없습니다.

그리고 상속인 중 일부가 망인의 자필유언서를 인정하지 않을 경우도 충분히 발생할 수 있죠. 특히 망자의 자녀가 다수인데, 망자가 특정 자녀에게 재산을 많이 주는 유언을 남겼다면 다른 상속인들이 이에 불복해 망자의 유언을 이행하지 않는 사례를 자주 볼 수 있습니다.

그럼 이와 관련한 사례를 비롯해 유언의 효력에 있어 해외거주자들이 반드시 알아야 하는 내용을 몇 가지 사례를 통해 자세히 알아보도록 하겠습니다.

[사례 엿보기 1] 미국에서 작성한 유언장이 국내에서 효력이 있을까?

저희 가족은 20년 전 어머니와 아버지를 모시고 미국으로 이민을 왔습니다. 미국 영주권자이시던 아버지는 이민 온 이후 미국에서 계속 거주하시다가 미국에서 돌아가셨는데, 아버지는 미국에서 미국과 대한민국에 있는 재산을 저와 어머니에게 모두 물려주신다는 내용으로 미국법에 따라 유언공증을 남겨두셨습니다.

그런데 대한민국에 남아 있는 형제들에게 아버지가 미국에서 유언공증을

> 남기셨다는 사실을 이야기하자, 아버지는 미국 시민권자가 아닌 대한민국 국민이니까 아버지의 미국 유언장은 대한민국에서 효력이 없다고 주장하면서, 아버지 재산을 똑같이 나눠야 한다고 주장하고 있습니다.
> 미국에서 영주권자가 작성한 유언장의 효력을 대한민국에서 인정받을 수 있을까요?

사례에서 아버지는 미국 시민권자가 아닌 영주권자로서 대한민국 국민이며, 대한민국 국민인 이상 재외국민의 경우라도 원칙적으로 대한민국 법에 따라 상속이 이루어지게 됩니다. 대한민국 「국제사법」에서는 "유언은 유언 당시 유언자의 본국법에 따르는 것"으로 규정하면서도 유언의 방식에 대해서는 유언자의 유언 당시 또는 사망 당시의 상거소지법, 유언 당시의 행위지법과 부동산에 관한 유언의 방식은 그 부동산의 소재지법에 따라 할 수 있다고 규정하고 있습니다.

만약 대한민국 국적자가 미국 캘리포니아에서 유언을 했다면 **유언의 내용 및 효력, 집행에 대해서는 대한민국 법이 적용되고 유언의 방식에 대해서는 행위지법이 적용**될 수 있다는 것을 의미합니다. 그래서 유언자가 미국 캘리포니아주의 법에 따라 유언을 남겼다면 대한민국에서도 유언으로서 효력을 인정받을 수 있는 겁니다.

따라서 미국에 있는 사람이 대한민국에 있는 부동산 및 예금 등 자신의 재산을 대상으로 유언을 하는 경우에는 집행을 위해 반드시 대한민국 법에 따라 유언을 할 필요는 없고, 자신이 거주하는 주의 법에 따라 유언을 하면 됩니다.

[사례 엿보기 1]에서는 아버지가 사망 당시 거주했던 주(State)의 법에 따라 유언을 남길 수 있기에, **아버지가 거주하고 있었던 주에서 정한 유언방식에 따라 유언을 남겼다면, 국내에서도 효력을 주장**할 수 있습니다.

★ 관련 법령

「국제사법」

제50조(유언)
① 유언은 유언 당시 유언자의 본국법에 의한다.
② 유언의 변경 또는 철회는 그 당시 유언자의 본국법에 의한다.
③ 유언의 방식은 다음 각 호 중 어느 하나의 법에 의한다.
1. 유언자가 유언 당시 또는 사망 당시 국적을 가지는 국가의 법
2. 유언자의 유언 당시 또는 사망 당시 상거소지법
3. 유언당시 행위지법
4. 부동산에 관한 유언의 방식에 대하여는 그 부동산의 소재지법 [시행일 2001.7.1.]

「민법」

제1065조(유언의 보통방식) 유언의 방식은 자필증서, 녹음, 공정증서, 비밀증서와 구수증서의 5종으로 한다.
제1066조(자필증서에 의한 유언)
① 자필증서에 의한 유언은 유언자가 그 전문과 연월일, 주소, 성명을 자서하고 날인하여야 한다.

② 전항의 증서에 문자의 삽입, 삭제 또는 변경을 함에는 유언자가 이를 자서하고 날인하여야 한다.

제1067조(녹음에 의한 유언) 녹음에 의한 유언은 유언자가 유언의 취지, 그 성명과 연월일을 구술하고 이에 참여한 증인이 유언의 정확함과 그 성명을 구술하여야 한다.

제1068조(공정증서에 의한 유언) 공정증서에 의한 유언은 유언자가 증인 2인이 참여한 공증인의 면전에서 유언의 취지를 구수하고 공증인이 이를 필기낭독하여 유언자와 증인이 그 정확함을 승인한 후 각자 서명 또는 기명날인하여야 한다.

제1069조(비밀증서에 의한 유언)
① 비밀증서에 의한 유언은 유언자가 필자의 성명을 기입한 증서를 엄봉날인하고 이를 2인 이상의 증인의 면전에 제출하여 자기의 유언서임을 표시한 후 그 봉서표면에 제출연월일을 기재하고 유언자와 증인이 각자 서명 또는 기명날인하여야 한다.
② 전항의 방식에 의한 유언봉서는 그 표면에 기재된 날로부터 5일 내에 공증인 또는 법원서기에게 제출하여 그 봉인상에 확정일자인을 받아야 한다.

제1070조(구수증서에 의한 유언)
① 구수증서에 의한 유언은 질병 기타 급박한 사유로 인하여 전4조의 방식에 의할 수 없는 경우에 유언자가 2인 이상의 증인의 참여로 그 1인에게 유언의 취지를 구수하고 그 구수를 받은 자가 이를 필기낭독하여 유언자의 증인이 그 정확함을 승인한 후 각자 서명 또는 기명날인하여야 한다.
② 전항의 방식에 의한 유언은 그 증인 또는 이해관계인이 급박한 사유의 종료한 날로부터 7일 내에 법원에 그 검인을 신청하여야 한다.
③ 제1063조 제2항의 규정은 구수증서에 의한 유언에 적용하지 아니한다.

[사례 엿보기 2] 한국의 부동산에 대해 미국에서 유언을 남길 경우 어떻게 남겨야 할까?

오래전 미국 캘리포니아로 이민을 오신 아버지께서는 한국과 미국에 일정한 재산을 보유하고 있습니다. 아버지는 미국 시민권을 취득하고 곧바로 한국 국적 상실신고도 했고 한국에 상가를 보유하고 계신데요. 아버지는 한국은 미국의 Trust가 많이 사용되지 않는다는 것으로 알고 있어서, 한국 상가를 어머니에게 유증하는 유언을 남겨두려고 합니다.
그런데, 유언을 하기 위해 아버지가 한국에 방문하기는 어렵고, 대한민국 법에 따라 미국에서 유언을 남겨두어도 효력이 있다고 하는데, 어떻게 남기는 것이 가장 좋은 것인지 궁금합니다.

사례에서 **아버지는 미국 시민권자로 상속은 본국법인 미국 법에 따라** 이루어질 것입니다. 그런데, 대한민국 「국제사법」에도 "유언은 유언 당시 유언자의 본국법에 따르는 것"으로 규정하고 있고 유언의 방식에 대해서도 유언자의 유언 당시 또는 사망 당시의 상거소지법, 유언 당시의 행위지법과 부동산에 관한 유언의 방식은 그 부동산의 소재지법에 따라 할 수 있다고 규정하고 있습니다. 미국 시민권자가 본국인 미국 캘리포니아주의 법에 따라 유언을 남겼다면 대한민국에서도 유언으로 효력을 인정받을 수 있는 겁니다.

그런데 캘리포니아주 법에 따른 유언이 대한민국에서 효력이 있다고 하더라도, **해당 유언에 따라 대한민국에 있는 부동산의 소유권을 이전하는 절차를 수월하게 진행할 수 있는지는 또 다른 문제**입니다.

즉 한국에서는 「민법」과 '유증을 받은 자의 소유권보존(이전)등기신청절차 등에 관한 사무처리지침'에 의거, '유언공증'의 경우에만 별도의 유언검인 절차가 필요 없고, 이에 따라 실제 등기 신청 시 별도의 유언검인조서등본을 요구하지 않고 있으므로, 망인 사망 이후 재산을 받기로 한 자에게 신속하게 소유권을 이전할 수 있습니다. 반면 나머지 자필유언, 구술유언, 비밀유언 등은 별도의 검인 절차를 거쳐야 하고, 경우에 따라 검인 이후 유언이행 또는 유언유효확인 청구 등을 거쳐야 할 수도 있습니다.

그런데 미국에서 미국 법에 따라 유언을 남기는 경우에도 사망과 동시에 바로 소유권이 이전되는 등 해당 유언장이 강한 집행력을 발휘할 수 있는지 여부가 중요한데, 결과적으로 **미국에서 적법하게 유언을 남겨두되 유언장에 한국 내의 등기절차에 필요한 부분을 반영하는 경우, 망인 사망 이후 한국에서도 검인 절차 없이 바로 소유권을 이전할 수도 있습니다.**

즉 미국 시민권자는 대한민국 「국제사법」 제50조 제3항에 따라 미국 법에 정한 방식에 따라 유언을 남길 수 있고, 대한민국 등기소 등기선례에 따라 미국 법에 따라 작성한 유언공정증서를 등기원인을 증명하는 정보로 제공할 수 있습니다. 이에 미국 시민권자는 미국 법에 따른 적법한 유언을 남겨두는 게 중요한데, 미국의 각 주는 유언에 관한 요건은 조금씩 다르나, 공통적으로 문서로 작성해야 하고 유언자가 서명해야 하며, 2명 이상의 증인이 인증할 것을 공통적으로 요구하고 있습니다.

이때 주의할 점은 한국의 '유증을 받은 자의 소유권보존(이전)등기

신청절차 등에 관한 사무처리지침'에 의거하여 등기의무자는 유언집행자가 되고 유언집행자는 반드시 일정한 서류를 제출해야 하므로, 유언장상에 협조가 원활하게 되는 자를 반드시 집행자로 지정해두어야 한다는 점입니다. 실제 등기 신청 시 집행자의 서류도 제출해야 합니다. 이때 집행자는 재산을 받는 자로도 지정할 수 있으므로 가급적 재산을 받는 자를 집행자로 지정하는 것이 안전할 것입니다.

아울러, 망인 사후 미국에서 남긴 유언에 따라 한국에서 부동산 이전을 하기 위해서는, 아포스티유 인증 등 적정한 인증절차를 거치고 관할 법령 등을 적정하게 소명해야 합니다.

[사례 엿보기 2]에서는 아버지가 미국 시민권자이므로 미국에서 적법한 유언을 남겨두고, 유언장에 한국에서 등기이전을 원활하게 하기 위한 집행자 지정 등을 해두고 아포스티유 인증 등을 받아둔다면, 유언자 사망 후 신속하게 재산 이전이 가능합니다.

★ 관련 법령

「민법」

제1068조(공정증서에 의한 유언) 공정증서에 의한 유언은 유언자가 증인 2인이 참여한 공증인의 면전에서 유언의 취지를 구수하고 공증인이 이를 필기낭독하여 유언자와 증인이 그 정확함을 승인한 후 각자 서명 또는 기명날인하여야 한다.

「국제사법」

제50조(유언)
① 유언은 유언 당시 유언자의 본국법에 의한다.
② 유언의 변경 또는 철회는 그 당시 유언자의 본국법에 의한다.
③ 유언의 방식은 다음 각호 중 어느 하나의 법에 의한다.
1. 유언자가 유언 당시 또는 사망 당시 국적을 가지는 국가의 법
2. 유언자의 유언 당시 또는 사망 당시 상거소지법
3. 유언당시 행위지법
4. 부동산에 관한 유언의 방식에 대하여는 그 부동산의 소재지법 [시행일 2001. 7. 1.]

「유증을 받은 자의 소유권보존(이전)등기신청절차 등에 관한 사무처리지침」

2. 신청인
나. 소유권이전등기의 신청인
(1) 유증을 원인으로 한 소유권이전등기는 포괄유증이나 특정유증을 불문하고 수증자를 등기권리자, 유언집행자 또는 상속인을 등기의무자로 하여 공동으로 신청하여야 한다. 수증자가 유언집행자로 지정되거나 상속인인 경우에도 같다.
(2) 유언집행자가 여럿인 경우(유언집행자의 지정이 없어서 여러 명의 상속인들이 유언집행자가 된 경우를 포함한다)에는 그 과반수 이상이 수증자 명의의 소유권이전등기절차에 동의하면 그 등기를 신청할 수 있다.
(3) 수증자가 여럿인 포괄유증의 경우에는 수증자 전원이 공동으로 신청하거나 각자가 자기 지분만에 대하여 소유권이전등기를 신청할 수 있다. 그러나 포괄적 수증자 이외에 유언자의 다른 상속인이 있는 경우에는 유증을 원인으로 한 소유권이전등기와 상속을 원인으로 한 소유권이전등기를 각각 신청하여야 한다.

5. 첨부정보

가. 소유권보존등기

(4) 유언증서 및 검인조서 등

① 유언증서가 자필증서, 녹음, 비밀증서에 의한 경우에는 유언검인조서 등본을, 구수증서에 의한 경우에는 검인신청에 대한 심판서등본을, 유증에 정지조건 등이 붙은 경우에는 그 조건성취를 증명하는 서면을 각 첨부하여야 한다.

② 유언증서에 가정법원의 검인이 되어 있는 경우에도 등기관은 그 유언증서가 적법한 요건을 갖추지 아니한 경우에는 그 등기신청을 수리하여서는 아니 된다.

③ 검인기일에 출석한 상속인들이 "유언자의 자필이 아니고 날인도 유언자의 사용인이 아니라고 생각한다" 등의 다툼 있는 사실이 기재되어 있는 검인조서를 첨부한 경우에는 유언 내용에 따른 등기신청에 이의가 없다는 위 상속인들의 진술서(인감증명서 첨부) 또는 위 상속인들을 상대로 한 유언유효확인의 소나 수증자 지위 확인의 소의 승소 확정판결문을 첨부하여야 한다.

나. 소유권이전등기

유증을 원인으로 한 소유권이전등기를 신청하는 경우에는 규칙 제46조에 규정된 사항을 첨부정보로 등기소에 제공하되, 다음 (1), (2)의 첨부정보를 각각 규칙 제46조 제1항 제5호 및 제1호의 첨부정보로 등기소에 제공한다.

(1) 유언집행자의 자격을 증명하는 서면

① 유언집행자의 자격을 증명하는 서면으로, 유언집행자가 유언으로 지정된 경우에는 유언증서, 유언에 의해 유언집행자의 지정을 제3자에게 위탁한 경우에는 유언증서 및 제3자의 지정서(그 제3자의 인감증명 첨부), 가정법원에 의해 선임된 경우에는 유언증서 및 심판서를 각 제출하여야 한다.

② 유언자의 상속인이 유언집행자인 경우에는 상속인임을 증명하는 서면을 첨부하여야 한다.

(2) 위 가.(1)의 규정과 가.(4)의 규정은 유증을 원인으로 한 소유권이전등기를 신청하는 경우에 준용한다.

★ **판결 및 판례**

외국법에 따라 외국에서 작성된 외국인의 국내 부동산에 대한 유언 공정증서를 첨부정보로 제공하여 유증을 원인으로 한 소유권이전등기신청을 할 수 있는지 여부
제정 2018. 9. 18. [부동산등기선례 제201809-5호, 시행]

1. 아일랜드 국민인 갑이 그 나라에서 아일랜드 민법에 따라 그가 소유하는 국내 부동산에 관하여 공정증서에 의한 유언을 한 후 사망하였고, 이에 따라 유언집행자와 수증자가 공동으로 그 부동산에 대하여 유증을 원인으로 한 소유권이전등기를 신청하는 경우, 「국제사법」 제50조 제3항에 따르면 유언자가 유언 당시 국적을 가지는 국가의 법에서 정하는 방식에 따라 유언을 할 수 있으므로 아일랜드 민법에 따라 작성한 유언공정증서를 등기원인을 증명하는 정보로 제공할 수 있는바, 다만 이 공정증서에는 아일랜드 정부가 발행한 아포스티유(Apostille)를 붙여야 하고, 공정증서(아포스티유 포함)에 대한 번역문도 제공하여야 한다.
2. 그리고 이러한 유언공정증서가 아일랜드 민법에 따라 적법하게 작성되었음을 소명하기 위하여 해당 법령의 내용과 그 번역문도 함께 제공하여야 한다.

(2018. 9. 18. 부동산등기과 - 2127 질의회답)

참조조문: 민법 제1091조, 국제사법 제19조, 제49조, 제50조

참조판례: 대구고등법원 2015.4.22. 선고 2014나2007 판결

참조예규: 등기예규 제1512호

참조선례: 등기선례 Ⅴ 제44호 Ⅶ 제214호, Ⅷ 제203호

[사례 엿보기 3] 한국의 은행에 있는 금융재산에 대해 미국에서 유언을 남길 경우 어떻게 남겨야 할까?

저는 오래전 미국 캘리포니아로 이민을 와서 미국 시민권을 취득하여 보유하고 있습니다. 얼마 전에 한국에 있는 어머니가 돌아가셔서, 어머니가 남겨두신 약 3억 원의 금융재산을 제 몫으로 상속받게 되었습니다. 향후 한국으로 돌아갈 수도 있어 그 자금은 한국에 남겨두었는데, 혹여라도 급작스러운 일에 대비하고자 해당 금융재산은 제가 유고 시에 배우자에게 넘겨준다는 유언을 남겨두려 합니다.

그런데 유언을 하기 위해 한국에 방문하기는 어렵고, 미국에서 유언을 남겨두어도 괜찮은지 궁금합니다. 만약 유언을 남기지 않고 사망한 경우, 제 배우자가 한국에 있는 금융재산을 찾기 위한 절차는 어떻게 되나요?

제시된 사례는 [사례 엿보기 2]와 같이 유언자는 미국 시민권자인데, 이 경우 대한민국 「국제사법」은 "유언은 유언 당시 유언자의 본국법에 따르는 것"으로 규정하고 있고 유언의 방식에 대해서도 상거소

지법, 행위지법 및 부동산 소재지법에 따라 할 수 있다고 규정하고 있습니다. 그래서 본국인 미국 캘리포니아주의 법에 따라 유언을 남겼다면 대한민국에서도 유언으로 효력을 인정받을 수 있는 겁니다.

그런데 만약 대한민국에 있는 부동산이 아니라, **대한민국에 있는 금융재산에 관해 미국에서 유언을 남겨둘 경우, 실제 유언자 사망 이후 금융재산을 인출하는 절차는 부동산의 경우와 다른 부분**이 있습니다.

즉, 망인이 캘리포니아 법에 따라 유언을 남겨둔 경우 캘리포니아 법에 따르면, 먼저 유언상 집행인(Executor)으로 지정된 자가 있다면 집행인은 검인법원에 검인신청(Petition for Probate)을 신청해야 합니다. 이후 공고 등 일정한 절차를 거쳐 유언장이 법원에 제출되어 별다른 문제가 없다면 통상 해당 집행인을 관리인으로 지정하는 결정문(Letters Testamentary or Letters of Administration)이 발급될 것입니다. 지정된 관리인을 통해 한국에서 금융재산을 인출하는 절차를 거친 후, 관리인은 다시 검인법원에 재산분배를 위한 신청(Petition for Final Distribution and Accounting)을 하고, 최종 결정이 나오면 유언에 따라 적정하게 분배해야 합니다.

이때 망인이 유언장에 집행인을 지정해두지 않았거나 유언을 남기지 않고 사망했다면 배우자나 자녀 등이 먼저 검인법원에 검인신청(Petition for Probate)을 하면 적정한 자를 관리인(Administrator)으로 지정하는 결정문(Letters Testamentary or Letters of Administration)이 발급될 것입니다. 이후 선임된 관리인은 무유언 상속법(Intestate will)에 따라 상속인 등 재산을 받을 자를 조사하고 한국에서 금융재산을 인출하는 절차를 거친 후, 검인법원에 재산분배를 위한 신청(Petition for Final Distribution and Accounting)을 거치고 상속인 등에게 적정하게 분배해야 합니다.

즉, [사례 엿보기 2]에서는 아버지가 미국 시민권자로 한국에 남아 있는 부동산에 대해 한국의 공정증서에 의한 유언 요건에 맞추어 미국에서 유언을 남겨두면 유언자 사망 후 신속하게 재산 이전이 가능했지만, 이번 사례에서는 한국의 금융재산에 대해 유언을 남겨두거나 남겨두지 않았더라도 **금융재산 인출을 위해서는 미국에서의 프로베이트 과정에서 지정된 유산관리인**(Executor or Administrator)**을 통해 금융재산을 인출해야** 하는 차이점이 있습니다.

[사례 엿보기 4] 상속인 중 일부가 망인의 자필유언서를 인정하지 않는 경우 유언에 따라 재산을 받을 수 있는 방법은?

저는 20년 전 미국으로 이민을 왔습니다. 미국으로 이민을 온 이후에도 저는 한국을 자주 왕래하였고, 한국에 갈 때마다 어머니를 뵈었습니다. 한국에 가지 않을 때에도 거의 매일 어머니에게 전화를 하여 안부를 물었고, 매달 용돈도 보냈습니다.

1년 전 한국에 가서 어머니를 만났는데, 어머니가 뜬금없이 유언서라며 본인의 재산을 저에게 준다는 내용을 자필로 기재한 문서를 주었습니다. 최근 어머니가 사망하였고, 저는 형제들에게 어머니의 유언서를 보여주며 유언의 내용을 이행해줄 것을 요청했습니다. 그런데 형제 중 일부가 어머니의 유언서를 인정할 수 없다며 이행을 거부하였습니다. 어머니의 유언서를 이행하려면 어떻게 해야 하나요?

유언증서를 보관하고 있는 자는 유언자의 사망 후 법원에 유언검인을 청구해야 합니다. 유언검인 절차는 유언서의 존재와 상태를 확인하고 유언서에 대한 상속인들의 의견을 청취하는 절차이며, 유언서의 효력을 결정하는 절차는 아닙니다.

유언서는 유언집행자에 의하여 이행되며, 유언집행자는 유증의 목적인 재산의 관리 기타 유언의 집행에 필요한 행위를 할 권리 의무가 있습니다. 유언집행자는 유언자의 유언 등으로 지정될 수 있고, 지정된 집행자가 없으면 유언자의 상속인들이 집행자가 됩니다.

만약 유언집행자가 유언을 이행하지 않으면 유증을 받은 자는 유언집행자를 상대로 유언이행 또는 유언유효확인 청구를 하여 유증을 이행 받아야 합니다. 유언이행 청구 등에서 가장 중요한 쟁점은 유언자의 유언서가 민법에서 규정한 방식을 준수했는지 여부입니다.

「민법」 제1060조에 따라 **유언은 엄격한 요식성을 요구**하므로 법정된 요건과 방식에 어긋난 유언은 그것이 유언자의 진정한 의사에 합치하더라도 무효입니다. 사례에 적용할 수 있는 요식성으로는 「민법」 제1066조의 자필증서의 요건으로 유언자가 그 전문과 연월일, 주소, 성명을 자서하고 날인할 것을 요구하고 있습니다.

[사례 엿보기 4]에서 어머니는 자필유언서를 작성하였으므로 유언서를 가지고 있는 자녀는 우선 법원에 유언검인 청구를 하여 검인을 받아야 하고, 이후 유언집행자로부터 집행을 받아야 합니다. 어머니가 집행자를 지정한 경우 지정된 자가 집행자가 되며, 지정하지 않은 경우 상속인 전원이 집행자가 됩니다.

그런데 집행자가 유언을 이행하지 않으면 유언을 받은 자는 집행자를 상대로 유언이행 또는 유언유효확인 청구를 제기해야 하고, 그 소송에서 어머니의 자필유언서가 「민법」 제1066조의 요건을 충족하였음을 증명하면 승소하여 유언을 이행 받을 수 있을 겁니다. 쉽게 이야기하면, 자필유언장 등의 경우 집행자를 별도로 지정하지 않는 경우가 많아서 상속인들이 집행자가 되는데, 상속인 중 일부가 유언장에 이의를 제기하거나 집행에 협조하지 않으면, 유언을 받은 자는 해당 상속인을 상대로 소송을 제기해서 승소를 해야 유언에 따른 재산을 넘겨받을 수 있다는 겁니다.

★ **관련 법령**

「민법」

제1091조(유언증서, 녹음의 검인)
① 유언의 증서나 녹음을 보관한 자 또는 이를 발견한 자는 유언자의 사망 후 지체 없이 법원에 제출하여 그 검인을 청구하여야 한다.
② 전항의 규정은 공정증서나 구수증서에 의한 유언에 적용하지 아니한다.

제1093조(유언집행자의 지정) 유언자는 유언으로 유언집행자를 지정할 수 있고 그 지정을 제삼자에게 위탁할 수 있다.

제1095조(지정유언집행자가 없는 경우) 전조의 규정에 의하여 지정된 유언집행자가 없는 때에는 상속인이 유언집행자가 된다.

제1066조(자필증서에 의한 유언)

① 자필증서에 의한 유언은 유언자가 그 전문과 연월일, 주소, 성명을 자서하고 날인하여야 한다.
② 전항의 증서에 문자의 삽입, 삭제 또는 변경을 함에는 유언자가 이를 자서하고 날인하여야 한다.

제1101조(유언집행자의 권리의무) 유언집행자는 유증의 목적인 재산의 관리 기타 유언의 집행에 필요한 행위를 할 권리의무가 있다.

제1060조(유언의 요식성) 유언은 본법의 정한 방식에 의하지 아니하면 효력이 생하지 아니한다.

「유증을 받은 자의 소유권보존(이전)등기신청절차 등에 관한 사무처리지침」
가. 소유권보존등기
(4) 유언증서 및 검인조서 등
① 유언증서가 자필증서, 녹음, 비밀증서에 의한 경우에는 유언검인조서 등본을, 구수증서에 의한 경우에는 검인신청에 대한 심판서등본을, 유증에 정지조건 등이 붙은 경우에는 그 조건성취를 증명하는 서면을 각 첨부하여야 한다.
② 유언증서에 가정법원의 검인이 되어 있는 경우에도 등기관은 그 유언증서가 적법한 요건을 갖추지 아니한 경우에는 그 등기신청을 수리하여서는 아니된다.
③ 검인기일에 출석한 상속인들이 "유언자의 자필이 아니고 날인도 유언자의 사용인이 아니라고 생각한다"는 등의 다툼 있는 사실이 기재되어 있는 검인조서를 첨부한 경우에는 유언 내용에 따른 등기신청에 이의가 없다는 위 상속인들의 진술서(인감증명서 첨부) 또는 위 상속인들을 상대로 한 유언유효확인의 소나 수증자 지위 확인의 소의 승소 확정판결문을 첨부하여야 한다.

나. 소유권이전등기

유증을 원인으로 한 소유권이전등기를 신청하는 경우에는 규칙 제46조에 규정된 사항을 첨부정보로 등기소에 제공하되, 다음 (1), (2)의 첨부정보를 각각 규칙 제46조제1항제5호 및 제1호의 첨부정보로 등기소에 제공한다.

(1) 유언집행자의 자격을 증명하는 서면

① 유언집행자의 자격을 증명하는 서면으로, 유언집행자가 유언으로 지정된 경우에는 유언증서, 유언에 의해 유언집행자의 지정을 제3자에게 위탁한 경우에는 유언증서 및 제3자의 지정서(그 제3자의 인감증명 첨부), 가정법원에 의해 선임된 경우에는 유언증서 및 심판서를 각 제출하여야 한다.

② 유언자의 상속인이 유언집행자인 경우에는 상속인임을 증명하는 서면을 첨부하여야 한다.

(2) 위 가.(1)의 규정과 가.(4)의 규정은 유증을 원인으로 한 소유권이전등기를 신청하는 경우에 준용한다.

★ 판결 및 판례

[대법원 2006. 3. 9. 선고 2005다57899 판결]

민법 제1065조 내지 제1070조가 유언의 방식을 엄격하게 규정한 것은 유언자의 진의를 명확히 하고 그로 인한 법적 분쟁과 혼란을 예방하기 위한 것이므로, 법정된 요건과 방식에 어긋난 유언은 그것이 유언자의 진정한 의사에 합치하더라도 무효라고 하지 않을 수 없다.

[사례 엿보기 5] 유언은 어떤 유언을 남겨야 가장 좋은 것인가?

오래전 미국으로 이민을 갔던 저는 한국에 계신 아버지를 뵙기 위해 1년에 두 번 정도 주기적으로 한국을 방문하고 있습니다. 그런데 이번에 한국에 와보니 아버지께서 현재 살고 있는 아파트 등 남은 재산을 정리하겠다고 하면서 자필로 작성하신 유언장을 하나 건네주셨습니다. 내용을 보면 생전에 많은 경제적인 지원을 해준 아들 부부가 고부갈등 등으로 인해 오랜 기간 연락을 끊고 살았다는 점을 지적하면서 아들에게는 재산을 줄 수 없고, 전 재산을 저에게 주신다는 것이었습니다.

그런데 제가 궁금한 점은 아버지 사후에 A4 용지 한 장으로 작성되어 있는 자필유언장을 가지고 어떻게 해야 재산 이전을 할 수 있느냐는 겁니다. 듣기로 한국에는 유언방식이 여러 가지가 있다던데, 이 경우 어떤 방식의 유언이 가장 좋은 걸까요?

대한민국 「**민법**」은 유언의 방식으로 **자필증서, 비밀증서, 공정증서, 녹음, 구수증서 등을 규정**하고 있으며, 이러한 유언의 방식을 갖추지 못한 유언은 효력이 없습니다. 따라서 유언을 남기려는 사람은 반드시 위 방식 중 하나를 선택해 남겨야 합니다.

그런데 **자필증서, 비밀증서, 녹음에 의한 유언**은 「민법」 제1091조 제1항에 따라, 유언장을 보관하고 있거나 발견한 자는 유언자 **사망 후 법원에 유언검인을 신청**해야 합니다.

그리고 **구수증서에 의한 유언의 경우에도 유언검인을 반드시 신청**해야 하는데, 이 경우엔 유언자 사망 후에 신청하는 것이 아니라, 특별한 사정이 없다면 **유언을 한 날로부터 7일 이내에 유언검인을 신청**해야 합니다(대법원 1994. 11. 3. 자 94스16 결정 참조). 결국 공정증서에 의한 유언만 유언검인이 필요 없고, 나머지 4개의 유언의 방식은 모두 유언검인 절차가 필요한 것이죠.

그러나 유언검인 절차는 유언서의 존재와 상태를 확인하고 유언서에 대한 상속인들의 의견을 청취하는 절차이며, 유언서의 효력을 결정하는 절차는 아닙니다. 따라서 상속인 중 일부가 검인 절차에서 유언에 이의를 제기하거나 유언에 반대하는 의사를 표시할 경우, 검인조서로 유언에 의한 부동산 상속이전이 불가능하기에 별도로 유언 이행 또는 유언유효확인 청구 등을 제기해서 재산을 이전받아야 합니다. 이런 경우에는 상황에 따라 재산을 이전받기 위해 상당한 법률비용이 발생하고 수년 이상의 기간이 소요될 수 있습니다.

그러므로 가급적 유언자가 사후 상황을 대비하여 유언을 남겨놓고자 한다면 **사망 이후 집행 절차가 가장 단순한 '공정증서에 의한 유언'을 남기는 것이 좋습니다.** '공정증서에 의한 유언'은 유언자 사망 후 검인 절차도 필요 없고, 적정한 집행자 지정을 통해 증서 그 자체만으로 등기를 할 수 있어, 다른 유언방식에 비해 가장 효율적이고 신속하게 재산을 이전할 수가 있는 겁니다.

[사례 엿보기 5]에서는 아버지의 자필유언장보다는 아버지와 협의를 해서 공정증서에 의한 유언을 남겨두는 게 좋습니다. 공정증서에 의한 유언은 유언내용을 공증인 앞에서 진술해야 하기에 법률 전문가와 충분히 협의해서 유언내용을 적정하게 진술하고, 적정한 집행인을 지정하는 등 사후의 집행 절차를 가장 단순하게 하는 것이 현명

한 방법일 겁니다.

★ 관련 법령

「민법」

제1065조(유언의 보통방식) 유언의 방식은 자필증서, 녹음, 공정증서, 비밀증서와 구수증서의 5종으로 한다.

제1091조(유언증서, 녹음의 검인)
① 유언의 증서나 녹음을 보관한 자 또는 이를 발견한 자는 유언자의 사망 후 지체 없이 법원에 제출하여 그 검인을 청구하여야 한다.
② 전항의 규정은 공정증서나 구수증서에 의한 유언에 적용하지 아니한다.

제1068조(공정증서에 의한 유언) 공정증서에 의한 유언은 유언자가 증인 2인이 참여한 공증인의 면전에서 유언의 취지를 구수하고 공증인이 이를 필기낭독하여 유언자와 증인이 그 정확함을 승인한 후 각자 서명 또는 기명날인하여야 한다.

제1070조(구수증서에 의한 유언)
① 구수증서에 의한 유언은 질병 기타 급박한 사유로 인하여 전4조의 방식에 의할 수 없는 경우에 유언자가 2인 이상의 증인의 참여로 그 1인에게 유언의 취지를 구수하고 그 구수를 받은 자가 이를 필기낭독하여 유언자의 증인이 그 정확함을 승인한 후 각자 서명 또는 기명날인하여야 한다.
② 전항의 방식에 의한 유언은 그 증인 또는 이해관계인이 급박한 사유의 종료한 날로부터 7일 내에 법원에 그 검인을 신청하여야 한다.
③ 제1063조 제2항의 규정은 구수증서에 의한 유언에 적용하지 아니한다.

"358~359p의 「유증을 받은 자의 소유권보존(이전)등기신청절차 등에 관한 사무처리지침」 참조"

★ 판결 및 판례

[대법원 1994. 11. 3. 자 94스16 결정 유언검인]

유언자의 질병으로 인하여 구수증서의 방식으로 유언을 한 경우에는 특별한 사정이 없는 한 그 유언이 있은 날에 급박한 사유가 종료하였다고 하겠으므로, 유언이 있은 날로부터 7일 이내에 그 검인신청을 하여야 한다.

[대법원 2008. 8. 11. 선고 2008다1712 판결 유언공정증서무효확인]

「민법」 제1065조 내지 제1070조가 유언의 방식을 엄격하게 규정한 것은 유언자의 진의를 명확히 하고 그로 인한 법적 분쟁과 혼란을 예방하기 위한 것이므로, 법정된 요건과 방식에 어긋난 유언은 그것이 유언자의 진정한 의사에 합치하더라도 무효이고, 「민법」 제1068조 소정의 '공정증서에 의한 유언'은 유언자가 증인 2인이 참여한 공증인의 면전에서 유언의 취지를 구수하고 공증인이 이를 필기낭독하여 유언자와 증인이 그 정확함을 승인한 후 각자 서명 또는 기명날인하여야 하는 바, 여기서 '유언취지의 구수'라 함은 말로써 유언의 내용을 상대방에게 전달하는 것을 뜻하므로 이를 엄격하게 제한하여 해석하여야 할 것이지만, 공증인이 유언자의 의사에 따라 유언의 취지를 작성하고 그 서면에 따라 유언자에게 질문을 하여 유언자의 진의를 확인한 다음 유언자에게 필기된 서면을 낭독하여 주었고, 유언자가 유언의 취지를 정확히 이해할 의사식별능력이 있고 유언의 내용이나 유언 경위로 보아 유언 자체가 유언자의 진정한 의사에 기한 것으로 인정할 수 있는 경우에는, 위와 같은 '유언취지의 구수' 요건을 갖추었다고 보아야 한다(대법원 2007. 10. 25. 선고 2007다51550, 51567 판결 참조).

[대법원 2008. 2. 28. 선고 2005다75019,75026 판결 유언무효확인]

제3자에 의하여 미리 작성된 유언의 취지가 적혀 있는 서면에 따라 유언자에게 질문을 하고 유언자가 동작이나 한두 마디의 간략한 답변으로 긍정하는 경우에는 원칙적으로 「민법」 제1086조에 정한 '유언취지의 구수'라고 보기 어렵지만, 공증인이 사전에 전달받은 유언자의 의사에 따라 유언의 취지를 작성한 다음 그 서면에 따라 유증 대상과 수증자에 관하여 유언자에게 질문을 하고 이에 대하여 유언자가 한 답변을 통하여 유언자의 의사를 구체적으로 확인할 수 있어 그 답변이 실질적으로 유언의 취지를 진술한 것이나 마찬가지로 볼 수 있고, 유언자의 의사능력이나 유언의 내용, 유언의 전체 경위 등으로 보아 그 답변을 통하여 인정되는 유언취지가 유언자의 진정한 의사에 기한 것으로 인정할 수 있는 경우에는, 유언취지의 구수 요건을 갖추었다고 볼 수 있다.

[대법원 1996. 4. 23. 선고 95다34514 판결 소유권이전등기말소등]

유언공정증서를 작성할 당시에 유언자가 반혼수상태였으며, 유언공정증서의 취지가 낭독된 후에도 그에 대하여 전혀 응답하는 말을 하지 아니한 채 고개만 끄덕였다면, 유언공정증서를 작성할 당시에 유언자에게는 의사능력이 없었으며 그 공정증서에 의한 유언은 유언자가 유언의 취지를 구수(口授)하고 이에 기하여 공정증서가 작성된 것으로 볼 수 없어서, 「민법」 제1068조가 정하는 공정증서에 의한 유언의 방식에 위배되어 무효라고 판단한 원심판결을 수긍한 사례.

[사례 엿보기 6] 유언의 철회가 가능한가?

아버지는 토지를 소유하고 있습니다. 아버지의 자녀는 저를 포함하여 2명입니다. 아버지는 10년 전 미리 상속재산을 정리하겠다며 토지를 장남인 오빠에게 전부 유증한다는 유언공정증서를 작성하셨습니다. 저는 아버지에게 섭섭한 마음이 들었지만, 아버지의 뜻이니 받아들이고 평소처럼 부모님을 방문하여 함께 많은 시간을 보냈습니다. 반면, 오빠는 부모님을 잘 찾아오지도 않고 가끔 찾아와도 얼굴만 보이고 돌아가는 정도였습니다.

그런데 최근 아버지가 저를 부르시고는 장남을 챙겨주기 위해 토지 전부를 장남에게 준다는 유언공정증서를 작성하였으나, 장남의 태도가 너무 실망스럽다며 토지의 절반은 저에게 주겠다고 합니다. 아버지께서 이미 유언공정증서를 작성하여 토지 전부를 오빠에게 주기로 했는데, 유언의 내용 변경이 가능한 것인가요?

사람은 생전에 유언을 남겨 본인 사망 시 재산을 상속받을 자를 정할 수 있습니다. 유언자는 유언을 할 것인지 안 할 것인지, 그리고 유언을 한다면 누구에게 재산을 줄 것인지 여부 등을 자유로이 결정할 수 있습니다.

이처럼 **유언자는 자유로이 유언을 남길 수 있고, 유언을 남긴 이후 언제든지 유언의 전부나 일부를 철회할 수도 있습니다.** 「민법」 제1108조 제2항은 유언자는 유언을 철회할 권리를 포기하지 못한다고 규정하고 있습니다. 즉 유언자의 유언 철회권을 보장함으로써 유언자의 유언에 대한 자유를 보장하는 것이죠.

유언의 철회는 또 다른 유언을 남기거나 유언 후 유언과 저촉되는 생전행위를 하는 방식으로도 할 수 있습니다. 전후의 유언이 저촉되거나 유언 후의 생전행위가 유언과 저촉되는 경우에는 그 저촉된 부분의 종전유언은 철회된 것으로 봅니다. 예를 들어 A 아파트와 B 아파트를 아들에게 준다는 유언을 남겼는데, 이후 A 아파트를 딸에게 준다는 유언을 새로 하면 아들에 대한 유언 중 A 아파트 부분은 철회된 것입니다. 그리고 만약 유언 이후 A 아파트를 매각했다면, 이 또한 유언과 저촉되는 생전행위로 A 아파트를 아들에게 유증한다는 유언을 철회한 것입니다.

유언자가 고의로 유언증서 또는 유증 목적물을 파훼하는 것도 유언 철회의 방식이며, 유언자가 파훼한 부분에 관한 유언은 철회한 것으로 봅니다.

유언자가 유언을 남겼는지, 유언을 남겼더라도 유언을 철회했는지 여부는 유언자의 사망 이후 유언자의 재산을 누구에게 귀속할 것인지를 결정하는 중요한 내용이므로, 유언 철회를 하는 경우 그 의사표시를 명확하게 하는 것이 필요합니다. 그렇지 않으면 유언자가 유언을 철회했는데, 그 철회가 유언 전부에 관한 것인지 아니면 유언 중 일부에만 관한 것인지 문제될 수 있습니다. 그렇기에 유언의 전부 혹은 일부 철회 여부는 여러 사정을 고려하여 신중하게 판단해야 합니다(대법원 1998. 6. 12 선고 97다38510 판결).

사례에서도 아버지는 언제든지 기존 유언을 철회할 수 있습니다. 아들에게 토지 전부를 유증한다는 유언공정증서를 작성했어도 새로 이 토지 중 절반은 딸에게 준다는 유언을 남길 수 있고, 이러한 경우 아들에 대한 유언 중 토지 절반에 대한 부분이 철회되었다고 볼 수 있습니다.

★ 관련 법령

「민법」

제1108조(유언의 철회)
① 유언자는 언제든지 유언 또는 생전행위로써 유언의 전부나 일부를 철회할 수 있다.
② 유언자는 그 유언을 철회할 권리를 포기하지 못한다.

제1109조(유언의 저촉) 전후의 유언이 저촉되거나 유언 후의 생전행위가 유언과 저촉되는 경우에는 그 저촉된 부분의 전 유언은 이를 철회한 것으로 본다.

제1110조(파훼로 인한 유언의 철회) 유언자가 고의로 유언증서 또는 유증의 목적물을 파훼한 때에는 그 파훼한 부분에 관한 유언은 이를 철회한 것으로 본다.

★ 판결 및 판례

[대법원 2015. 8. 19 선고 2012다94940 판결]

민법 제1108조 제1항에 의하면 유언자는 언제든지 유언 또는 생전행위로써 유언의 전부나 일부를 철회할 수 있고, <u>유언 후의 생전행위가 유언과 저촉되는 경우에는 민법 제1109조에 의하여 그 저촉된 부분의 전(前)유언은 이를 철회한 것으로 본다.</u>

[대법원 1998. 6. 12 선고 97다38510 판결]

유언 후의 생전행위가 유언과 저촉되는 경우에는 민법 제1109조에 의하여 그 저촉된 부분의 전(前)유언은 이를 철회한 것으로 보지만, 이러한 생전행위를 철회권을 가진 유언자 자신이 할 때 비로소 철회 의제 여부가 문제될 뿐이고 타인이 유언자의 명의를 이용하여 임의로 유언의 목적인 특정 재산에 관하여 처분행위를 하더라도 유언 철회로서의 효력은 발생하지 아니하며, 또한 여기서 말하는 '저촉'이라 함은 전의 유언을 실효시키지 않고서는 유언 후의 생전행위가 유효로 될 수 없음을 가리키되 법률상 또는 물리적인 집행불능만을 뜻하는 것이 아니라 후의 행위가 전의 유언과 양립될 수 없는 취지로 행하여졌음이 명백하면 족하다고 할 것이고, 이러한 저촉 여부 및 그 범위를 결정함에 있어서는 전후 사정을 합리적으로 살펴 유언자의 의사가 유언의 일부라도 철회하려는 의사인지 아니면 그 전부를 불가분적으로 철회하려는 의사인지 여부를 실질적으로 집행이 불가능하게 된 유언 부분과 관련시켜 신중하게 판단하여야 한다.

[대법원 1998. 5. 29 선고 97다38503 판결]

망인이 유언증서를 작성한 후 재혼하였다거나, 유언증서에서 유증하기로 한 일부 재산을 처분한 사실이 있다고 하여 다른 재산에 관한 유언을 철회한 것으로 볼 수 없다.

성년후견제도의 이해

　후견제도는 부모님이 연로하시거나 질병이 있거나 가족 중 누군가 급작스러운 사고로 인해 일상생활이 어려운 경우에 종종 그 제도를 활용할 때가 있어서 당장은 아니더라도 미리 알아두면 유용한 내용입니다. 후견은 크게 성년후견제도와 미성년후견제도로 나눌 수 있는데요. 미성년후견제도는 미성년자에게 친권자가 없거나 제한되어 친권의 전부 혹은 일부를 행사할 수 없는 경우 후견인을 두는 제도를 말합니다.

　앞으로 우리가 살펴볼 **성년후견제도는 만 19세 이상의 성인이 질병, 장애, 노령 및 그 밖의 사유로 인해 정신적 제약으로 온전히 본인의 사무처리나 신변보호를 하지 못하는 경우, 이들의 권익보호와 지원을 위한 제도이며, 보호받는 사람의 정신적 제약 정도에 따라 '성년후견', '한정후견', '특정후견', '임의후견' 등으로 나눌 수 있습니다.

후견제도의 의미를 보면 이 제도는 사무처리 능력에 도움이 필요한 사람들의 권익을 보호하고 지원하기 위해 마련한 제도라는 것을 알 수 있죠.

후견사무는 후견인이 수행하며, 후견인의 권한남용을 막기 위해 피후견인 보호에 만전을 기해야 하는 것은 당연한 일입니다. 그래서 후견인 선임에서부터 권한지정, 후견사무 감독까지 법원에서 엄격히 살펴보고 판단하고 있는데요. 이번 장에서는 성년후견제도와 관련해 실무적으로 가장 많이 발생할 수 있는 사례를 통해 이 제도를 이해하도록 하겠습니다.

[사례 엿보기 7] 미국에 거주하고 있는 자는 대한민국 거주자의 성년후견인이 될 수 없는가?

저는 미국에 거주하고 있습니다. 부모님과 형제들은 대한민국에 있는데, 최근 아버지의 건강이 급격히 안 좋아지셨고 중증 치매 진단도 받았습니다. 아버지는 관리해야 할 재산이 있고, 아버지 간병을 위해 아버지 계좌도 관리해야 합니다. 그래서 가족들은 아버지의 성년후견인을 선임하기로 뜻을 모았으나, 누구도 성년후견인을 하겠다고 선뜻 나서지 않았습니다. 어머니는 나이가 있으셔서 아버지를 보살필 여력이 되지 않고, 형제들도 각자의 일이 바쁘고 먼 지역에 살고 있습니다.

저는 고심 끝에 아버지의 성년후견인을 하기로 했는데, 대한민국이 아닌 미국에 살고 있는 저도 성년후견인이 될 수 있나요?

어떤 사람의 의사능력이 저하되어 사무처리가 가능하지 않으면 그 사람을 위해 성년후견인을 선임할 수 있습니다. 이때 의사능력이 저하되어 성년후견을 받는 자를 피성년후견인이라 합니다.

피성년후견인의 **성년후견인으로 선임된 자는 피성년후견인을 위해 법원에서 주어진 권한 범위 내에서 피성년후견인의 사무처리를 대신** 해줄 수 있습니다. 성년후견인의 주된 역할은 **피성년후견인의 재산을 관리하고, 병원진료 및 입원 등 신상에 관해 결정**을 하는 겁니다.

이처럼 성년후견인은 피성년후견인을 위하여 막중한 역할을 수행하므로, 누구를 성년후견인으로 선임할지는 무척이나 중요한 문제입니다. 이에 「민법」 제936조는 성년후견개시 심판이 있는 경우 가정법원이 직권으로 선임한다고 규정하여 성년후견인 선임에 대한 권한을 법원에 부여하고 있고, 「민법」 제936조 제4항은 성년후견인 선임 시 고려사항으로 피성년후견인의 의사를 존중할 것과 피성년후견인의 건강, 생활관계, 재산 상황, 성년후견인이 될 사람의 직업과 경험, 피성년후견인과의 이해관계의 유무 등을 규정하고 있습니다.

가정법원은 이와 같은 사정들을 고려하여 **성년후견인 희망자가 피성년후견인의 복리를 위해 적합하다고 판단되면 성년후견인으로 선임**합니다. 다만, 성년후견인으로 선임될 자는 「민법」 제937조에 규정하고 있는 **결격사유가 없어야** 합니다.

성년후견인 결격사유로는 미성년자, 성년후견을 받고 있는 자, 회생개시결정 또는 파산선고를 받은 자, 수형자, 행방이 불분명한 사람, 피후견인을 상대로 소송을 하고 있는 자 등을 규정하고 있습니다. 사례에서처럼 성년후견인이 대한민국이 아닌 해외에 거주하고 있는 것을 결격사유로 규정하고 있지는 않죠.

따라서 **해외에 거주하고 있더라도 성년후견인으로서 임무 수행에 지장이 없고, 피성년후견인의 복리를 위하여 적합하다고 인정되면 성년후견인으로 선임**될 수 있습니다. 물론, 해외에 거주하고 있다면 한국에 거주하는 것보다 피성년후견인을 위한 임무 수행에 어려움이 있을 수 있으므로, 법원에 성년후견인으로서 임무 수행에 문제가 없다는 부분을 충분히 소명해야 할 겁니다.

[사례 엿보기 7]의 경우 법원은 미국에 거주하고 있는 자가 성년후견인으로서 임무 수행을 충실히 할 수 있는지를 엄격히 살펴볼 것이므로, 현재 아버지의 상태, 향후 아버지를 위하여 필요한 사무가 무엇이고 어떻게 사무처리를 할 것인지, 또 아버지 및 가족의 의사는 어떠한지 등을 충분히 소명해야 할 것입니다.

★ 관련 법령

「민법」

제929조(성년후견심판에 의한 후견의 개시) 가정법원의 성년후견개시심판이 있는 경우에는 그 심판을 받은 사람의 성년후견인을 두어야 한다.

제936조(성년후견인의 선임)
① 제929조에 따른 성년후견인은 가정법원이 직권으로 선임한다.
④ 가정법원이 성년후견인을 선임할 때에는 피성년후견인의 의사를 존중하여야 하며, 그 밖에 피성년후견인의 건강, 생활관계, 재산상황, 성년후견인이 될 사람의 직업과 경험, 피성년후견인과의 이해관계의 유무

(법인이 성년후견인이 될 때에는 사업의 종류와 내용, 법인이나 그 대표자와 피성년후견인 사이의 이해관계의 유무를 말한다) 등의 사정도 고려하여야 한다.

제937조(후견인의 결격사유) 다음 각호의 어느 하나에 해당하는 자는 후견인이 되지 못한다.
1. 미성년자
2. 피성년후견인, 피한정후견인, 피특정후견인, 피임의후견인
3. 회생절차개시결정 또는 파산선고를 받은 자
4. 자격정지 이상의 형의 선고를 받고 그 형기(刑期) 중에 있는 사람
5. 법원에서 해임된 법정대리인
6. 법원에서 해임된 성년후견인, 한정후견인, 특정후견인, 임의후견인과 그 감독인
7. 행방이 불분명한 사람
8. 피후견인을 상대로 소송을 하였거나 하고 있는 사람
9. 제8호에서 정한 사람의 배우자와 직계혈족. 다만, 피후견인의 직계비속은 제외한다.

[사례 엿보기 8] 성년후견인은 반드시 가족이나 친족만 선임될 수 있는가?

저는 얼마 전 미국으로 이주하였고, 형은 한국에서 살고 있습니다. 부모님은 돌아가셨고, 친척은 몇 명 되지 않습니다. 형은 정신지체가 있어 다른 사람의 도움 없이 사무처리를 하기는 어렵습니다. 저희 형제는 부모님한테 물려받은 재산이 있는데, 지금까지는 제가 형을 도와 재산을 관리했으나, 제가 미국으로 이주한 뒤로 형의 재산을 관리할 방안이 없습니다.

> 여기저기 알아보다 성년후견인제도를 알게 되었는데, 친척들은 성년후견인으로 선임되는 것에 난색을 표하였고, 저도 해외에 있어 성년후견인을 하기가 어렵습니다. 형의 성년후견인은 반드시 가족, 친족들만 할 수 있는 것인가요? 제3자는 할 수 없는 것인가요?

성년후견인은 가정법원이 직권으로 선임하며, 후견인으로 선임될 자는 「민법」 제937조가 규정한 결격사유가 없어야 합니다. 피성년후견인의 배우자 또는 자녀 등의 친족이 성년후견인으로 선임되기를 희망하는 경우 법원은 친족인 성년후견인 후보자에게 결격사유가 없고, 다른 가족들의 동의가 있으면 실무적으로 친족을 성년후견인으로 선임해주는 편입니다.

[사례 엿보기 8]과 같이 피성년후견인의 친족 중 성년후견인을 맡아줄 사람이 없는 경우 난감한 상황에 처할 수 있습니다. 그런데 성년후견인은 「민법」 제937조의 결격사유가 없는 자면 되고, 반드시 가족이나 친족만 하는 것은 아닙니다.

성년후견인의 주된 역할은 피성년후견인의 재산을 관리하고, 병원 진료 및 입원 등 신상에 관한 결정을 하는 것입니다. 하지만 **성년후견인이 피성년후견인의 모든 법률행위를 대리할 수 있는 것은 아닙니다.** 일반적으로 법원은 부동산 처분행위, 금전 차용행위, 상속재산분할협의 등의 중요사항은 법원의 사전 허가를 받도록 하고 있습니다. 일반적인 성년후견인 사건에서 법원이 결정하는 성년후견인 권한 범위는 [참고 자료]와 같습니다.

성년후견인은 피성년후견인의 법률행위를 대신하기에 전문적인 법률지식을 필요로 하는 경우가 많습니다. 그래서 가족이나 친족보다 **법률사무처리에 경험이 많은 제3자가 성년후견인을 맡는 것이 효율적**일 수 있고, 가족이나 친족도 타인의 법률사무처리리는 부담에서 벗어날 수 있습니다.

　그리고 성년후견인을 누구로 선임할지를 두고 가족 사이에서 의견 일치가 되지 않고 다툼이 있는 경우도 있습니다. 이러한 경우 가족 중 누군가가 성년후견인을 맡으면 성년후견인 임무 수행을 두고 지속적으로 분쟁이 발생할 수 있는데, 중립적인 제3자가 성년후견인을 맡으면 분쟁을 예방하거나 줄일 수 있는 효과도 있습니다.

　법원은 피성년후견인의 가족관계, 복리, 당사자들의 요청사항 등 여러 사정을 고려한 후 가족이나 친족이 아닌 **전문적인 법률사무처리에 경험을 가진 제3자를 성년후견인으로 선임**할 수 있습니다. 이러한 성년후견인을 **전문후견인**이라고 합니다. 전문후견인은 변호사와 같은 전문법률가가 많이 선임되고 있으며, 후견사무의 종류에 따라 개인이 아닌 사회복지재단 등의 법인이 선임되는 경우도 있습니다.

　[사례 엿보기 8]에서 아버지의 성년후견인을 맡아줄 만한 가족이나 친족이 없다면, 전문후견인을 선임하는 것이 좋은 대안이 될 겁니다.

★ 관련 법령

「민법」

제936조(성년후견인의 선임)
① 제929조에 따른 성년후견인은 가정법원이 직권으로 선임한다.

제937조(후견인의 결격사유) 다음 각호의 어느 하나에 해당하는 자는 후견인이 되지 못한다.
1. 미성년자
2. 피성년후견인, 피한정후견인, 피특정후견인, 피임의후견인
3. 회생절차개시결정 또는 파산선고를 받은 자
4. 자격정지 이상의 형의 선고를 받고 그 형기(刑期) 중에 있는 사람
5. 법원에서 해임된 법정대리인
6. 법원에서 해임된 성년후견인, 한정후견인, 특정후견인, 임의후견인과 그 감독인
7. 행방이 불분명한 사람
8. 피후견인을 상대로 소송을 하였거나 하고 있는 사람
9. 제8호에서 정한 사람의 배우자와 직계혈족. 다만, 피후견인의 직계비속은 제외한다.

참고 자료

I. 취소할 수 없는 피성년후견인의 법률행위의 범위

취소권 제한 없음

II. 성년후견인의 법정대리권의 범위

법정대리권 제한 있음
　아래 사항은 성년후견인의 대리권 행사에 법원의 허가를 필요로 함
　1. 금전을 빌리는 행위
　2. 의무만을 부담하는 행위
　3. 부동산의 처분 또는 담보제공행위
　4. 상속의 단순승인, 포기 및 상속재산의 분할에 관한 협의
　5. 소송행위 및 이를 위한 변호사 선임행위

III. 성년후견인이 피성년후견인의 신상에 관하여 결정할 수 있는 권한의 범위

아래 사항에 관하여 피성년후견인이 스스로 결정을 할 수 없는 경우 성년후견인이 결정권을 가짐
　1. 의료행위의 동의
　2. 거주·이전에 관한 결정
　3. 우편·통신에 관한 결정
　4. 사회복지서비스 선택 또는 결정
　5. 기타 사항
　민법 제947조의2 규정상 가정법원의 허가를 받아야 하는 사항(피성년후견인을 치료 등의 목적으로 정신병원이나 그 밖의 다른 장소에 격리하는 경우, 피성년후견인이 의료행위의 직접적인 결과로 사망하거나 상당한 장애를 입을 위험이 있을 때 그 의료행위의 동의, 피성년후견인이 거주하고 있는 건물 등에 대하여 매도, 임대, 전세권설정, 저당권 설정, 임대차의 해지, 전세권의 소멸 그밖에 이에 준하는 행위를 하는 경우)에 대하여는 위에서 정한 것과 별개로 성년후견인의 대리권 등 권한이 제한됩니다.

[사례 엿보기 9] 가족들 전원의 동의를 받아야만 아버지의 성년후견인으로 선임될 수 있는가?

저는 삼 형제 중 막내로 오래전 미국으로 이민을 왔습니다. 큰형님은 결혼하자마자 30년이 넘도록 부모님을 부양했습니다. 부모님은 장사를 했는데 큰형님도 부모님을 도와 장사를 함께했습니다. 큰형님은 성실히 일하고 성심성의껏 부모님을 부양하였고, 부모님도 큰형님을 전적으로 신뢰하고 있습니다. 최근 아버지의 치매가 심각해졌고, 장사 일이나 은행 업무 등 사무처리를 할 수 없는 상태가 되었습니다. 아버지는 무슨 일만 있으면 큰형님만을 찾고 있습니다. 큰형님은 고심 끝에 아버지의 성년후견인이 되어 사무를 처리하기로 하였고, 가족들의 동의를 구했습니다. 저와 어머니는 큰형님을 신뢰하기에 동의를 해주었는데, 둘째 형은 본인이 성년후견인이 되겠다며 동의를 못 해주겠다고 합니다. 둘째 형은 결혼하면서부터 분가하여 생활했고 아버지와 친밀한 관계도 아닙니다. 둘째 형이 동의하지 않아도 큰형님이 아버지의 성년후견인으로 선임될 수 있나요?

앞의 사례에서도 살펴보았듯이 성년후견인은 법원이 직권으로 선임하며 「민법」 제937조에서 규정하는 결격사유가 없어야 합니다. 법원은 성년후견인 선임 시 피성년후견인의 의사, 건강, 생활관계, 재산 상황 등과 성년후견인이 될 사람의 직업, 경험, 피성년후견인과의 이해관계 유무 등을 고려하여 피성년후견인의 복리에 가장 적합한 자를 성년후견인으로 선임합니다.

피성년후견인의 가족이나 친족들이 성년후견인으로 선임되기를 희망하는 경우가 많으며, 법원은 성년후견인 희망자에게 결격사유가 있는지, 그리고 「민법」 제936조 제4항에서 규정한 사항들과 관련한 특별한 문제가 있는지 여부를 점검합니다.

또한, **법원은 가족들이 성년후견인 후보자를 성년후견인으로 선임하는 것에 동의하는지 여부도 확인**합니다. 가족들 전원이 성년후견인 후보자에 대하여 동의하는 경우, 그 성년후견인 후보자에게 결격사유가 없으면 법원도 대체로 그 후보자를 성년후견인으로 선임해주는 편입니다.

그런데 가족 중 일부라도 성년후견인 후보자에 대하여 동의를 하지 않으면 법원은 어떤 사유로 반대하는 것인지, 후보자를 성년후견인으로 선임하는 것이 피성년후견인의 복리에 적합한지 여부를 좀 더 면밀히 심리합니다.

성년후견인은 선임에 있어 가장 우선으로 고려되어야 하는 부분은 피성년후견인의 복리증진이므로, 성년후견인 후보자에 대하여 **가족 전원의 동의가 되지 않더라도 그 후보자를 성년후견인으로 선임하는 것이 적합하다고 판단되면 법원은 그를 성년후견인으로 선임**할 수 있습니다.

[사례 엿보기 9]에서는 가족 중 1인이 반대하지만, 다른 가족은 동의한다는 점, 아버지 본인이 장남을 성년후견인으로 하기를 원하는 점, 후보자인 장남이 아버지의 사무를 잘 알고 있다는 점 등을 충실히 소명해서 성년후견인으로서 피성년후견인의 복리증진에 가장 적합함을 인정받으면 성년후견인으로 선임될 수 있을 겁니다. 그러나 만약 법원에서 장남이 후견인이 되는 것이 적합하지 않다고 판단한

다면, 객관적인 제3자인 전문성년후견인을 선임할 수도 있고, 경우에 따라 재산관리는 전문성년후견인, 신상관리는 장남을 선임할 수도 있습니다.

기타 상속 이슈

앞서 우리는 4개의 PART를 통해 해외거주자들이 기본적으로 알아야 할 상속 및 증여세, 상속재산분할, 유류분반환 청구, 상속포기 및 한정승인, 성년후견제도 등을 살펴보았습니다. 많은 사례를 해결하면서 상속과정에서 발생할 수 있는 분쟁이나 꼭 알아야 하는 제도를 이해했지만, 현실에서는 언제 어떤 일이 벌어질지 모르는 일이기에 우리가 보았던 사례가 모든 것을 해결할 수는 없을 겁니다.

하지만, 기본적인 이해가 있는 사람과 없는 사람은 상속과 관련해 여러 문제에 봉착했을 때 대처할 수 있는 마음가짐은 분명 차이가 있을 것입니다.

마지막 장에서는 앞에서는 다루지 않았지만 알고 있으며 유용할 수 있는, 그리고 현실에서 충분히 발생할 수 있는 몇 가지 상속 이슈를 알아보겠습니다.

[사례 엿보기 10] 아들과 딸의 법정상속분에 차이가 있는가?

저는 1980년대에 미국인과 결혼하여 미국으로 이민을 왔습니다. 최근 아버지가 돌아가셨고, 아버지 장례를 마친 뒤 오빠에게 아버지 상속재산을 공평하게 나누자고 말했습니다. 그런데 오빠는 미국으로 시집간 출가외인인 저에게는 아버지 재산을 상속받을 권리가 없으니, 아버지 재산에 조금도 관심을 두지 말라고 합니다. 아버지가 남기신 재산으로 아파트와 예금이 10억 원 정도 있는 것으로 알고 있습니다. 제가 대한민국에 살던 때만 해도 다들 장남에게 재산을 물려주었습니다. 저도 오빠가 평생 부모님의 지원을 받아온 것이 당연하다고 생각하고 살았지만, 아버지 돌아가신 후에도 아무것도 받을 수 없다면 저는 아버지의 자식 취급을 받지 못하는 것 같아 너무나 서럽습니다.
오빠의 말대로 저는 아버지 재산을 아무것도 받을 수 없을까요? 오빠에게 어떻게 요구하면 될까요?

대한민국의 가부장적인 문화로 인해 **1990년 이전**까지만 해도 「민법」에 **아들과 딸의 법정상속지분을 차별**적으로 정해두고 있었습니다. 1970년대까지는 대한민국 「민법」상 여자는 남자가 받는 상속분의 1/2만을 받도록 규정하고 있었으며, 1980년대에 들어서도 결혼한 여자는 동일 가적(家籍) 내에 없다는 이유로 남자가 받는 상속분의

1/4만을 받도록 규정하고 있었습니다.

그러나 1990년 「민법」이 개정되고 호주제가 폐지되면서 아들딸 구분 없이 동일한 비율로 **상속**받게 되었습니다. 결국, 현행 「민법」 아래에서는 오빠와 여동생은 동일한 비율로 아버지의 재산을 상속받게 됩니다.

그리고 사례에서 **상속인인 자녀가 외국국적자라는 사실은 상속을 받는 데에 아무런 영향을 미치지 못합니다.** 1980년대에 미국인과 결혼을 하여 미국에 거주하는 미국 시민권자라 하더라도 아버지가 남긴 상속재산인 아파트와 예금의 각 1/2을 받을 권리가 있는 것이죠.

따라서 질문자는 자신이 오빠와 같이 아버지 상속재산에 대한 동등한 권리가 있으므로, 상속재산을 균등하게 1/2지분으로 분할해달라고 요청할 수 있습니다. 만약 질문자가 해외에 거주하는 사정으로 국내 부동산을 취득하는 것이 곤란하다면 이와 같은 사정을 들어, 부동산 등은 오빠가 전부 분할받는 대신, **질문자 몫인 1/2지분에 해당하는 돈을 정산받는 것으로 협의하거나 법원에 요청**할 수 있을 겁니다.

만약 상속분쟁으로 인해 상속재산분할심판이 제기된다면 단순한 법정상속분이 아니라, 생전증여분(특별수익)과 기여분을 고려하여 상속분이 정해지는바, 만약 오빠가 생전에 증여받은 것이 많다면 경우에 따라 딸은 남은 상속재산에서 1/2 이상을 상속받을 수도 있습니다.

다만, **드물게 1990년대 이전에 돌아가신 부모님의 상속재산분할을 하는 경우**가 있는데, 이때에는 현행 「민법」이 아니라 상속개시 **당시에 시행되던 「민법」에 따라 상속비율이 정해지게** 됩니다. 이런 경우에는 시집간 딸의 법정상속분은 아들이 받는 상속분의 1/4에 그칠 수 있습니다.

★ 관련 법령

민법 [법률 제3051호, 1977. 12. 31, 일부개정]	민법 [법률 제4199호, 1990. 1. 13, 일부개정]
제1009조 (법정상속분) ①동순위의 상속인이 수인인 때에는 그 상속분은 균분으로 한다. <u>그러나 재산상속인이 동시에 호주상속을 할 경우에는 상속분은 그 고유의 상속분의 5할을 가산한다.</u> <개정 1977·12·31> ②<u>동일가적내에 없는 여자의 상속분은 남자의 상속분의 4분의 1로</u> 한다. ③피상속인의 처의 상속분은 직계비속과 공동으로 상속하는 때에는 동일가적내에 있는 직계비속의 상속분의 5할을 가산하고 직계존속과 공동으로 상속하는 때에는 직계존속의 <u>상속분의 5할을 가산한다.</u> <개정 1977·12·31>	제1009조 (법정상속분) ①동순위의 상속인이 수인인 때에는 그 상속분은 균분으로 한다. <개정 1977·12·31, 1990·1·13> ②<u>피상속인의 배우자의 상속분은 직계비속과 공동으로 상속하는 때에는 직계비속의 상속분의 5할을 가산하고, 직계존속과 공동으로 상속하는 때에는 직계존속의 상속분의 5할을 가산한다.</u> <개정 1990·1·13> ③삭제 <1990·1·13>

제계정이유 부칙 조문체계도	제계정이유 부칙 조문체계도 이전과 비교
민법 [법률 제471호, 1958. 2. 22, 제정]	민법 [법률 제3051호, 1977. 12. 31, 일부개정]
제1009조 (법정상속분) ①동순위의 상속인이 수인인 때에는 그 상속분은 균분으로 한다. 그러나 재산상속인이 동시에 호주상속을 할 경우에는 상속분은 그 고유의 상속분의 5할을 가산하<u>고 여자의 상속분은 남자의 상속분의 2분의 1로</u> 한다. ②동일가적내에 없는 여자의 상속분은 남자의 상속분의 4분의 1로 한다. ③피상속인의 처의 상속분은 직계비속과 공동으로 상속하는 때에는 <u>남자의 상속분의 2분의 1로</u> 하고 직계존속과 공동으로 상속하는 때에는 <u>남자</u>의 상속분<u>과 균분으로</u> 한다.	제1009조 (법정상속분) ①동순위의 상속인이 수인인 때에는 그 상속분은 균분으로 한다. 그러나 재산상속인이 동시에 호주상속을 할 경우에는 상속분은 그 고유의 상속분의 5할을 가산한다. <개정 1977·12·31> ②동일가적내에 없는 여자의 상속분은 남자의 상속분의 4분의 1로 한다. ③피상속인의 처의 상속분은 직계비속과 공동으로 상속하는 때에는 <u>동일가적내에 있는 직계비속의 상속분의 5할을 가산</u>하고 직계존속과 공동으로 상속하는 때에는 <u>직계존속의</u> 상속분<u>의 5할을 가산한다.</u> <개정 1977·12·31>

[사례 엿보기 11] 망인보다 자녀가 먼저 사망한 경우
사망한 자녀의 가족은 상속을 받을 수 있는가?

저와 부인은 대한민국에서 결혼을 하고 자녀들을 두었습니다. 이후 우리 가족은 미국으로 이주하였고 가족 전원이 미국 시민권을 취득했습니다. 그런데 10년 전 갑자기 부인이 사망했고 자연스레 처가와의 연락은 줄어들게 되었습니다.

어느 날 장인어른이 사망하였고, 저는 한국에 가서 장례를 치르고 돌아왔습니다. 장례를 마친 이후에도 처가 식구들은 저에게 장인어른의 재산정리와 관련해 아무런 이야기를 하지 않습니다. 장인어른의 딸이 먼저 사망하였기 때문에 딸의 남편인 저와 저의 자녀들은 상속권이 없는 것인지 궁금합니다.

망인이 사망하면 **상속인은 망인의 재산에 관한 포괄적 권리 의무를 승계**하고, 망인의 상속인이 될 자는 「민법」 제1000조에서 규정한 순서에 따라 정해집니다.

상속 1순위는 망인의 자녀, 2순위는 부모, 3순위는 형제자매, 4순위는 4촌 이내의 방계혈족입니다. 배우자는 「민법」 제1003조에 따라 상속 1순위 자녀(또는 손주녀)가 있으면 그 1순위 상속인과 공동상속인이 되고, 1순위 자녀(또는 손주녀)가 없어 2순위 부모(또는 조부모)가 있으면 그 2순위 상속인과 공동상속인이 됩니다. 만약 1순위, 2순위가 모두 없고 배우자만 있다면 배우자가 단독상속인이 됩니다.

그런데 「민법」은 **대습상속**이라 해서 **상속인이 될 자가 먼저 사망한 경우의 상속의 순위에 대해 규정**하고 있습니다. 「민법」 제1001조는 상속인이 될 자녀 또는 형제자매가 망인보다 먼저 사망한 경우, 그 사망한 자녀 또는 형제자매의 자녀(직계비속)가 사망한 자녀 또는 형제자매의 순위에 갈음하여 상속인이 된다고 규정하고 있고, 「민법」 제1003조 제2항은 사망한 자녀 또는 형제자매의 배우자는 사망한 자녀 또는 형제자매와 동순위로 공동상속인이 된다고 규정하고 있습니다.

쉽게 이야기하면, 아들이 결혼을 하여 며느리와 손자를 남겨두고 아버지보다 먼저 사망한 경우, 추후 아버지가 사망했을 때 며느리와 손자는 아들의 상속분을 대신하여 상속받는 대습상속인이 된다는 것입니다. 이때 먼저 사망한 자녀를 피대습상속인이라 하고, 사망한 자녀를 대신하여 상속인이 되는 자녀의 배우자와 자녀를 대습상속인이라고 합니다.

상속 3순위 형제자매도 마찬가지로 망인보다 먼저 사망하고, 이후 망인이 사망하면 먼저 사망한 형제자매의 배우자, 자녀가 대습상속인이 됩니다.

한편, 사망한 자녀의 배우자가 망인이 사망하기 전에 재혼을 하게 되면 더 이상 사망한 자녀의 배우자가 아니기 때문에 추후 망인이 사망해도 대습상속인이 될 수 없습니다. 사망한 형제자매의 배우자도 마찬가지입니다.

[사례 엿보기 11]에서는 장인어른보다 딸이 먼저 사망했고, 사망한 딸에게는 남편과 자녀가 있으므로, 남편과 자녀는 딸을 대신하는 대습상속인으로서 장인어른 사망으로 인한 상속권을 가지게 됩니다.

★ **관련 법령**

「민법」

제1000조(상속의 순위)
① 상속에 있어서는 다음 순위로 상속인이 된다.
1. 피상속인의 직계비속
2. 피상속인의 직계존속

3. 피상속인의 형제자매
4. 피상속인의 4촌 이내의 방계혈족

제1001조(대습상속) 전조 제1항 제1호와 제3호의 규정에 의하여 상속인이 될 직계비속 또는 형제자매가 상속개시 전에 사망하거나 결격자가 된 경우에 그 직계비속이 있는 때에는 그 직계비속이 사망하거나 결격된 자의 순위에 갈음하여 상속인이 된다.

제1003조(배우자의 상속순위)
① 피상속인의 배우자는 제1000조 제1항 제1호와 제2호의 규정에 의한 상속인이 있는 경우에는 그 상속인과 동순위로 공동상속인이 되고 그 상속인이 없는 때에는 단독상속인이 된다.
② 제1001조의 경우에 상속개시 전에 사망 또는 결격된 자의 배우자는 동조의 규정에 의한 상속인과 동순위로 공동상속인이 되고 그 상속인이 없는 때에는 단독상속인이 된다.

제1005조(상속과 포괄적 권리의무의 승계) 상속인은 상속개시된 때로부터 피상속인의 재산에 관한 포괄적 권리의무를 승계한다. 그러나 피상속인의 일신에 전속한 것은 그러하지 아니하다.

[사례 엿보기 12] 생사를 알 수 없는 실종자의 재산을 상속받을 수 있는가?

아버지는 1973년 5월 미국으로 일을 하러 가겠다는 말을 남기시고는 집을 나가셨습니다. 이후로 전혀 연락이 되지 않고 아버지의 행방을 아는 사람도 없습니다. 아버지의 자녀로는 2남 2녀가 있고, 저는 막내딸입니다. 아버지 명의로 된 토지 1필지가 있는데, 최근 형제자매들이 모여서 아버지 토지 정리에 대한 이야기를 나누었으나, 아버지의 생사를 알 수 없어 난감한 상황입니다.
아버지가 살아계셔도 현재 90살을 넘었습니다. 아버지의 재산을 상속받을 수 있는지, 상속받을 수 있다면 상속분은 어떻게 되는지 궁금합니다.

오랜 기간 생사를 알 수 없고 사망했을 가능성이 높은 자가 있어도 그자에 대한 사망신고가 되지 않았다면 그자의 재산을 상속받을 수 없습니다. 생사를 알 수 없는 자와 관련한 법률관계가 불안정한 상황에 놓이게 되는 것이죠.

「민법」은 이러한 경우를 대비하여 **부재자의 생사가 5년간 분명하지 않은 경우 이해관계인이나 검사의 청구에 의해 실종선고를 할 수 있도록** 하고 있습니다. **실종선고를 받은 자는 실종기간이 만료한 때 사망**한 것으로 봅니다(대한민국 「민법」 제27조, 제28조).

사례에서 아버지에 대한 실종선고를 받으면 아버지는 1973년 5월 이후로 행방을 알 수 없으므로, 1973년 5월로부터 5년이 지난 1978년 5월 사망한 것으로 봅니다. 아버지는 실종선고를 통해 사망한 것으로 되었으므로 아버지의 자녀 4명은 아버지의 토지를 상속받을 수 있습니다.

그런데 **아버지는 1978년 사망한 것으로 되었으므로 상속분산정은 현재의 법률이 아닌 1978년 당시의 법률이 적용되는 것으로 오해**할 수 있습니다. 1978년 당시의 「민법」 규정에 의하면 자녀들 사이에서도 호주상속 여부, 동일가적 여부 등에 따라 상속분의 차등이 있었습니다.

그러나 「민법」 부칙 제25조는 **상속에 관해서는 실종선고 시의 법률을 적용**한다고 규정하고 있습니다. 따라서 아버지의 상속과 관련해 적용되는 법률은 실종기간 만료 시인 1978년 당시 상속분이 아니라, 실종선고 받을 당시의 법률규정을 적용합니다. 그래서 아버지의 상속에 관해서는 현재 시점의 법률이 적용되며 자녀들의 상속분은 균분으로 동일합니다.

★ 관련 법령

「민법」

제27조(실종의 선고)
① 부재자의 생사가 5년간 분명하지 아니한 때에는 법원은 이해관계인이나 검사의 청구에 의하여 실종선고를 하여야 한다.
② 전지에 임한 자, 침몰한 선박 중에 있던 자, 추락한 항공기 중에 있던 자 기타 사망의 원인이 될 위난을 당한 자의 생사가 전쟁종지 후 또는 선박의 침몰, 항공기의 추락 기타 위난이 종료한 후 1년간 분명하지 아니한 때에도 제1항과 같다.

제28조(실종선고의 효과) 실종선고를 받은 자는 전조의 기간이 만료한 때에 사망한 것으로 본다.

부칙 제25조(상속에 관한 경과규정)
① 본법 시행일 전에 개시된 상속에 관하여는 본법 시행일 후에도 구법의 규정을 적용한다.
② 실종선고로 인하여 호주 또는 재산상속이 개시되는 경우에 그 실종기간이 구법 시행기간 중에 만료하는 때에도 그 실종이 본법 시행일 후에 선고된 때에는 그 상속순위, 상속분 기타 상속에 관하여는 본법의 규정을 적용한다.